HISTOIRE

.

DES

RACES MAUDITES

DE LA FRANCE ET DE L'ESPAGNE

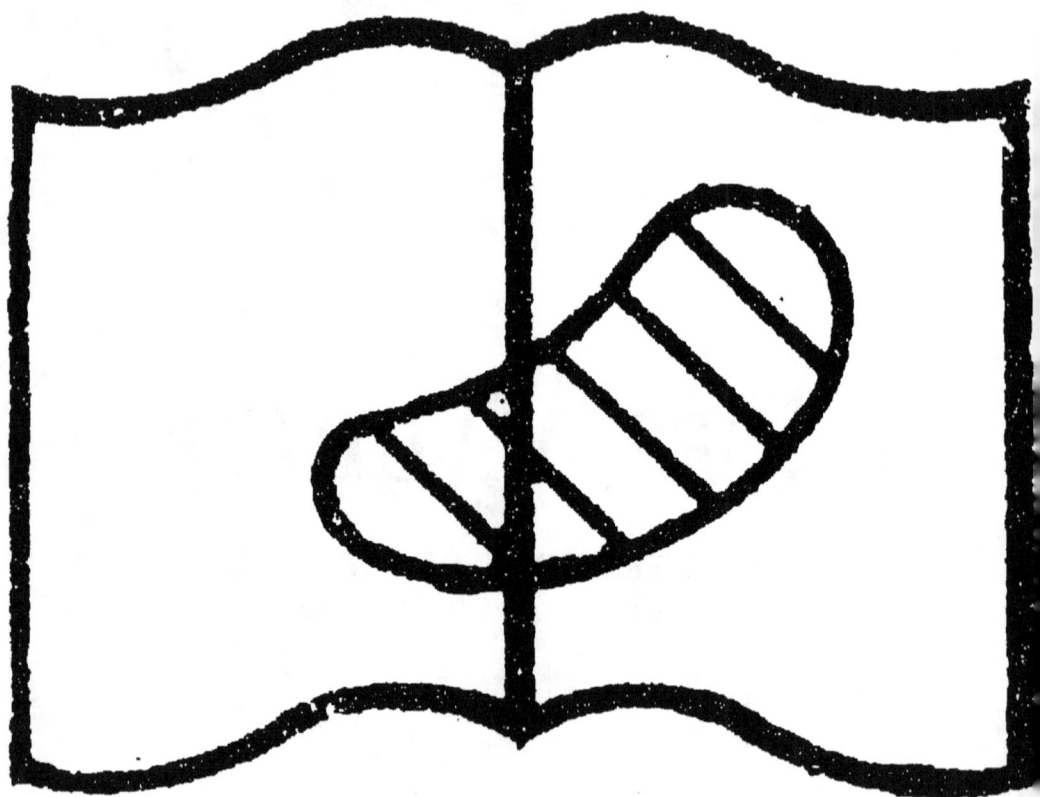

Illisibilité partielle

Sèvres. — Imprimerie de M. Cerf, rue Royale, 144.

HISTOIRE

DES

RACES MAUDITES

DE LA FRANCE ET DE L'ESPAGNE

PAR

FRANCISQUE-MICHEL

Docteur ès-lettres, docteur en philosophie, professeur à la Faculté des Lettres de Bordeaux,
membre du Comité des Monuments écrits de l'histoire de France près le Ministère
de l'Instruction publique, et des sociétés des Antiquaires de Londres
et d'Écosse, associé correspondant de l'Académie Royale
des Sciences de Turin, etc.

TOME PREMIER.

PARIS

A. FRANCK, LIBRAIRE-ÉDITEUR

69, RUE RICHELIEU.

—

1847.

A MONSIEUR LE MARQUIS DE RUMIGNY

PAIR DE FRANCE

ANCIEN AMBASSADEUR DE FRANCE EN ESPAGNE

AMBASSADEUR DE FRANCE EN BELGIQUE

GRAND-OFFICIER DE LA LÉGION-D'HONNEUR

ETC.

HOMMAGE DE RESPECT ET DE RECONNAISSANCE

PRÉFACE.

Nous avons peu de chose à dire avant d'entrer en matière ; nous pourrions même nous dispenser de faire ici l'histoire de notre travail ; car elle se trouve çà et là dans ce livre. Mais nous avons un devoir à remplir, et nous sommes impatient d'acquitter notre dette.

Il n'est pas nécessaire, nous le pensons du moins, de justifier le choix de notre sujet : il est neuf, il est national ; il touche à l'histoire des faits, à celle des institutions et à l'anthropologie, sciences aux progrès desquelles nul n'est indifférent aujourd'hui. Or, s'il faut s'étonner d'une chose, c'est que ce sujet n'ait point été traité jusqu'ici avec tous les développements qu'il comporte, avec toute l'étendue dont il est susceptible, avec tout le soin qu'il mérite. Nous ne croyons pas être injuste en disant que depuis F. de Belle-Forest, Oihenart et P. de Marca, la plupart des écrivains qui ont parlé des Races maudites de la France et de l'Espagne, ont embrouillé plutôt qu'éclairci les questions que leur origine et leur existence soulèvent, et ont fait regretter par là que la science ne s'en soit pas tenu à ces trois auteurs. Demandez, par exemple, dans le nord, dans le centre de notre pays, et même aux portes des Pyrénées, ce que c'est que le Cagot de ces montagnes, et votre interlocuteur, quelque éclairé d'ailleurs qu'il puisse être, vous donnera, d'après Ramond, une définition qui se rapportera à un être infirme au physique comme au moral, et non à ces « hommes à taille élevée, d'une constitution sèche, musclés, à crâne bien développé, nez long et saillant, traits fortement dessinés, cheveux pressés et châtains*, » tels que le docteur Guyon décrit les Cagots. C'est donc bien à tort que l'on les confond avec les goîtreux et les crétins. Les trois genres d'infortune qu'indiquent ces mots, quoique susceptibles de se trouver réunis dans les mêmes personnes et les mêmes régions, comme

---

* *L'Echo du monde savant.* Paris. — Dimanche, 19 février 1843; n. 11 ; col. 318.

cela arrive quelquefois au sein des contrées pyrénéennes, appartiennent chacun à un ordre différent. Il est fâcheux qu'on ait tardé si longtemps à le dire, ou qu'on l'ait dit seulement dans des ouvrages moins répandus, moins consultés que ceux de Ramond.

Il nous a semblé, d'ailleurs, qu'il était temps de pénétrer plus avant au cœur de l'histoire de France. Les rois, les barons, les évêques, les grandes corporations n'ont pas manqué d'historiens ; mais les pauvres, les opprimés n'en ont point trouvé. Nul ne s'est occupé de recueillir leurs origines, d'écrire leurs tristes annales, sinon lorsqu'il était à peu près impossible de le faire sans de nombreuses et de patientes explorations, sans une dépense de temps et d'argent que peut rarement faire un homme de lettres.

Rien de tout cela ne m'a arrêté ; j'ai exploré, ou fait explorer par mes amis, toutes les archives de l'ouest et du midi de la France. Je me suis procuré, autant que je l'ai pu, tous les livres relatifs à mon sujet, et, avant d'exposer mon opinion sur les parias de l'occident, j'ai fait l'histoire des opinions qui avaient précédé la mienne. Jaloux de ne rien négliger, j'ai deux fois visité l'Espagne, j'ai fouillé les archives des Provinces basques et les dépôts littéraires de Madrid, et j'ai vu les Agots de la vallée de Baztan : aussi puis-je inscrire, en tête de la partie de ce livre qui leur est consacrée, *quæque miserrima vidi.*

Je ne veux point solliciter d'éloges, mais seulement

la permission de faire observer qu'un pareil voyage, entrepris sans recommandations, sans nul secours du Ministère * dont je dépends en qualité de professeur de faculté et de membre du Comité des Monuments écrits de l'histoire de France, n'était pas sans danger, surtout dans les conjonctures difficiles où l'Espagne se trouvait alors. Je me hâte d'ajouter que le seul désagrément réel que j'aie éprouvé est d'avoir été pris pour un Agot par des gens du pays, qui me voyaient les cheveux blonds et les yeux bleus, et qui ne pouvaient expliquer que par la parenté l'insistance que je mettais à m'enquérir des mœurs de cette race. Il me fût arrivé bien pis si j'eusse tenté d'obtenir ces renseignements des Agots eux-mêmes. Aujourd'hui, comme dans le siècle passé, on voit d'un fort mauvais œil les étrangers converser avec ces malheureux**.

Maintenant que j'ai fait l'histoire de mon travail, il ne me reste plus qu'à signaler à la reconnaissance des savants les personnes dont le concours désintéressé m'a permis d'accomplir ma tâche. En tête de toutes je dois placer M. Boucley, recteur de l'académie de Pau, et Don Francisco Javier Sanz y Lopez, chanoine de la cathédrale de Pampelune. Quelque chaleur que je

---

* Ces faits se rapportent à l'année 1844.

**«La prevencion que hacen en Baztan á un forastero viendole hablar con un Agóte: *No le hable Vm. que aquí parece mal, nadie trata con esa gente.* » Apologia por los Agotes, por D. Miguel de Lardizabal, pag. 75.

misse dans l'expression de la gratitude que m'ont inspirée les procédés de ces deux hommes d'élite, je ne parviendrais jamais à rendre hommage, autant qu'ils le méritent, à leur obligeance et à l'activité de leur zèle*.

Je dois aussi des remercîments, et je les adresse de grand cœur, à MM. les Recteurs des académies de Toulouse, de Cahors et de Rennes, qui ont favorisé mes investigations de tout leur pouvoir académique. M. Tardivel, ancien recteur de Bordeaux, m'a conservé la bienveillance qu'il me témoignait alors que j'avais l'honneur d'être son administré, et son séjour à Rennes m'a été très-profitable pour les recherches que j'avais à faire dans cette ville. Enfin, j'ai trouvé dans MM. Martial Delpit et Vallet de Viriville, archivistes-paléographes ; Rédet, ancien élève de l'Ecole royale des Chartes et archiviste du département de la Vienne; Don José Yanguas y Miranda, secrétaire de la députation provinciale de Navarre; Pressac, bibliothécaire-adjoint de la ville de Poitiers ; Renard de Saint-Malo, correspondant du Ministère de l'Instruction publique pour les travaux historiques, à Perpignan ; Feautrier, archiviste de la ville de Marseille, et Paul Ricard, archiviste du département des Bouches-du-Rhône, des correspondants aussi instruits qu'obligeants. Ceux auxquels j'ai certainement le plus d'obligations, sont

* Depuis que ces lignes ont été écrites, Don Francisco a été enlevé par une mort prématurée à l'affection de ses amis.

M. Ferron, archiviste du département des Basses-
Pyrénées; et M. Jules Balasque, correspondant du
Ministère de l'Instruction publique pour les travaux
historiques, à Bayonne. Avant M. Ferron, M. Badé,
ancien élève de l'École normale et professeur au collége
royal de Pau*, avait bien voulu me faire part des
pièces relatives aux Cagots qu'il avait découvertes
dans les archives des Basses-Pyrénées, où leur digne
conservateur en a tant su trouver depuis.

Bien d'autres personnes m'ont rendu des services;
si je ne les nomme pas ici, qu'elles ne m'imputent point
ce silence à mal; j'ai religieusement consigné plus loin
la part qu'elles ont prise à mon œuvre. Je ne saurais,
cependant, omettre de citer M. Nicias Gaillard, procureur général près la cour royale de Toulouse, auquel je dois la recherche et la copie des arrêts émanés
du parlement de cette ville au sujet des Cagots, et à
M. Rabanis, mon collègue à la Faculté des Lettres de
Bordeaux, dont les indications et les conseils ne
m'ont jamais manqué dans le cours de mon travail et
m'ont été de la plus grande utilité.

---

* M. Badé est mort au mois de mai de l'année dernière à Auch,
où il avait été envoyé comme professeur au collége royal.

Bordeaux, 15 mars 1846.

INTRODUCTION.

S'il était nécessaire de démontrer avec quelle persistance invincible les préjugés maîtrisent les hommes et combien les lois sont impuissantes à changer les mœurs qu'elles réprouvent, l'histoire des Races maudites suffirait pour atteindre ce but. Il est aisé de comprendre que les Juifs, considérés comme les descendants des meurtriers d'un Dieu, aient été des objets de haine et de mépris pour ses adorateurs, qui, d'ailleurs, n'avaient presque jamais de rapports avec eux sans que ce fût aux dépens de leur fortune; on oubliait promptement les services qu'on en' avait reçus pour se souvenir seulement des conditions onéreuses dont on avait dû subir le joug, sans compter que la nature des opérations auxquelles les Juifs se livraient tout entiers et la résignation qu'ils étaient forcés de pratiquer n'étaient pas de nature à les rehausser dans l'esprit de peuples guerriers ou agriculteurs. Il est encore plus naturel que les Bohémiens, cette race sans foi ni loi, qui ne demande sa vie qu'au mensonge et au vol, aient de tout temps excité un vif sentiment de répulsion chez les populations au milieu desquelles ils

vivaient. Mais les Cagots, mais les Caqueux, mais les Chuetas, mais les Vaquéros, mais les Oiseliers ne ressemblaient
en rien aux races que nous venons de nommer; ils avaient
un domicile fixe, ils professaient la même religion que leurs
voisins, ils gagnaient leur vie en exerçant des métiers utiles
et honorables : d'où vient donc le mépris et l'aversion
qu'ils inspiraient? C'est ce que nous nous sommes proposé
de rechercher dans ce livre, destiné à retracer les suites à
jamais déplorables d'un préjugé, mais non à raviver des
haines qui, si elles ne sont pas encore bien éteintes, ne tar-
deront pas à l'être.

L'existence et l'état misérable des Cagots, si peu et si mal
connus hors des lieux qu'ils habitaient, sont des faits incon-
testables que l'ignorance seule pourrait vouloir révoquer en
doute; mais leur origine, déjà problématique vers la fin du
moyen-âge, s'obscurcit de jour en jour : chaque siècle,
en passant, laisse tomber son voile sur elle comme pour
la dérober aux regards des races futures. Cette origine,
comme nous le verrons tout à l'heure, a fourni matière à
nombre de conjectures plus ou moins probables, plus ou
moins ingénieuses; ce qu'il y a de certain, c'est que ces êtres,
dégradés par l'opinion et portant sur eux je ne sais quel
sceau de malédiction, étaient bannis, repoussés de partout
comme des pestiférés dont on redoutait le contact et la vue.
Ils étaient sans nom, ou, s'ils en avaient un, on affectait de
l'ignorer pour ne les désigner que par la qualification humi-
liante de *crestiaa* ou de *cagot*. Leurs maisons, disons mieux,
leurs huttes, s'élevaient à l'ombre des clochers et des don-
jons à quelque distance des villages, où ils ne se rendaient
que pour gagner leur salaire comme charpentiers ou couvreurs, et pour assister à l'office divin à l'église paroissiale.
Ils n'y pouvaient entrer que par une petite porte qui leur
était exclusivement réservée; ils prenaient de l'eau bénite

dans un bénitier à part, ou la recevaient au bout d'un bâton. Une fois dans le lieu saint, ils avaient un coin où ils devaient se tenir séparés du reste des fidèles. On craignait même que leurs cendres ne souillassent celles des races pures : aussi leur assignait-on, dans le champ du repos, dans le lieu où tous les mortels sont égaux, une ligne de démarcation. Le peuple, en général, était tellement imbu de l'idée que les Cagots ne ressemblaient en rien au reste des hommes, qu'un père réduit à la plus extrême misère, aurait mille fois mieux aimé voir sa fille tendre la main à la charité publique que de l'unir à un Cagot. Ce préjugé passa du peuple aux plus hautes classes de la société, et l'Église et l'État furent d'accord pour repousser de tous les emplois honorables les victimes sur lesquelles il s'acharnait ; enfin, il les poursuivit avec une opiniâtreté tellement minutieuse qu'il leur désigna jusqu'aux sources où ils devaient puiser l'eau qui leur était nécessaire : aussi n'est-il presque pas de village dans les Pyrénées où il n'y ait une fontaine appelée *Fontaine des Cagots.*

Sous l'empire de pareilles idées, doit-on être surpris de voir planer sur eux les imputations les plus calomnieuses, les soupçons les plus flétrissants ? Ils étaient sorciers, magiciens ; ils répandaient une odeur infecte, surtout pendant les grandes chaleurs ; leurs oreilles étaient sans lobe, comme celles des lépreux ; quand le vent du midi soufflait, leurs lèvres, leurs glandes jugulaires et la patte de canard qu'ils avaient empreinte sous l'aisselle gauche, se gonflaient ; et mille autres accusations tout aussi fondées. Ainsi les vieilles légendes, auxquelles le peuple ajoute encore foi aujourd'hui, nous représentent les Cagots comme enclins à la luxure et à la colère ; comme avides, hautains, orgueilleux, susceptibles et surtout pleins de prétentions. Une ancienne tradition, dont nous ne garantissons pas l'authenticité, nous assure que lorsque la dénomination de Cagot était donnée à quelque membre de cette caste flétrie par l'opinion, il avait le droit, par devant la justice du temps, d'exiger une réparation; mais il ne pouvait la recevoir qu'à la condition de porter un pied de canard sur l'épaule. Ce qu'il y a de certain, c'est que jusqu'à la fin du xviiie siècle, les Cagots pyrénéens, les Gahets gascons et les Caqueux de la Bretagne étaient astreints par la législation alors en vigueur à porter une marque distinctive, appelée pied d'oie ou de canard dans les arrêts des parlements de Navarre et de Bordeaux.

En proie à tant de misères, si les Cagots espéraient un changement dans la législation et de meilleurs jours pour leur postérité, ils devaient désespérer qu'elle se fondît jamais dans la masse générale, qui, en dépit des ordonnances et des arrêts, s'obstinait à la repousser de son sein : en effet, le prêtre et le tabellion, couchant sur les registres de l'état civil et sur ceux du fisc les noms des Cagots qui naissaient, qui se mariaient, qui mouraient, et qui à force de travail et d'intelligence étaient devenus propriétaires, oubliaient rarement de les accompagner de la qualification qui vouait ces malheureux au mépris et à la haine de leurs semblables, et perpétuaient ainsi la ligne de démarcation qui les en séparait. Ce n'était pas tout : un riche Cagot se mariait-il, son nom et celui des gens de la noce ne tardaient pas à figurer dans une chanson satirique, qui circulait au loin et se transmettait de père en fils. Les Cagots avaient-ils eu une rixe avec ceux qui ne l'étaient pas, vite un chant de victoire où les maudits étaient encore maltraités après le combat. Cependant, ils ne voulurent pas laisser à leurs adversaires le monopole de ces chansons : un Cagot de Bénéjacq, entre autres, en composa une; mais, au lieu de se livrer à de justes représailles, il entonne un chant où respire la gaité et la résignation.

Cette vertu jointe à l'amour du travail rendit leur condition plus tolérable ; ils entreprirent de remonter au rang dont ils n'auraient jamais dû descendre, et pendant quatre siècles, du XVIᵉ au XIXᵉ, ils ne cessèrent de réclamer contre les mauvais traitements dont ils étaient l'objet. Au XVIIᵉ siècle le pouvoir judiciaire passa de leur côté ; mais ils ne gagnèrent pas beaucoup à ce changement, dû aux lumières de l'époque : les parlements, qui avaient été peu obéis des Cagots lorsqu'ils s'étaient montrés hostiles à cette race vouée au malheur, le furent encore moins de ses adversaires quand ils lui devinrent favorables, et les lois ne purent prévaloir contre l'habitude. Enfin 1789 vint, et les Cagots français, déjà en possession d'une condition meilleure, durent croire qu'ils touchaient au terme de leur longue misère ; ils profitèrent des troubles de la révolution pour détruire les monuments qui les signalaient comme Cagots ; mais leur but n'a pas été complètement atteint, et où les écrits ont disparu, la tradition reste et désigne telle ou telle famille comme cagote. La civilisation dont notre époque se glorifie n'a pas lui également sur toutes les localités encore habitées par les descendants des Races maudites ; si dans les unes elle a entièrement dissipé le préjugé qui les frappait, dans d'autres elle n'a fait qu'en diminuer l'intensité. Il n'y a plus ni Oiseliers ni Marrons, races pareilles à celles des Cagots pour l'aversion dont elles étaient l'objet, mais infiniment moins considérables et dont les annales sont bien plus pauvres ; c'est à peine si l'on compte encore quelques Chuetas à Palma, et quelques Vaquéros dans les Asturies. Quant aux Agots ou Cagots du versant méridional des Pyrénées, ils ne sont complétement émancipés que d'hier, et il faudra beaucoup de temps encore pour qu'ils rentrent en grâce dans l'opinion du vulgaire.

C'est donc aujourd'hui ou jamais qu'il faut écrire les an-

nales des Races maudites de la France et de l'Espagne, qui ne
sont pas même nommées dans les meilleures histoires de
ces deux pays. Plus tôt un livre comme le nôtre n'eût pas
été possible; plus tard il ne le serait plus. Les documents,
quoi qu'on fasse pour les conserver, s'égarent ou se perdent; les vieillards, ces chroniques vivantes du passé, s'en
vont ou deviennent incapables de répondre aux questions
qu'on leur adresse, et leur mémoire se refuse à rendre les
chansons populaires qu'ils lui ont confiées : hâtons-nous
donc de retracer cette curieuse page de l'histoire moderne,
qui, pour être étrangère à l'histoire politique, n'en mérite
pas moins l'attention.

Avant nous, plus d'un écrivain a abordé la tâche que nous
avons entreprise; mais à part F. de Belle-Forest et P. de
Marca, qui ont parlé des Cagots des Pyrénées *de visu*, mais
incidentellement, et Palassou, qui n'a pas poussé assez loin
ses recherches, tous les auteurs qui ont traité cette question n'ont fait que reproduire ce qui avait été dit avant eux,
seulement ils y ont ajouté des inexactitudes de leur crû. Un
examen successif de tout ce qu'on a écrit relativement aux
Cagots, Agots et Capots des Pyrénées et de la Gascogne, aux
Gahets de la Guienne et aux Caqueux de la Bretagne, éclai-
rera le lecteur à cet égard, et lui montrera à quel point la
question en était lorsque nous l'avons prise. Nous examinerons ce qui a été dit des autres Races maudites en tête du
chapitre que nous consacrerons à chacune d'elles.

Le premier auteur qui ait parlé des Cagots est le médecin
Laurent Joubert, qui s'exprime ainsi sur leur compte, à
propos des taches qu'on voit sur la peau de certains individus : « Quoique de pareilles affections semblent plutôt
des impuretés de la peau que des maladies, et que, à ce
qu'on dit, elles règnent, non sur la totalité, mais sur de
certaines parties du corps, cependant il y a des hommes

vulgairement appelés Capots et ladres blancs, qui présentent une leucé générale. En effet, leur véritable mal, ce n'est pas l'éléphantiasis proprement dite, que l'on définit un chancre de tout le corps et qui provient uniquement de l'atrabile, par suite de l'inflammation de toutes les humeurs; ce n'est pas non plus ce que les Grecs appellent lèpre, et qui n'est qu'une affection de la peau, ni le mélas, sorte de vitilige. C'est dans la pituite que la capoterie a sa source; tout l'indique : blancheur complette et presque de neige, absence de toute démangeaison, surface du corps égale et unie, et bouffissure de la face. La seule chose qui fasse supposer qu'ils ne jouissent pas d'une parfaite santé, c'est leur mauvaise haleine : ce qui provient de la facilité avec laquelle leur pituite se corrompt. Cette affection n'est pas contagieuse, comme la lèpre; elle ne se gagne même pas par le commerce des deux sexes; elle n'est qu'héréditaire et se transmet aux enfants. En effet, il n'y a que celui qui est né de parents capots, soit de père et de mère, soit de l'un des deux seulement, en qui l'on découvre la capoterie, c'est-à-dire qui soit affecté d'une leucé naturelle et générale; voilà du moins ma conjecture. C'est ainsi que les lézards verds font des lézards verds, et les polypes blancs des polypes blancs. C'est donc avec raison qu'on leur interdit de se marier hors de leur caste, de peur que ce mal, qui s'est maintenu avec une invincible persistance dans une certaine population, ne s'étende davantage. La première origine de ce mal remonte à des individus primitivement atteints d'une affection qui se rapproche beaucoup de l'anasarque [1], et qui provenait, ou de la mauvaise qualité des aliments, ou d'un désordre dans les fonctions digestives : ce que donnent aisément à entendre les ingénieux raisonnements de

---

[1] Hydropisie du tissu cellulaire.

Galien, liv. III, *Des causes des symptômes*, chap. v [1]. »

Après Laurent Joubert, qui probablement n'avait jamais vu de Cagot, vient le commingeois François de Belle-Forest, dont voici textuellement les paroles : « Je ne veux oublier qu'és pays de Bearn, et de Bigorre, et par presque toute la Gascoigne il y a une sorte d'hommes, que ceux du pays appellent les uns Capots, les autres Gahets, mais que touts detestent en general, et fuyent leur accointance pour les avoir en opinion qu'ils sont ladres. Aussi ne leur est-il permis de se tenir dedans les villes, ains és fauxbourgs, et là encor escartez de touts les autres : voire és Eglises on leur fait une closture a part, affin qu'ils n'infectent les autres. Ils sont touts charpentiers, et tonneliers, et n'en trouverez pas un qui face autre mestier, beaux hommes, laborieux, fort mechaniques : et au reste portans en leur face, et actions quelque cas qui les rend dignes de celle detestation, en laquelle on les a ainsi par tout : outre ce tant beaux soyent ils, ny eux ny leurs femmes, si ont ils touts l'haleine puante, et les approchant vous sentez ne sçay quel mal plaisante odeur sortir de leur chair, comme si quelque malediction de pere en fils, tomboit sur ceste race miserable d'hommes. Quant a dire d'où cela provient, les opinions en sont diverses, les uns raportent cela a la malediction donnee par Helisee à Giezi son serviteur, et asseurent que ce genre d'hommes sont de sa race, a laquelle la lepre de Naaman (selon le dit du prophete) doit adherer jusqu'a la fin du siecle : d'autres dient que ce sont les restes des Goths demourez en Gascoigne : mais c'est fort mal parlé car la plus part des maisons d'Aquitaine, et d'Espaigne, voire les plus grandes, sont issues des Goths, lesquels long

---

[1] Laur. Jouberti Val. Delph. in Galeni libros de Facultatibus naturalibus Annotationes, discipulis suis dictatæ, anno Domini M.D.LXIII. In cap. XI. (*Laur. Iouberti... Operum Latinorum Tomus primus.* Francofurti, apud heredes Andreæ Wecheli, M.D.XC.IX. in-folio; p. 174, lig. 16).

temps avant le Sarrasinesme avoyent receu la religion Catholique pour quitter l'Arrianisme. D'autres sont d'advis que ces Gahets ou Capots, sont issus des reliques des heretiques Albigeois, excommuniez par censure apostolique, et que ceste lepre interieure leur est ainsi demouree, et demeure a perpetuité en signe de la desobeissance. Or laquelle que ce soit de ces raisons, si est-ce que pour dire vray, ce peuple n'est guere friant des Eglises, et ne frequente le divin service que par maniere d'aquit : aussi est il enterré ailleur que le reste des Chrestiens, et presque sans nulle solennité : et qui plus est quelque part qu'il soit, il est povre, vivant du jour a la journée, serf de chacun, et n'osant respondre au moindre du peuple qui l'injurie, et s'il y en a quelqu'un de riche (ce qui n'advient que rarement) on ne voit guere que ses enfans heritent de sa substance, si ce n'est du meuble que tout le monde abhorre comme la peste : qui me fait penser que ce soit pour vray ceste race Giezite, et Juifve Chrestienne par le commandement de quelque Prince, laquelle porte encor la penitence du peché de leur chef : et m'estonne que nul des anciens aye remarqué chose tant segnalee que de voir par toute une grande Province, n'y avoir presque ville, ny village, et sur tout en Bearn, et Bigorre, où il n'ayt quelque famille de ces Charpentiers separez du corps, et société des autres citoyens : et que la chose s'estant ainsi escoulée sous silence, et les modernes en ignorans la cause, ces hommes cependant n'ont peu gaigner l'heur d'estre receuz parmy les autres, tant la main de Dieu les a tenus de prez, et tant sa parole est veritable, et infaillible. Je laisse aux gents de meilleur esprit que le mien, le discours plus secret de ces choses, me suffisant de vous avoir touché ce que j'ai veu, et que nul (que je sçache) avoit jusqu'aujourd'huy mis en evidence [1]. »

[1] *La Cosmographie universelle de tout le monde... Auteur en partie*

Vers le même temps, un étranger qui écrivait sur la France un livre [1], dans lequel ses propres observations se trouvent combinées avec celles de ses devanciers, consacrait quelques lignes aux Cagots [2]. L'auteur, Just Zinzerling, commence par rapporter le passage de Paul Merula ; puis, venant à ce qui lui est personnel, il fait connaître les détails qu'il avait appris à Toulouse, au sujet d'un examen de Cagots [3], et termine en émettant l'opinion que ce sont les descendants des Goths.

Jean Darnal, avocat au parlement de Bordeaux, et jurat de cette ville, s'exprime ainsi dans sa continuation de la *Chronique Bourdeloise* : « (L'année 1555) Messieurs les Jurats firent ordonnance, que les Gahets qui resident hors la ville du costé de Sainct-Julien en un petit faux-bourg separé, ne sortiroient sans porter sur eux en lieu aparent une marque de drap rouge. C'est une espece de ladres non du tout formez, mais desquels la conversation n'est pas bonne, qui sont charpantiers et bons travaillans, qui gaignent leur vie en cest art dans la ville et ailleurs [4]. »

A quelque temps de là, un autre magistrat de Bordeaux, Florimond de Ræmond, conseiller au parlement, faisant observer que « tout ainsi que les ladres du corps, sont comme

Munster, mais beaucoup plus augmentée, ornée et enrichie, par François de Belle-Forest, Comingeois, etc. A Paris, chez Nicolas Chesneau... M.D.LXXV. in-folio; pag. 377, deuxième colonne, *De la Gascoigne ressortant a Bourdeaux.* Ce morceau a été traduit par Paul Merula et inséré par lui dans sa Cosmographie générale. Voyez *Paulli G. F. P. N. Merulæ Cosmographiæ generalis Libri tres...* Ex Officina Plantiniana Raphelengii. M.D.CV. in-4; partis II. liber III, pag. 579.

[1] *Jodoci Sinceri Itinerarium Galliæ... Cum Appendice, de Burdigala.* Lugduni, apud Jacobum du Creux, aliàs Molliard. Anno cɔ Iɔ CXVI. in-16.

[2] Itinerarii Appendix, cap. IX, p. 112-114.

[3] Cet examen doit être celui qui fut ordonné le 24 avril 1606, par le parlement de Toulouse, et dont il sera question plus loin.

[4] *Supplement des Chroniques de la noble Ville et Cité de Bourdeaus, par Jean Darnal...* À Bourdeaus, par Jac. Millanges... M.DC.XX. in-4 ; folio 4° verso.

retranchez du monde, aussi les ladres de l'ame, ont toujours esté separez de l'Eglise, » ajoute : « Nous voyons en nostre Guyenne, cela avoir esté practiqué à l'endroit de ceux qu'on appelle communement Cangots ou Capots : race quoy que Chrestienne et Catholique, qui n'a pourtant aucun commerce, ny ne peut prendre alliance avec les autres Chrestiens, moins habiter aux villes, leur estant mesmes deffendu de se mettre à la table sacrée, avec les autres Catholiques, et ayans lieu separé dans l'Eglise. Le peuple saisi de ceste opinion, qu'ils soient infects, se persuade qu'ils ont l'alaine et la sueur puante (le mesme dit-on des Juifs) et tient pour certain qu'ils sont tachez de quelque espece de ladrerie. C'est pourquoy on les contraint en quelques lieux, comme en ceste ville de Bordeaux, de porter un morceau de drap rouge sur l'espaule pour les recognoistre. J'ay tousjours pensé que c'estoit un erreur populaire, et que ceste ladrerie corporelle qu'on imagine, provient de la ladrerie spirituelle de leurs Peres : Car il y a grande apparence, que ce sont les restes des Gots Arriens, qui furent deffaits à nos portes, dont encor aujourd'huy un champ porte le nom, et que le victorieux donna la vie à quelque miserable canaille, qui eschappa la furie du combat, à la charge de se separer en divers lieux, qui leur furent assignez pour leur demeure, en la Guyenne, et en quelques endroits du Languedoc, apres avoir abjuré leur Heresie. Ce que j'ay remarqué en quelque bon Autheur, qui m'est escoulé de la memoire. Et comme on permet aux Juifs de vivre entre les Chrestiens, mais c'est à la charge d'avoir quartier à part, aussi on leur prohiba d'avoir aucune hantise ou communication familiere avec les Catholiques, rigueur qui a continué de main en main à leurs successeurs... J'ay autresfois veu un vieux titre d'une des terres de la Dame Corisande d'Andouins, Comtesse de Guissen, par lequel ses predecesseurs avoient donné permission à quelque partie de ses peuples de s'allier avec le reste des Chrestiens, qui tesmoigne que c'estoit une maladie de l'ame et non du corps. Aussi en quelques lieux la coustume du Pays leur deffend de porter armes, ny mesmes avoir des cousteaux qui ne soyent emoussez. A quoy sont bonnes ces deffences, si ce n'est pour marque et tesmoignage de sedition et rebellion, compagne certaine et infaillible de l'Heresie ? Cecy a beaucoup d'apparence : car les medecins ne sont pas d'accord que ces hommes soient taschez d'aucun mal contagieux. Ils en ont fait espreuve par la saignee, n'ayant peu recognoistre aucune chaleur extraordinaire en leur sang, qui eust fondu tout aussi tost le sel qu'on jettoit dedans, s'il eust esté entasché de lepre. D'ailleurs ils sont forts, robustes, et gaillards, comme le reste du peuple. Que si c'estoit quelque espece de ladrerie, les autres contrees, voire les autres Royaumes, n'en seroient pas exempts. Or il ne se trouve de ceste race de gens en lieu de la terre, qu'en la Guyenne et en Languedoc, où fut ceste grande deffaite des Gots au temps du Roy Clovys, ce qui me faict croire que ce sont les restes de ce peuple [1]. » Le conseiller ajoute qu'il est confirmé dans son opinion par le nom des Cagots, qu'il dit être une altération de *Cans Gots*, qui signifie *chiens goths*, et termine par quelques considérations sur les noms de *Chestiens* et de *Gahets*, sur lesquelles nous aurons à revenir.

Le père de la chirurgie française, abusé par la tradition populaire, range les Cagots parmi les lépreux ; seulement, les voyant aussi beaux et aussi sains en apparence que le reste des hommes, il invente une classe de ladres, pour les y placer, au lieu d'examiner sans préventions la

---

[1] L'*Antichrist*, par Florimond de Ræmond..., dernière édition. A Cambray, de l'imprimerie de Jean de la Riviere, M.DC.XIII. in-8 ; chap. XLI, p. 567, 568.

valeur des bruits répandus sur leur compte. Voici ses paroles : « Outre plus il faut estimer, que lorsque les signes (de la lèpre) apparoissent au dehors, le commencement est long temps auparavant au dedans, à raison qu'elle se fait tousjours plustost aux parties interieures qu'exterieures : toutesfois aucuns ont la face belle, et le cuir poly et lissé, ne donnant aucun indice de Lepre par dehors, comme sont les ladres blancs, appellez Cachots, Cagots, et Capots, que l'on trouve en basse Bretagne, et en Guyenne vers Bordeaux, où ils les appellent Gabets [1] : és visages desquels bien que peu ou point des signes sus alleguez apparoissent, si est-ce que telle ardeur et chaleur estrange leur sort du corps, ce que par experience j'ay veu : quelquesfois l'un d'iceux tenant en sa maison l'espace d'une heure une pomme fresche, icelle apres apparoissoit aussi aride et ridee, que si elle eust esté l'espace de huict jours au Soleil. Or tels ladres sont blancs et beaux, quasi comme le reste des hommes, etc. [2] »

Guillaume Bouchet, qui dix ans plus tard reproduisait les mêmes détails, à quelque chose près, nous apprend qu'il y avait de son temps des Cagots dans le Poitou : «...Laissant le particulier, on se va mettre sur le general : mettant en avant le pays où il y avoit le plus de ladres. Et fut trouvé que nostre Poictou n'en estoit gueres taché : à cause de la region qui est temperee : que s'il y en avoit, que c'estoyent ladrès blancs, appellez cachots, caquots, capots, et gabots qui ont la face belle : que s'ils sont ladres, ils le sont dedans le corps : le commencement de ladrerie estant long temps au paravant au dedans avant que paroistre : à raison que la lepre se fait

[1] *Capots*, édit. de Paris, Gabriel Buon, 1575, in-folio, p. 623. L'édition de 1568 portait : « ... comme sont les ladres blancs, appelés Cachos, que l'on trouve en basse Bretagne, et plusieurs autres lieux, qui m'est une chose indicible. »

[2] *Les OEuvres d'Ambroise Paré, conseiller et premier chirurgien du roy...* A Paris, chez Barthelemy Macé, 1607, in-folio ; vingtiesme livre, chap. XI, p. 744, *Du prognostic de Lepre.*

tousjours plustost aux parties interieures qu'exterieures [1] .

Quelques pages plus loin, le conteur poursuit en ces termes: « Sur la fin de la Seree, laissans la lepre particuliere, ils se mirent à disputer si les capots de Gascogne estoyent vraye-ment ladres : mais n'en estant rien conclud, je ne mis rien en ma memoire [2]. » Ce passage, réellement curieux, prouve victorieusement que dans le même temps que les parlements et les assemblées législatives traitaient les Cagots à peu près comme des lépreux, c'est-à-dire à la fin du xvie siècle, il y avait déjà doute qu'ils le fussent, et qu'il était impossible à un savant, comme l'était Bouchet, de disserter, à leur sujet, plus amplement que ne l'avait fait François de Belle-Forest, dont il ne pouvait manquer de connaître le livre.

Mieux avisé que Paré et Bouchet, un chirurgien contem-porain, qui avait eu plus d'une fois occasion d'examiner des lépreux, déclare en ces termes que les *Cappots ou Cagots ne sont vrais ladres :* « Arnobius... dict, que la lepre de l'an-cien Testament, et mesme aussi celle que nostre Seigneur Jesus-Christ guerit en conversant avec les hommes, n'es-toit que la pure *Vitiligo* blanche (que les Juifs appelloyent lepre, *Barrat* ou *Albarrat*), les Grecs la nommoyent λευχή, les Arabes *Guada* ou *Alguada*, d'où, à mon advis, est pro-cedee l'erreur de quelques uns, qui veulent que les per-sõnnes saisies de ceste lepre blanche (qu'aucuns estiment estre la vraye Cappoterie) descrite en ces lieux du vieil Tes-tament, soyent appellez ladres blancs, Cappotz, Cagotz, ou Cangotz. Toutesfois ils sont fort deceus, comme il leur sera facile à juger, lors qu'ils auront leu, et bien observé entre autres livres, et passages, ce que monsieur Augier Ferrier (Medecin de ceste ville, et grand Alpheste) en a escrit en sa

---

[1] *Troisiesme Livre des Serees de Guillaume Bouchet*... A Paris, chez d'rian Perier, M.D.XCVIII. petit in-12; pag. 485.
[2] *Ibidem*, pag. 521.

republique [1]. » Plus loin, le même chirurgien traitant *des signes univoques de lepre*, déclare que les Cagots ont tous l'haleine puante : « Ceste feteur d'haleine (dit-il) est aussi familiere aux Cappots, comme estant la seule des marques qui les rend differens d'avec les sains, laquelle procede de la pituite, qui est abondante en eux, qui se pourrit et s'altere facilement : d'où procede l'haleine puante de ces ladres (improprement) blancs, selon maistre Joubert [2]. »

A peu de temps de là, mais à une grande distance des Pyrénées, un auteur italien parlait ainsi des Cagots, sans doute sur la foi des cosmographes qui l'avaient précédé : « Par tout ce pays, il se trouve une sorte d'hommes appelés *Capots*, qui ne font d'autre métier que celui de bùcherons et de tonneliers, et qui sont pauvres et misérables. Ces gens-là, évités et fuis par les autres, n'habitent pas dans les villes, mais dans les faubourgs et à part, comme chez nous les Bohémiens et les Juifs. On pense que ce sont des restes des Albigeois [3]. »

Après le livre de Botero, le premier ouvrage qui se trouve sur notre chemin, est la relation de deux Jésuites en mission dans le Béarn. Ils y virent des Cagots, et en parlèrent en ces termes, dans une lettre qu'ils écrivirent au général de leur ordre : « Les Cagots *(Cascigothi)* du Béarn, restes des anciens Goths, sont séparés, par le quartier qu'ils habitent et par leurs mœurs, de la masse des indigènes, avec lesquels ils n'ont absolument aucun commerce, et qui croiraient se déshonorer en s'alliant par mariage avec eux. Ja-

---

[1] *Examen des Elephantiques ou Leproux. Recueilli de plusieurs bons et renommez Autheurs, Grecs, Latins, Arabes et François.* Par G. des Innocens, Chirurgien, natif et habitant de Tolose. A Lyon, pour Thomas Soubron, M.D.XCV. in-8 ; chap. II, pag. 17.

[2] *Ibidem*, chap. XI, pag. 85, 86.

[3] *Le Relationi universali di Giovanni Botero Beneso*, etc. In Venetia, Appresso Giorgio Angelieri. 1599. in-4 ; parte prima, lib. I, p. 21. *Bearnia. Bigorre. Comingia. Foix.*

dis ils imposèrent aux Béarnais la plus dure servitude, et ce fut en récompense des longs et courageux efforts qu'elle fit pour la secouer, que la noblesse obtint autrefois la plus grande et la meilleure part des biens du clergé et des moines, laissant seulement aux curés le droit d'en prélever la dîme pour leur subsistance: ce qui fait qu'aujourd'hui encore les hommes nobles se laissent à ce titre donner le nom d'abbés. Le souvenir de la cruelle domination des Goths ne se retrouve pas seulement dans des monuments anciens; il vit encore dans le cœur des Béarnais, il s'y révèle par un penchant inné à l'indépendance, si bien qu'allant fort au delà d'une juste liberté, ceux d'entre eux qui arrivent au gouvernement de leur pays, sous le prétexte de ne pas laisser perdre leurs droits, attaquent tyranniquement le droit d'autrui[1]. »

L'un de ces jésuites, qui se trouvait en 1619 dans la capitale de l'Aragon, y rencontra un Navarrais, auquel il communiqua son système sur les Cagots, et qui le reproduisit dans un traité imprimé à Saragosse en 1621, et devenu fort rare[2]. L'auteur de ce livre était un ecclésiastique de Saint-Jean-Pied-de-Port. Il expose et prouve de son mieux, dans deux longs chapitres, son opinion sur l'origine des *Agotes*. Ceux-ci, dit-il, ne descendent point des Albigeois, comme l'a pensé Jean Botero dans sa description du Béarn, mais bien des Goths. Vers l'an 412, une partie de ce dernier peuple se répandit dans l'Aquitaine et la Vasconie, et y exerça tant de cruautés que les premiers habitants du pays se soulevèrent, unirent leurs forces, et, guidés par les nobles,

---

[1] *Litteræ Societatis Jesu annorum duorum, cIɔ iɔc xiii, et cIɔ iɔc xiv*, etc. Lugduni, apud Claudium Cayne, cIɔ iɔc xix. in-8.; pag. 518, 519.

[2] *Drecho de Naturaleza que los Naturales de la Mirendad de San Juan del Pie del Puerto tienen en los Reynos de la Corona de Castilla... Por* Don Martin de Vizcay Presbytero. En Zaragoza : Por Juan de Lanaja y Quartanet. Año 1621. in-4; fol. 123-146.

parvinrent à détruire ou à chasser les Goths, dont il ne resta parmi eux que quelques misérables, fort peu à redouter. Ces misérables, d'après l'auteur, furent les premiers *Agotes*, et il assure que telle est la tradition constante du Béarn et de la Basse-Navarre. Voici ce que dit Martin de Vizcay de la manière dont on traitait de son temps les *Agotes* : « Il ne leur est point permis de se mêler aux populations; ils habitent de pauvres huttes séparées des autres maisons; on les regarde comme des pestiférés. Ils ne sont point admis aux emplois publics ; il ne leur est jamais permis de s'asseoir à la même table que les naturels du pays. Boire dans un verre que leurs lèvres auraient touché, serait comme boire du poison. A l'église, ils ne peuvent entrer plus avant que le bénitier. Ils ne vont point à l'offrande, près de l'autel, ainsi que cela se pratique pour les fidèles; mais après l'offertoire, le prêtre se rend à la porte de l'église où ils se tiennent, et c'est là qu'ils font leur offrande. On ne leur donne point la paix à la messe; ou, si l'on la leur donne, c'est avec un porte-paix différent, ou avec le revers du porte-paix ordinaire. S'allier à eux par des mariages, ce serait se rendre infâme, et il n'y a pas eu jusqu'ici d'exemple de pareille union. Je me souviens, ajoute D. Martin, que dans mon enfance on leur défendit toute espèce d'armes, à l'exception d'un couteau sans pointe; comme si l'on avait pu craindre qu'ils ne voulussent de nouveau se rendre maîtres du pays. La fureur et la rage contre ces pauvres gens sont arrivées à un tel point, qu'on leur attribue des défauts naturels qu'évidemment ils n'ont pas : on prétend, par exemple, que tous ont une haleine empestée, qu'ils n'éprouvent pas le besoin de se moucher, qu'ils sont sujets à un flux de sang et de semence continuel, qu'ils naissent avec une longue queue, et autres choses aussi palpablement fausses et absurdes, mais qui ne laissent pas de se répandre, par voie de tradition, parmi nous [1], » etc. L'auteur dit aussi ce qu'il pense de ces injustes traitements, et il se donne la peine de démontrer en vingt pages, soit par l'Écriture-Sainte, soit par le témoignage de l'antiquité, que cette conduite n'est conforme ni à la saine raison ni à notre sainte religion.

Au commencement du XVIIe siècle également, le savant André du Chesne parlait ainsi des Cagots, dans un ouvrage que l'abbé Ladvocat voudrait retrancher du catalogue de ses productions [2] : « Je ne veux oublier finissant ce Chapitre... qu'en ce pays, comme en celuy de Bearn, et en plusieurs endroicts de Gascongne, habite une sorte d'hommes appellez vulgairement Capots ou Gahets, qu'un chacun fuit et deteste comme ladres, et qui ont l'haleine fort puante, tous charpentiers et tonneliers, vrays restes de la race de Giezi, ou comme tiennent quelques uns, des Albigeois heretiques. Quoy que c'en soit, separez du commun, et de domicile pendant leur vie, et de cimetiere après leur mort [3]. »

L'opinion qui donnait aux Cagots les Juifs pour ancêtres n'était qu'une croyance populaire née d'une mauvaise application d'un verset de l'Écriture-Sainte, lorsqu'un savant, adoptant cette origine, y joignit une démonstration puisée dans la philologie. Suivant François Bosquet [4], les Capots auraient été ainsi nommés du latin *capus*, qui signifie dans

---

[1] *Drecho de Naturaleza*, fol. 126 et 127.

[2] « Il y a tout lieu de croire que cet ouvrage, attribué à André du Chesne, n'est pas de lui, car il étoit trop habile pour faire un tel livre. »

[3] *Les Antiquitez et Recherches des villes, chasteaux, et places plus remarquables de toute la France... A Paris, chez Louys Boulenger, M. DC. XXIX. in-8 ; second livre, chap. XXIII, pag. 732, 733.

[4] *Innocentii tertii pontificis maximi Epistolarum Libri quatuor, Regestorum .xiii.xiv.xv.xvi... Nunc primum edunt sodales eiusdem collegij (Fuxensis), et Notis illustrat Franciscus Bosquetus Narbonensis IC*tus*. Tolosæ Tectosagum, apud societatem Tolosanam, M. DC. XXXV. in-folio; notæ, pag. 35, 36.

les auteurs du moyen-âge, comme dans Théodulphe d'Orléans, un épervier, *a capiendo*; d'où il estime que les capitulaires de Charles-le-Chauve ont donné par sobriquet le nom
de *capi* aux Juifs, à cause des usures et des rapines qu'ils
exerçaient : signification qui se rapporterait à celle du mot
gahet en gascon. Cette explication est ingénieuse; mais elle
pèche par la base, et P. de Marca, dans le dernier paragraphe
d'un chapitre que nous rapporterons plus loin, n'a pas eu
de peine à signaler l'incertitude de l'une des preuves que
Bosquet apporte en faveur de son opinion.

A quelques années de là, Oihenart écrivait, dans son curieux ouvrage sur le Pays Basque et la Gascogne, ce passage
qui a été si souvent invoqué, et qui, à ce titre, mérite d'être
cité en entier : «Quant à ce que rapportent Belle-Forest et Paul
Merula de cette race d'hommes que les Gascons appellent
Cagots, quelques uns *Capots*, les Bordelais *Gahets*, les Basques et les Navarrais *Agots*, à savoir qu'ils sont tenus pour
infectés de la lèpre et pour infectant les autres, qu'ils ont
sur leurs figures et dans leurs actions quelque chose qui appelle sur eux le mépris et la haine, et que tous ont l'haleine puante, je ne saurais, pour moi, l'affirmer; car je
crains que cette opinion ne soit basée sur des préjugés populaires plutôt que sur des faits. Je ne nierai pas, cependant,
qu'ils soient en butte au mépris public, à un tel point que
même dans leur propre patrie, ils sont tenus pour étrangers,
ne sont admis ni aux fonctions publiques ni aux honneurs, et
ne peuvent jouir enfin des choses communes aux habitants
d'une même rue ou d'un même village. Non-seulement on
leur interdit tout mariage et tout commerce avec les indigènes; mais encore un arrêt du parlement de Bordeaux leur a
formellement défendu, sous peine d'être battus, de paraître
en public sans chaussure et sans un morceau de drap rouge
attaché à leur habit en lieu apparent. Dans la plupart des

communes, ils ont leurs domiciles dans des lieux éloignés de toute habitation ; dans les églises même ils ont des places distinctes et des bénitiers à part. Aussi sont-ils voués à des métiers vils et mènent-ils une vie misérable et abjecte. Il résulte de plusieurs monuments anciens qu'ils portèrent autrefois le nom de *chrétiens*, et l'usage de cette dénomination n'est pas encore perdu pour nous. Eux, de leur côté, nous appellent *pellutas* [1], c'est-à-dire *velus* ou *chevelus*, d'où certains ont conjecturé assez ingénieusement que ce sont des restes des Goths, autrefois maîtres de l'Aquitaine ; que la répugnance si marquée des Gascons pour ces êtres misérables provient de leur vieille haine contre les Goths, leurs éternels ennemis ; que ce nom de *chrétiens* leur fut donné par des hommes encore étrangers à la foi chrétienne, et est ainsi resté jusqu'à nos jours attaché à cette lie des Goths ; enfin que le nom de *pellutas* ou de *chevelus* doit être rapporté à l'ancienne habitude qu'avaient les Aquitains de laisser croître leur chevelure [2]. »

Six ans plus tard, un historien ecclésiastique, ayant à parler des éléments étrangers que les événements politiques avaient portés dans la population de l'Aquitaine, exprime la croyance où il est que les Cagots descendent des Goths : « Le second meslange, dit-il, fut fait au temps de l'Empereur Honoré qui livra ce Païs aux Gots, lesquels

---

[1] Ici Oihenart transporte matériellement dans le latin un mot basque. *Peloutac*, s'il faut en croire M. Larrégorry, instituteur à Larceveau, est le nom que donnent les *Agotac* au reste de la population. « *Ellos* (m'écrivait D. José Matias Elizalde, ancien supérieur des Prémontrés d'Urdax, à propos des Agots) *llaman perlutas á los que no son de su raza.* » Une autre personne native de la vallée de Baztan, et à laquelle le texte d'Oihenart était inconnu, me disait que dans sa jeunesse, toutes les fois qu'elle rencontrait un Agot, elle lui criait : *Agote, agote!* A quoi celui-ci répondait : *Perlute, perlute!* Je n'ai pu trouver ce mot dans les dictionnaires.

[2] *Notitia utriusque Vasconiæ*... Authore Arnaldo Oihenarto Mauleosolensi. Parisiis, sumptibus Sebastiani Cramoisy... M. DC. XXXVIII. in-4; lib. III, cap. V, pag. 414, 415.

estans Maistres de la Province, il est plus que croyable
qu'ils se meslerent avec les naturels du Païs. Il est neantmoins à presumer que le meslange fut petit, à cause de la
haine qui estoit entr'eux, laquelle alla s'augmentant si fort
que les Gots estans Arriens persecuterent les Aquitains qui
estoient Catholiques, pour raison de laquelle persecution ils
furent chassés par Clovis de toute l'Aquitaine : Que s'il en
demeura quelqu'un, ce furent quelque plus que petites
gens qui vivent encore aujourd'huy en Gascogne soubs le
vil et abject nom de Capots, sans se mesler par Mariage
mesme avec les plus pauvres du Païs [1]. •

La question en était à ce point, lorsque Pierre de Marca tenta
de lui donner une autre solution. A cet effet, il fit de nouvelles
recherches, dont nous devons lui savoir gré, et sa conclusion
fut que les Cagots des Pyrénées et de la Gascogne, les seuls
qu'il connût, descendaient des Sarrazins : « I. Je suis obligé
(dit-il) d'examiner en cét endroit l'opinion vulgaire qui a
prevalu dans les esprits de plusieurs, et qui mesmes a esté
publiée par Belleforest, touchant cette condition de personnes qui sont habituées en Bearn, et en plusieurs endroits de Gascogne sous le nom de Cagots ou de Capots, à
sçavoir qu'ils sont descendus des Wisigots, qui resterent
en ces quartiers apres leur deroute generale. Cette difficulté
ne peut estre bien resoluë, sans avoir representé l'Estat de
ces miserables, qui sont tenuës et censées pour personnes
ladres et infectes, ausquelles par article expres de la Coustume de Bearn, et par l'usage des Provinces voisines, la
conversation familiere avec le reste du peuple est severement interdicte : de maniere que mesmes dans les Eglises,
ils ont une porte separée pour y entrer, avec leur benes-

---

[1] *Histoire sacrée d'Aquitaine*, etc. Première partie. Par le R.P. Jean
Baiole de la Compagnie de Jésus. A Caors, par Jean d'Alvy, M.DC.XLIV.
in-4; chap. VI, parag. VI, p. 36.

tier, et leur siege pour toute la famille, sont logez à l'escart
des villes et des villages, où ils possedent quelques petites
maisons, font ordinaire mestier de charpentiers, et ne peuvent porter autres armes ni ferremens que ceux qui sont
propres à leur travail. Ils sont chargez d'une infamie de
fait, quoi que non pas entierement de celle de droit, estans
capables d'estre oüis en tesmoignage; combien que suivant
le For ancien de Bearn, le nombre de sept personnes de
cette condition fust necessaire, pour valoir la deposition
d'un autre homme ordinaire. On croit donc, que le nom de
Cagots leur a esté donné, comme si l'on vouloit dire *Caas
Goths*, c'est à dire Chiens Goths, ce reproche leur estant
resté, aussi bien que le soubçon de ladrerie, en haine de
l'Arianisme que les Goths avoient professé, et des rigueurs
qu'ils avoient exercées dans ces contrées; et l'on se persuade qu'en suite, pour une peine de leur servitude, on
leur avoit imposé de couper le bois, comme l'on fit aux
Gabaonites.

« II. Mais je ne puis gouster ceste pensée, qui ne prend
son fondement que du rencontre de ce nom de Cagot, avec
l'origine qu'on lui donne : d'autant plus que cette denomination n'est pas si propre à ces pauvres gens, que plusieurs
autres qu'on leur a données, et ne se trouve escrite que
dans la Nouvelle Coustume de Bearn reformée l'an 1551.
Au lieu que les anciens Fors escrits à la main, d'où cét article a esté transcrit, portent formellement le nom de
Chrestiaas ou de *Chrestiens*, et de là l'endroit des paroisses
où ils sont bastis, se nomme par le vulgaire le quartier des
Chrestiens, comme aussi on leur donne plus ordinairement
dans les discours familiers, le nom de Chrestiens que de
Cagots. Dans le Cayer des Estats tenus à Pau l'an 1460, ils
sont nommés Chrestiens et Gezitains. En Basse Navarre,
Bigorre, Armaignac, Marsan, et Chalosse, on leur donne di-

vers noms, de Capots, Gahets, Gezits, Gezitains et de Chrestiens : où ils sont aussi rejetés du commerce ordinaire et de la conversation familiere, pour estre soubçonnés de ladrerie. Ce soubçon estoit si fort en Bearn, en cette année 1460, que les Estats demanderent à Gaston de Bearn Prince de Navarre, qu'il leur fust defendu de marcher pieds nuds par les ruës, de peur de l'infection, et qu'il fust permis, en cas de contrevention, de leur percer les pieds avec un fer; et de plus, que pour les distinguer des autres hommes, il leur fust enjoint de porter sur leurs habits l'ancienne marque de pied d'oye, ou de canard, laquelle ils avoient abandonnée depuis quelque temps. Cét article neantmoins ne fut pas respondu. Ce qui fait voir que le Conseil du Prince n'adheroit pas entierement à l'animosité des Estats, et qu'il n'estimoit pas que ces gens fussent vrayement infectés de ladrerie ; d'autant que s'ils eussent esté persuadés de cette opinion, il n'y avoit point de difficulté de faire les defences à ces miserables, de marcher pieds nuds par les ruës : comme fit Mahavia le Calyphe de Damas aux ladres de son Royaume, ainsi qu'on lit dans la Chronique d'Abraham Zacuth. Je conclus de ce que dessus, que les diverses denominations de Chrestiens et Gezitains, le soupçon de vraye ladrerie, et la marque du pied d'oye ne pouvans s'accommoder à l'origine des Goths, qui estoient illustres en extraction, esloignés d'infection, et suivant Salvian, de profession Chrestienne, quoi que neantmoins Ariene, il est necessaire de tourner ailleurs sa conjecture, et rechercher une descente, à laquelle tous les soubriquets puissent convenir.

« III. Je pense donc qu'ils sont descendus des Sarasins, qui resterent en Gascogne apres que Charles Martel eut deffait Abdirama, qui en son passage avoit occupé les avenuës des Monts Pyrenées, et toute la Province d'Aux, comme l'escrit formellement Roderic de Tolede en son histoire

Arabique. On leur donna la vie en faveur de leur conversion à la Religion Chrestienne, d'où ils tirerent le nom de Chrestiens ; et neantmoins on conserva toute entiere en leur persone, la haine de la nation Sarasinesque ; d'où vient le surnom de Gezitains, la persuasion qu'ils sont ladres, et la marque du pied d'oye. Pour bien comprendre ceci, il faut presupposer que le siege de l'Empire des Sarasins fut establi en la ville de Damas de Syrie, comme l'on apprend de l'histoire Grecque de Zonare, de l'Arabique publiée par Erpennius, et de l'Espagnole escrite par Isidore de Badajos il y a neuf cens ans. De sorte que l'Afrique ayant esté conquise par les lieutenans du Calyphe de Damas, l'Espagne fut la suite de leurs victoires, et cette armée Mahometaine que le General Abdirama Sarasin fit penetrer de l'Espagne dans les Gaules, marchoit sous les auspices du roi Sarasin de Damas en Syrie. Or comme les medecins remarquent qu'il y a plusieurs païs sujets à certaines maladies locales, la Province de Syrie et celle de Judée sont sujetes à la ladrerie, comme a observé cét ancien medecin Ætius, et Philon le Juif, qui de là tire une raison de police touchant la defense faite aux Juifs de manger de la chair de pourceau. La preuve de cette infection pour les Syriens se tire aussi de l'histoire de Naaman de Syrie qui fut gueri de sa Lepre par Elisée, mais Giezi en fut frapé pour le prix de son avarice. C'est pourquoi les anciens Gascons encore qu'ils donassent la vie aux Sarasins, qui embrassoient la religion Chrestienne, conserverent neantmoins cette opinion, qu'ils estoient ladres, comme estans du Païs de Syrie, qui est sujet à cette infection ; et pour justifier leur sentiment animé de la haine publique, employoient la lepre de Giezi, d'où vient la denomination de *Gezits*, et *Gezitains*.

« VI. Ils leur ont aussi tousjours reproché leur puanteur et leur odeur infecte, non seulement en haine de leur tyrannie, comme les Italiens donnoient cette mauvaise reputation aux Lombards, ainsi qu'on voit dans l'Epistre adressée à Charlemagne par le pape Estienne, qui pour le divertir du mariage de Berte fille de Didier Roi des Lombards, lui represente l'infection et la mauvaise odeur qui accompagnoit ordinairement la race des Lombards ; Mais parce qu'on a tousjours observé par experience, que les Sarasins sentoient mal, et avoient une odeur puante, qui exhaloit de leur corps. Ce qui est tellement vrai, qu'ils estimoient que cette mauvaise odeur ne pouvoit leur estre ostée, que par le moyen du Baptesme des Chrestiens; auquel pour cét effet ces Agareniens ou Sarasins presentoient leurs enfans, suivant leur anciene coustume, ainsi que tesmoigne le Patriarche Lucas en sa sentence Synodique, et Balsamon sur le Canon xix. du Concile de Sardique; laquelle coustume les Turcs continuënt encore aujourd'hui. Aussi Burchard en la description de la Terre Sainte, certifie que les Puans Sarasins avaient accoustumé de son temps, c'est à dire il y a 600. ans, de se laver en cette fontaine d'Egypte, où la tradition enseignoit que nostre Dame lavoit son petit enfant, et nostre grand maistre ; et que par le benefice de ce lavement, ils perdoient la mauvaise odeur qui leur est comme hereditaire, ainsi que parle Burchard. A quoi j'adjousterai ce que Brouverus a remarqué des Juifs, qu'ils estoient aussi diffamés anciennement d'exhaler une fascheuse odeur; que Fortunat escrit avoir esté effacée par le Saint Baptesme, que l'Evesque Avitus leur confera. Ils ont autrefois esté accusés d'en procurer le remede, par le sang des enfants Chrestiens, qu'ils tuoient le Vendredi saint, pour prendre ce sang meslé avec leurs azymes, comme ils pratiquerent en la personne du petit Simeon, en la ville de Trente, l'an 1475. au rapport de Jean Matthias Medecin, et auparavant en la ville de Fulde, du temps de l'Empereur Frideric l'an 1236.

« V. Ayant recherché l'origine de l'imputation de la Ladrerie, et de la puanteur des Gezitains ou Cagots, dans la
race des Sarasins; on doit deriver de la mesme source, la
marque du pied d'Oye ou de Canard, qu'ils estoient contraincts anciennement de porter, quoi que l'usage en soit
maintenant aboli. Combien que par Arrest donné contradictoirement au Parlement de Bourdeaux, il ait esté autresfois
commandé aux Cagots de Soule de porter la marque du pied
d'oye ou de canard. Car comme le plus fort et le plus salutaire remede, qui soit proposé dans l'Alcoran pour la purgation des pechés, consiste aux lavemens de tout le corps,
ou d'une de ses parties que les Mahometains prattiquent
sept fois, ou pour le moins trois fois chasque jour, on ne
pouvoit conserver la memoire de la superstition Sarasinesque, par un Charactere plus expres, que par le pied de l'Oye,
qui est un animal qui se plaist à nager ordinairement dans
les eaux ; neantmoins en Catalogne la marque d'un Sarasin
estoit de porter des cheveux rasez, et coupés en rond, sous
peine de cinq sols, ou de dix coups de foüet sur la ruë,
suivant l'ordonnance des Estats tenus à Leride l'an 1301.

« VI. Il reste de satisfaire à la denomination de Cagots ;
laquelle, outre qu'elle est en usage dans le Bearn, est aussi
pratiquée au reste de la Gascogne sous le nom de Capots,
et mesmes en la Haute Navarre, où cette sorte de gens sont
appelés *Agotes* et *Cagotes*. Sur quoi je n'ai rien de plus vrai-
semblable à proposer, sinon qu'on leur faisoit ce reproche, pour se mocquer de la vanité des Sarasins, qui ayans
surmonté les Espagnes, mettoient entre leurs qualités, celle
de vainqueurs des Goths, comme faisoit Alboacen le Roi
More de Conimbre petit fils de Tarif en son Edit, qui est
au Monastere de Lorban en Portugal, lequel Edit Sandoval
a produit en ses Notes sur Sampyrus. On pretendoit donc
leur donner le tiltre de leur vanterie, en les qualifiant Chiens

ou Chasseurs des Goths, par une signification active : de mesme que Ciceron nomme Chiens, ces effrontés qui servoient aux desseins de Verrés, pour butiner la Sicile; si l'on n'aime mieux croire que c'est un ancien Reproche, et terme de mespris tiré de ce convice de *Concagatus*, dont il est fait mention dans la Loi Salique. Ce qui peut estre confirmé, de ce que lors qu'on veut à bon escient mespriser ces gens, ou injurier quelque autre personne, on employe le nom de Cagot pour un Convice tres-atroce.

« VII. Pour clorre ma conjecture, touchant la descente des Cagots, et la defence qui leur est faite de se mesler en conversation familiere avec le reste du Peuple ; je pense qu'outre l'opinion de la lepre qu'on leur a tousjours imputée, l'ordre qui fut tenu dés le commencement en leur conversion, peut avoir donné lieu à la Coustume qui a perseveré depuis, de les escarter du commerce ordinaire des hommes, particulierement en ce qui regarde les repas, que nos païsans ne veulent jamais prendre communément avec eux. Car comme ils devoient estre instruits en la foi Chrestienne, avant que de recevoir le Baptesme, et passer par les degrés des Catechumenes, pendant une ou deux années à la discretion des Evesques; il faloit aussi qu'ils fussent traictés en qualité de Catechumenes, pour ce qui regarde la conversation avec les autres Chrestiens; qui estoit severement inter^{s.} dite aux Catechumenes, ainsi que l'on voit dans le Chapitre v. du Concile de Mayence tenu sous Charlemagne, en ces termes : *Les Catechumenes ne doivent point manger avec les baptizés ni les baiser, moins encore les Gentils ou Payens.* Ce qui fut fait au commencement par ceremonie Ecclesiastique, d'escarter les Sarasins nouveaux Catechumenes de la communication des repas et du baiser avec les autres Chrestiens, passa en Coustume à cause de la haine de la nation, accompagnée du soupçon de ladrerie ; qui s'est augmenté avec le temps, à mesure qu'on a ignoré la vraye origine de leur separation. Car à vrai dire, ces pauvres gens ne sont point tachés de lepre, comme les Medecins plus sçavans attestent, et entr'autres le sieur de Nogués Medecin du Roi et du païs de Bearn, tres-recommandable pour sa doctrine, et pour les autres bonnes qualités qui sont en lui; lequel apres avoir examiné leur sang qu'il a trouvé bon et loüable, et consideré la constitution de leurs corps, qui est ordi-nairement forte, vigoureuse et pleine de santé, leur a ac-cordé son certificat; afin qu'ils se pourveussent par devant le Roi, pour estre deschargés de la tache de leur infamie, puis que c'estoit la seule maladie qui les pouvoit rendre justement odieux au peuple.

« VIII. Cette aversion n'est pas seulement en Gascogne; mais aussi en la Haute-Navarre, où les prestres faisoient dificulté de les oüir en confession, et de leur administrer les sacremens l'an 1514. de maniere qu'ils eurent recours au Pape Leon X. lequel ordona aux Ecclesiastiques de les admetre aux sacremens, comme les autres fideles. L'exposé de leur Requeste pretend de bailler à ces Agotes, ou Chres-tiens, (car c'est ainsi qu'il les nomme,) une origine toute nouvelle; disant que leurs ayeuls avoient fait profession de el'heresie des Albigeois, en haine de laquelle bien qu'ils l'eussent abandonnée, on les chargea d'infamie, qui pas-soit à leur posterité. Mais il y a de la surprise en cette Re-queste, d'autant que les Cagots sont plus anciens que les Albigeois. Car ceux-ci commencerent à paroistre en Lan-guedoc environ l'année 1180. et furent ruinés l'an 1215. et neantmoins les Cagots estoient reconnus sous le nom de Chrestiens, dés l'an mille, ainsi qu'on remarque dans le Chartulaire de l'Abbaye de Luc; et l'Ancien For de Navarre qui fut compilé du temps du Roi Sancé Ramires environ l'an 1074. fait mention de ces gens, sous le nom de Gaffos, d'où est venu celui de Gahets en Gascogne, et les metant au rang des ladres, les traite avec la mesme rigueur que le For de Bearn [1]. »

L'opinion de P. de Marca fut acceptée par ses contemporains comme le dernier mot de la science, et les plus habiles se bornèrent à renvoyer à son livre [2] : aussi se passat-il un siècle sans que la question de l'origine des Cagots fût remise sur le tapis, au moins en France; car, de l'autre côté des Pyrénées, le P. Joseph de Moret lui consacrait quelques lignes dans ses Annales de Navarre [3]. Cet écrivain,

[1] *Histoire de Bearn...* par M⁰ Pierre de Marca... A Paris, chez la reuve Jean Camusat, M. DC. XL. in-folio; livre 1ᵉʳ, chap. XVI, p. 71-75. Le ravail de P. de Marca sur les Cagots du Béarn a été répété par Ménage. Voyez son Dictionnaire étymologique de la langue françoise, édition de 1750, tom. 1ᵉʳ, pag. 280-284.

[2] Dans son édition du Glossaire du droit françois, de Ragueau (A Paris,... chez Jean et Michel Guignard, M. D. CC. IV. deux volumes in-4°), Eusèbe de Laurière se borne à citer l'ouvrage de P. de Marca et celui de P. Morula. Voyez tom. 1ᵉʳ, pag. 193. Quant à Ragueau, il s'était contenté de renvoyer à la coutume de Béarn.

[3] « A las reliquias disipadas de aquel Exercito de los Albigenses sospechan algunos se debe atribuir el nombre aborrecido de los que llaman Agòtes, de los quales algunas Familias derrotadas, y fugitivas de su Suelo ocupado por las Armas Catholicas, aportaron, derramadas como en borrasca, à varias Regiones de la Frontera del Pyrinèo : y quieren justificar con las Censuras de la Iglesia, y Òdio de aquella Rebelion à ella el sumo vilipéndio, y tratamiento. peor que de Esclavos, con que se ven apartados, como Gente contagiosa, de los Pueblos, y condenados à los oficios mas viles de la Republica : y ni aun dentro de las Iglesias, y Templos admitilos promiscuamente, sinon con gran distincion : dandoles el origen del nombre de *Agotes*, como de descendientes de Godos; por haver dominado éstos largo tiempo en aquellas Comarcas de Tolosa, y averse llamado por esto aquella Provincia Gàlia Gòthica. En quanto à esta causa del odio, nacido de la Rebelion de ahora à la Iglesia, no tenemos cosa particular, que assegurar. El origen del nombre tomado de los Godos parece cierto. Porque aun oy en Lengua Vulgar se llama aquella Provincia *Languedòc*, esto es, Landas, ò Campos de los Godos, que esso vale Landa en el Idioma Vascònico. Y el mismo origen de voz tienen los Campos, que llaman en Francia *Landas de Burdèos* : naciendo el nombre de los Vàscones confinantes con una, y otra Region, que passaron à Francia. reynando Leovigildo. Pero sin que entrasse esta causa mas reciente, el odio, y tratamiento de esta Gente pudo originarse bastantemente, de lo que aborrecieron los Vàscones, y Aledaños el nombre, y Señorío de los Godos con Guerra casi

qui parait ignorer ce qui avait été dit avant lui sur le même sujet, penche à voir dans les Cagots les descendans des Albigeois, et pose en fait que leur nom est dérivé de celui des Goths : assertion qu'il accompagne de démonstrations plus bizarres que concluantes.

Cette opinion sur la descendance des Agots, contre laquelle D. Martin de Vizcay, comme on l'a vu, s'était déjà élevé, ne prévalut pas contre celle qui leur donnait les Goths pour ancêtres. On en voit la preuve dans un factum publié pour eux en 1674 [1], et dans les ouvrages d'un colonel espagnol, D. Juan de Perocheguy, qui n'hésite point à affirmer que les Goths ou Agots (ce qui, dit-il, est la même chose) proviennent des débris de l'armée d'Alaric II, mise en déroute par Clovis [2].

Le premier auteur français, qui, au XVIIIe siècle, ait reparlé des Cagots, est Le Duchat, qui, à propos d'un livre de la librairie de Saint-Victor, dont Rabelais donne le catalogue burlesque [3], dit qu'ils descendent des Goths et des Sarra-

---

continua de tres siglos. » *Annales del Reyno de Navarra*, etc., tomo III. En Pamplona : En la Imprenta de Pascual Ibañez... Año MDCC. LXVI. in-folio; lib. XX, cap. VI, n° 22, p. 119, 120.

[1] « Pero esas partes... imitando la sangre Goda que arde en sus venas, » etc. Pag. 52.

[2] « Ni tampoco quiero hacer mencion de la Batalla, que ganó (Clovis) contra el segundo Alarico el Godo Arriano en los campos de Poitiers en el año 506. de cuya muerte, y total derrota provienen los Gots, ó Agotes, (que es lo mismo) que existen con tan vilipendiosa nota, è infeliz distincion en el Pais Bascongado, y con especialidad en Baztan, de 1243. Años a esta parte. » *Reflexiones curiosas y notables sobre la ciencia y valor para la guerra*, etc. Año 1752, con licencia. En Pamplona : Por los herederos de Martinez, in-8, p. 68, 69. « La (nacion) Española tiene la propiedad del oro, que resiste à ligarse con los demàs metales, conforme han practicado, y practican los Bascongados con los Agotes, que ha 1253. años que se introdugeron en el Ilual de Baslan, y sus confines, sin que hayan podido lograr alianza alguna con los Naturales, los que à mi parecer se desvian de las maximas Evangelicas, y de lo que nos manda nuestra Sagrada Religion. » *Origen de la Nacion Basconyada, y de su Lengua*, etc. En Pamplona, en la Imprenta de los Heredros (*sic*) de Martinez. Año 1760, petit in-8°, pag. 36.

[3] *Pantagruel*, liv. II, chap. VII.

zins, et qu'ils sont aussi puants que peu orthodoxes [1]. Plus loin, le même commentateur, voulant expliquer l'expression *quanard de Savoie*, par laquelle son auteur semble désigner les Vaudois, dit qu'il fait allusion aux Cagots, qu'on tenait, ajoute-t-il, pour également infectés d'hérésie [2].

Comme je l'ai dit, l'opinion de Marca sur l'origine des Cagots avait prévalu sur toutes les autres; un avocat au parlement de Toulouse, M. Vanque-Bellecour, crut avoir trouvé un argument sans réplique en faveur de ce système. Voici comment il s'exprime dans un factum contre les Cagots de Monbert : « On lit dans l'Histoire Universelle de Charron, que le valeureux Yezith, ou Gizith avoit rempli toute la terre de son nom glorieux par la brillante défaite de Hocmen, fils d'Ali, gendre et neveu de Mahomet. Voilà tout le mystère que renferme le mot Yesite dévoilé, et qui ne permet plus de douter que les Cagots ne descendent des Sarrasins, puisque le mot Yezite est un composé de celui de Yezith, grand Emir, ou Califfe des Sarrasins [3]. »

Quelle que fût la force de cet argument, les populations pyrénéennes, surtout les Basques!, persistèrent à regarder les Cagots comme les descendants des Wisigoths : nous en avons pour garant Boureau Deslandes, qui, en 1753, donnait quelques détails sur les Agots du pays de Labourd [4], et pour preuve un passage du P. Manuel de La-

<hr/>

[1] *Œuvres de maître François Rabelais, avec des remarques historiques et critiques de M. Le Duchat*... A Amsterdam, chez Jean Frederic Bernard. M. DCC. XLI. trois vol. in-4; tom. 1er, pag. 235, note 82. Le Duchat y cite P. de Marca.

[2] *Ibidem*, tom. 1er, pag. 266. La note se termine par un renvoi au *Scaligerana*.

[3] *Dissertations sur les anciens Monumens de la ville de Bordeaux, sur les Gahets, etc.*, par M. l'abbé Venuti... A Bordeaux, chez Jean Chappuis, etc. M. DCC. LIV. in-4; pag. 136.

[4] *De quelques particularités peu connuës du païs de Labourd (Recueil de différents traités de physique et d'histoire naturelle,... seconde édition. A Paris, chez J. F. Quillau, MDCCXLVIII—M.DCC.LIII, trois volumes in-12; tom. II, pag. 113).

ramendi [1], où, tout en renvoyant au livre du P. de Marca, le savant Jésuite émet une opinion différente.

Sans nous arrêter à ce que disent les auteurs du Dictionnaire de Trévoux, qui, sous les mots CAGOT et CAPOT, citent du Chesne, P. de Marca, F. de Belle-Forest et Bosquet; sans faire autre chose que nommer DD. Cl. de Vic et Vaissete [2], D. Louis-Clément de Brugeles [3], et Moréri [4], qui citent P. de Marca; ni rapporter les paroles de l'intendant le Bret, qui le copie; nous examinerons les recherches que l'abbé Venuti a consacrées aux Gahets de Bordeaux [5]. Dans la première partie de son travail, le savant Italien, après avoir cité P. Merula, F. de Belle-Forest, Scaliger, Oihenart, du Cange, Ménage et P. de Marca, trace la triste histoire des Cagots, et rappelle les réglemens qui les concernaient. Il examine ensuite l'opinion de ceux qui leur assignent les Goths et les Wisigoths pour ancêtres, et croit pouvoir assurer qu'elle est erronnée. De là il passe à celle des écrivains qui les font descendre des Sarrazins, et il ne la trouve pas plus fondée que le sentiment de Bosquet, qui regarde les Cagots comme de race juive. Dans la seconde partie de ses recherches, Venuti tâche de prouver qu'ils sont des descendants de ces premiers chrétiens qui sortirent des provinces de Guienne, de Navarre, de Béarn et de Languedoc pour entreprendre le pélerinage de la Terre-Sainte, avant et après la célèbre époque des croisades d'occident, et qui re-

[1] *Diccionnario trilingue del Castellano, Bascuence, y Latin...* Año 1745. En San Sebastian : Por Bartholomé Riesgo y Montero, etc., deux volumes in-folio; tom. I, pag. xxj.

[2] *Histoire generale de Languedoc*, liv. xxxiv, chap. lxxix; éd. in-folio, tom. iv, pag. 492.

[3] *Chroniques ecclesiastiques du diocèse d'Auch...* A Toulouse, chez Jean-François Robert, M. DCC. XLVI. in-4 ; troisième partie, pag. 375.

[4] *Le grand Dictionnaire historique*, etc., Paris, M. D. CC. LIX. in-folio; pag. 25, col. 2, art. CAGOTS ou CAPOTS.

[5] *Diss. sur les anc. Mon. de Bord.*, etc., pag. 115-143.

/ vinrent avec la lèpre. Vers la fin de son travail, il parle des Cacous de Bretagne, d'après les textes publiés par DD. Martene et Lobineau, et il émet l'opinion que ces malheureux ont la même origine que les Cagots.

Bullet, qui, vers la même époque, publiait deux ouvrages où il est question des Cagots pyrénéens et des Caqueux bretons, se montra d'un avis contraire en tout point. Dans le premier, après avoir touché un mot des Cagots d'après P. de Marca, qu'il cite, et rapporté qu'ils se sont toujours dits descendus des Albigeois, quoique cet aveu ne fût pas à leur avantage, il demande si l'on ne peut pas « conjecturer que depuis que l'on eût représenté la Reine Berthe avec un pied d'oie, pour faire connoître la peine que le mépris des censures lui avait attirée, on contraignit les Albigeois, les Vaudois qui se révoltaient contre l'Eglise, qui méprisoient ses excommunications, à porter ce signe qui leur rappeloit continuellement le souvenir du châtiment que Dieu tiroit de ceux qui ne faisoient point de cas des peines canoniques[1]. » Dans le second des ouvrages que j'ai signalés plus haut[2], Bullet consacre aux Caqueux bretons, qu'il ne nomme même pas dans le premier, trois articles, dont le plus étendu est emprunté presque mot pour mot au Dictionnaire de la Langue Bretonne de D. Louis le Pelletier[3].

Le système de Venuti ne laissa pas néanmoins que de trouver des sectateurs. Parmi eux l'on peut compter M. de Paw, qui dans ses *Recherches philosophiques sur les Égyp-*

[1] *Dissertations sur la Mythologie françoise...* A Paris, chez N. L. Moutard, M. DCC. LXXI. in-8 ; pag. 62, 63. Dissertation sur la reine Pédauque.

[2] *Mémoires sur la langue celtique...* A Besançon, chez Cl. Daclin, M. DCC. LIV. — LX. trois vol. in-fol., aux mots Cacodd, Cacosi et Cacous.

[3] A Paris, chez François Delaguette, M. DCC. LII. in-fol., col. 105. Cet article a été également répété dans le Dictionnaire celto-breton de M. Le Gonidec, pag. 63, col. 2.

tiens et les Chinois [1], mentionne les Cagots, à propos des Poulichis et des Parias des Indes, et surtout des Porchers de l'Égypte, auxquels on avait interdit l'entrée des temples, qui étaient distingués du reste de la nation, et ne pouvaient s'allier qu'entre eux.

Cependant le peuple, dans le sud-ouest de la France, continuait à regarder les Cagots comme les descendants des Goths, tandis que les hommes éclairés se rangeaient de l'avis de P. de Marca, c'est-à-dire voyaient dans ces malheureux un resté des Sarrazins vaincus par Charles-Martel : c'est là du moins le parti que prirent deux foristes célèbres du xviiie siècle, M. de Maria et Labourt, qui, aux chapitres des droits du prince et des seigneurs, et des qualités des personnes, trai'ent assez longuement des Cagots [2].

Tels étaient les systèmes en vogue sur l'origine de ces parias, lorsque Court de Gebelin publia son Dictionnaire étymologique de la langue françoise, dans lequel on lit deux articles sur les races maudites dont nous parlons, l'un consacré aux Cagots, l'autre aux Cacous de la Bretagne. Dans le premier [3], il fait succinctement le détail des vexations dont les Cagots étaient l'objet, et il cite le travail de P. de Marca, dont, dit-il, on ne peut tirer aucun parti. Il mentionne aussi la dissertation de Venuti, que sans doute il n'avait pas lue;

---

[1] A Berlin, chez C. J. Decker, M. DCC. LXXIII. in-8; tom. 1er, pag. 188, 189.

[2] Les Mémoires et Éclaircissements sur le for et la coutume de Béarn, par M. de Maria, avocat, ne se trouvent que dans la bibliothèque de quelques érudits béarnais ; c'est un manuscrit estimé qu'on ne se procurerait à aucun prix. Celui que j'ai vu est de format in-folio, il contient 269 pages, et porte la date de 1767. Ce que l'auteur dit des Cagots se lit pag. 7 et 180.

L'ouvrage de Labourt sur le for et la coutume de Béarn est beaucoup plus complet et fort estimé; c'est un manuscrit très rare, dont je ne connais qu'un exemplaire, gros in-4 de 723 pages.

[3] *Monde primitif, analysé et comparé avec le monde moderne, considéré dans les origines françoises...* A Paris, chez l'Auteur, etc. M. DCC. LXXVIII. in-4; col. 244-246.

autrement il se serait bien gardé d'avancer que « aucun n'a fait attention que dans la Basse-Bretagne, on retrouve les mêmes phénomènes, les mêmes familles, le même nom à-peu-près, la même aversion, la même infamie. » Dans son second article [1], Court de Gebelin commence par citer ce que Bullet dit des Cacous, dans ses Mémoires sur la langue celtique, puis il mentionne les ordonnances de 1474 et 1475 qui les concernent, et rappelle que c'est au célèbre Hevin que l'on doit, si l'on en croit du Cange, la suppression de ces lois absurdes et ridicules. Il s'exprime ainsi en terminant : « Voilà donc un Peuple en France, du Nord au Midi, vivant de père en fils dans un état d'ignominie des plus odieux, sans qu'on en ait jamais pu découvrir la raison.

« Mais quand on se rappelle que chez tous les peuples il y a eu de pareils phénomènes ; que les Indiens ont dans leur sein une Caste nombreuse qu'ils regardent avec la même horreur ; que les Hébreux traitèrent de la même manière les Gabaonites ; que David condamna les Ammonites à être Scieurs ; que les Francs firent des Gaulois autant de serfs ; on ne peut s'empêcher de croire que ces *Cagots, Cacous, Cahets*, etc. livrés dans la Gascogne et dans la Basse-Bretagne à une ignominie aussi atroce, étoient les restes d'un ancien Peuple qui habitoit les mêmes contrées avant que les Bretons et les Cantabres fussent venus habiter la Bretagne et le Béarn, et qui ayant été vaincus par ces nouveaux Peuples, furent asservis à cette affreuse dépendance, pour leur ôter tout moyen de révolte, et pour servir aux besoins des Conquérans. »

En 1784, date de la publication du tome premier des Variétés Bordeloises, l'abbé Baurein recherchant l'origine des Gahets, à propos de ceux qui habitaient le village de Grate-

---

[1] *Ibidem,* col. 246, 247.

loup en Médoc, dit qu'on appelait ainsi dans la Guienne ceux qui avaient le malheur d'être atteints de la lèpre, et renvoie le lecteur au travail de P. de Marca, qu'il loue beaucoup et dont il adopte les conclusions. Il rapporte ensuite l'opinion de Venuti, et, après quelques observations tendant à prouver que les Sarrazins, à mesure qu'ils se rendaient maîtres du pays bordelais, y laissaient leurs femmes et leurs enfants avec des détachements suffisants pour les protéger, il ajoute : « C'est donc à cet événement qu'on peut attribuer l'origine des Gahets dans le pays Bordelois, quoique celle de la lèpre puisse avoir différentes causes dans les différentes contrées de l'Europe [1]. »

L'année suivante, l'opinion de P. de Marca et de Baurein trouva un écho dans Sanadon, pour qui les Cagots « sont une preuve subsistante que la liberté des Basques-Aquitains n'a point souffert des invasions des Sarrazins [2]. »

En 1786, un Espagnol conçut le noble projet d'attirer l'at-

---

[1] *Variétés Bordeloises, ou Essai historique et critique sur la Topographie ancienne et moderne du Diocèse de Bordeaux*, tom. 1er. A Bordeaux, chez les Frères Labottière, M. DCC. LXXXIV. in-8 ; pag. 257-264.

[2] *Essai sur la Noblesse des Basques, pour servir d'Introduction à l'Histoire générale de ces peuples*, etc. A Pau, de l'Imprimerie de J. P. Vignancour, M. DCC. LXXXV. in-8 ; pag. 163. Cet ouvrage a été traduit en espagnol et publié sous ce titre : *Ensayo sobre la Nobleza de los Bascongados, para que sirva de Introduccion a la Historia general de aquellos Pueblos... Traducido por D. Diego de Lazcano Presbytero...* Tolosa : M. DCC. LXXXVI. in-8. C'est probablement ce livre qui a fait dire à Arbanère, dans son ouvrage sur les Pyrénées, tom. II, pag. 264, que le père Sanadon avait écrit son traité en espagnol. M. Walckenaer, dans son article BÉLA (le chevalier de) de la Biographie universelle, tom. LVII, pag. 472, col. 1, prétend qu'Arbanère confond évidemment l'ouvrage du bénédictin français avec celui de Zamacola.

Dans le même article, le savant académicien dit que le chevalier de Béla, dans son Histoire des Basques, disserte savamment sur les races d'hommes qui habitent parmi eux et ne font pas partie de cette nation, tels que les Cagots et les Bohémiens. Ce travail a passé des héritiers de Tonnet, imprimeur-libraire à Pau, entre les mains de M. Walckenaer, qui en est le possesseur actuel.

tention du gouvernement de son pays et celle de ses compatriotes sur le sort des races maudites de la Péninsule : à cet effet, il publia un petit livre que l'on chercherait en vain dans nos bibliothèques [1]. La partie qui est consacrée aux Cagots de l'Espagne et de la France n'est autre chose que la traduction, quelque peu abrégée, du chapitre de P. de Marca. Après avoir rapporté les opinions diverses qui ont cours sur leur compte, il conclut que les Cagots ne sont pas lépreux, et que tout leur crime est d'avoir eu pour ancêtres, dans des temps fort reculés, des Maures ou des Juifs : ce qui n'empêche pas, dit l'auteur, qu'ils ne soient plus anciens chrétiens que le plus grand nombre de ceux qui leur donnent, dans l'intention de les flétrir, ce nom de Cagots, comme pour leur jeter à la face le reproche d'une conversion récente [2]. »

Ramond, qui visitait les Pyrénées en 1787, consacre un chapitre de sa relation [3] aux goitreux et aux Cagots, qu'il confond. Après quelques considérations générales sur le crétinisme des Alpes et des Pyrénées, l'auteur aborde l'histoire des Cagots, des Cacous, des Coliberts et des Gahets, qu'il retrace succinctement d'après Bullet, du Cange, Court

[1] *Apologia por los Agótes de Navarra, y los Chuetas de Mallorca, con una breve digresion á los Vaqueros de Asturias.* escrita por D. Miguel de Lardizabal y Uribe, de la Real Academia Geográfico-Histórica de Caballeros de Valladolid. Madrid MDCCXXXVI. Por la Viuda de Ibarra, Hijos y Compañia. Un volume petit in-8 espagnol, de 139 pages, plus le titre.

[2] « Con que en suma los Agótes no son leprosos, no tienen mas delito que descender muy á la larga de Moros, ó de Judíos; y sin embargo de ser Christianos harto mas viejos que muchísimos que los desprecian, hasta este nombre se le da por ignominia, como para echarles en cara una conversion reciente. » Pag. 13.

[3] *Observations faites dans les Pyrénées, pour servir de suite à des Observations sur les Alpes, insérées dans une Traduction des Lettres de W. Coxe, sur la Suisse* (Par M. Ramond de Carbonnières). A Paris, chez Belin, M. DCC. LXXXIX. deux parties in-8 ; chap. XI : Goitreux de la Vallée de Luchon. *Histoire des Cagots*, pag. 204-224. — A Liège, chez Dumoulin, M. DCC. XCII. in-8 ; pag. 175-192.

de Gebelin, Arcère et Pierre de Marca; puis recherchant l'origine de ces malheureux, il nie que les Cagots de la Gascogne descendent des Alains, ou des Sarrazins. « Des Arabes, s'écrie-t-il, livrés à eux-mêmes dans des lieux reculés, n'auroient-ils rien conservé de leur langage, de leur religion et de leurs mœurs? » Ramond examine ensuite le degré de confiance à accorder aux traditions qui s'obstinent à conserver les Goths pour ancêtres aux peuplades en question; et, après s'être trompé sur l'opinion de P. de Marca [1], il se range de l'avis de ceux qui voient dans les Cagots des descendants des Wisigoths. Il ne croit point, avec le prélat qui vient d'être nommé, que le nom de ces infortunés dérive de *Caas Goths*, Chiens de Goths, car *Cacous* et *Cahets* ne sauraient en venir; mais il pense que les Wisigoths, tous ariens, ayant été, pour les Gaulois et les Francs orthodoxes, un objet de scandale et d'aversion, ont pu, dès le temps de Childeric Ier, être nommés *Cagots*, *Cahets*, *Caffos*, c'est-à-dire, selon Court de Gebelin, *ladres et infects*; « car, ajoute-t-il, on n'a pas attribué le parfum à la sainteté, sans réserver l'infection à l'hérésie. » Plus loin, Ramond déclare que rien ne s'oppose à ce que les *Cahets* de Bordeaux soient des Alains, comme les *Coliberts* de l'Aunis, et il trace ainsi les diverses périodes de la triste histoire des Cagots : « Le refus des sacrements de l'église et de la sépulture des Chrétiens, fut la suite naturelle du ressentiment du clergé long-temps persécuté. On éloigna ces ariens des communautés, parce qu'ils étoient schismatiques, non parce qu'ils étoient lépreux. Ils devinrent lépreux, quand une dégénération successive, apanage naturel d'une race vouée à la pauvreté, et qui ne pouvoit se mêler avec d'autres races, y eut naturalisé

---

[1] « Seroit-ce donc des Goths,... comme l'a cru M. de Marca? » On sait que le savant évêque de Conserans pensait, au contraire, que les Cagots provenaient de Sarrazins restés en France après la bataille de Tours.

les maladies héréditaires. Peu à peu, sans doute, ils acquiescerent à la foi de l'Eglise; mais ils ne purent se régénérer. Ils cesserent d'être ariens, sans cesser d'être lépreux, et cesserent d'être lépreux sans cesser d'être livrés à tous les maux qu'engendre la viciation du sang et de la lymphe.

« Le gouvernement féodal, qui devint celui des barbares, quand ils renchérirent de barbarie, ne se contentoit plus de partager la terre avec le cultivateur; il s'approprioit les personnes avec les possessions, et le *Cagot* devint, dans la race des esclaves, un esclave de plus basse condition. En vain les communes rentrerent dans les droits de l'homme; il n'eut pour sa part que l'ombre de la liberté, et demeura dans une dépendance d'autant plus misérable, que, dans le nombre de ses tyrans, il n'avoit plus un maître qui pourvût à ses besoins. »

Ramond donne ensuite des détails sur quelques familles de Cagots, qu'il dit avoir vues de près, et il termine le chapitre par des réflexions philantropiques, à la mode alors presqu'autant que pendant la Révolution française, dont ses vœux appellent l'accomplissement, non pas telle qu'elle fut, mais comme elle eût dû être.

A l'époque où il parut, l'ouvrage de Ramond fut accueilli avec beaucoup de faveur; l'Académie des Sciences nomma des commissaires pour lui faire un rapport sur ce livre, et les journaux en rendirent le compte le plus avantageux [1]. Provoqué par les éloges qui accompagnaient l'analyse du travail de Ramond sur les Cagots, un Béarnais s'inscrivit en faux contre tous ces suffrages, et entreprit de prouver que ce travail péchait également contre le bon sens et contre la vérité.

« Les Cagots des Pyrénées, dit l'auteur au commence-

[1] Voyez le *Journal de Paris* du 7 janvier 1790, et les *Annales universelles*, livraison du 9 janvier de la même année.

ment de sa réfutation [1], peuvent exercer et exercent réellement telle profession que bon leur semble. Ils ne sont point esclaves ni ne le furent jamais. La misère, les maladies ne sont pas plus leur partage que celui de tous les citoyens qui les environnent. Ils ne sont point désarmés. Ils ne sont ni goitreux, ni imbécilles. Leur race n'a aucun caractère de dégénération. Leur articulation est aussi distincte que celle de tous les autres individus. Leur teint n'est ni livide ni basané. Leur complexion n'est ni plus foible, ni leur prétendue stupidité plus marquée que chez les autres hommes, » etc. L'auteur rapporte ensuite les articles du for de Béarn relatifs aux Cagots et aux ladres, qu'il parait confondre, et fait l'histoire de la première de ces deux classes de réprouvés, en se servant des documents connus de son temps, et en citant Pierre de Marca, ainsi que Labourt et de Maria, commentateurs de la coutume de Béarn. « Aux Cagots du Béarn, ajoute-t-il [2], M. Ramond joint encore ceux des deux Navarres. J'ai voyagé dans la Navarre espagnole, sans y avoir vu, ni entendu parler d'aucun Cagot : plusieurs assurent néanmoins qu'il en existe quelques uns; mais qu'on les y considère, lorsqu'ils en rapportent la preuve, comme des familles anciennes, dignes d'être assimilées à la meilleure Noblesse du pays. J'ai également voyagé dans la Navarre françoise : je n'y ai vu, ni entendu parler d'aucun Cagot, comme de fait il ne sauroit y en avoir. La Coutume de la Province Basque de Soule, rédigée en 1520, n'en fait nulle mention. » Hourcastremé continue de réfuter Ramond, non seulement pour ce qu'il dit des Cagots, mais relativement à son système sur la formation

---

[1] Les Aventures de messire Anselme, chevalier des loix, par M. Hourcastremé. A Paris, chez Bossange et Compagnie... 1792, in-8; tom. 1er, p. 375.
[2] Pag. 382.

des montagnes; loin de considérer, à l'exemple de ce savant, les Cagots comme des esclaves, il assure que, « d'après la Coutume, libres, ceux-ci avoient même la faculté d'acquérir des terres nobles, comme plusieurs d'entr'eux en ont aujourd'hui. » Enfin il termine de cette manière, p. 385 : « Né dans le Béarn [1], j'y ai connu cent Cagots; mais nul d'entr'eux n'avoit ni goîtres, ni la jaunisse. J'y ai au contraire observé des hommes bien faits, vigoureux; et surtout des femmes, qu'on eût mis au nombre des plus belles, s'il eût été question d'objets de comparaison. Plusieurs de ces Cagots y sont charpentiers, tourneurs, menuisiers; mais le plus grand nombre n'est ni l'un ni l'autre. J'en ai connu, non-seulement mariant sans difficulté leurs enfans à des non-Cagots; mais même avec des Nobles, et des Militaires, décorés de l'honorable Croix de St. Louis. Le Parlement de Pau en avoit, dit-on, n'aguères un parmi ses principaux Membres : la fortune, sur-tout, fait disparoître les préjugés. Les talens agréables, les sciences, le calcul ne leur sont point étrangers. Navarreins, par exemple, a vu les *Campagnet* se transmettre, depuis trois ou quatre générations, un violon très-recherché. J'ai vu le temps où il n'y avoit point de bonne fète, si le violon ou la flûte des *Campagnet* n'en étoient pas. Ils ont également eu leurs Poëtes et leurs Chansons; témoin celle qui commence par ces vers, marqués au coin de la plus gaie et de la plus sage philosophie :

Encouere qué Cagots siam,
Nou non dam;
Touts ém hils deou paï Adam.

Quoique nous soyons Cagots,
Peu nous importent des mots :
Nous sommes tous fils d'Adam.

« Pour couronner enfin leur apologie, disons que si j'étois,

[1] A Navarrenx. Voyez *les Aventures de messire Anselme*, t. 1, p. 365.

par ma mère au moins, le premier des Cagots Béarnois, je me nommerois Dufr**, et serois aujourd'hui le *Directeur du Trésor royal* du premier Empire de l'Europe [1]. »

A la même époque où Ramond visitait les Pyrénées, un autre voyageur, que nous croyons s'appeler Picquet [2], parcourait également ces montagnes. Il y vit des crétins, et en parla dans sa relation, dont la première édition parut au mois de janvier 1789, et la seconde 39 ans plus tard [3]. Tombant dans une erreur qui n'a été que trop répandue depuis, il confond ces malheureux avec les Cagots qu'il dit être « une descendance de ces Alains, Scythes d'origine, dont une partie paraît s'être fixée au pied des Pyrénées et dans le Valais, pour en garder les passages. » Un peu plus loin, il fait le tableau de la misérable condition à laquelle la haine populaire, secondée par la législature du pays, avait condamné ces « crétins, connus sous le nom de *Gots*, *Cagots* (chiens de Gots), Capots; » mais il ne nous apprend rien que nous ne sachions déjà. Enfin, revenant sur l'origine des infortunés dont il est question, il dit qu'ils descendent de « ces malheureux Gots, réfugiés dans les gorges

[1] Pag. 385, 386.

[2] M. Quérard, dans sa *France littéraire*, tom. VII, p. 146, col. 2, indique sous ce nom, probablement d'après Barbier (*Dictionnaire des anonymes et pseudonymes*, tom. III, p. 443, n° 19269), l'ouvrage suivant : « Voyage dans les Pyrénées françaises, dirigé principalement vers le Bigorre et les Vallées; suivi de quelques vérités nouvelles et importantes sur les eaux de Barèges et de Bagnères. Paris, 1789, in-8. » Or l'auteur du livre dont le titre va suivre, y dit, p. iij de l'avertissement, que le *Voyage aux Pyrénées françaises* fut publié, pour la première fois, en 1789; mais, plus loin, p. 225, en note, il cite Picqué.

[3] *Voyage aux Pyrénées françaises et espagnoles, dirigé principalement vers les vallées du Bigorre et d'Aragon; suivi de quelques vérités sur les eaux minérales qu'elles renferment, et les moyens de perfectionner l'économie pastorale.* Par J. P. P***. Seconde édition, entièrement refondue et augmentée. Paris, E. Babeuf, 1828, in-8. Les passages que nous citons se trouvent pag. 133, 136 et 137. Il existe une troisième édition de ce livre. Paris, librairie universelle de P. Mongie aîné, 1829, in-8. On peut y recourir aux mêmes pages que dans la précédente.

des Pyrénées, échappés aux vengeances de Clovis. » Un seul passage de cet écrivain fera, plus que tout ce que nous pourrions dire, apprécier son jugement et son érudition ; le voici : « L'archevêque Marca, né à Gand en Béarn, auteur d'une histoire insignifiante de son pays, a donné une grande preuve d'ignorance, en faisant descendre les crétins, gégistains de l'hébreu Giezi, serviteur d'Élisée et frappé de la lèpre. » L'auteur part de là pour faire une sortie contre les prêtres en style de 1789.

L'opinion de Ramond, sur laquelle celle que nous venons d'exposer parait calquée, fit fortune, si l'on en juge par la confiance avec laquelle Dusaulx la présente comme le dernier mot de la science [1], et par la seule citation historique que l'on rencontre dans un traité qui s'applique particulièrement aux goîtreux et aux crétins des Alpes françaises et italiennes [2]. Dans le cours de son travail, l'auteur s'en tient à ces deux classes d'affligés, qu'il considère sous le rapport exclusivement médical, et parait ne pas confondre avec eux aucune autre catégorie d'infirmes ou de réprouvés. Toutefois, on trouve pages 195 et 196 un renvoi à l'ouvrage de Ramond, d'où il résulte, ce me semble, que pour cette fois Fodéré confond ensemble les deux choses que je distingue et qu'il faut distinguer, c'est-à-dire les Cagots avec les crétins.

L'auteur du Voyage dans le Finistère, Cambry, qui visitait la Basse-Bretagne pendant la Terreur, et auquel on peut se fier pour tout ce qui est de tradition, donne les détails suivants sur les Caqueux du district de Quimperlé [3] :

[1] *Voyage à Barege et dans les Hautes Pyrénées, fait en* 1788... A Paris, de l'imprimerie de Didot jeune, M. DCC. XCVI. deux volumes in-8 ; tom. II, pag. 11 et 12, en note.

[2] *Traité du Goître et du Crétinisme, précédé d'un Discours sur l'influence de l'air humide sur l'entendement humain, par* F. E. Fodéré... Paris, germinal an VIII. in-8.

[3] *Voyage dans le Finistère, ou État de ce département en* 1794 et

« On voit aussi dans ces cantons quelques Caqueux, Cacouax, espèce de Parias, proscrits, qui vivent dans les landes, éloignés des habitations, sans qu'on communique avec eux : on les croyoit, au quinzième siècle, juifs d'origine, séparés par la lèpre des autres hommes. Ils font des cordes pour subsister...... Ces hommes, séparés des hommes, furent l'objet de mille contes extravagans : ils vendoient des sachets qui préservoient de tous les maux, jettoient de mauvais vents, donnoient des herbes dont la vertu faisoit vaincre à la lutte, à la course ; ils vous prédisoient l'avenir. On dit que le Vendredi-Saint, tous les Caqueux versent du sang par le nombril. Ces malheureux profitèrent sans doute de la stupidité, de la crédulité de leurs voisins. Beaucoup parvinrent à défricher des landes, à cultiver des champs abandonnés, qu'ils fécondèrent : ils plantèrent des bois, des prairies; on voit sur le chemin de Plaçamen un fort joli village de Caqueux. Le préjugé n'est plus aussi fort qu'il l'étoit autrefois; mais on ne s'allie point encore à leur famille. »

Comme on le voit, Cambry n'ose pas se hasarder à émettre une opinion sur l'origine des Caqueux. L'académicien espagnol Traggia, qui, quelques années après, écrivait un article sur les Agots de la Navarre [1], se montre tout aussi réservé ; il évite de se prononcer sur la question de race, et se borne à exposer leur état misérable et à rapporter qu'on les

1795. A Paris, de l'Imprimerie-Librairie du CERCLE-SOCIAL. an VII de la République Française, in-8 ; t. III, pag. 146, 147.

[1] *Diccionario geográfico-histórico de España* por la real Academia de la Historia. Seccion I... Madrid MDCCCII. en la imprenta de la viuda de D. Joaquin Ibarra, deux volumes in-4; tom. 1er, pag. 8, 9.

Le Magasin Pittoresque, qui, en 1838, avait donné un article aussi inexact qu'insignifiant sur les Cagots, consacra, dans un autre de ses cahiers, une demi-colonne aux *Agotes* de la Navarre. Il n'est pas difficile d'y reconnaître une traduction libre de l'article de Traggia. Voyez ce Magasin, sixième année, pag. 35, col. 1 ; et neuvième année (1841), pag. 295, col. 2.

regardait communément comme issus des Albigeois réfugiés et disséminés sur les frontières des Pyrénées vers 1215 : opinion qui lui parait aussi contestable que l'étymologie généralement assignée au nom des Agots.

Au temps où écrivait Traggia, c'est-à-dire au commencement du XIXe siècle, personne n'avait encore fait des Races maudites le sujet d'un ouvrage spécial. En 1810, le comte Henri Grégoire lut, à l'Institut, des Recherches sur les Oiseliers, les Coliberts, les Cagous, les Gahets, les Cagots et autres classes d'hommes avilies par l'opinion publique et par les lois dans diverses contrées de la France [1]. Ces recherches sont restées inédites en français ; mais, s'il faut en croire M. Quérard [2], elles auraient été traduites en allemand par le baron de Lindenau, et imprimées. Il y a, d'ailleurs, un extrait du mémoire de l'ancien évêque de Blois dans le rapport sur les travaux de la classe d'histoire et de littérature ancienne de l'Institut fait par Ginguené, l'un de ses membres, dans sa séance publique, le jeudi 5 juillet 1810, et imprimé dans le Magasin encyclopédique de la même année, tom. IV, no d'août, pag. 251-257. Grégoire ne donne, sur les parias français, que des détails déjà connus, rapportant (ce que je n'ai jamais lu ailleurs) que « leurs femmes, pour la plupart, s'occupent à tisser des toiles. » Après s'être attaché à réfuter surtout Ramond, l'ex-évêque, ou plutôt son abréviateur Ginguené, termine ainsi : « De quelque part et à quelque époque que la lèpre fût venue en France et en Europe, il paroît que les Cagots, comme les Cacous étoient lépreux, que la lèpre s'est perpétuée plus longtemps et avec plus d'obs-

[1] Le manuscrit de Grégoire, dont nous devons la communication à l'obligeance de M. H. Carnot, membre de la Chambre des Députés, son exécuteur testamentaire, forme un cahier in-4, de 67 pages.
[2] *La France littéraire*, t. III, pag. 465, col. 1. Quelques recherches que nous ayons faites, M. Ferdinand Wolf et moi, en France et en Allemagne, nous n'avons pu trouver cette traduction du baron de Lindenau.

tination que partout ailleurs, ce qui a autorisé plus longtemps aussi les mesures rigoureuses exercées contre ceux qui
en étoient atteints, et les préjugés populaires qui ajoutoient
aux rigueurs de ces mesures... Mais enfin la maladie qui
avoit servi à ces distinctions avilissantes ayant disparu, le
sang des Gahets ayant été reconnu aussi pur que celui des
autres hommes, ils sont rentrés dans le sein de la société, » etc.

A la même époque (en 1801, si je ne me trompe),
un médecin béarnais, touché de l'état de réprobation
dans lequel vivaient encore les Cagots, entreprit d'ouvrir
les yeux de ses compatriotes sur l'absurdité et l'injustice
du préjugé auquel ils obéissaient en aveugles. Dans ce but,
il publia une petite brochure qui fut sans doute tirée à
grand nombre et distribuée dans le pays, mais dont nous
n'avons pu, après des peines infinies, retrouver qu'un seul
exemplaire, appartenant au petit-fils de l'auteur [1]. Il ne
s'y trouve rien de bien intéressant; cependant, eu égard à
la rareté de cette pièce, nous en parlerons avec quelques
détails. Elle est divisée en cinq chapitres, dont le premier,
sans titre, nous introduit dans un village situé au pied des
Pyrénées, où l'auteur voit passer le convoi d'un jeune homme
tué en duel. Il interroge un vieillard qui assistait à cette lu-
gubre cérémonie; celui-ci le conduit dans sa rustique demeure, où ne tardent pas à arriver le curé, le médecin et
l'instituteur du village. Dans le chap. II, intitulé *Combat de
Léandre et Isidore* [2], le vieillard raconte comment Léandre,
sur le point d'épouser Hortense, se vit repousser par Meli-
dor, père de la jeune fille, quand un rival, Isidore, lui eut

---

[1] En voici le titre et la description : *Préjugé vaincu, ou Dissertation
sur la Ladrerie, par Minvielle d'Accous.* Une feuille in-8, signée A, et
dont la dernière page, chiffrée 16, se termine par la souscription suivante :
A PAU, Chez DAUMON, *Imprimeur de la Préfecture.*
[2] Pages 2-5.

appris que son futur gendre était issu de la race des Cagots; et comment cette révélation amena entre les deux jeunes gens un combat au bâton dans lequel succombe Isidore. Le chapitre III est intitulé *Origine et progrès de l'opinion sur les Ladres ou Cagots*, et s'étend de la page 5 à la page 10. M. le curé y prend la parole : « Il y a quarante ans, dit ce vénérable pasteur, que le ciel confia cette paroisse à mes soins. A mon avènement à cette place, la prévention contre les Cagots y était profondément établie. Ceux qui s'honoraient de ne pas être de cette race proscrite évitaient avec soin toute alliance avec eux. Ils ne leur conféraient jamais de charges publiques. L'on remarquait un quartier qui n'était habité que par les prétendus Ladres, et cette distinction s'étendait jusqu'à la maison du Seigneur, où il y avait un bénitier et des places à part. L'on ne cessait de me dire, lorsque je voulais prendre leur défense, qu'ils avaient les oreilles courtes, qu'ils répandaient une odeur désagréable, et qu'ils étaient fort enclins à la lubricité et à la colère. Voilà tout ce que l'on avait à leur imputer. Je voulus donc examiner la chose de plus près, et je commençai mes recherches par la contemplation de ces gens-là. Mais je n'ai pu découvrir la moindre différence, ni dans leurs corps, ni dans leurs mœurs, ni dans leurs consciences. J'ai fait l'examen de fort près; car j'ai eu maintes fois des domestiques de cette classe. La défunte Jeanne, qui a été, comme vous savez tous, ma gouvernante pendant trente ans, ne sentait pas mauvais. Elle était douce comme un agneau, Dieu lui ait fait miséricorde. » Le curé retrace ensuite l'histoire de la lèpre depuis le commencement du monde jusqu'au règne de Louis XIV. Le chapitre IV, qui va de la page 10 à la page 12, porte pour titre: *Description de la Ladrerie*. Le médecin y parle et dit, entre autres choses : « Je me contenterai de vous observer que j'ai poussé mes recherches sur les **Ladres** aussi loin qu'il m'a été possible. L'on ne saurait résister à l'évidence qui résulte de mes observations.

« Les symptômes qui dénotent la lèpre ne se manifestent dans ces régions tempérées, sur aucun individu de quel état ou condition qu'il soit; et aucune des causes qui la produit, soit par génération, soit par contagion, n'y existe point. Or, où il n'y a pas de cause, il ne peut y avoir des effets. L'ouverture des cadavres est d'une grande utilité pour découvrir la cause des maladies. Je l'ai faite sur celui d'un prétendu ladre, avec toutes les précautions nécessaires pour en retirer un fruit avantageux. J'ai observé avec soin toutes les parties qui composent le corps, je n'y ai trouvé ni taches, ni levain, ni le plus faible indice capable de faire soupçonner la possibilité de la maladie. C'est donc outrager la nature de proscrire dans l'opinion publique, après plusieurs siècles, les vrais ou prétendus descendants de nos concitoyens qui furent sujets à une maladie passagère. » Dans le chapitre v, qui s'étend de la page 12 à la page 16, et qui est intitulé *Récapitulations et conclusions*, Minvielle fait, dès les premiers mots, connaître d'une manière encore plus explicite dans quel but il a composé sa brochure : « Forcé (dit-il) de quitter mes hôtes aux approches de la nuit, je me proposa de mettre dans leur ordre naturel les documents que je venez de recueillir. Je les donne actuellement au public dans toute leur simplicité. Ils sont principalement destinés pour les habitants du département des Basses-Pyrénées, dans lequel il paraît végéter avec plus de force, et préoccuper l'esprit des citadins comme celui des campagnards. » Le *Préjugé vaincu* se termine par une double allocution que l'auteur adresse aux *généreux habitants des Pyrénées,* et aux *prétendus ladres.* Si cet appel fut entendu, ce ne fut sans doute que par les habitants des villes, chez lesquels les progrès incessants de la civilisation devaient

bientôt amener l'abolition du préjugé combattu par Minvielle; quant aux gens de la campagne, illétrés pour la
plupart, et, d'ailleurs, fort opiniâtres dans leurs idées, ils
ne firent aucune attention au factum que nous venons d'a-
nalyser. En tous les cas, sa nullité sous le double rapport
du fond et de la forme l'a justement condamné à l'oubli et
à la destruction qui en a été la suite. Mais continuons à
passer en revue les auteurs qui ont parlé des races dont
nous nous sommes fait l'historien.

Millin consacre quatre pages du cent-vingt-septième
chapitre de son *Voyage dans les départements du Midi de la
France*, aux Cagots des Pyrénées et aux Gahets de la
Guienne; il cite Oihenart, F. de Belle-Forest, Paul Merula,
Court de Gebelin, Pierre de Marca, l'abbé Venuti, Ramond,
et conclut ainsi : « Il ne me paroît pas possible de décider
aujourd'hui quelle calamité, quelle défaite, quelle disper-
sion, ont pu conduire une race d'hommes à un tel degré de
misère et d'avilissement : mais je pencherois davantage
pour l'opinion qu'ils doivent aux Goths leur origine; et
l'étymologie recueillie par Pierre de Marca ne me paroît pas
autant à dédaigner qu'on l'a pensé [1]. »

Comme on le voit, au lieu de s'éclaircir, le problème relatif à l'origine des Cagots s'obscurcissait de plus en plus. On
pouvait espérer trouver, sinon une solution, au moins des
observations nouvelles dans le troisième volume du Dictionnaire des Sciences médicales, qui parut en 1812; mais l'article que M. Virey leur a consacré n'apprend rien de nouveau, il ne fait que répéter les faits et les opinions mis en
circulation par Court de Gebelin, F. de Belle-Forest, Ramond
et P. de Marca, qui sont inexactement cités dans ce morceau.
L'écrivain conclut de la manière suivante : « Il reste présu-

[1] Tome IV, seconde partie. A Paris, de l'Imprimerie Impériale, M.DCCC.XI.
in-8; pag. 518-522.

mable, d'après la plupart des auteurs et M. le sénateur Grégoire, qui s'est occupé de ces recherches, que les *cagots* ou *gahets* sont les descendants de quelques-unes de ces hordes de barbares du nord, qui ont émigré dans l'Europe australe, dans les troisième et quatrième siècles. » A la suite de ce passage viennent des détails succincts sur les autres castes réprouvées, non-seulement de l'Europe, mais du reste de la terre, et des réflexions philantropiques sur les Cagots.

Dans sa *Description des Pyrénées,* Dralet consacre la plus grande partie d'une note à des détails sur la condition des anciens Cagots et de ceux de son temps. « Les Agots ou Cagots, dit-il, sont domiciliés; ils ne diffèrent des Basques d'ancienne origine ni sous le rapport du physique ni sous celui des mœurs. On ne les connaît que par la tradition, qui indique que telle ou telle famille est Agote, et que tel ou tel individu lui appartient [1] ... »

Plus loin, Dralet revient aux Cagots, qu'il confond avec les goîtreux, et il s'exprime ainsi : « Les goîtreux seraient-ils, comme l'ont pensé d'autres observateurs, les restes d'un peuple vaincu, dispersés, partout persécutés et assujétis aux plus durs travaux? nous ne le croyons pas non plus. L'histoire ne nous apprend pas que, chez aucune nation, l'esclavage le plus affreux ait occasionné la maladie dont il est question... » Dralet continue en prétendant que les goîtres dûrent être fort communs dans les Pyrénées lorsque les premières peuplades s'y furent établies; mais, dit-il, à mesure que la population s'augmenta, les cultures s'étendirent, les forêts furent exploitées et les eaux dirigées, les habitants connurent l'aisance, et le mal diminua. « Les goîtres, ajoute-t-il, n'affligèrent plus sans doute que les familles indigentes réfugiées dans les lieux les plus malsains ;

[1] A Paris, chez Arthus Bertrand, 1813, deux volumes in-8 ; tom. Ier, pag. 165, 166.

et cette conjecture parait d'autant plus fondée, que les goîtreux des vallées dont j'ai parlé sont encore sans propriété, et presque tous bûcherons ou charpentiers. » Dralet ne doute pas que ce ne soit à des circonstances semblables à celles sous l'empire desquelles se sont formées ces races de crétins appelées aussi dans les Alpes et dans les Pyrénées *Caffos*, en Auvergne *Marrons*, que les *Cacous* ou *Caqueux* de la Bretagne et les *Colibets* de l'Aunis et de La Rochelle doivent leur origine. Il fait le tableau des précautions prises anciennement pour empêcher tout contact entre les Cagots et le reste du peuple; mais, fidèle à son système, il prétend que c'était dans le but d'arrêter les ravages du goître. L'auteur termine par des réflexions philantropiques auxquelles nous nous associons de grand cœur, et en exprimant le souhait qu'il se forme une société de bienfaisance occupée, aux pieds des montagnes, de rechercher la vraie nature du crétinisme, etc., et de faire, entre autres choses, l'histoire des événements relatifs aux malheureux qui en sont atteints [1]. C'est là, si je ne me trompe, la tâche que je me suis appliqué à remplir, en tant qu'elle rentrait dans mes études.

Avant de quitter Dralet, il me semble convenable de rapporter une note que je lis, tome 1er, p. 193, de son livre. La voici : « Il y a encore d'anciennes églises dans le voisinage des Pyrénées, où l'on remarque une porte qui était autrefois à l'usage des Crétins. Cependant on ne voit plus de goitres dans les communes où se trouvent ces églises. Il résulte évidemment de ce fait que le mal a disparu à mesure que les malades se sont éloignés de son foyer, et que leur genre de vie s'est amélioré. » Si maintenant il m'est permis d'émettre mon avis, je crois pouvoir tirer de ce fait (et je n'ai aucune raison pour le rejeter) une conclusion différente,

[1] *Ibidem*, p. 181-192.

et j'avoue qu'il me semble plus logique de penser que le goître n'a jamais été l'apanage exclusif des Cagots et la cause de leur proscription. Qu'on relise les passages de F. de Belle-Forest, d'Oihenart et de P. de Marca, et l'on verra que ces auteurs n'en font même pas mention.

Si Dralet confond les Cagots avec les goîtreux, l'abbé Chaudon les range parmi les malheureux attaqués de la lèpre [1]. Après avoir consacré plus de deux pages à l'histoire de cette maladie, il en vient à parler des Cagots, sur le compte desquels il ne donne rien de nouveau, si ce n'est un renseignement dont nous profiterons plus loin. L'article se termine par deux paragraphes, dont le premier nous semble mériter d'être cité, parce que, suivant toute probabilité, l'auteur avait été témoin oculaire des faits qu'il rapporte : « Les *Capots*, dans les derniers temps, dit-il, étaient en général d'une constitution saine, et leurs femmes surtout avaient des traits réguliers. On pouvait en dire autant de leurs mœurs; jamais de querelles entre eux, ni avec les autres citoyens, qui s'adressaient de préférence à eux pour les ouvrages de charpenterie et de menuiserie (auxquels ils se consacraient presque uniquement), parce qu'ils étaient laborieux dans le travail et modérés dans le prix de ce travail. »

M. Faget de Baure, qui, trois ans plus tard, publiait ses *Essais sur le Béarn*, plaça également les Cagots parmi les lépreux [2], au moment même où Garat [3] et J.-M.-J. Deville [4]

---

[1] *Extrait de l'essai historique sur* Mézin ; *par M. l'abbé C***, *auteur du nouveau Dictionnaire historique. De la Lèpre et des Cagots ou Capots* (Bulletin polymathique du Muséum d'instruction publique de Bordeaux... tom.XIII, année 1815. A Bordeaux, chez André Brossier, in-8; p. 131-136.)

[2] A Paris, chez Denugon... 1818, in-8; pag. 123.

[3] *L'Hermite en Province...* Par M. de Jouy... tom. 1er. A Paris, chez Pillet, 1818, in-12; pag. 104, 105.

[4] *Annales de la Bigorre...* Tarbes, imprimerie de F. Lavigne, 1818, in-8; pag. 35-57, chap. VI : *Origine des Cagoths, qui, quoi qu'en aient*

se joignaient à ceux qui les considéraient comme des descendants des Goths.

Quoiqu'il en soit, ni l'un ni l'autre des trois auteurs que nous venons de nommer, ne semble avoir connu le Mémoire de Palassou sur la constitution physique des Cagots et l'origine de cette caste[1], qui est sans contredit ce qu'il y a de plus important et de plus complet sur la matière. Il se divise en quatre chapitres, dont les sommaires font assez bien connaître le contenu. Les voici : « I. Goîtreux des Pyrénées injustement réputés Cagots : portrait de cette caste : nulle maladie particulière aux Cagots. La forme du lobe de l'oreille n'est point leur caractère distinctif. II. Triste condition des anciens Cagots. Leur descendance rapportée par quelques auteurs à la nation gothique. Observations contraires à cette conjecture. III. L'origine des Cagots attribuée par M. de Marca aux Sarrazins. Observations relatives à cette opinion. IV. Persécution contre les Cagots sous prétexte de léproserie : ils ne sont point lépreux. Preuves fondées sur des actes authentiques : protection des lois envers cette caste. » Palassou termine ainsi :

« CONCLUSION.

« Il est certain, par les preuves que nous avons données dans ce mémoire,

» 1º. Que les cagots ne sont affectés d'aucune maladie qui leur soit particulière.

» 2º. Qu'ils ne diffèrent pas des autres habitants ni dans leurs mœurs, ni leur constitution physique.

» 3º. Que le peu d'étendue du lobe de l'oreille n'est point le caractère distinctif de cette caste.

---

lit plusieurs auteurs, entr'autres M. Ramond, n'ont aucun rapport avec les goîtreux.

[1] Mémoires pour servir à l'histoire naturelle des Pyrénées, et des pays adjacents... A Pau, de l'Imprimerie de Vignancour, etc. 1815, in-8; p. 317-387.

» 4°. Il ne parait pas vraissemblable qu'elle tire son origine des Visigoths, ni des peuples du nord, qui ravagèrent la Novempopulanie vers le commencement de la monarchie française.

» 5°. Il n'est pas douteux que de grandes probabilités autorisent à penser avec M. de Marca, que les Cagots descendent des Sarrazins défaits par Charles Martel, à la mémorable bataille de Tours.

» 6°. Il est évident, après divers examens faits par d'habiles médecins, qu'ils ne présentent aucune trace de lèpre, maladie dont on les supposait anciennement attaqués.

» 7°. Il est en outre certain que malgré les préjugés populaires, dont les Cagots ont été trop souvent les victimes, le gouvernement ne cesse depuis long-temps de les protéger et de les traiter à l'égal des autres citoyens. »

Nous aurons à revenir plus d'une fois sur le mémoire de Palassou, qui nous a fourni nombre de documents intéressants que l'on chercherait vainement ailleurs.

Non loin de l'époque et des lieux où Palassou écrivait ses Mémoires sur les Pyrénées, un réfugié espagnol, qui avait eu occasion d'observer les Cagots dans plusieurs endroits du Béarn, consacrait quelques lignes à ces parias dans un ouvrage historique sur les nations basques [1]. Comme Palassou, qu'il cite d'une manière inexacte, il considère les *Gagotes* ou *Hagotes* (c'est ainsi qu'il les nomme indifféremment, ajoutant que *Cagotes* ne se dit aujourd'hui que par corruption) comme les descendants des Arabes, qui, après la bataille de Tours en 732, se seraient retirés et établis dans les montagnes du Béarn. L'écrivain esquisse ensuite rapidement l'histoire des Cagots, mais non sans tomber dans les erreurs

[1] *Historia de las Naciones Bascas de una y otra parte del Pirineo septentrional y costas del mar cantábrico. Escrita en español por D. J. A. de Zamacola.* En Auch, en la imprenta de la viuda de Duprat, 1818, trois volumes in-8; t. 1er, p. 248, note 111, et t. III, p. 213-216.

qui avaient cours de son temps, et non sans en commettre de nouvelles. C'est ainsi qu'il dit que les Cagots sont nommés *Caffos* dans l'ancien for de Navarre et *Hagotes* dans celui de Biscaye, et qu'ils reçurent le nom de Cagots au temps des premières guerres de religion; il ajoute qu'en 1094 ceux des Pyrénées embrassèrent le parti de Raymond comte de Toulouse, et de Gaston II vicomte de Béarn, qui étaient à la tête des Albigeois.

Après Palassou et J. A. de Zamacola, nous citerons encore M. d'Avezac Macaya, qui désigne les Arabes comme les ancêtres des Cagots [1], et Laboulinière, qui cette fois partage l'opinion de P. de Marca et de Palassou, dont le mémoire, dit-il, lui a été communiqué avant d'être imprimé [2]. Cependant, pour ne point paraître trop en désaccord avec ce qu'il disait à une autre époque, il s'exprime ainsi, page 78 : « Il semble donc que les Cagots, séparés, isolés, confinés, descendent plutôt d'un peuple à la fois subjugué par les armes et attaqué, ou du moins soupçonné de quelque maladie contagieuse. » Laboulinière reparle encore des Cagots, dans son troisième volume, chapitre XII, article *Crétinisme*.

M. de Marchangy n'hésite pas à attribuer aux Goths l'origine des Cagots : « Nul doute, dit-il, que ces infortunés ne soient les descendants abâtardis et dégénérés de ces peuples barbares, qui, dans les premiers siècles, vinrent s'écouler et se perdre dans l'Occident. On a quelque raison de croire,

---

[1] *Essais historiques sur le Bigorre, accompagnés de remarques critiques, de pièces justificatives, de notices chronologiques et généalogiques,* etc. Bagnères, imprimerie de J. M. Dossun, M. DCCC. XXIII. deux volumes in-8 ; t. Ier, p. 112, 113.

[2] *Itinéraire descriptif et pittoresque des Hautes-Pyrénées françoises, jadis territoires du Béarn, du Bigorre, des Quatre-Vallées, du Comminges, et de la Haute-Garonne.* Paris, librairie de Gide fils, 1825, trois volumes in-8, t. Ier, chap. VII, p. 72-93 : « Origine et état actuel de la caste, jadis proscrite, des Cagots. » Dans l'Annuaire statistique du département des Hautes-Pyrénées, Tarbes, 1807, Laboulinière avait écrit un article sur les Cagots, qu'il confondait alors avec les goîtreux.

par exemple, que les *Coliberts* du pays d'Aunis sont des
Ariens vaincus et dispersés sous l'épée des rois mérovin-
giens, et qu'on désignait plus particulièrement sous le nom
de *Taïfaliens*... Les *Gesitains* de la Bresse sont vraisemblablement des Sarrasins, et les mœurs qu'ils ont conservées
ne permettent pas de les méconnaître; les *Cagots* du Bigorre
et du Béarn semblent tirer leur origine des Goths dont
Clovis abattit la puissance... » Plus loin, M. de Marchangy
dit que les Cagots, s'alliant toujours entre eux, sentirent
leur sang se vicier et se corrompre par degrés, et qu'à la
longue ils donnèrent naissance aux crétins et aux goitreux [1].

Moins hardi que M. de Marchangy, le chanoine J. Mahé
n'ose pas se prononcer sur l'origine des Caqueux bretons;
il se borne à dire qu'ils « passaient pour lépreux, et pour
être descendus des *Juifs*, ou des *Goths*, ou des *Sarrasins*, ou
des *Albigeois*. Il rapporte ensuite ce que les historiens de
la Bretagne avaient écrit avant lui au sujet de ces malheureux. Comme beaucoup d'autres auteurs, il rattache aux
Cagots pyrénéens « cette classe d'hommes qu'on nommait
en Bretagne *Cacous*, et ailleurs *Cagous, Caqueux, Cahets,
Capots* ou *Cagots* [2]. »

L'avocat Samazeuilh fait preuve d'une égale réserve, et
se borne à rapporter que l'on croit les Cagots descendus des
Maures, et de la même race que les goitreux et les crétins [3].
Plus tard, il est vrai, il s'est prononcé en faveur de l'opinion de P. de Marca [4]; mais la manière dont il a motivé sa dé-

[1] *Tristan le Voyageur, ou la France au xive siècle...* seconde édition. A Paris, chez Urbain Canel, etc. 1825-26, six volumes in-8; t. vi,
p. 332-347; glossaire et annotations, p. 515-518.
[2] *Essai sur les Antiquités du département du Morbihan...* Vannes, de
l'imprimerie de Galles aîné, 1825, in-8; pag. 411 et 412.
[3] *Souvenirs des Pyrénées...* Agen, imprimerie de Prosper Noubel,
M. DCCC. XXVII. deux parties in-8; 1ère partie, pag. 10.
[4] *Histoire des comtes d'Armagnac*, t. 1er, 2e partie, pag. 56-72, note
sixième.

cision ne peut que faire regretter qu'il ne s'en soit pas tenu au premier parti qu'il avait embrassé. En effet, outre qu'il n'apporte aucun fait nouveau dans la discussion, il commet encore plusieurs erreurs de nature à l'obscurcir davantage. En somme, les dix-sept pages qui composent sa note sur les Capots ou Cagots ne valent pas le temps que l'on passerait à les lire, surtout pour celui qui connaîtrait la note analogue de M. Michelet.

Dans son ouvrage sur le sud-ouest et le midi de la France, M. du Mège ne pouvait se dispenser de parler des Cagots; mais, au lieu de faire de nouvelles recherches, il se contente de celles de Palassou et de quelques-uns des auteurs qui l'ont précédé; il va même jusqu'à répéter leurs erreurs [1]. Cependant il rejette l'opinion de ce savant, comme ne lui paraissant pas avoir en sa faveur de grandes probabilités, et il assure que « aucune circonstance historique n'empêcheroit de voir dans les *Cagots* ou *Chiens Goths*, dans les familles *Agotes* du Labour, de la Soule et du Béarn, et dans les *Capots* de l'Armagnac, les restes détestés de ces *Visigoths*, qui... dominèrent dans toutes les contrées limitrophes des Pyrénées, et qui tinrent pendant longtemps l'Espagne sous leur joug [2]. »

En 1832, le secrétaire actuel de la députation de Navarre, Don J. Yanguas y Miranda, publia son abrégé de l'histoire de cette province, dans lequel il recherche l'origine des Cagots [3]. A l'exemple de Faget de Baure, dont il cite l'opinion,

---

[1] Palassou avait dit, pag. 366, que, suivant Oïhenart, on appelait les Cagots *velus*; M. du Mège répète cette assertion sans examen.

[2] *Statistique générale des départements Pyrénéens*, etc., t. II, Paris, librairie de Treuttel et Würtz, M. D. CCC. XXIX. in-8; p. 131-139. M. du Mège a répété en partie cet article dans les additions et notes du liv. XIV de son édition de l'*Histoire générale du Languedoc*, tom. III, pag. 44, col. 1. — pag. 45, col. 2.

[3] *Historia compendiada del Reino de Navarra*. En San Sebastian, en

il les confond avec les lépreux, et pense que cette caste maudite provient de ces infortunés. Dans un autre ouvrage, qui parut quelques années après, Don José soutient la même thèse, en faisant précéder cette partie de son travail de l'analyse des pièces relatives aux Cagots qui se conservent dans les archives de la Chambre des Comptes de Pampelune; suivant cet auteur, les Agots de la Navarre ne sont autre chose que les Cagots du Béarn dont le nom a été quelque peu altéré, et que l'ordonnance de Philippe-le-Long rendue contre les lépreux en 1217, refoula dans le premier de ces pays [1].

La même année 1832, le docteur Léon Marchant dit quelques mots sur les Cagots [2]; mais c'est pour les confondre avec les goitreux et les crétins.

Quatre systèmes principaux se partageaient les esprits au sujet des Cagots, lorsque l'année 1833 en vit naître un cinquième, sur lequel le nom de son auteur dut nécessairement attirer l'attention. Dans une lettre écrite des Pyrénées à MM. les rédacteurs des Annales des Voyages [3], M. C. A. W. (Walckenaer) émet l'opinion que les Cagots descendent des Gaulois chrétiens de la Novempopulanie, qui les premiers reçurent l'évangile, vers le milieu du troisième siècle, et qui formèrent une caste à part, d'abord persécutée et méprisée par la généralité des habitants de cette partie de la Gaule

---

la imprenta de Ignacio Ramon Baroja. Setiembre de 1832, in-4 espagnol; pag. 161-164. D. José n'y fait que répéter, en l'étendant, ce qu'il avait déjà dit dans ses *Diccionarios de los Fueros de Navarra*, etc. En San Sebastian, en la imprenta de Ignacio Ramon Baroja, 1828, in-4 esp.; p. 81, note 5.

[1] *Diccionario de Antiguedades del Reino de Navarra*. Tomo 1. Pamplona : Imprenta de Javier Goyeneche, 1840, in-4 esp., p. 11-14.

[2] *Recherches sur l'action thérapeutique des eaux minérales*, etc. A Paris, chez J. B. Baillière, 1832, in-8 ; p. 149-151.

[3] *Lettre I. sur les Vaudois, les Cagots et les chrétiens primitifs.*—Nouvelles Annales des Voyages, quinzième année (avril, mai, juin 1833), t. 58 de la collection et 28 de la 2e série, p. 320-336.

attachée à son culte. Le savant écrivain ajoute : « Lorsque la religion chrétienne, après avoir été embrassée par les empereurs, fut devenue celle de tout l'empire ; quand les provinces, à l'imitation de la capitale et du souverain, abandonnèrent tout-à-coup l'ancien culte pour le nouveau, et que celui-ci eût été réglé d'une manière uniforme, et modifié, dans ses premières institutions, par l'autorité des conciles et des évèques, alors les chrétiens primitifs, ceux qui dans les provinces éloignées du centre de l'empire avaient embrassé la nouvelle religion avant qu'elle ne fût reconnue par l'état et les magistrats, pauvres, ignorants de ce qui se passait loin d'eux, refusèrent de se soumettre aux nouveautés qui leur étaient imposées par d'orgueilleux néophites, naguère plongés dans la fange du paganisme, qu'ils détestaient comme leurs persécuteurs, et dont ils étaient abhorrés.....

« Ce qui donne, suivant moi, un haut degré de probabilité à ma conjecture, c'est que les Cagots sont désignés par le nom de CHRISTAAS *Chrétiens,* dans les plus anciens actes où il en est fait mention... Le nom de *Cagot* resté aussi dans notre langue comme terme de mépris pour désigner celui qui, dans l'exercice de la religion chrétienne, se fait remarquer par des petitesses d'esprit, des pratiques singulières, ou une dévotion outrée, est encore une nouvelle preuve de notre opinion. »

Dans le courant de la même année 1833, il parut dans la *Revue de Paris* [1] un article de M. Alexandre Teulet, intitulé : *Les Cagots.* M. Teulet réfute l'opinion de ceux qui voient dans les Goths les ancêtres des Cagots, et l'opinion de ceux qui les croient descendus des Sarrasins ; il donne des détails sur les Caqueux de la Bretagne, et il conclut, ou

[1] Tome LVII, p. 45-55.

plutôt il se défend de conclure, en ces termes : « Il faut désormais renoncer à trouver l'explication de cette énigme historique, à moins que quelque découverte heureuse ne vienne mettre en lumière des titres anciens, ignorés jusqu'à ce jour. Pour le moment, le plus sage est encore de s'en tenir à la déclaration des auteurs qui, ne pouvant dire ce qu'étaient les Cagots, se sont bornés à énoncer ce qu'ils n'étaient pas ; et il faut conclure avec eux que les Cagots et les Cacous n'étaient ni des moines, ni des anachorètes, ni des lépreux, mais une certaine race d'hommes dévoués à la haine des autres hommes [1], » etc.

C'est également en 1833, qu'à la suite du premier volume de son Histoire de France [2], M. Michelet publia une dissertation « sur les Colliberts, Cagots, Caqueux, Gésitains, etc. » L'auteur y répète une partie de ce qui avait été dit avant lui, sans faire connaître rien de nouveau ; il reproduit même des erreurs, dans lesquelles il ne fût pas tombé, s'il eût recouru aux originaux [3] ; après avoir fait connaître les principaux systèmes existant au sujet des Cagots, le savant historien conclut ainsi : « Au reste, peut-être doit-on admettre à la fois les opinions diverses que nous avons rapportées ; tous ces éléments entrèrent sans doute successivement dans ces races maudites, qui semblent les Parias de l'Occident. »

Dans le tome premier de la *France pittoresque*, qui parut en 1835, si l'on s'en rapporte au titre, M. Abel Hugo indique « comme appartenant à la famille sémitique, les *Burrins* de l'Ain, les *Chizerots* de Saône-et-Loire, les *Agolac* ou *Cas-*

---

[1] Pag. 55. Ce morceau a été répété, sans aucun changement, dans le *Dictionnaire de la conversation et de la lecture*, t. IX. Paris, Belin-Mandar, MDCCCXXXIII, in-8 ; p. 438-442.

[2] Paris, librairie classique de L. Hachette, 1833, in-8 ; p. 495-499.

[3] Il dit, par exemple, des Cagots, p. 497 : « On les appelait aussi *pelluti* et *comati* ; cependant les Aquitains laissaient également croître leurs cheveux. » Nous avons vu plus haut que c'était les Cagots qui appelaient les Aquitains *velus*.

carotac des Basses-Pyrénées et quelques peuplades du Var
et des Hautes-Alpes, qui sont presque certainement d'origine sarrazine[1]. » Plus loin, au tome troisième, il développe
cette phrase de la manière suivante : « On trouve dans le
pays basque une race d'hommes que les habitants considè-
rent comme descendants des Sarrasins, et qu'ils désignent
sous les noms de *Agotac* et *Cascarotac*. En les examinant de
près, on distingue dans leur physionomie les caractères un
peu affaiblis du sang africain ; ils ont même gardé quelques
coutumes étrangères. Quoiqu'ils soient établis depuis plus
de mille ans dans le pays, et qu'ils aient embrassé le christianisme, ces malheureux sont victimes des préjugés les plus
impies[2], » etc.

Si nous rouvrons le premier volume à la page 295, nous
trouverons, sur les Caqueux, un article succinct, emprunté
presque textuellement au curieux ouvrage de M. Habasque[3].
L'auteur, au lieu de choisir une opinion entre celles qui ont
été émises sur l'origine de ces malheureux, se borne à rapporter que, suivant quelques écrivains, ils descendent des
Alains, que les Bretons avaient réduits en esclavage, et à
faire mention du mépris et du dédain auxquels ils ont toujours été en butte dans leur pays.

Cette répugnance héréditaire et encore subsistante des
Bretons pour les Caqueux acquérait, la même année, un témoignage de plus, que la patrie et le talent de son auteur

[1] Page 15, en note.
[2] Page 10, colonne 2.
[3] *Notions historiques, géographiques, statistiques et agronomiques,
sur le littoral du département des Côtes-du-Nord*, etc. Saint-Brieuc, chez
Madame veuve Guyon, 1832, deux volumes in-8. — Tome III, Guingamp,
chez B. Jollivet, octobre 1836, un vol. in-8. Voyez tome 1er, pag. 85 et 86.
L'auteur, recherchant les causes de la proscription générale dont les Caqueux étaient frappés, dit : « Ce qui nous a paru le plus vraisemblable à
cet égard, c'est que les métiers de cordiers, de tonneliers, etc., ont été
pendant long-temps exercés par les lépreux. »

rendent digne de remarque. Dans un intéressant article de
l'un de nos meilleurs recueils, M. Souvestre s'exprimait
ainsi : « Peut-être le mépris pour les professions mécaniques
vient-il de ce que beaucoup d'entre elles furent primitivement exercées, en Bretagne, par des étrangers, des Bo-
hèmes et des Juifs, que l'on désigne sous le nom détesté
de *Caqueux*. Quoi qu'il en soit, ce mépris s'enracina fortement, et il s'est maintenu partout jusqu'à nos jours [1]. » Un
autre Breton, M. Aurélien de Courson, a également fait
mention des Caqueux, dans l'ouvrage qu'il a publié en 1840,
sous le titre d'*Essai sur l'histoire, la langue et les institutions
de la Bretagne armoricaine* [2]; et s'il s'est borné à répéter ce
ce qui était déjà connu, il faut croire que ses recherches
dans les archives de la Bretagne n'ont fait tomber entre ses
mains aucun document nouveau relatif à ces malheureux.
Toutefois, il ne paraît pas avoir eu connaissance du livre de
M. Manet [3], qui, comme M. Habasque, confond les Caqueux
avec les lépreux, et qui cite [4], sur ces premiers, deux pièces dont nous ferons usage plus loin.

Plus bref encore que ses trois compatriotes, M. Théodore
de la Villemarqué dit quelques mots des Caqueux, mais c'est
pour les confondre avec les lépreux, dont il faut soigneuse-
sement les distinguer; il ajoute que « les Kakous sont le sujet de plusieurs chansons populaires [5]. »

[1] *Industrie et commerce de la Bretagne.* § 1er. (*Revue des deux Mondes*,
tom. iv, quatrième série, Paris, 1835, pag. 400).
[2] Paris, le Normant, in-8, pag. 337, 338.
[3] *Histoire de la Petite-Bretagne, ou Bretagne-Armorique*, etc. Saint-
Malo, imp. de Caruel, 1834, deux volumes in-8.
[4] Tome ii, pag. 300 et 301, en note.
[5] *Barzas-Breiz. Chants populaires de la Bretagne...* Paris, Charpentier, 1839, deux volumes in-8; tom. ii, pag. 254, 255. Il est juste de
faire observer que la chanson dont M. de la Villemarqué donne le texte et
la traduction, se rapporte évidemment à un lépreux confirmé : c'est ce qui
nous a engagé à ne pas la comprendre dans le recueil des chansons et
poëmes relatifs aux Cagots que nous insérerons à la fin de ce livre.

Jusque-là, personne n'avait eu l'idée de faire venir les Cagots des Celtes ; elle naquit dans la tête de M. Hasselt, auteur de l'article consacré aux premiers dans la grande encyclopédie allemande [1], article (disons-le en passant) rempli des erreurs les plus grossières ; mais elle trouva bientôt un contradicteur dans un autre Allemand, le docteur Dieffenbach, qui la combat dans son Essai d'une histoire généalogique des Celtes [2], où, pour être moins nombreuses que dans le morceau cité plus haut, les erreurs ne manquent pas relativement aux Cagots.

Enfin, dans le même temps que nous étudiions la question dont nous espérons donner la solution dans ce livre, un autre auteur s'en occupait également et présentait à l'Académie des sciences de Paris une note qu'un journal [3] analyse en ces termes : « L'Académie a entendu la lecture d'une

---

[1] *Allgemeine Encyklopädie der Wissenschaften und Künste... bearbeitet und herausgegeben von J. S. Ersch und J. G. Gruber. Theil xiv.* Leipzig, bei Brockhaus, 1825, in-4, pag. 76.

[2] L'ouvrage de M. Dieffenbach a pour titre général *Celtica.* La première partie est intitulée : *Sprachliche Documente zur Geschichte der Kelten ; zugleich als Beitrag zur Sprachforschung überhaupt* (Stuttgart, Imle et Leisching, 1839, grand in-8), et renferme un catalogue complet et comparatif des mots celtiques que nous ont laissés les anciens ; la seconde partie a pour titre : *Versuch einer genealogischen Geschichte der Kelten* (1840, deux volumes in-8). Ce qui s'y rapporte aux Cagots se trouve tom. 1er, pag. 86.

Dans ce que l'auteur dit de cette race, il renvoie à un livre de Karl Fr. Vollr. Hoffmann, dont voici le titre exact : *Europa und seine Bewohner. Ein Hand- und Lesebuch für alle Stände. In Verbindung mit mehreren Gelehrten herausgegeben. in 8 Bänden ; Bd. 5,* portant pour titre particulier : *Die Königreich Frankreich und England, von W. T. A. Zimmermann,* 1te *Abtheilung, das Königreich Frankreich enthaltend.* Stuttgart und Leipzig, Scheible, 1837, grand in-8. M. Dieffenbach renvoie aussi à l'*Ausland,* 1838, n° 312, *und* 11 sqq. C'est un journal ethnographique et géographique qui paraît chez Cotta, à Stuttgart, et qui renferme, pour la plus grande partie des traductions ou extraits de voyages et d'autres ouvrages français, anglais, etc.

[3] *Le Messager,* jeudi 29 septembre 1842. Académie des Sciences, séance des 12 et 19 septembre 1842. Cette analyse est littéralement copiée du *Compte rendu des séances de l'Académie des Sciences.* Séance du lundi 5 septembre 1842, in-4 ; tom. xv, deuxième semestre, pag. 515, 516.

note de M. Guyon sur les Cagots des Pyrénées, dont il n'avait pu être donné lecture dans l'avant-dernière séance. Les Cagots ont été confondus, par plusieurs, avec les crétins, et cette erreur tient à une cause que M. Guyon prend soin d'indiquer. Il s'en faut de beaucoup que tous les Cagots soient crétins, et même ceux qui habitent des lieux sains et bien aérés sont en général d'une constitution robuste et d'une taille au-dessus de la moyenne. Cependant, même dans ces lieux, ils ont été, de temps immémorial, et sont encore aujourd'hui, jusqu'à un certain point, un objet de mépris pour les autres habitants, qui ne contractent guère d'alliances avec eux.

« Arrivés dans ce pays comme des étrangers fugitifs, comme des hérétiques, ils rencontrèrent peu de bienveillance parmi les populations qui étaient fixées avant eux dans ces cantons : beaucoup ne trouvèrent à s'établir que dans des localités qui avaient été dédaignées comme malsaines, dans des vallées humides, favorables au développement des affections goîtreuses, et, par suite, du crétinisme; ceux qui se trouvèrent placés dans ces conditions n'échappèrent pas à leur influence ; il y eut parmi eux des goîtreux, des crétins, et c'est peut-être à cause de la fréquence du crétinisme chez quelques populations toujours suspectées d'hérésie, malgré une conversion qui n'avait pas été bien volontaire peut-être, que les crétins, à quelque race qu'ils appartiennent, ne sont pas dans les Pyrénées comme ils le sont dans presque tous les autres cantons de l'Europe, l'objet d'une tendre commisération.

« M. Guyon croit avoir reconnu chez les Cagots un caractère physique distinctif, qui consisterait dans l'absence du lobule de l'oreille. Il exprime, d'ailleurs, le regret de n'avoir

Depuis la note a paru en totalité dans l'*Écho du Monde savant*. Paris.— dimanche, 19 février 1843, n° 11, col. 317-322.

pu donner plus de temps à l'étude d'une race qui ne tardera vraisemblablement pas à s'éteindre ; en effet, les préjugés qui existent contre les Cagots, bien qu'ils soient encore assez marqués, tendent à s'effacer, de sorte qu'il n'y aura bientôt plus rien qui en empêche la fusion avec les populations environnantes. Beaucoup de ces hommes émigrent pour l'Amérique, et M. Guyon considère cette tendance à voyager comme un héritage reçu de leurs ancêtres : car l'auteur partage l'opinion déjà soutenue par plusieurs écrivains, qui voient en eux des descendants des Goths. »

Après les auteurs dont nous venons d'exposer l'opinion, nous n'avons plus à mentionner, relativement aux Cagots du midi et du nord-ouest, que ce qu'en ont dit MM. Bernadau[1], A. Abadie[2], Auguste Savagner[3], Chausenque[4], A. Fourcade[5], les docteurs Esquirol[6] et Bertrand[7], Roux-Ferrand[8],

[1] *Tableau de Bordeaux...* A Bordeaux, de l'imprimerie d'André Brossier, janvier 1810, in-12, pag. 64-66 ; l'*Indicateur*, samedi, 11 septembre 1841, feuilleton signé LE VIOGRAPHE.

[2] *Itinéraire topographique et historique des Hautes-Pyrénées...* Par A. A***. A Paris, chez de Pelafol, etc., 1819, in-8 : p. 26, et pag. 99, 100, en note.

[3] *Encyclopédie des gens du monde...* tom. IV. Paris, librairie de Treuttel et Würtz, 1834, in-8 : p. 451-453.

[4] *Les Pyrénées, ou Voyages pédestres dans toutes les régions de ces montagnes depuis l'Océan jusqu'à la Méditerranée...* Paris, Lecointe et Pougin, 1834, deux volumes in-8 ; tom. I, p. 145, 146. Cet auteur prétend que les Cagots descendent des Goths vaincus par Clovis.

[5] *Album pittoresque et historique des Pyrénées...* A Paris, chez Albanel, etc., 1835, in-8. —Seconde édit., Paris, Albanel, 1836, gr. in-8 ; ch. XXXV, p. 361-369.

[6] *Des Maladies mentales considérées sous les rapports médical, hygiénique et médico-légal...* Paris, chez J.-B. Baillière, 1838, deux vol. in-8 ; tom. II, p. 370-373. *Cagots.* Le savant médecin parle d'après Ramond ; comme lui, il ne peut donner que des conjectures.

[7] *Voyage aux eaux des Pyrénées...* Clermont-Ferrand, imprimerie de Thibaud-Landriot, 1838, in-8 ; chap. XII : *Goitreux. — Crétins*, etc., pag. 317-335. L'auteur, qui confond les goitreux avec les Cagots, ne fait que répéter, avec de nouvelles erreurs toutefois, ce qui a été dit avant lui.

[8] *Histoire des Progrès de la civilisation en Europe, depuis l'Ère chrétienne jusqu'au XIX° siècle...* tom. III. Paris, chez L. Hachette, 1836, in-8 ; p. 182-184. L'auteur a tiré les détails qu'il donne, de la *Revue de*

Reinaud[1], Mazure[2], Emilien Frossard[3], Loubens[4], O'Reilly[5], Xavier Durrieu[6], Phil. le Bas[7], M.-N. Bouillet[8], D. Teodoro Ochoa[9] et M. le baron Taylor[10]. Tous ces auteurs n'ont fait que de courts résumés, sans rien dire de nouveau : aussi nous contenterons-nous de les indiquer. Nous devons, cependant, plus à M. Reinaud, à qui la spécialité de ses études donne le droit de prononcer, au moins négativement, dans la question dont il s'agit. Ce savant rejette l'opinion de ceux qui ont

Paris, qu'il cite imparfaitement à la fin du volume, pag. 381, note 12.

[1] *Invasions des Sarrazins en France*, etc. Paris, Ve Dondey-Dupré, 1836, in-8 ; p. 302-306.

[2] *Histoire du Béarn et du Pays Basque*. Pau, imprimerie de É. Vignancour, 1839, in-8 ; p. 406-414.

[3] *Tableau pittoresque des Pyrénées françaises...* Paris, J. J. Risler, 1839, in-4 ; p. 7-9.

[4] *Histoire de l'ancienne province de Gascogne, Bigorre et Béarn...* tom. I. Paris, Aimé-André, 1839, in-8 ; liv. II, p. 133-136. M. Loubens voit dans les Cagots des descendants des Sarrasins.

[5] *Essai sur l'histoire de la ville et de l'arrondissement de Bazas...* Bazas, de l'imprimerie de Labarrière, 1840, in-8 ; chap. XXIX, p. 461-470. *Le nom et l'origine des Gahets. — La rigueur des législateurs à leur égard. — La cérémonie de leur exclusion.*

[6] Feuilleton du journal *le Temps*, n° du 2 mars 1841, reproduit dans l'*Echo français* du vendredi 5 mars de la même année. L'auteur y pose en fait que les Cagots descendent des Wisigoths.

[7] *Dictionnaire encyclopédique de la France...* tom. III, Paris, Firmin-Didot frères, M DCCCXLI. in-8 ; p. 545.

[8] *Dictionnaire universel d'histoire et de géographie...* Paris, librairie de L. Hachette, 1841, in-8 ; p. 288.

[9] *Diccionario geográfico histórico de Navarra..* Pamplona, imprenta del autor, año de 1842, in-4° espagnol ; p. 4 et 5. D. Teodoro se range de l'avis de D. J. Yanguas, qu'il omet de citer ; comme lui, il voit dans les *Agotes* de la Navarre des descendants des lépreux.

[10] *Les Pyrénées.....* Paris, C. Gide, 1843, grand in-8 ; pag. 503-506.

Dans le catalogue des livres de l'historien Conde, livres vendus par ses héritiers après sa mort, on lit au bas de la page 18 cet article : *Origen de los Agotes,* sans autre explication. Est-ce un manuscrit, un imprimé? où et quand fut-il publié? Rien n'est indiqué. Peut-être est-ce tout bonnement une copie du traité de D. Martin de Vizcay, comme nous l'avons reconnu pour une dissertation portant le même titre, et comprise dans un volume qui appartient à l'Académie de l'Histoire, de Madrid. (*Papeles varios,* vol. B 55.) Le catalogue de Conde n'a point été publié ; il fut distribué à quelques personnes seulement, à l'époque de la vente de cette bibliothèque. En voici le titre : *Catalogue of rare, curious, and interesting*

rattaché aux invasions sarrasines les Cagots du Bigorre et des contrées voisines des Pyrénées, et il qualifie le système de P. de Marca d'insoutenable. Nous avons grande confiance dans l'érudition de M. Reinaud; mais, dans la circonstance présente, nous voudrions lui voir apporter, à l'appui de son assertion, des preuves plus solides que le nom de *Christaas*, ou de Chrétiens, que l'on donnait autrefois aux Cagots dans les Pyrénées.

Les Cagots n'ont pas seulement servi de sujet à des dissertations historiques, ils ont fourni des héros à des ouvrages d'imagination. L'auteur de *Corisande de Mauléon*, Mme de Montpezat, a imaginé une famille de ces malheureux dans la Soule, pour servir de nœud à une fable intéressante dont le fond est puisé dans l'histoire du Béarn. En outre, il y a un roman intitulé *le Cagot, nouvelle Béarnaise*, où l'auteur, M. J. Badé, a mis en œuvre, indépendamment des documents écrits, quelques détails fournis par la tradition populaire; il a été publié à Pau, dans *l'Observateur des Pyrénées*, numéros du 30 septembre, et des 2, 4, 7, 9, 14, 16, 21, 23, 28 octobre, 1er, 6, 11, 18 novembre, 4, 9, 13, 23, 27 décembre 1840, 2, 8 et 10 janvier 1841. Enfin, dans le tome premier de la *Mosaïque du Midi*, recueil in-4, qui se publie à Toulouse, on lit une nouvelle intitulée *Le Paria des Pyrénées* et signée Z. V. L'auteur a fait précéder sa fable d'un précis historique sur les Cagots, qu'il parait avoir observés; il les considère « comme les descendants de ces tribus guerrières qui envahirent la Germanie, l'Espagne, les Gaules, et

Spanish Books, and a few miscellaneous Articles, forming the Library of Don J. Antonio Conde etc. (London) 1824, in-8; pag. 84, n° 1165, vol. IV.

Nous tenons de notre savant ami D. Miguel Salvá, que le P. Sarmiento est l'auteur d'une dissertation sur les Agots, dont l'original est conservé à Madrid, dans la bibliothèque du marquis de Villafranca. Malgré nos efforts, nous n'avons pu obtenir communication de ce traité, placé sous le séquestre, comme tous les biens de son propriétaire.

formèrent dans le Midi un royaume dont Toulouse fut la capitale. » Le tout va de la page 35 à la page 38.

Dans le tome cinquième de *la Revue de Bretagne* (Rennes, M DCCC XXXIV, in-8), p. 225-234, il y a un morceau intitulé *les Montagnes d'Arez. Les Caqueux...*, et signé E. D. V. L'auteur introduit les Caqueux dans un roman sur la Bretagne au XIIIe siècle, sous Pierre de Dreux, dit Mauclerc, et fait descendre cette « espèce de parias du moyen-âge » des « débris informes d'une population envahissante, descendue du Nord, alors que s'écroulait pièce à pièce le colosse romain, et que les digues armées opposées à ces torrents disparurent, en laissant leurs flots s'épandre librement sur le vaste sol de l'Empire. »

Mais l'ouvrage le plus intéressant, dont l'un des héros principaux soit un Cagot, est *L'Andorre*, par Elie Berthet [1]. La scène se passe vers la fin de 1815, et le Cagot qui y figure est un maître de forges de Vic d'Essos, nommé Bernard Alric. « C'était, dit le romancier, un grand jeune homme blond, aux formes athlétiques, mais au teint blanc, aux yeux humides, qui témoignaient d'une certaine timidité dans le caractère. Il n'était pas difficile de reconnaître en lui un de ces descendants des Visigoths dont la race s'est conservée pure dans les pays basques, au milieu de ces populations indigènes qui depuis le moyen âge lui ont voué une haine mortelle. » A ce portrait, qui se trouve pag. 6, M. Berthet a ajouté d'autres détails [2] qu'il paraît avoir puisés dans l'ouvrage de Ramond et qui n'apprennent rien de plus.

Nous devons ranger également parmi les romans un épisode où figure un Gahet et qui fait partie d'un article de *la Gironde, revue de Bordeaux*, intitulé *Installation de Michel*

---

[1] Ce roman, qui forme le second volume d'un livre dont le premier est intitulé *Justin*, a paru in-8, à Paris, chez l'éditeur Dumont, en 1842.

[2] Voyez pag. 34, 115, 289.

Montaigne, maire de Bordeaux [1]. Ce morceau, annoncé comme faisant partie d'un manuscrit qui « était vraisemblablement le journal inédit d'un ancien serviteur de l'auteur des *Essais,* » n'est autre chose qu'un pastiche assez maladroitement exécuté, et ne porte pour tout nom d'éditeur que la lettre G.

[1] Deuxième année, col. 682-689. L'épisode que nous avons en vue occupe la dernière.

CHAPITRE PREMIER.

Lieux habités par les Cagots. — Histoire particulière de cette race.

Commençons par déterminer quelles étaient les localités habitées par les Cagots.

En France, où ils se trouvaient en grand nombre, ils étaient disséminés dans la Basse-Navarre, le Pays Basque, le Béarn, la Gascogne, la Guienne, le Bas-Poitou, la Bretagne et le Maine; en Espagne, ils étaient réunis dans la Haute-Navarre et plus particulièrement dans la vallée de Baztan, surtout à Arizcun, où cette race subsiste encore distincte de celle des indigènes, et où les *Agotes* occupent un quartier séparé nommé *Bozate*. S'ils sont inconnus dans la Biscaye, il n'en est pas de même pour le Guipuzcoa, où de 1696 à 1776 les juntes furent plus d'une fois, comme nous le verrons plus tard, dans le cas de prendre des mesures contre les Agots de la province, ou contre des individus réputés tels.

Bozate, que l'on peut considérer sinon comme le berceau, au moins comme le chef-lieu de tous les Agots de la Navarre espagnole, est situé entre Ordoqui, localité dépendant d'Arizcun, et Errazu, et fait partie du second de ces deux endroits. Il se compose de soixante maisons occupées par soixante et quinze familles, et la population s'y élève à trois cent quatre-vingt-dix âmes.

Il y a dans le Baztan une différence notable entre les habitants qui sont propriétaires, et les propriétaires qui ne sont pas habitants. Les premiers jouissent, en vertu de la loi municipale, de droits dont les autres sont privés. Des soixante maisons qui existent à Bozate, vingt-quatre sont ce que les Espagnols appellent *vecinales*, et leurs maîtres sont en cette qualité considérés comme habitants du Baztan ; ils peuvent construire des métairies sur le terrain commun de la vallée, y faire pâturer leurs troupeaux, et ils ont la jouissance des bois comme tous les autres habitants. Mais dans les élections des officiers municipaux, ils n'ont jamais pu élire ni être élus.

Les Agots de Bozate occupent une place déterminée à l'église ; c'est la dernière. Dans les processions on les oblige le plus souvent à marcher les premiers. On raconte que vers la fin du siècle dernier nul *Bozatense* n'avait encore la permission de s'arrêter sur la place d'Arizcun, d'assister au jeu de paume, et de s'asseoir sur les bancs du cimetière quand les autres habitants attendaient que l'office divin commençât. Ils ne prennent point part, si ce n'est comme musiciens, au bal, ou *carrica dantza*, qui se tient d'habitude sur la place d'Arizcun ; ils en ont un de la même espèce, au centre de leur quartier ; néanmoins il y a des occasions où les jeunes gens de Bozate se mêlent avec les autres habitants sur la place publique.

La plupart des *Bozatenses* sont pauvres, et exercent les professions de tisserands, de menuisiers, de meuniers, de fermiers, et surtout de ménétriers ; ils jouent, sur les places, de la flûte et du tambour de basque. La pêche, à laquelle ils se livrent, leur donne d'assez grands bénéfices. Le nombre des familles aisées s'élève à six ou huit.

Les maisons de **Bozate** sont tributaires du château d'Ursúa, qui est situé dans le voisinage et qui appartient aujourd'hui au comte de Valdecarzana, grand d'Espagne de première classe : par cette raison toutes les terres que les Agots cultivent, à l'exception de celles, en très petit nombre, qu'ils possèdent dans le terrain commun de la vallée, dépendent de ce château. Néanmoins, au centre de Bozate, il y a un héritage appartenant à la maison dite de Damboliñenea, qui ne paye aucune redevance, et cela parce que, suivant la tradition du pays, cette propriété aurait été autrefois donnée par un seigneur d'Ursúa à une fille de la maison que nous venons de nommer ; mais rien n'est moins certain.

Dans le siècle dernier, un Goyeneche, comte de Sáceda, natif d'Arizcun, fonda, du côté de Madrid, un village appelé le Nouveau-Baztan, pour y transporter les habitants de Bozate, et les soustraire, par-là, au mépris auquel ils étaient en butte dans leur pays. Il y forma, en effet, une colonie d'Agots, et leur donna des terres à cultiver; mais la plupart revinrent à Bozate. Les comtes de Sáceda, successeurs de ce Goyeneche, ont un château appelé Lamiarrita, situé aux environs de celui d'Ursúa, tous les deux sur le territoire d'Arizcun.

Je suis entré dans quelques détails relativement aux habitants de Bozate, parce que, je le répète, on peut considérer ce lieu, je ne dis pas comme le berceau, mais comme le chef-lieu de tous les Agots de la Navarre espagnole, et que c'est là qu'on peut espérer de retrouver des traces de leur condition primitive ; mais ce n'est pas à dire que tous y soient rassemblés. Autrefois, il y en avait aux portes de Pampelune et dans tout le reste du royaume, et maintenant on en rencontre à Elizondo, à Ziga et dans les autres villages du Baztan, aussi bien que hors de cette vallée. Ils sont

généralement pauvres; il y en a, cependant, qui ont fait fortune en Amérique et ailleurs.

L'Aragon a eu aussi ses Cagots, sinon dans toutes ses parties, au moins dans celle qui avoisine la Navarre et la
France, dans le diocèse de Jaca, par exemple, comme nous
l'apprend une bulle que nous aurons l'occasion de rapporter plus tard.

Maintenant, nous allons rentrer en France par le départe-
tement de la Haute-Garonne, et commencer nos recherches
par l'arrondissement de Saint-Gaudens.

Tout le monde s'accorde à dire, dans le pays, que des
Cagots, qu'on y appelle *Capins*, et qu'on croit venus de Tarbes, ont habité Saint-Gaudens. Il existe même une rue, au
sud de la ville, qui porte leur nom. A l'église, où ils entraient par une petite porte, ils se plaçaient dans un coin qui
leur était réservé, et n'avaient aucune communication avec
les autres fidèles, dont ils étaient séparés par une balustrade. Ils prenaient de l'eau bénite dans un bénitier qu'on
voit encore dans la partie de l'église qui leur était affectée,
ou plutôt on la leur donnait au bout d'un bâton. Après cela, il est à peine nécessaire de dire qu'ils étaient un objet de
mépris pour la population au milieu de laquelle ils vivaient
de leur métier de charpentier, et qui les considérait
comme les descendants de ceux qui firent la croix de Jésus-
Christ. Cependant, les Capins de Saint-Gaudens furent réha-
bilités, et une cérémonie des plus pompeuses eut lieu à cette
occasion. Le grand-vicaire se rendit en procession à la
grande porte de l'église pour les recevoir, et, à dater de
cette époque, ils y furent admis sans distinction.

A Aurignac, il y avait autrefois des Cagots, qui y étaient
traités comme à Saint-Gaudens, et qu'on y appelait aussi
Capins, nom par lequel on distinguait les individus d'une
commune voisine.

Une ruelle, appelée en patois *ech goûté des Cagots*, prouve que cette race a réellement existé à Saint-Béat. Si l'on examine cette ruelle, isolée d'une rue principale, et dont la communication avec la ville pouvait être empêchée par une porte aujourd'hui démolie, on en aura une nouvelle preuve. Toutes les maisons portent l'empreinte de la misère, et de temps immémorial des charpentiers ont composé la majeure partie de leurs habitants. Les crétins et les goîtreux, que le peuple confond presque toujours avec les Cagots, sont également représentés à Saint-Béat et dans les villages voisins par quelques familles, dont les membres se font remarquer non seulement par leur état d'idiotisme, leurs goîtres et d'autres défectuosités physiques, mais par l'absence du prolongement inférieur de la membrane auriculaire, et un penchant invétéré pour un vice qui ne fait qu'aggraver leur état.

Il existe encore à Saint-Bertrand, chef-lieu de canton dans l'arrondissement de Saint-Gaudens, quatre ou cinq familles de Cagots métis, c'est-à-dire dont le père ou la mère seulement appartenaient à cette race : il n'est donc pas étonnant qu'elles n'offrent aucun caractère particulier, à l'exception d'une seule chez les individus de laquelle on remarque, plus que chez les autres, des oreilles velues comme celles des ours. Les Cagots, ou plutôt les Capots de Saint-Bertrand, n'étaient pas mieux traités que ceux du Bigorre, du Béarn et de la Gascogne, dont nous aurons bientôt à parler ; comme eux, ils exerçaient exclusivement l'état de charpentier : aussi, dans le pays, *capot* et *charpentier* sont-ils encore synonymes. Ils avaient au cimetière commun une place à part, et pénétraient dans l'église, où ils se tenaient à distance des autres fidèles, par une porte particulière, actuellement murée, à laquelle conduisait une étroite ruelle. Au côté droit de cette porte et à l'extérieur il y avait un bénitier que l'on voit encore et qui représente une tête de femme coiffée en cheveux. Nous ignorons si cette forme est un caprice de l'artiste, ou si elle avait une signification hostile aux Cagots; nous sommes plutôt porté à croire que c'est un débris de sculpture qui fut utilisé quand on songea à donner un bénitier à part aux malheureux qu'on voulait isoler. N'oublions pas d'ajouter que la porte des Capots avait entrée dans une chapelle qui pouvait contenir environ quarante personnes. Cette chapelle, où sans doute ces parias étaient parqués pendant les offices divins, est depuis longtemps convertie en une sacristie.

Dans une commune voisine de Saint-Bertrand, à Gourdan, il existe six familles qui sont réputées descendre de deux races infâmes et maudites. La première de ces races est celle des goitreux, ou crétins, dont le fâcheux état souvent décrit semble devoir être attribué à des causes purement physiques et locales. Les familles héréditairement affligées de cette infirmité étaient traitées autrefois de la même manière que les Cagots des Basses-Pyrénées, dont le nom servait et sert encore à les désigner. L'affection morbide à laquelle ces familles sont en proie, se montre bien aussi parfois chez quelques autres; mais cela résulte des alliances et du croisement des races, ou des causes qui ont primitivement donné naissance au mal.

La seconde de ces races réputées infâmes est connue sous le nom de race des *Capots* ou des *Trangots*, et son origine est encore un mystère; cependant on croit dans le pays que c'est le reste d'une colonie de proscrits qui s'y réfugia il y a plusieurs siècles. Ce qui est bien certain, c'est que cette race était repoussée de la société des autres hommes et traitée comme les Cagots, peut-être même plus mal; car il n'était pas de vices, pas de crimes qui ne lui fussent reprochés. Il existe, à Gourdan, trois familles considérées comme issues de Trangots ; et il suffit, lorsqu'elles ont quelque discussion, de leur rappeler qu'elles en descendent pour les couvrir de confusion. Ce qui donne la mesure de la crainte que cette race et celle des Cagots inspiraient aux autres habitants, ce sont ces mots que les anciens ajoutent encore à la fin de leur prière : *Dèü té préservé de la man de Trangot, ét dél diné-dét Cagot !* (Dieu te préserve de la main du Trangot, et de l'argent du Cagot !) Comme si la tradition eût pu laisser perdre le souvenir de la naissance des Capots, leur curé avait le soin de le consigner dans les registres de l'état civil, dont la tenue lui était confiée[1].

A Montrejeau, autre chef-lieu de canton du même arrondissement que Saint-Bertrand, il y a eu une famille de Capots, qui habitait dans un quartier situé à environ deux cents mètres de la ville. Le père exerçait la profession de charpentier ; il avait trois fils, qui, ayant contracté mariage, devinrent à leur tour chefs de trois nouvelles familles, dont une seulement a prospéré. Ces gens-là étaient mal vus, méprisés ; ils avaient un bénitier particulier, derrière lequel il leur était enjoint de se tenir. L'épithète de *Cagot* n'était point la seule qu'on leur donnât, on les désignait aussi sous le nom de *courte-oreille*.

Entrons maintenant dans le département des Hautes-Pyrénées.

La petite porte et le bénitier qui témoignent de l'existence d'un nombre plus ou moins grand de Cagots dans une paroisse, se voient encore à Ossun, à Juillan et à Lamarque-Pontacq, communes du même canton. Les Cagots d'Ossun étaient une douzaine environ, et tous charpentiers : ce qui explique l'usage, plus répandu autrefois qu'aujourd'hui, de

---

[1] « Le 17 septembre 1704 est né Bertrand Luent, fils de Pierre Luent et de Jeanne Verdier, de la race des Trangots, habitans de la paroisse de Gourdan, » etc. *Registres de la commune de Gourdan.*

désigner les gens de cette profession par le nom de *Cagot*. Ils avaient à Ossun une confrérie à part, celle de Saint-Joseph ; ils occupaient à l'église une place séparée, et s'y rendaient par une petite porte établie pour eux seuls, porte qui existe encore, mais un peu plus élargie. Il leur était expressément interdit d'entrer par la grande. Un bénitier distinct renfermait l'eau bénite, qu'ils ne pouvaient jamais prendre ailleurs. On raconte à ce sujet une scène fâcheuse arrivée quelque temps avant 1789. Un Cagot, s'étant permis de prendre de l'eau bénite au grand bénitier, faillit devenir la victime de quelques individus qui se jetèrent sur lui et le frappèrent avec violence. Après cela, il est à peine nécessaire de dire que les Cagots d'Ossun ne s'alliaient qu'entre eux; mais une circonstance à noter, c'est qu'à Lamarque leurs mariages n'avaient lieu que le mercredi. Dans cette commune, les Cagots étaient enterrés à part.

Toutes ces distinctions, comme le préjugé qui leur avait donné naissance, ont cessé à Ossun, à Juillan et à Lamarque, depuis la révolution de 1789. A partir de cette époque, les Cagots se sont mêlés au reste de la population, qui ne fait plus aucune attention à leurs descendants.

Dans la vallée d'Argelès, les endroits occupés de nos jours, comme ils l'étaient autrefois, par des Cagots, sont les suivants :

Asméo,	commune de	Béo-Silhens.
Mailhoc,	—	Saint-Savin.
Couture-Bague,	—	Ayros.
Cagos,	—	Vier.
Bayés,	—	Saint-Pastous.
Canarie,	—	Argelès.

Préchac, Arbouix, et, à peu d'exceptions près, tous les villages de la vallée, comptent quelques familles de Cagots.

Elles habitent des hameaux enfoncés dans les creux des vallons, entourés d'une telle quantité d'arbres, que les rayons du soleil ont de la peine à pénétrer dans leurs habitations. On dirait qu'ils choisissaient ainsi ces localités pour s'y soustraire aux regards des Bigourdans de caste réputée supérieure. « J'ai vu dans mon enfance, m'écrit M. Bualé d'Argelès, dans quelques vieilles églises, notamment dans celle de mon village (Saint-Savin), une porte d'entrée et un bénitier réservés pour l'usage des Cagots, qui assistaient aux offices divins dans une tribune particulière, sans contact avec les autres paroissiens. La chose est encore visible dans cette église presque détruite.

« J'ai vu encore une toute petite chapelle, où vingt personnes pouvaient à peine tenir, au hameau de Mailhoc, peuplé encore de ces malheureux : ce qui indiquerait qu'on y célébrait, pour eux seuls, les offices divins, à une époque que je ne puis préciser, mais certainement rapprochée de notre première révolution. Je me suis souvent arrêté à ce point, pour interroger les ruines de cette chapelle, vendue, à l'époque de la vente des biens nationaux, à un Cagot qui l'a démolie pour agrandir une petite propriété. »

Il existe dans la commune d'Aucun, au val d'Azun, un hameau situé à un kilomètre environ et à l'est du village, sur la rive droite du gave d'Azun; ce hameau, traversé par le chemin qui va d'Aucun à Bun, contient en tout sept maisons bâties sur un sol aride et misérable : ce qui lui a sans doute valu son nom de *Terranère* (terre noire). Les habitants de cette localité, tous charpentiers depuis un temps immémorial, sont tenus pour Cagots d'origine ancienne, non-seulement par les gens d'Aucun, mais par les Bigourdans de toute la vallée, et l'on retrouve dans ce hameau le berceau de plusieurs familles de charpentiers répandues dans le département des Hautes-Pyrénées et toutes

réputées appartenir à la caste qui nous occupe. Il existe
dans le pays un quatrain ainsi conçu :

> En Terranère et Mailhoc,
> Que son los grans Cagots ;
> En Andurans et Canarie,
> Qu'ey la gran Cagotherie.

Les Cagots de Terranère, quelques services qu'ils ren-
dissent comme charpentiers, étant les seuls de cet art dans
la vallée avant 1791, étaient repoussés de la société des
autres habitants; ils avaient à l'église une porte et un bénitier particuliers, et se tenaient à l'écart dans la chapelle
de Saint-Blaise, qui leur était spécialement réservée, tandis que leurs femmes se plaçaient les dernières dans la
nef. Ils ne participaient point au pain béni, et n'étaient pas
admis à le rendre. Leur cimetière était attenant à celui de
la paroisse; mais un mur les séparait l'un de l'autre. Longtemps avant la Révolution, les morts de Terranère étaient
inhumés dans un morceau de terre entre Aucun et ce hameau, d'une étendue d'environ un are et demi. Cet emplacement, qu'on appelait *Houssa* (cimetière) *des Cagots*,
et qui fut abandonné vers l'an 1760, est à cent mètres
environ du village et n'a jamais depuis été mis en culture.

Les autres communes du canton d'Aucun qui renferment
des Cagots, sont Arbéost, où il s'en trouve cinq ou six familles, Ferrières qui compte soixante-huit individus réputés tels, et Marsous, où l'on signale deux frères issus d'une
femme de cette caste et d'un habitant de race pure. Comme
leurs pareils de Terranère, les Cagots de Ferrières avaient,
avant 1789, un bénitier et un cimetière particuliers.

Les Cagots de la vallée d'Argelès, s'il faut s'en rapporter à
la tradition du pays, avaient les oreilles sans lobe et l'haleine très-puante. On croit encore qu'ils avaient sous la peau

de petits grains semblables à ceux des cochons ladres. Il n'est pas rare de voir de vieilles femmes, lorsqu'elles se querellent avec quelqu'un réputé cagot, lui montrer la langue ou le derrière de l'oreille, où l'on croyait que les grains de la ladrerie étaient apparents. Quoi qu'il en soit, les Cagots vivent avec le reste du peuple, et le préjugé qui les en séparait a tellement perdu de sa force, que les parents ne croient plus se déshonorer en mariant leurs filles avec des individus de cette race. Quelquefois, cependant, on trouve des exceptions; mais elles deviennent de plus en plus rares. En 1841, une jeune fille de Cheust pouvait faire un très-bon mariage en acceptant la main d'un Cagot du voisinage. Les deux jeunes gens se convenaient parfaitement; cette union souriait beaucoup au père et à la mère de la future. La grand'mère la fit rompre, en déclarant que jamais elle ne consentirait à une pareille alliance; que, tant qu'elle vivrait, le sang de sa famille resterait pur. D'autres parents, moins scrupuleux, marièrent, quelques mois après, leur fille à ce Cagot, quoiqu'elle eût plus de fortune que la première. Il est à remarquer qu'en certains endroits les familles cagotes occupent le premier rang et jouissent de la plus grande considération.

A Lourdes, chef-lieu de canton dans l'arrondissement d'Argelès, il y a encore quelques familles signalées comme devant leur origine à la race des Cagots: ce qui ne les empêche point de s'allier par des mariages avec les autres habitants. Il existe, au nord-ouest de la ville, sur la rive droite du ruisseau Lapaca, le long de la route royale de Lourdes à Pau, un petit hameau isolé qui porte le nom des Cagots. Ce hameau, de médiocre apparence, aurait été dans le principe, si l'on en croit la tradition, l'asile exclusif de cette race. Les individus qui en faisaient partie avaient, dans l'église de la paroisse, une place particulière, ainsi qu'une petite porte et un bénitier que l'on y voit encore. On croit, néanmoins, qu'ils étaient inhumés sans distinction dans le cimetière commun. Tous les Cagots de Lourdes que M. Arrou, instituteur de cette ville, a pu observer, ont, à quelques exceptions près, la partie inférieure du corps, depuis l'aine, beaucoup plus courte que la partie supérieure, les jambes et les cuisses un peu arquées, le cou court, les yeux bleus ou olivâtres, enfoncés dans de petits orbites, le regard vif, les oreilles très-petites et sans lobe. C'est à cette dernière particularité que partout le peuple croit les reconnaître, abstraction faite de tout autre signe.

Dans la commune de Juncalas, canton de Lourdes (vallée de Castelloubon), il y a trois familles que l'on prétend être originaires des Cagots. Elles ont toujours vécu mêlées aux autres habitants, qui, néanmoins, repoussaient leur alliance, il y a à peine cinquante ou soixante ans. Toutes trois exercent des professions différentes : celles de charpentiers, de laboureurs et de forgerons. Le caractère primitif de leur physionomie, qui, il y a quarante ans, présentait le même type que chez les Cagots de Lourdes, s'est effacé par suite du croisement des races. Il existait, dans l'église de Juncalas, une petite porte, qui a été fermée depuis moins de vingt ans, et un bénitier extérieur encore existant, le tout à l'usage exclusif des Cagots. Morts, on les enterrait avec les autres.

Il existe, dans la commune de Gazost (vallée de Castelloubon), une seule famille de la race des Cagots. Il y a environ un siècle qu'un jeune homme d'une commune étrangère, Cagot d'origine, vint s'engager, en qualité de domestique, chez un paysan de Gazost, dont il séduisit la servante. Après avoir longtemps combattu les répugnances de celle-ci, il devint enfin son époux. La famille issue de cette union a toujours vécu parmi les autres habitants, qui, dans les petites querelles de localités lui prodiguent l'épithète injurieuse de *Cagot*. Dans les premiers temps, ce ménage faisait des solives de sapin, qu'il allait vendre à la ville et ailleurs; il y eut ensuite, dans cette famille, des tireurs de laine; aujourd'hui on y trouve un chirurgien et un garde-champêtre. « La seconde génération, que j'ai connue, m'écrit M. Arrou, possédait les mêmes caractères de physionomie que les Cagots de Lourdes, et de plus une tête d'un développement plus qu'ordinaire. Ces différences n'existent plus dans la génération actuelle, confondue avec les autres habitants. Le peuple ne reconnaît les Cagots qu'à l'absence du lobe auriculaire. »

A Luz, chef-lieu de canton dans le même arrondissement, il y avait autrefois un grand nombre de Cagots; il ne reste plus aujourd'hui que le souvenir de ces hommes. On désigne encore deux familles comme descendant de ces malheureux; mais elles vivent parfaitement bien avec les autres habitants, et n'en diffèrent en rien sous le rapport de leur physionomie et de leurs mœurs. Si j'ai dit que les Cagots étaient autrefois nombreux à Luz, c'est que j'ai été amené à le penser par la porte et le bénitier qui leur étaient réservés dans l'église du lieu [1].

Tout le monde, à Saint-Pé, chef-lieu de canton dans le même arrondissement, s'accorde à croire qu'il y existe en-

---

[1] Ce bénitier, si souvent cité, se trouve incrusté à l'angle intérieur du mur de la porte qui est au midi de la chapelle contiguë à l'église, et presqu'en face de la petite porte du mur d'enceinte par où entraient les Cagots. Suivant toute apparence, il fut enlevé du mur primitif de l'église-mère en 1589, et placé où il se trouve aujourd'hui ; mais on l'a tellement incrusté dans le mur, qu'il n'y a qu'un des angles qui paraisse. L'artiste y avait sculpté la tête de quelque animal; mais cette tête, formant saillie, a été dégradée et même coupée.

On trouve des vues de l'église de Luz, dans les *Souvenirs des Pyrénées*, par J. Jacottet... A Paris, chez Gihaut frères, sans date, grand in-folio, n° 31 ; et dans l'ouvrage intitulé *Excursion dans les Pyrénées*... par F^k. Mialhe et F^k. Dandiran. A Paris, chez Mialhe frères, 1837, grand in-fol., n° 65.

core deux ou trois familles de la race des Cagots ; à s'en rapporter à une tradition qui subsiste encore de nos jours, ces
parias s'y seraient trouvés autrefois en nombre, et leurs querelles, leurs dissensions avec le peuple, les anecdotes où ils
figurent, sont le sujet de récits qui, faits par des vieillards,
ne manquent jamais d'intéresser ceux qui ne comptent pas
plus d'un demi-siècle de vie. Aujourd'hui les Cagots de
Saint-Pé n'ont pas de préférence bien marquée pour une
profession plutôt que pour une autre ; ils sont ou cordonniers, ou tisserands, ou marchands, tandis qu'autrefois ils
n'étaient et ne pouvaient être que charpentiers : de là ce
vieux dicton patois encore en usage dans le pays : *A la
maïsou deü Cagot la gouttère*, qui correspond au proverbe
français : *Les cordonniers sont toujours les plus mal chaussés.*

Les Cagots de Saint-Pé assistaient aux offices divins dans
une espèce de vestibule qui donne entrée dans l'église,
mais qui en est distinct. Ils passaient par la porte extérieure qui ouvre sur le cimetière, et qui leur était commune avec les autres fidèles, et prenaient de l'eau bénite
dans un bénitier qui se trouvait à droite derrière cette
porte. Il leur était interdit de franchir le seuil de la porte
intérieure et de s'introduire dans l'église. A une époque évidemment très-reculée ces parias avaient, suivant une tradition qui se conserve encore, une église à eux qu'on appelait *Gleïsiate*, et dont l'emplacement situé tout-à-fait à l'extrémité occidentale de cette ville est aujourd'hui un champ
cultivé. Ce ne fut probablement qu'après la destruction ou
la chûte de ce bâtiment qu'ils furent admis au vestibule de
l'église paroissiale. Ils avaient encore à eux un autre emplacement, connu depuis sous le nom de *Paianquet*, situé
vers le centre de la ville, où ils enterraient leurs morts à
part. Cet emplacement, devenu longtemps après le cimetière
des protestants, et ensuite, après la disparition de ceux-ci,

un dépôt d'immondices, a été utilisé, depuis environ vingt ans, pour la construction d'une partie de la chapelle des Filles de la Croix.

S'il faut en croire les renseignemens fournis à M. Arrou, par un de ses amis, ancien élève de feu M. l'abbé Julien, de Montaut (Basses-Pyrénées), à qui ce dernier les aurait souvent répétés, le hameau appelé Réouilhès, situé sur la rive gauche du Gave, à l'extrémité nord-ouest de la forêt de Lourdes, et dépendant de la ville de Saint-Pé, aurait été bâti et habité par une peuplade de Cagots. M. l'abbé Julien aurait ajouté qu'à une époque remontant à plusieurs siècles, une rixe s'étant engagée entre les Cagots de Réouilhès et quelques habitans de Lourdes, ceux-ci furent massacrés, et que leurs têtes séparées des troncs servirent de boules pour jouer aux quilles sur la place de Saint-Pé. A la suite de ces actes de férocité, les Cagots auraient été condamnés, entre autres choses, par arrêt du parlement de Toulouse, à ne plus entrer dans la ville de Lourdes que par la petite rue dite *Capdetpourtet*, à ne marcher que sous les gouttières, avec défense expresse de s'asseoir en quelque endroit que ce fût et d'arriver en ville après le lever du soleil, et injonction d'en sortir avant son coucher, le tout sous peine, pour chaque contrevenant, de se laisser couper deux onces de chair sur toute la longueur de l'épine dorsale. Ce fait, que M. Arrou regarde comme vrai en lui-même, et dont aucune pièce ne nous garantit l'exactitude, est communément attribué aux habitants de Saint-Pé en général. Ce que l'on peut assurer, c'est que cette ville renfermait autrefois beaucoup de Cagots, qui y étaient traités comme dans les communes environnantes, et enterrés à part.

A Montgaillard, sur la route de Tarbes à Bagnères, il y a encore des Cagots et en assez grand nombre. Ils habitaient autrefois un quartier qui porte toujours le nom de *quartier*

des Charpentiers ou *des Cagots*. La porte par laquelle ces parias devaient entrer dans l'église existe encore avec leur
bénitier, au couchant de cet édifice ; mais elle est murée.
Une partie du cimetière leur avait été assignée, et on continue à les y enterrer; mais il est à croire que cela tient
plutôt à l'usage établi qu'à toute autre cause, usage qui
consiste à inhumer autant que possible chaque individu auprès de ses ancêtres. Au reste, les habitants de Montgaillard n'éprouvent aucune répugnance à s'allier avec les
Cagots.

A Campan, chef-lieu de canton dans l'arrondissement de
Bagnères-en-Bigorre, à une lieue et demie de cette ville, il y
a cinq ou six familles que le préjugé flétrit du nom de
Cagotes et tient réléguées dans un quartier séparé du gros
de la commune, appelé *quartier des Cagots* [1]. « J'ai, m'écrit
M. le docteur Abadie, connu les chefs de ces familles ; ils
exerçaient tous le métier de charpentier. Il y a cinquante
ans, ces familles ne s'alliaient qu'entre elles; aujourd'hui,
elles se sont mêlées aux autres habitants. Leur physionomie
ne présente aucun caractère particulier. On remarque seulement que les individus provenant des familles Pescadère,
Latoure, Lacôme et Daléas, ont la peau très-blanche et les
yeux gris, circonstances d'organisation, ajoute M. Abadie,
qui s'expliquent par la prédominance du système lympha-
tique, résultat d'une habitation froide et humide. »

Les individus réputés cagots étaient, il n'y a pas longtemps, enterrés à part dans le cimetière commun [2]; ils entraient dans l'église par une porte particulière [3], et y occu-

[1] A l'orient de Campan, sur la rive droite de l'Adour. Le reste de la
commune est sur la rive gauche.
[2] Dans l'ancien cimetière attenant à l'église. On avait affecté aux Cagots
la partie occidentale.
[3] C'est aussi par la porte la plus occidentale qu'ils entraient à l'église.

paient une place désignée encore aujourd'hui sous le nom de *rang des Cagots*[1]. On voit à droite de la porte par où ils entraient, porte qui se trouve sous le clocher, un petit bénitier qui leur était affecté. Ce bénitier porte une sculpture qui a disparu en partie sous le ciseau ; les traces qui subsistent ressemblent assez à la patte d'un grand oiseau.

Les familles dites Cagotes de Campan n'ont pas de crétins. Le médecin que je viens de citer ne connaît chez elles qu'un rachitique, encore peu difforme. Il observe, en outre, que tout le monde, dans ces familles, a le lobe de l'oreille bien normal.

La commune de Guizerix, qui faisait autrefois partie de l'archiprêtré de Castelnau-Magnoac, et qui maintenant se trouve dans le canton de ce nom, arrondissement de Bagnères-en-Bigorre, renfermait des Capots, qui avaient un quartier particulier, et une petite porte réservée pour l'entrée et la sortie de l'église ; les autres fidèles se seraient bien gardés d'en faire usage. Cela dura jusqu'à la visite faite en cette église par Louis d'Aignan du Sendat, archidiacre de Magnoac, qui, pour abolir cette distinction, passa, en sortant du lieu saint, par la porte des Capots, accompagné du curé et des autres ecclésiastiques de la paroisse et de ceux de sa suite. Le peuple, voyant cela, les suivit aussi, et, depuis ce temps-là, tous les habitants ont passé indifféremment par l'une ou l'autre porte[2].

Il ne fallait rien moins qu'une pareille initiative pour vaincre la répugnance qu'inspirait la porte maudite, non-seulement aux gens du peuple, mais à ceux que leurs lumières auraient dû garantir d'un tel préjugé. Nous en trouvons la mesure dans le méchant tour qu'un habitant de

---

[1] C'est aujourd'hui la place occupée par les notabilités de l'endroit. (Partie occidentale de l'église.)

[2] *Chron. eccl. du dioc. d'Auch*, pag. 397, 398.

Larroque, commune du même canton que Guizerix, joua à son curé : il mit du gravier dans la serrure de la porte par laquelle ce dernier entrait, pour l'obliger à passer par celle des Cagots. Il n'y a pas à douter que le tour ne fût sanglant, puisqu'on en a conservé la mémoire dans le pays. On y garde également le souvenir d'une espiéglerie dont nous n'aurions pas cru les Cagots capables et dont on n'a pu nous dire le but. A en croire une octogénaire, ils auraient creusé un trou fort profond au bas de la côte, près du ruisseau de la Jeze, et fait sortir de là des cris semblables à ceux d'une personne qui se plaint, à la grande terreur des lavandières, qui n'auraient plus osé approcher de l'eau sans être escortées. La même octogénaire rapporte qu'ils avaient creusé un autre trou pareil dans le *padouent*, ou bois communal, et que le peuple, ignorant d'où provenaient ces cris, s'y était transporté processionnellement pour les faire cesser. Il est permis de croire que les Cagots n'étaient pour rien dans cette affaire, qui probablement n'aura été mise sur leur compte qu'après coup, en raison de l'isolement dans lequel ils vivaient, et de l'opinion qu'on avait qu'ils étaient magiciens. Il existe encore à Larroque deux familles réputées issues de Capots.

Tel est aussi le nombre de celles qui sont signalées ainsi à Hachan, commune voisine. Il y en avait autrefois quatre, dont les membres étaient assez nombreux pour que tous les habitants, encore aujourd'hui, soient appelés *la Capotaille de Hachan.*

Il a existé aussi des Cagots dans la commune de Hèches (canton de la Barthe-de-Neste), située à l'entrée de la vallée d'Aure au pied d'une montagne, à environ douze kilomètres de Lannemezan : on le voit par la petite porte et le bénitier que l'église du lieu a conservés. On m'a également assuré qu'il se trouve une femme de pure race cagote au hameau de Lapoutge, qui dépend de Mazouan, commune située au pied de la montagne, à une demi-heure de Hères.

Dans la situation où se trouvait autrefois Lannemezan, il serait étonnant qu'il n'y eût pas eu de Cagots : ce n'était en effet qu'un petit village au milieu de forêts et de vastes landes, à douze ou quinze kilomètres de l'entrée de la vallée d'Aure, et par conséquent très-propre à leur retraite. Les habitans de race pure les reléguèrent au midi du village, dans un hameau voisin de la forêt communale appelé *Cap-de-la-bielle*, et l'on y trouve encore deux familles réputées d'origine cagote. Les alliances successives qu'elles ont contractées ont effacé leur type primitif; mais, s'il faut en croire la tradition, leurs premiers ancêtres différaient des autres habitants par une tête plus grosse et par un crâne plus large. Ces familles n'étaient sans doute pas les seules de cette espèce qui existassent à Lannemezan; mais les autres ont réussi à se fondre, par des alliances, dans la masse générale, et leur origine n'est plus connue. Avant qu'il en fût ainsi, ils ne pouvaient prendre de l'eau bénite que dans un bénitier particulier ni entrer à l'église que par une petite porte pratiquée au mur septentrional et donnant sous la tribune, place qui leur était assignée, avec défense de pénétrer plus loin. Je n'ai pu savoir s'ils étaient enterrés à part ; mais il existe, à côté de la porte dont il vient d'être question, une petite partie de cimetière longeant l'église vers le levant, où personne n'a été inhumé depuis nombre d'années : ce qui ferait présumer qu'ils étaient enterrés en cet endroit.

L'église de Campvern, village situé à six kilomètres de Lannemezan, au milieu de vastes landes, présente aussi une petite porte avec un bénitier à côté. Si l'on en croit les vieillards à qui l'on demande l'explication de ces deux choses, il y avait autrefois, dans un quartier du village, des gens qui vivaient séparés des autres habitants, pour lesquels ils

étaient des objets d'horreur. Ne pouvant les chasser, voyant
d'ailleurs qu'ils étaient inoffensifs, ils les laissèrent tran-
quilles et leur permirent d'assister aux offices divins; mais,
ne voulant pas être confondus avec eux, ils firent percer
une porte pour eux seuls et les placèrent à côté d'un pilier
latéral à cette porte, sur lequel se trouve le millésime 1600.
Les vieillards qui font ce récit croient bien se rappeler qu'on
donnait à ces individus le nom de Cagots.

On raconte aussi, dans le pays, qu'à la même époque
environ, un certain nombre d'hommes se réfugia dans le château de Mauvezin, dont on voit encore les ruines à un quart-
d'heure de Campvern, qu'ils vivaient de rapines et entièrement séparés des autres habitants du pays, et qu'ils se
mettaient à l'abri de la haine populaire au moyen d'un pont-
levis. Un seul homme de Mauvezin, qui faisait journellement
paître ses moutons aux environs de ce repaire, parvint à les
aborder et à capter leur confiance. Il en devint maître à ce
point qu'un jour, après s'être concerté avec les principaux
habitants de son village, il engagea les individus en question à sortir tous du château, jusqu'à un boiteux qu'il porta
sur ses épaules, pour aller jouer aux quilles dans un champ
situé au midi de leur retraite, et qu'on appelle le Champ de
Bataille. Après avoir joué avec eux un certain temps, il fit
semblant d'avoir soif et feignit d'aller boire dans le château.
Une fois entré, il lève le pont et se met à crier. A ce signal
convenu, le tocsin sonne, et tous les habitants de Mauvezin
se jettent en masse sur ces malheureux, qui, se trouvant
sans armes et dans l'impossibilité de rentrer dans le château, succombent sous les coups des assaillants. On n'est
pas bien d'accord sur le nom de la race à laquelle appartenaient les victimes. Certains croient que c'étaient des Cagots; pour moi, je pense que c'étaient des Bohémiens. Il
n'est point rare de trouver dans l'histoire des contrées mé-

ridionales de la France des exemples de luttes à main armée entre des hordes de ces bandits et des habitants du pays. On cite un combat que les Viannois soutinrent, en 1632, contre une compagnie de Bohémiens qui voulait loger par force dans la ville. Ces aventuriers périrent tous; leur chef fut pris et conduit devant le parlement de Bordeaux, qui le condamna à être pendu [1]. Vingt et un ans auparavant, le maire et les jurats de cette ville donnaient l'ordre au capitaine du guet d'opérer l'arrestation d'un chef de Bohémiens qui s'était enfermé dans la tour de Veyrines, à Mérignac, d'où il infestait le pays [2]. Mais revenons aux Cagots, que cette digression nous a fait perdre de vue.

Suivant Laboulinière, qui renvoie à un manuscrit communiqué [3], il y avait plusieurs familles cagotes en Aure; les Fachan de Saint-Lary en étaient les seigneurs. Il a dû en exister également à Tuzaguet, commune du canton de Nestier; en effet, on y conserve par tradition que la porte pratiquée au nord de l'église l'avait été pour l'usage exclusif des Cagots.

Nous allons entrer maintenant dans le département des Basses-Pyrénées, où nous trouverons un plus grand nombre de Cagots, comme des renseignements plus abondants et plus positifs pour leur histoire.

---

[1] *Annuaire ou Description statistique du département de Lot-et-Garonne...* Par M. C. Lafont-du-Cujula. A Agen, de l'imprimerie de Raymond Noubel, 1806, in-8 ; p. 70.

[2] « Ledict jour fut enjoinct au cappitaine du guet de se transporter à la baronye de Veyrines, et se saisir du cappitaine des Bohemes qui faisoit là des ravages et larrecins, et qui s'estoit mis dans la tour dudict Veyrines. Et pour y aller en diligence. » Registres de la Jurade de Bordeaux, conservés à l'hôtel-de-ville, volume s'étendant du 5 janvier au 31 juillet de l'an 1611, folio 128 verso.

[3] *Itin. desc. et pitt. des Hautes-Pyrénées*, tom. 1er, ch. VII, pag. 72 et 79, en note.

Arrondissement de Pau.

Canton de Clarac-près-Nay. — La commune de Coarazze
compte trois familles réputées 'cagotes', dont l'une se fait
remarquer par la fraîcheur de son teint ; elle a pour auteur
un homme natif de Buzy ; ses membres, comme les autres
Cagots de Coarazze, exerçaient l'état de charpentier ou de
scieur de long. On y voyait une habitation appelée la maison des Cagots, qui maintenant n'existe plus. A Beuste, cinq
familles passaient pour avoir du sang cagot dans les veines ;
leurs membres étaient enterrés dans un coin du cimetière,
actuellement affecté aux protestants. A Angaïz, comme à
Bordes, il y a encore une famille de charpentiers réputée
cagote ; on en comptait deux à Bénéjacq au commencement
du siècle dernier. Le même nombre de familles existait anciennement à Igon : l'une d'elles est éteinte, les membres de
l'autre vivent mêlés aux autres habitants ; leur profession
a été de tout temps celle de cultivateur. A Lestelle, il y a un
champ vulgairement appelé *Darreüs-Cagots*, et deux ou trois
maisons vaguement réputées pour avoir appartenu à des
individus de cette race.

Suivant l'abbé Julien, déjà nommé, il aurait existé jadis,
à Montaut, un nombre assez considérable de Cagots, qui
auraient émigré dans la ville de Toulouse, dont une rue
ou un quartier, peuplé par eux, aurait pris le nom de
Montaut. Ce qu'il y a de certain, c'est qu'il y a eu autrefois, dans la commune ainsi nommée, un grand nombre
de Cagots ; ils étaient charpentiers et vivaient séparés du
reste des habitants. Leurs maisons se trouvent, en partie,
situées au sud-ouest de la commune. Quelques autres
étaient à l'ouest ; elles ont été démolies, et ce quartier
conserve toujours le nom de *Chrestiaàs*. Les Cagots de Mon-

taut avaient pour eux seuls, à l'église de cette commune, une petite porte, extrèmement basse, appelée *porte des Cagots* dans un acte de sépulture de l'an 1630, et un bénitier, qui a été enlevé. La petite porte a existé jusqu'à la fin du siècle dernier. Actuellement il n'existe plus de Cagots à Montaut. L'année dernière, une famille appartenant à cette race, d'après la croyance populaire, a vendu les possessions qu'elle avait dans la commune et s'est allée établir, à ce que l'on prétend, dans le Pays Basque. Peut-être est-il nécessaire de dire que cette aliénation de biens et ce départ n'ont été nullement forcés. Toutes les relations, qui, d'ordinaire, unissent les habitants d'une commune, existaient entre ceux de Montaut et les membres de cette famille.

Canton de Garlin. — A Baliracq, on a pu voir jusqu'en juillet 1843, au nord de l'église, un cimetière où jadis on enterrait les Cagots. En défrichant ce petit morceau de terre et en détruisant la haie qui le séparait du lieu consacré à la sépulture du reste des paroissiens, on a exhumé des ossements appartenant à la race maudite, et on les a mis dans un trou éloigné des autres cadavres. Les communes de Burosse, Castelpugon, Mascaras, Moncla et Saint-Jean-Poudge avaient chacune une famille de Cagots, dout la postérité existe encore; dans cette dernière localité, leurs sépultures occupaient une place distincte à l'une des extrémités du cimetière, au midi, sous des ormes, place que leurs descendants conservent toujours pour le même usage. A Taron, on voit encore, tout près de l'église, sur une petite place appelée *Peyras*, une colonne en maçonnerie surmontée d'une petite croix en pierre et portant d'un côté le millésime 1663 et de l'autre cette inscription latine : *Absit gloriari nisi in cruce Domini.* Cette croix était, dit-on, celle des Cagots; autour d'elle se trouvait sans doute leur cimetière : ce qui le ferait croire, c'est que le plus proche voisin voulant creuser un puits à deux mètres de distance, y trouva des ossements humains. D'ailleurs la forme de ce petit monument et le vide qu'on y remarque du côté du levant, vide qui n'existe plus depuis qu'on y a placé la boite aux lettres, indiquent suffisamment une de ces lanternes des morts qu'on élevait autrefois dans les cimetières et sur lesquelles ou a tant écrit[1]. Une pierre bleue, placée au milieu de l'entrée de l'église de Taron et la seule de cette couleur, servait de borne entre les Cagots et le reste des habitants. On l'y voit encore.

Une autre particularité distingue l'église de Saint-Jean-Poudge. Outre une porte dite *des Cagots* et pratiquée au nord de l'édifice, porte par laquelle, il n'y a pas bien longtemps, la majeure partie de la commune se serait fait scrupule de passer, il s'en trouvait une autre au sud, de plus petite dimension que la première et dite également *des Cagots*. Cette porte a été murée.

Canton de Lembeye.—A Crouseilles le nombre des familles réputées cagotes s'élève à dix ou douze, toutes composées de charpentiers, de tonneliers et de charrons; à Gayon et à Momy il monte à deux, et à Lalongue il n'y en a qu'une. Moncaup en compte plusieurs dans son sein. Une Cagote de Séméac, ayant épousé un certain Majoureau de Moncaup, avait perdu cette qualité en vertu de la maxime béarnaise *qué lou marit qu'és descagoutibe sa henne.* Cette femme est décédée à Moncaup le 18 novembre 1835, âgée d'environ 92 ans, et fut enterrée le lendemain dans l'enceinte du grand cimetière; ceux de sa race étaient autrefois inhumés, entièrement séparés des autres habitants, dans un coin, transformé, depuis plus de trente ans, en un petit verger dépen-

---

[1] Voyez, entre autres traités, le mémoire de M. A. de Chasteigner, lu au congrès archéologique de Poitiers en juin 1843, et publié dans les *Mémoires de la Société des Antiquaires de l'Ouest.*

dant du presbytère communal. Une particularité qui m'est signalée par M. Sarthou, instituteur de la commune, et qui ne manque pas d'intérêt, c'est que des personnes auxquelles il s'est adressé pour avoir des renseignements, cinq étaient cagotes et avaient, toutes, les oreilles courtes. Ne serait-ce point pour ce seul motif qu'elles seraient réputées cagotes?

Il y a eu, il y a encore des Cagots dans la commune de Luccarré, où l'on a conservé le souvenir de deux familles dont les membres étaient cordonniers et charpentiers. Aujourd'hui, il n'en reste plus qu'une, composée de laboureurs. Autrefois, lorsqu'à l'église on faisait la distribution du pain bénit, on le présentait aux Cagots au bout d'une longue fourchette en bois. Dans la commune de Lussagnet, il existe deux familles qui, au dire des vieillards, seraient entachées de cagotisme ; à Lusson il n'y en a pas, si ce n'est une branche de l'une de ces familles. A Cosledàa, la tradition désigne encore quelques Cagots. A Seméac, avant la Révolution, il y avait quatre familles de ces parias ; une est éteinte, deux sont dispersées dans les communes voisines, et une subsiste dans l'endroit. Les registres de la paroisse qui correspondent au XVIIᵉ siècle contiennent divers actes où les parties sont désignées comme *Capots* [1], et dans les

---

[1] « Le 12 juin 1649, a été baptisé Guilhaume de Labarrère, Capot, de Seméac, fils à Jean de Labarrère et à Gailhardine de Mocau, mariés ; parrain Guilhaume et Anne de Labarrère. Le saint sacrement a été conféré par moi.   *Signé* : J. Furé, prêtre. »

« Le 27 décembre 1653, a été baptisé Bernard de Labarrère, Capot, de Seméac, fils à Jean de Labarrère et à Goualhardine de Mocau, mariés ; parrains Bernard et Pierre de Mocau, frères, du lieu de Lalongue. Ledit Pierre a fait tenir l'enfant au fond du baptême, et substitué à sa place Catherine de Labarrère, sœur de l'enfant baptisé. Le sacrement. » etc.

« Le 4 mai 1659, a été baptisé Pierre de Labarrère, dit Crestiaa, de Seméac, fils à Jean de Labarrère et Marie de Labarthe, mariés ; parrains Pierre de Labarthe, de Bentayou, et Catherine Duplaa, mariés, » etc.

« Le vingt-huitième décembre mil six cent soixante, a été baptisée Marie de Labarrère, fille à Jean de Labarrère et Marie de Laballe, Capots, iceux de Seméac ; parrains Jean Duplaa et Marie Duplaa, Capots, du

deux livres terriers de l'endroit, leurs champs ou les pièces de terre qui leur appartenaient sont appelés les champs du Chrestiaa ou du Capot [1].

lieu de. . . . . »

« Le treizième mars mil six cent soixante-neuf, a été baptisée Anne de Labarrère, fille à Jouandoudet de Labarrère, Capot, et Marie Deubayle, sa femme ; parrains Pierre de Lafourcade et. . . . . Darricau, sa femme, tous de Seméac, » etc.

« L'an de notre Seigneur 1666, et le 30e jour du mois de novembre, je, Arnaud de Lacaze, prêtre, recteur de cette église Saint-Vincent du présent lieu de Seméac, ay baptisé une fille née le 30 novembre et de Jean de Labarrère, de Seméac, et de Marie de Labache, de la paroisse de Bentayou, mariés, Capots, à laquelle on a imposé le nom de Marie ; le parrain a été Mathieu Duplaa, de la paroisse de Sansons, la marraine Anne de Lafon, de la paroisse de Simacourbe, mariés. *Signé :* LACAZE. »

« L'an de notre Seigneur 1671, et le 12e jour du mois de mars, je, Arnaud de Lacaze, prêtre, recteur de cette église Saint-Vincent du présent lieu de Seméac, ay baptisé une fille née le jour susdit et de Pierre Beradet, de la paroisse de Saint-Jean-Poudge, et de Catherine de Marlet, mariés, Capots du présent lieu de Seméac, à qui on a imposé le nom d'Anne ; le parrain a été Pierre de Lafourcade, de Blachou, et la marraine Anne d'Arruau, mariés, du présent lieu de Seméac. *Signé :* LACAZE. »

[1] *Extrait du Livre terrier de Seméac, établi le* 13 *avril* 1684.

« Chrestiaa dessus possède sa maison, grange, jardin et vigne, de contenance de deux journaux, trois quarts, cinq escats ; confronte orient terre de Fouix, midi au chemin public, couchant et septentrion terre de Fouix ; contient 2 journaux 3/4.

« Plus possède autre piesse de terre, lande et baradat, terre labourable, vigne et pré, tout en un tenant, de contenance de vingt journaux, deux escats. »

« La fille du second lit deu Chrestiaa dessus possède un journal de terre labourable, que feu son père lui laissa par testament ; confronte terre de Cascarret, qu'il a acquis deu Chrestiaa, et au chemin de service. »

Extrait du livre terrier de Seméac, de l'année 1734.

« Geláa Pucheu possède sa maison, bassacour, jardin et terre labourable, qui confronte d'orient à chemin public, midi terre de Cabanné, couchant de Houix, septentrion du Capot ; contient 2 arpents, 24 escats.

« Le même possède autre pièce de terre, vigne et labourable, appellée *au Planté,* qui confronte d'orient à terre de Gassiot, midi chemin public, de Coustau, du Capot et de Quintaa, septentrion de Cabanné ; contient 2 arpents.

« Cabanné possède une pièce de terre labourable, qu'il a acquis de la fille du Chrestiaa, qui confronte à terre de Cascarret, qu'il a aussi acquis du Chrestiaa, et à chemin de service ; contient un arpent.

« Tisné possède une pièce de terre, pré, appellée Larribère du Chrestiaa, qu'il a acquis de Labarrère, qui confronte d'orient à terre du Barbé, midi chemin de servitude, couchant terre restante dudit Labarrère, septentrion de Cabanné, contient un arpent. »

A en croire une vieille tradition rapportée par M. Patercq, instituteur à Seméac, les Cagots avaient été distribués dans les communes : ceux de cette localité seraient, par conséquent, des étrangers. Ce qui paraît plus certain, c'est que des quatre familles réputées cagotes avant 1789, une seule paraît avoir eu de temps immémorial son établissement dans le village : c'est la famille Labarrère, qui, dans toute espèce d'acte, registre, ou livre terrier, est indiquée avec la qualification de *Cagot*, *Capot*, ou *Chrestiaa*. Les autres étaient des garçons capots des communes voisines, qui étaient venus se marier avec de petites héritières de Seméac, et sans doute depuis l'ordonnance qui défendait de les qualifier ainsi; car cette épithète ne leur est donnée nulle part, quoiqu'ils passassent pour Capots dans l'opinion publique. Dans un village du même canton, à Simacourbe, il y avait deux familles de ces malheureux : c'est du moins ce que rapporte la tradition du pays, les registres de l'église et de la mairie étant muets à cet égard. A défaut de tous ces témoignages, nous avons, pour constater l'existence d'un nombre plus ou moins grand de Cagots à Lespielle, le nom d'une fontaine qui existe sur la propriété de M. de Saint-Jammes et qui est vulgairement appelée *la Houn deus Cagots*. Dans une commune peu éloignée de là, à Castillon, il se trouvait, il y a environ cinquante ans, une famille de cette race qui est actuellement éteinte et dont la maison est détruite; l'emplacement sur lequel elle s'élevait et qui a été converti en terre labourable, conserve toujours le nom de *Cam du Cagot*. Dans l'église de Bordes, commune qui touche Castillon, il existe au nord de l'édifice une porte murée et un bénitier dits *des Cagots*. Nous n'aurions point fait mention de cette particularité que présentent la plupart des églises des Pyrénées et des Landes, si nous n'avions à ajouter que la porte en question est surmontée du monogramme du Christ, X, P, S, accompagné de l'A et l'Ω, le tout dans un cercle de 45 centimètres de diamètre, à peu près comme dans l'inscription qui se voit au-dessus du portail de l'église de Saint-Macaire (Gironde), monument qui paraît appartenir au style roman du XIIᵉ siècle. Ne peut-on pas supposer, sans trop s'écarter de la vraisemblance, que ce monogramme n'avait été placé là que parce qu'il représentait aussi le nom des *Chrestiaas* condamnés à passer au-dessous?

Canton de Lescar. — Avant 1789, les communes d'Arbus et d'Aussevielle comptaient chacune cinq ou six familles de Cagots; Artiguelouve, Caubios, Lons et Siros en avaient aussi, plus ou moins [1]. Trois familles sont réputées cagotes à Denguin, et l'on remarque qu'elles habitent un quartier isolé. Dans certaines de ces communes on peut voir encore la partie du cimetière qui était réservée aux maudits. A Lons il y a un quartier de neuf ou dix maisons, la plupart en ruines, qui porte encore le nom de quartier des Cagots et qui se trouve à près d'un kilomètre du village; il est complètement isolé, si bien que de nos jours encore, les habitans de Lons ne le traversent jamais, sans doute par suite d'une aversion innée. La rue dite *des Cagots* qui conduit à ce quartier, n'est pas plus fréquentée que le quartier lui-même; elle aboutit derrière l'église, où se trouvait la porte des Cagots, qui ouvrait sur leur cimetière. A Momas, où l'on signale encore quatre familles comme cagotes, ces malheureux avaient également un coin dans celui de la commune. On observe même que ces familles ont toujours conservé leur place dans ce même endroit, et qu'à l'église elles

---

[1] On lit dans les registres de baptême de Caubios l'acte suivant, où se trouve nommé, ce me semble, un Cagot : « Le 12 octobre 1692, j'ai baptisé un garçon né de Jean Testarrouge et de Marie du Chrestia, de Douazou, sa femme, et on lui a imposé le nom de Pierre. Parrain a été Pascal de Testarrouge, et la marraine Suzanne de Testarrouge, habitante à Bournos. *Signé :* CLAVERIE, curé. »

se tiennent également près de la porte qui leur était destinée. Néanmoins d'autres sépultures se trouvent mêlées
avec les leurs, en raison, sans doute, des besoins que l'accroissement de la population a créés, et sous l'influence
aussi de la diminution graduelle des préjugés populaires.
Ils étaient si forts autrefois qu'un chef de famille cagote
ayant été nommé par la protection du seigneur, jurat de
Momas, et ayant pris place le dimanche dans le banc municipal, l'une des fortes têtes de l'endroit grava derrière le
banc l'inscription suivante : *Darré Cagot !* (Arrière Cagot !)
A la même époque et jusqu'à 1780 environ, une imposition
nommée *rancale* était prélevée sur tous les Cagots de la
commune, et le collecteur accompagné d'un chien avait le
droit d'exiger pour ce dernier un morceau de pain ou de
méture.

A Sauvagnon les Cagots étaient également enterrés dans
un petit cimetière séparé, actuellement occupé, en grande
partie, par une maison d'école. On y ensevelissait aussi les
étrangers nouvellement établis dans la commune. Les dimanches d'été il y avait pour la masse des habitants une
procession, à la suite de laquelle on en faisait une autre
particulière aux Cagots, autour de leur petit cimetière.

On ne saurait douter qu'il n'y eût de ces malheureux à
Lescar : ce qui me confirme dans cette idée, c'est qu'à l'é-
glise de Saint-Julien il existe encore deux portes, l'une au
nord, l'autre au midi ; que la porte du midi est étroite et
basse, et qu'à l'entrée on voit un petit bénitier incrusté
dans le mur : porte et bénitier qui, dans les autres communes, étaient à l'usage des Cagots. Il est à regretter qu'il
ne reste plus de traces écrites de l'existence de ces misérables à Lescar ; les archives, qui renfermaient des pièces très-
précieuses sur l'histoire de Béarn, ayant été consumées
en 1787, lors du terrible incendie qui détruisit l'hôtel-de

ville, et les papiers des savants Barnabites dispersés un peu plus tard, pendant la Terreur, on n'a d'autre ressource que la tradition. C'est elle qui nous apprend qu'Henri IV, courtisant une jeune fille de Bilhères, commune du canton de Lescar, celle-ci, tout en larmes, lui déclara qu'elle n'était pas digne de ses attentions et des sentiments qu'elle serait flattée de lui inspirer. « Et pourquoi donc? » lui dit-il. « C'est que je suis Cagote. » — « Et moi aussi, » s'écria aussitôt le verd galant. *Et jou tabè qu'en soy, aü Diou biben.* Je dois cette anecdote à un vieillard plus qu'octogénaire, à M. Bordeu, d'Iseste, qui la tenait lui-même d'un ancien chanoine de Lescar, probablement le doyen des chanoines de France.

Canton de Montaner. — A Balcix, trois ou quatre familles sont encore réputées cagotes; à Bédeille il y en a deux ou trois, et à Lamayou quatre ou cinq [1]. Dans la première de ces communes, on voit, à côté du corps principal de l'église, les ruines d'une ancienne chapelle et une porte particulière qui leur étaient réservés. A Labatut, les Cagots n'étaient point enterrés au cimetière, mais dans un petit espace de terre situé derrière l'église. Enfin Montaner possède une fontaine appelée *la Houn deü Chrestiaa,* sans doute à cause du *Crestiaa Cagot* dont le livre terrier de la commune indique l'existence sous ce nom [1], jusqu'au 24 août 1661, date à laquelle il fut commencé [2].

---

[1] Il n'y en a qu'un de nommé dans le livre censier de la commune, dressé dans le XVIIe siècle, où l'on lit au folio 143 verso :

« M. Jacob de Vignàau, seignou de Bisanoz, abbax de Lamayou, tien et poussède lanne au parsa deux Olaàs, et confronte dap terres de Caussade et de Laboup, et deu Cagot deux présents, à la lanne; countien eu journau, douse escats, estimats eue livre, eu sol, tres ardits. 1 liv., 1 sol, 3 liards.»

[2] Lou Crestiaa Cagot poussède sa maison, jardin et casalar, de contenance de un quart, trente escats, tenant orient Boualette, occident au ruisseau du Lis, septentrion Boualette. . . . . i q[t] 30 escats.
Paye 3 d.

Canton de Morlaas. — Il y a encore des Cagots dans presque toutes les communes de ce canton. Celle de Serre-Castet en comptait quatre familles, et celle d'Ouillon une seule, dont les descendants sont repoussés de toutes les alliances qu'ils cherchent à contracter avec les jeunes filles du lieu, sort qui leur est commun avec les Cagots de Saint-Armou. L'église de Serre-Castet, ayant été reconstruite à la suite d'un incendie, ne présente aucune trace de l'existence de la race dont il s'agit; mais une vieille femme, digne de confiance, rapporte que sa mère l'a punie plus d'une fois pour avoir pris de l'eau bénite dans le bénitier des Cagots, qui se faisait remarquer par sa sculpture. La même personne se rappelle fort bien que, avant la révolution de 1789, les Cagots de Serre-Castet occupaient, à l'église, un tout petit recoin, sous l'aile gauche du clocher.

Dans les anciens registres de la paroisse d'Andoins on lit des actes où quelques noms sont accompagnés de l'épithète de *Capot*. Ces actes, au nombre de deux seulement, sont des actes de baptême de l'année 1659 [1]. Dans le premier, c'est la famille qui est ainsi qualifiée; et la maison, quoique la famille ne soit point réputée telle aujourd'hui, existe encore. Dans l'autre, ce sont les parrains qui portent l'épithète de *Capot*; ils avaient leur domicile

Plus possède autre piesse de terre labourable au parsaan de Bellegarde, de contenance de trois quarts, douse escats; tenant orient Marfaut, et occident aussy, septentrion Pecastaing. . . . . . . 3 q^{ts} 12 escats.
　　　Paye 4 d.
　　　Monte sept deniers. . . . . 7 d.
[1] Le 25 mars 1659, par moi soubs-signé a esté baptisée Isabeau de Costet, Capot, d'Andoins, fille de Pierre de Segau et de Marie de Costet, sa femme; parrain . . . de Segau, et marraine Isabeau sa femme; par moy,
　　　　　　　Signé : CASSOU Félix, curé d'Andoins.
　　　Le 12 aoust 1659, par moy soubs-signé a esté baptisé Pierre de Sarthou, d'Oilhon, fils légitime de Jean du Sarthou et de Marguoy de Rabbas, sa femme; parrain Gassiot . . . du lieu de Sedzère, et marraine sa femme, Capots; avons imposé audit enfant le nom de Pierre, et moy,
　　　　　　　Signé : CASSOU Félix, curé d'Andoins.

dans la commune de Sedzère. Le livre terrier d'Andoins, qui date du xviie siècle, fait mention de trois autres familles pareillement notées [1]; et par les confrontations de leurs propriétés on voit que ces maisons étaient voisines et situées au versant de la côte, où habite également une autre famille qui a toujours été réputée cagote. Il est à remarquer que ces cinq habitations étaient placées les unes fort près des autres et dans un très-petit espace de terrain; leurs maîtres étaient peu aisés, à en juger par leurs propriétés, qui, réunies, ne formaient qu'une contenance de 4 *jornals* de 144 escats chacun (un hectare, 42 centiares).

A Morlaas, il y a quelques familles qu'on suppose descendre des Cagots; mais aucune n'en convient, et personne n'oserait le leur dire. Ce qu'on peut affirmer, c'est qu'en 1676

---

[1] ARNAUDINE DANTY, Capot,

Tient et possède une petit enclos là ont estoit bastie ensienement lad. maison, la plasse réduite en champ; confronte orient avec terre de Duran, midi avec terre et chemin public, couchant avec terre de Minbielle, septantrion avec terre de Bergez; contient un quart et demy. . . . . $\frac{1}{4}\frac{1}{2}$ q^t.

PIERRE DE CASSALA, Capot,

Tient et possède une maison et une petite grange, basse-cour, jardin; confronte orient, midi, couchant, septantrion avec terre, chemin public, midi avec terre, enclos de Lacoste, midi, couchant avec terre de Durant; contient un quart. . . . . $\frac{1}{4}$.

Plus tient une autre piesse de terre labourable, appelée à Lacoste dessus; confronte orient avec terre de Lacoste et terre de Morosan, midi avec terre de Carrerot poussédée par le sieur de Jouet, couchan et septantrion avec terre et chemin publiq; contient demy-jornal, dousse escats. . . $\frac{2}{4}$ 12 es.

BERNARD DE LACOSTE, Capot,

Tient et poussède une maison, grange, basse-cour, jardin; confronte orient avec terre, chemin publicq; midy, couchant avec terre, préé de Duran; septantrion, avec terre, enclos de Cassala; contient demy-jornal. . . . $\frac{2}{4}$

Plus, tient autre piesse de terre labourable et chataignerée; confronte orient et midi avec terre de Mourousan, couchant terre de Cassala et chemin, et septantrion aussi chemin publicq; contien dus jornals, demy-quart. 2 j. $\frac{1}{2}$ q.

        Somme : 2 j. $\frac{2}{4}\frac{1}{2}$.

PIERRE DE COUSTET, Capot,

Tient et poussède une maison, grainge, basse-cour, jardin; confronte orient, midy, couchant, septantrion, avec chemin publicqs; midi, avec terre commune; contient un quart, dix escats. . . . . j. $\frac{1}{4}$ 10 es.

il y avait sept *capoteries* ou maisons habitées par des individus de cette caste, qui payaient à la commune une redevance annuelle de 18 sous tournois chacun. Il existe encore, dans l'église de Ste-Foy de Morlaas, une petite porte, accompagnée de son bénitier, que la tradition dit être la seule par laquelle il leur fût permis de passer. On les enterrait à part dans leur cimetière, qui était hors ville et qui portait le nom de *Cimetière des Ladres*; des vieillards ont vu des pans de la muraille qui servait à le clore. Un pont, construit à côté du cimetière devenu champ, a pris le nom de *Pont des Ladres*.

Canton de Nay. — Ce canton n'est pas moins peuplé de Cagots que le précédent; on désigne encore comme ayant hérité de cette épithète une famille à Asson, une à Arros, et deux à Nay. L'une de ces dernières est remarquable par la fraicheur et la beauté de la plupart de ses enfants : aussi se rit-elle, la première, de son origine. Comme dans une foule d'autres communes, il y a, à Nay, une fontaine dite *des Cagots*. A Pardies, ils étaient nombreux. En 1725, l'un d'eux paya trente livres et une *buvette* à la commune pour avoir l'entrée du sanctuaire et la permission de chanter avec les autres à l'église; il s'obligea, en outre, à subir toutes les charges onéreuses de la communauté [1].

A Saint-Abit, les Cagots occupaient une maison connue sous le nom de Sempseus, qui, en 1675, relevait de noble homme Antoine de Peyré, seigneur dudit lieu, du chef de dame Anne de Saint-Abit, son épouse. Pour ce fief, ils payaient annuellement douze sous *bons* à la Toussaint, et deux poules, l'une à cette époque, l'autre à Pâques; en outre, les maîtres de ladite maison, en leur qualité de Cagots, étaient obligés de servir le seigneur de leur métier de char-

---

[1] *Histoire de Béarn*, de l'abbé Bonnecaze, de Pardies, ch. IX, pag. 94. Cet ouvrage, encore inédit, est entre les mains de M. Bernard Bonnecaze, de Pardies, neveu de l'auteur.

pentier et de maçon toutes les fois qu'il en avait besoin, moyennant la nourriture et deux sous *bons* par jour. En 1686, cette obligation de faire des journées de charpentier fut confirmée, avec cette différence que le seigneur devait payer douze liards pour chacune, ou nourrir les ouvriers, à son choix.

Canton de Pau. — Ce canton a ses Cagots en aussi grand nombre que les autres parties du Béarn. Dans la commune d'Assat, on en compte trois familles, dans celle d'Idron quatre ou cinq, dans celle d'Ousse deux, à Jurançon huit, à Gelos deux ou trois, à Bizanos trois et même plus. A Aressy, il y avait dans le cimetière une place réservée pour les Cagots. On se rappelle, à Idron et à Gelos, avoir connu des descendants de ces parias qui, ayant ambitionné d'être admis dans la confrérie du Saint-Sacrement établie dans les églises de ces communes, s'étaient vus repoussés avec mépris, et n'avaient trouvé ouverte devant eux que la confrérie du Rosaire. A Ousse, la manière de sonner l'Angélus était différente pour les Cagots, et il n'était sonné qu'après l'Angélus ordinaire. A Jurançon, on les astreignait à avoir, devant la principale porte de leur habitation, une figure d'homme sculptée en pierre, et un coin du cimetière leur était particulièrement consacré. Il serait curieux de savoir ce que représentaient ces sculptures; mais c'est en vain qu'on le chercherait : comme elles étaient pour les Cagots une distinction injurieuse, ils les ont détruites avec le plus grand soin. Ils n'ont pas pu en faire autant pour un censier de 1704, relégué dans un coin des archives municipales, dans lequel les familles cagotes de Jurançon se trouvent inscrites à la suite les unes des autres. En tête de l'article qui leur est propre, on lit ces mots : *Chapitre deus Cagots.* Des registres pareils, dressés l'un en 1674, l'autre en 1762, se conservent dans les communes de Gelos et de Bizanos, et signalent l'existence de quatre familles de Cagots [1]. Dans le premier de ces deux villages, ils avaient un coin à part dans le cimetière. Si l'on en croit les gens de l'endroit, les Cagots devenaient la proie, à certaines époques, d'une espèce de délire, connu sous le nom de *cagouiille*; on ajoute que, lorsque cette frénésie commençait à leur prendre, ce qui arrivait ordinairement aux nouvelles ou aux pleines lunes, les ouvriers charpentiers, maçons et autres de cette caste, quittaient leur travail, lançant leurs outils à force de bras et à tout hasard, et allaient vagabonder çà et là en faisant mille folies, jusqu'à ce que l'accès fût passé. Un mari, ajoute-t-on, en prévint le retour chez sa femme à force de la battre et en la menaçant de la tuer. D'autres anecdotes, rapportées par M. Domengine, instituteur à Gelos, ne permettent pas de douter de l'existence de cette frénésie, qui, cependant, ne m'a été signalée par nul autre que lui et par un septuagénaire de Lurbe. A ces anecdotes, M. Domengine joint les détails suivants, qui ne sont pas sans intérêt. D'après le récit de plu-

---

[1] Bergeret, Cagot, possède sa maison, jardin et cazalâa, de contenance de trois quarts, sept escats; confronte à orient chemin du seigneur, à occident terre et jardin de Yurque-Débat, midi Torres de Cabeiltut, septentrion terre d'Arnaud Sabï. — Paye 10 deniers. *Liv. ter. de Gelos*, arpentage général de janvier 1674.

POURTAU DEBAT, dit LACOUDURE, Capot,

Possède une maison, jardin et enclos, qui confronte d'orient avec terre de Cassou, d'occident et septentrion avec terres et enclos de Bordenave et de Layus, du midi avec terres de Moucheda, le ruisseau entre deux, lequel varie néanmoins en plusieurs endroits sà et là; contient la dite pièce demi-arpent et trente-un escats. Ci. .   .   .   . 2 q. 31 esc.

Pour raison de laquelle paye de fief au seigneur sept sols, un denier et une poule, à livrée ci. Ci. .   .   .   . 1 l. 8 s. 7 d.

PRAT, Capot,

Possède une maison et jardin, qui confronte d'orient avec terre, jardin de Marthres dit ci-devant Suberbielle, d'occident avec terre, jardin de Palette, du midi avec le chemin, rue publique, et du septentrion avec terre de M. de Bizanos; contient la dite pièce vingt escats. Ci. .   .   . 20 escats.

Pour raison de laquelle paye de fief au seigneur six sols, trois deniers et une poule, à livrée. Ci. .   .   .   . 5 s. 7 d.

Liv. ter. de Bizanos, 1762.

sieurs octogénaires, qui le savaient pour en avoir été témoins, ou par ouï-dire, les Cagots avaient certaines coutumes qui leur étaient particulières, comme celle de préparer leurs aliments, le couvert de leur table, la charge de leur monture, etc. Mais personne n'a aujourd'hui connaissance de ces coutumes. La seule chose que l'on sache, c'est qu'ils avaient l'habitude, sinon le droit, de s'emparer des choses qui n'étaient point préparées ou arrangées de certaine manière. Ainsi, le pain était-il renversé sur la table d'un habitant de race franche, au moment où un Cagot entrait dans la maison, celui-ci prétendait avoir le droit de le prendre et de l'emporter, particularité qui nous a été signalée par un autre Béarnais et par un instituteur des Landes[1]. « Un ancien sabotier, ajoute M. Domengine, m'a assuré que, du temps qu'il allait à la montagne avec son grand-père pour y fabriquer des sabots, ils mettaient le plus grand soin à arranger sur leurs bêtes leurs sacs de vivres ou de hardes, de manière à ce qu'ils ne fussent ni bouche contre bouche ni fond contre

---

[1] M. Philippe, de Lembeye, et M. Bernède, de Mousley. Une vieille femme a rapporté à M. le docteur Laffore qu'assistant, il y a plus de soixante ans, vers 1780, à la noce de deux Cagots, à Sainte-Marie-d'Oloron, et qu'ayant remarqué sur la table servie pour le repas, que devant certaines places il y avait des pains ronds posés sur leur face supérieure convexe, au lieu de l'être, comme d'habitude, sur leur face inférieure plane, elle témoigna son étonnement de cette distinction établie entre les convives, car les petits pains ronds des autres étaient posés sur leur face inférieure. La personne à qui elle s'était adressée lui dit de se taire, et lui apprit que les pains posés sur la surface supérieure convexe désignaient les places de ceux qui étaient cagots.

Aujourd'hui, à Castelnau-Magnoac, quand un maître, mangeant avec ses enfans et ses domestiques, retourne ainsi le pain, les assistants n'y touchent plus, et le repas se termine. A Escos, commune des Basses-Pyrénées, lorsqu'un homme recherche une fille ou une femme en mariage, il commence par inviter la famille à dîner. Cette politesse lui est rendue; mais si, pendant le repas, la personne dont il recherche la main retourne le pain sur la table, c'est signe qu'il doit renoncer à ses prétentions. Dans l'un et l'autre cas, c'était dire autrefois aux individus auxquels cette démonstration s'adressait, qu'ils étaient dans l'alternative ou de s'arrêter, ou de passer pour des Cagots, avec lesquels tout rapport était impossible.

fond, car le grand-père disait : « Si nous avions le malheur
» de rencontrer les Cagots en chemin, ils nous prendraient
» toute la charge de nos montures. » Mais cet homme ne
sut pas m'expliquer si , dans l'opinion de son grand-père,
les Cagots étaient naturellement voleurs, ou s'ils l'étaient
seulement lorsque la *cagouille* les tenait. »

Nous ne savons rien sur ceux de Pau, sinon qu'en 1756
les pénitents blancs de cette ville firent beaucoup de difficultés pour admettre dans leur confrérie un riche bourgeois
de cette caste; après plusieurs séances, on lui fit dire que,
moyennant cent écus (les autres ne donnaient que six livres),
on le recevrait. Le candidat fut assez sot pour les donner ,
et, grâce à cette somme, on passa par-dessus la tache de
son origine [1].

Nous savons aussi qu'à la fin du XVIᵉ siècle, les cheminées
de la ville de Pau et de ses faubourgs étaient ramonées à
l'entreprise par des Cagots, qui ne recevaient qu'un misérable salaire en échange d'un travail hérissé de périls. Il
existe encore un contrat passé entre Jacmes de Puxeu, Cagot de Lezons, village voisin de Pau , et les jurats de cette
ville, par lequel cet homme s'engage à faire cette opération
deux fois par an, moyennant la somme de 36 francs et la
fourniture des cordes nécessaires; encore promet-il de rendre les vieilles qu'il aura en sa charge.

Canton de Pontacq. — Des douze communes qui forment ce
canton, celle d'Eslourentics-Darré compte cinq ou six familles cagotes, Limendous autant, et Ger quelques-unes.
A Barzun, il existait deux individus de cette caste; mais ils
étaient tous deux étrangers au village : l'un venait de Ger,
l'autre de Pontacq; il n'est resté d'eux qu'une fille, qui,
bien qu'elle soit de plus goitreuse, jouit d'une considération

Hist. de Béarn, de l'abbé Bonnecaze, ch. IX, pag. 94.

aussi grande que les autres habitants : chose d'autant plus
remarquable, qu'il ne faut pas beaucoup s'éloigner pour
trouver des personnes qui répugnent à s'allier avec des
Cagots.

Canton de Thèze. — Ceux de Thèze forment un total de
trois ou quatre familles, dont des membres décédés ont été
enterrés, il n'y a pas très-longtemps, dans un carré du
cimetière, réservé de temps immémorial aux individus de
leur caste. Dans la commune d'Argelos, il existe, à côté du
cimetière actuel, un morceau de terre qu'on appelle *lous
Cassous deous Cagots* : c'est sur ce terrain que passaient
nécessairement autrefois ces infortunés pour entrer dans
l'église, par une porte située au levant. Cette porte, qui leur
doit son nom, n'est pas condamnée comme dans une foule
d'autres villages ; mais la population actuelle conserve tant
d'aversion pour cette race, que, pour éviter de passer par
là, elle fait un détour d'environ vingt mètres, et descend au
cimetière par une petite échelle, tandis que, si elle passait par
la porte en question, elle arriverait de plein pied sur le chemin public. Sous le clocher, il existe encore deux recoins et
des bancs qui, s'il faut s'en rapporter à la tradition, étaient
ménagés pour les Cagots. Ceux de Thèze étaient relégués dans
une tribune située au fond de l'église, à laquelle une porte
qui leur était particulière donnait entrée, et ils prenaient
de l'eau bénite, il n'y a pas soixante ans, dans un chaudron
suspendu derrière la porte. A Carrère, où l'on compte encore
trois ou quatre familles issues de Cagots, à Lasclaveries, à
Viven et à Auga, il y avait des cimetières ou des morceaux de
cimetière spécialement affectés à ces parias : nom qui peut
bien être donné aux douze familles cagotes de Claracq ;
car elles vivent presque entièrement séparées des autres
habitants de la commune, occupées du métier de tisserand
qu'exercent la plupart de leurs membres, et elles travaillent

pour le dehors, les gens du village ne leur donnant rien à faire, sous prétexte que leur drap serait *encagotté*. Comme dans les autres communes du canton, les Cagots de Claracq avaient un cimetière à part derrière l'église, et, au lieu de buis, comme de coutume, on plantait sur leurs tombes du houx. Il ne leur était point permis de prendre eux-mêmes de l'eau bénite; c'était un individu choisi par la commune qui la leur donnait au bout d'un bâton. Enfin, Miossens et Navailles ont l'une de sept à huit, l'autre deux familles réputées cagotes. Dans ce dernier village, dont le maire, qui est issu de l'une d'elles, ajoute *Chrestiaa* à son nom [1], elles entraient à l'église par une petite porte, maintenant remplacée par un mur, au milieu duquel se voit l'image de saint Loup, entourée d'une branche de chêne supportée par deux oiseaux de la grosseur d'un pigeon. Les habitants de la commune, atteints d'un mal qu'ils appellent le *mal du loup*, vont passer un mouchoir sur l'image du saint, et le portent ensuite à leur tête, dans l'espoir d'être ainsi débarrassés de leur infirmité. On ignore à quelle époque naquit cette folle superstition; mais tout porte à croire qu'elle était pratiquée par les anciens Cagots, réputés lépreux. Il est aussi à remarquer que, sur le côté droit de la porte commune de cette église, se trouve un escalier fort étroit qui mène à une tribune où règne une assez grande obscurité. Or, c'est précisément dans cet endroit que se rendent certaines familles réputées cagotes, pour assister au service divin.

A Sevignac, où le nombre des maisons ainsi qualifiées est actuellement de deux, il existe au centre de la commune, à la jonction des routes de Garlin à Morlaas, et de Lembeye à Arzacq, une petite place connue sous le nom de la *Gleysiole*

---

[1] A Bournos, même canton, il y a une maison qui porte le nom de *Chrestiaa*.

de Balère : c'est là qu'on enterrait les Cagots de Sevignac, qui, à en juger par les actes mortuaires relatifs à ceux du xviie siècle, qu'on retrouve dans les registres de la paroisse[1], étaient plus nombreux qu'aujourd'hui.

Arrondissement de Bayonne.

Le Pays Basque, dans lequel nous allons entrer, a ses Cagots, qui y sont appelés *Agotac*. Si l'on en croit la population au milieu de laquelle ils vivent, ils sont, en général, excessivement lascifs, doux, présomptueux, hâbleurs, adroits, dissimulés, avides et de mauvaise foi[2]; ils n'ont ni

---

[1] Guirautine de Luzo, Cagote, de Loubée, mourut le 26 avril 1657, et fut ensevelie le mesme jour devant Balère.

Daniel de Lanabère, Cagot, de Loubée, mourut le 13e septembre 1661, ayant receu tous les sacrements, et fut ensevely le 14e dud. mois.

Guilhem de Joangros, Cagot, mourut muny des sacrements, le 25 septembre 1665, et fut ensevely dans le cimetière des Cagots devant Balère, le 26 dud. mois.

Jean de Joangros, Capot, mourut le 15e février 1669, muny de tous les sacrements, et fut ensevely le mesme jour.

Mathieu de Joangros, Capot, mourut le 16e avril 1672, muny des sacrements de pénitence et extrème-onction : fut ensevely le mesme jour.

Pierre de Lanabère, Capot, de Loubée, aagé d'environ 8 ans, mourut et fut ensevely le 25 avril 1672.

Joanette de Joangros, Capote, mourut le 7 janvier 1674, ayant reçu tous les sacrements ; fut ensevelie le 8e dud. mois.

Jean de Lalassère, antignior, mourut le 13e juillet 1680, muny des sacrements de pénitence et extrème-onction ; fut ensevely le 14e dud. mois.

N. B. Loubée est une section au N.-E. de Sevignac, qui dépend de cette paroisse.

Les individus ci-dessus désignés ont tous été enterrés par Bernard Labeyrie, alors curé de Sevignac, Loubée et Baziet, où il est mort le 19 septembre 1689.

[2] La tradition a conservé le proverbe suivant : « Si vous devez à un Cagot, payez-le tout de suite ; s'il vous doit, recouvrez sans retard. » Parler avec autant d'emphase qu'un *Agota* est une expression proverbiale qui a également cours dans le Pays Basque. Voyez la note de M. Guyon, col. 318 et 319. M. Pordoy, instituteur à Hosta, m'écrit qu'il a connu un cordonnier de cette commune, dont on ignorait l'origine, mais qui était réputé Cagot parce qu'il était menteur.

la franchise ni la vivacité des Basques. Voilà pour le moral.
Au physique, ils ont, presque tous, les yeux gris-blancs, le
nez camus, les lèvres un peu grosses, le lobe auriculaire
très-court, et un air triste et peu expansif. « Les *Agotac*,
m'écrit M. Hiriart, maître de pension à Ustarits, sont pour
la plupart bien constitués, et les femmes ont un teint qui
l'emporte en général sur celui des indigènes. Elles sont assez précoces, et leur nubilité semble devancer en quelque
sorte celle des Basquaises de race. On a remarqué qu'elles
perdent plus tôt leur fraîcheur que ces dernières. » Bien que
l'état sanitaire des *Agotac* ait été suspecté de tout temps, il
n'en est pas moins vrai que des exemples de longévité se
voient communément parmi ceux qui sont placés dans de
bonnes conditions hygiéniques. M. Guyon nous dit qu'une
Cagote, morte en 1841 à Saint-Jean-Pied-de-Port, avait atteint l'âge de 103 ans. « A mon passage à Chubitua, ajoute-
t-il, j'eus occasion de voir un vieillard de 73 à 74 ans qui
travaillait dans son jardin ; une femme du même âge, qui
était grimpée sur un cerisier pour en cueillir le fruit ; une
autre femme de 83 ans qui était couchée sur l'herbe, où elle
se faisait peigner par une de ses arrière-petites-filles. Elle
était encore forte et robuste, avec toutes ses dents anté-
rieures, incisives et canines [1]. » Enfin, M. Hiriart m'a cité
un Cagot mort en 1840 dans sa 103e année. Quant aux professions que les *Agotac* exercent, ils sont de préférence charpentiers, forgerons, maçons, tourneurs, cordonniers, tisserands, et surtout meuniers ; dans de certaines localités,
entre autres à Irissary, commune du canton d'Iholdy, il suffit qu'on ait cet état pour être rangé parmi eux. Il est assez
ordinaire de trouver dans cette caste des joueurs de tam-
bourin, et assez rare d'en rencontrer chez les indigènes.

[1] Mémoire de M. le Dr Guyon, col. 320.

Canton de Bayonne. — A Bayonne, il ne reste rien des Agots, si ce n'est une source qui porte leur nom et qui est située hors de la ville, du côté de Lachepaillet et de Saint-Léon [1] : ce qui semble indiquer qu'il y avait là une réunion de ces malheureux. A Biarritz, ils habitaient un quartier nommé *Gardague*, composé de trente maisons environ : ce qui supposerait trente familles d'Agots. Comme le nom de ce quartier est entièrement omis dans le registre de la confrérie du St-Sacrement, dressé en 1760, il en résulte évidemment qu'on ne recevait pas de Cagots dans cette association. Un autre registre, également conservé à la mairie, nous apprend quelles professions ils exerçaient plus particulièrement, professions de bûcheron, de charpentier, de menuisier, de garde-champêtre, de journalier, que dédaignaient vraisemblablement les habitants de pur sang; on y trouve nommé un certain Augier de Pédauque (Pied-d'Oie) [2], que son nom n'autorise pas à ranger parmi les Agots, en l'absence de l'épithète qui ne leur manque jamais dans le livre en question.

Leur race n'est point complètement éteinte à Anglet, où l'on remarque encore la petite porte et le bénitier à leur usage. Ces objets se retrouvent également à Arcangues, où il existe encore huit ou dix familles réputées cagotes, mais pour la plupart mélangées et issues d'unions mixtes. S'il est certain que, dans l'église, ils étaient séparés des habitants de race franche, il n'est que probable qu'ils étaient enterrés à part.

Canton de Bidache. — On peut affirmer la chose plus positivement pour les Cagots de Came, qui avaient aussi une porte,

---

[1] *Nouvelle Chronique de la ville de Bayonne, par un Bayonnais* (M. Baylac). Bayonne, de l'imprimerie de Duhart-Fauvet, 1828, in-8; pag. 242, 243.

[2] Ce nom se retrouve dans celui de M. Mirassou-Pédauque, propriétaire-électeur à Balansun.

un bénitier et une place distincte au fond de l'église. Cette commune a neuf familles cagotes non mélangées, et onze mélangées par le mariage d'individus non cagots avec des femmes de cette race. Une remarque assez curieuse faite par un habitant de Came, qui affirme la chose, c'est que toutes les femmes de pur sang, mariées avec des Cagots, sont tombées malades peu de temps après leur union ; qu'un certain nombre d'elles sont mortes, et que les survivantes ont acquis une santé des plus robustes. Je laisse à la médecine à tirer de cette observation telle conclusion qu'elle jugera convenable, et je me borne à corroborer la remarque de l'habitant de Came par celle de l'instituteur primaire de Sus-mion, commune du canton de Navarreux. Suivant M. Edouard Dachary, on cite des Cagotes qui, en très-peu de temps, ont mis au tombeau jusqu'à trois maris non cagots, jeunes, robustes et de la meilleure constitution. D'un autre côté, ajoute-t-il, il y a des Cagots qui ont fait succomber aussi promptement jusqu'à trois femmes d'une race différente; si l'individu ne succombe pas, il acquiert un plus fort tempérament. Il ne nous reste plus rien à dire sur Came, sinon que l'un des plus grands Agots de cette commune porte le sobriquet de *Chrestiaa*, qui indique son origine.

A Sames, il a existé autrefois des familles cagotes ; la tradition de l'endroit rapporte qu'elles furent obligées de le quitter, parce que tout le monde les repoussait.

Canton d'Espelette. — L'existence d'un certain nombre de Cagots à Espelette, à la fin du XVIe siècle et même à une époque beaucoup plus reculée, nous est attestée par un arrêt du parlement de Bordeaux en date du 11 décembre 1592, sur lequel nous reviendrons dans le chapitre suivant, et par la porte et le bénitier réservés, qui se voient également à Sare. Actuellement, les Cagots d'Espelette vivent mêlés aux autres habitants, qui contractent difficilement des mariages avec eux.

Les deux communes que nous venons de nommer n'étaient pas les seules du canton qui eussent de ces ilotes; il y en avait aussi dans les localités où l'on n'en connaît plus maintenant, comme à Itsatsou et à Louhossoa. Dans le premier de ces deux villages, il existait, il y a quatre-vingt-dix ans, un meunier qui était *Agota*, ainsi que sa famille; mais il ne parait pas avoir été traité autrement que les autres habitants : ce qui le prouve, c'est que son fils se maria à Louhossoa avec une femme non cagote, et que son petit-fils, mort il y a peu de temps, a été maire de l'endroit.

Cantons de Hasparren, de Saint-Jean-de-Luz et de la Bastide-Clairence. — Dans ces cantons, il reste moins de traces de l'existence des Cagots que dans les autres; cependant, on ne peut douter qu'il n'y en ait eu, à une époque plus ou moins ancienne : la petite porte et le bénitier de l'église de Hasparren, le bénitier extérieur de celle de Bonloc, les registres de la paroisse d'Isturits [1], ainsi que la bulle de Léon X, ne permettent aucune incertitude à cet égard.

---

[1] « MARIE D'AGUERREGARAY.—Le 9ᵉ d'aoust 1649, a esté baptizée Marie de Aguerregaray, fille légitime de Guillem d'Aguerregaray en Ibar, au païs d'Ostabat, et de Marie de Samacoiz, habitans en Salaberry; estans parrin Guillem d'Aguerregaray, et marrine Marie de Samacoiz, habitans en Macaye, les tous Agots. »

« MARIE DE GAZTELOU, Agot.—Le 4ᵉ d'avril 1651, a esté baptizée Marie de Gaztelou, fille légitime d'Augé de Gaztelou et de Marie de Gaztelou, Agotz, nonobstant qu'elle feust baptizée alors; néansmoins, les cérémonies feurent remises jusques aujourd'hui, qui est le 18ᵉ de juin; lesquelles cérémonies ont esté appliquées, estans parrin noble Charles Dupuy, curé d'Orègue, et marrine Marie d'Hirigoyen, du lieu de Beguioiz. »

« CATHERINE DE GAZTELOU, Agot.—Le 2 de mars 1652, a esté baptizée Catherine de Gaztelou, fille légitime de Joannes de Gaztelou et de Gratiane de Samacoiz; estans parrin Arnault d'Urruty, dit *Moço*, et marrine Catherine de Harambouru, dame de Larralde. »

« BERNAT D'ETCHEEVERRY, Agot. — Le 27ᵉ de may 1652, a esté baptizé Bernat d'Etcheverry, fils légitime de Bertran d'Etcheverry et de Joanna de

Dans cette dernière commune, on signale comme cagotes quatre familles, dont les membres réunis forment le nombre de quinze individus. A Urt, on compte vingt et un Agots

Samacoiz, Agotz ; estans parrin Bernat de Camongaray, du lieu de Bardos, et marrine Marie de Salaberry, du lieu d'Isturitz. Au jour que dessus, les cérémonies de baptesme feurent faites à cause de l'absence du compère. L'enfant nasquit le quinsiesme de may. »

« MARIE DE SALABERRY. — Le 26 d'aoust 1652, a été baptizée Marie de Salaberry, fille légitime de Guillem d'Aguerregaray, gendre de Salaberry, et de Marie de Sallaberry, habitans en ycelle ; estans parrin Bertran d'Etcheverry, et marrine Marie de Salaberry, touts Agots. »

« MARIE DE GAZTELOU, Agot. — Le 17 de septembre 1652, a esté baptizée Marie de Gaztelou, fille légitime d'Arnault d'Elborribouru et de Marie de Gaztelou, habitans en Pugicoteguia ; estans parrin Joannes de Gaztelou, et marrine Marie de Gaztelou, habitans en Saint-Palais. »

« GRATIANA DE SALABERRY, Agots. — Le 16 de février 1655, a esté baptisée Gratiane de Salaberry, fille légitime de Joanne d'Aguerre et de Joannes d'Ibarreguy ; estans parrin Guillem d'Ibarraguerregaray, et marrine Gratiane d'Etcheverry. »

« MARIE D'IBARRAGUERREGARAY, Agot. — Le dousiesme de septembre mil six cens cinquante et cinq, a esté baptizée Marie d'Ibarraguerregaray, fille légitime de Tristant d'Ibarraguerregaray et de Gratiane de Salaberry ; estants parrein Guillem d'Ibarraguerregaray, du lieu d'Ibar en Ostabarre, et marrine Marie de Salaberry. »

« JEAN D'IBARRAGUERREGARAYE, Agot. — Le 17e mars 1658, en l'église d'Isturitz, par moy soubsigné, a esté baptizé Jean d'Ibarraguerregaraye, filz légitisme de Guillem d'Ibarraguerregaraye et de Marie Salaberry, conjointz ; estans parrin noble Jean Sr de la Sale, de Gatariz, et marrine Catharine de Belsunce, dame d'Arrolandeguy. *Signé* : P. D'ARGAIN, vicre. »

« MARIA D'IBARRAGUERRE, Agote. — Le 25e d'avril 1658, en l'église d'Isturitz, par moy soubsigné a esté baptizée Maria d'Ibaraguerre, fille légitime de Tristant d'Ibaraguerre et de Gratianne Salaberry ; estans parrin Miguel de Salaberry, et marrine Maria d'Ibaraguerre, du lieu d'Oztibar, » etc.

« Le troisiesme de mars 1661, en l'église d'Isturitz, par moy soubsigné a esté baptizé Pierre, filz illégitime d'Arnaud, duquel on ignore le cognom, et de Jeanne d'Aguerre, Agotz ; estans parrin Pierre d'Uhart, et marrine Madale Marie de Satharitz, » etc.

« Le 7me juin 1661, en l'église d'Isturitz, par moy soubsigné a esté baptizé Tristand d'Elhorriburu, filz légitime d'Arnaud d'Elhorriburu et Jeanne de Salaberry, Agotz ; estans parrin Tristand d'Aguerre sieur de Salaberry, et marrine Marie d'Aguerregaray, tous habitans en la maison de Salaberry du susd. lieu d'Isturitz, » etc.

« Le 14me juillet 1663, en l'église d'Isturits, par moy soubsigné a esté baptizé Tristand de Salaberry, filz légitime de Miguel de Salaberry et de Marie d'Aguerre-garay, conjointz et demeurant à Salaberry ; estans parrin

des deux sexes, disséminés dans six familles différentes. A Ascain, il existe une rue qui porte encore le nom d'*Agota-Carrica* (rue des Cagots), mais qui, dit-on, ne ressemble plus à ce qu'elle était autrefois. Aujourd'hui, elle

Tristant Sr de Salaberry, et marrine Margarite d'Aguerre-garay, du lieu d'Iholdy, Gotz, » etc.

« Le 29me avril 1665, en l'église d'Isturitz, par moy soubsigné a esté baptizé Marie d'Etcheberry, fille légitime de Joannes d'Etcheberry et de Jeanne de Buztingorry; estans parrin Joannes d'Olhondo, tanborin du lieu d'Ustariz, et marrine Marie de Buztingorry, du lieu d'Ahasparren, tous estans Cagotz, » etc.

« Le 17me décembre 1666, en l'église d'Isturitz, par moy soubsigné a esté baptizée Marie de Salaberry, fille légitime de Miguel de Salaberry et Marie d'Ibar-aguerre, Agotz et habitans de la maison de Salaberry du présent lieu, estans parrin Pedro, filz de Luro, et marrine damoyselle Marie de Satariz, » etc.

« MARIE D'ETCHEBERRY, Cagot. — Le 22me décembre 1667, en l'église d'Isturitz, par moy soubsigné a esté baptizée Marie de Etcheberry, fille légitime de Joannes d'Etcheberry et de Jeanne de Bustingorry, conjointz et maistres de la maison de Larregain; estans parrin Joannes de Gaztelu, et marrine Marie d'Etcheberry fille d'Oyer, tous habitans dud. lieu, » etc.

« Le 22me juillet 1668, en l'église d'Isturitz, par moy soubsigné a esté baptizé Jean de Salaberry, filz légitime de Bernat de Salaberry et de Jeanne d'Aguerre, Cagotz et demeurans à la maison de Salaberry; estans parrin noble Jean héritier de la Sale de Satariz, et marrine damoiselle Catherine de lad. maison de Satharitz, » etc.

« Le 27me septembre 1668, par moy soubsigné et en l'église d'Isturitz a esté baptizée Marie de Gaztelu, fille de Joannes de Gaztelu et de Gratianne d'Eiztecu, conjointz et habitans en une maisonnette d'Arnaud de Mendibourou; estans parrin Maneiz de Gaztelu, et marrine Marie d'Ithurbourou, du lieu d'Areguer, tous Cagotz et charpentiers. *Signé :* P. D'ARGAIN, vicaire. »

« Le 7me février 1658, a esté enterrée Maria de Puttingoteguy, Agot. »

« Le 27me d'avril 1645, a esté décédée Marie de Salaberry, Agotte. »

« JOANNES DE GAZTELOU, dit PUGICO, Agot. — Le dernier d'avril, an susd. (1652), a esté enterré Joannes de Gaztelu. »

Les registres d'où ces actes sont tirés se trouvent aux archives de la mairie d'Ayherre, quoique appartenant à la paroisse d'Isturits, qui n'était, à cette époque et même longtemps après, qu'une annexe à la première. Nous en avons rapporté tous les articles relativement aux Cagots, parce qu'ils contribuent à prouver que ces parias n'étaient pas aussi dissolus qu'on le dit, puisque sur dix-huit enfants on n'en trouve qu'un d'illégitime; encore est-ce le seul de cette sorte qui soit indiqué dans les actes nombreux que nous avons déjà fait connaître ou que nous publierons plus loin. On y voit encore que des personnes nobles ne rougissaient pas de tenir les Agots sur les fonts du baptême.

ne présente que cinq ou six maisons, reconstruites et occupées par des personnes qui ne diffèrent en rien des autres habitants de la commune. Enfin, dans celle d'Ayherre, il y a deux familles réputées cagotes; la totalité de leurs membres s'élève à sept individus, qui exercent la profession de cultivateur, et qui, loin d'être mal vus par les autres habitants, jouissent parmi eux de la plus grande considération, à ce point qu'un de ces Cagots est actuellement maire de la commune.

Canton d'Ustarits. — Après avoir été longtemps comme relégués dans le quartier de l'église, les Cagots d'Ustarits commencent à en sortir et à se répandre au dehors, grâce aux mariages qu'ils parviennent, depuis quelques années, à contracter avec les indigènes, bien qu'en général ils soient peu fortunés. Comme la plupart de leurs pareils, ils avaient une petite porte et un bénitier à part. Quant à la question de savoir s'ils étaient jadis enterrés dans un cimetière à eux, il est assez difficile d'être fixé à cet égard; cependant, quelques personnes tiennent de leurs ancêtres qu'il en était ainsi, mais que, dans la suite, les Cagots eurent l'adresse de faire l'acquisition des sépultures de certaines familles qui venaient de s'éteindre, et que, depuis lors, leurs tombes se trouvent mêlées avec les autres.

Si l'on en croit quelques vieillards d'Ahetze, il n'y avait pas autrefois d'*Agotac* dans cette commune. Les deux ou trois familles cagotes que l'on y compte, proviennent d'un type de cette race qui était venu y contracter mariage il y a environ cent ans. Non loin de là, à Arbonne, les Cagots étaient autrefois assez nombreux; un document du 22 janvier 1693 nous apprend en partie comment ils étaient traités à cette époque : « Les Gots, à l'église de ladite paroisse d'Arbonne (y est-il dit), se mettent en un coin à part des autres pour antandre la saincte messe et les autres offices, et ont un bénitier à part avec de l'eau bénite. On ne leur donne pas la paix que lorsqu'ils ont quelque honneur funè-bre de leur nation gote ; et alors ils vienent au lieu que les autres gens ont accoutumé de venir à l'offrande, après que tous les autres ont offert, et on leur donne la paix avec la croix qui est au bout de l'estole, au lieu qu'aux autres on donne avec une croix d'argent. [1] » Il existe encore, à Arbonne, six familles d'Agots, dont deux franchement cagotes, et les quatre autres issues de mariages mixtes.

A Halsou et Jatxou, donze familles, et autant à Ville-franque, sont réputées *agotac* ; du moins, les chefs sont tenus pour tels dans cette dernière commune. Avant la première révolution, les Cagots de Villefranque se réunis-saient une fois par semaine dans une maison, où ils tenaient une espèce de conférence. Ces réunions, dont on a toujours ignoré le secret et le but, n'ont jamais eu lieu depuis 1795. Comme on le verra plus loin, les choses se passaient à peu près de la même manière à Saint-Just, autre commune du Pays Basque.

Arrondissement de Mauléon.

Canton de Saint-Etienne. — Les *Agotac* sont assez nom-breux dans cette partie du pays que nous parcourons ; la commune d'Anhaux en compte environ trois cent cinquante, celle d'Ascarat, cinq ou six familles, composées de quinze ou dix-huit membres, et celle de Saint-Martin-d'Ar-rossa trois ou quatre familles. Il est inutile de dire que les habitants de ces localités traitaient ces malheureux aussi durement que partout ailleurs ; encore aujourd'hui,

---

[1] *Dénombrement des M^{rs} les prestres de la parroisse d'Arbonne... fourni par le sieur d'Etcheverry, curé dudit lieu ;* série 5. G. Titres et documents se rapportant au chapitre de la cathédrale de Bayonne (Archives du département des Basses-Pyrénées).

les idées nouvelles ont si peu prévalu contre l'ancienne prévention, qu'on se garderait bien, dans l'église d'Anhaux, comme dans presque toutes celles des cantons de Baïgorry et de Saint-Jean-Pied-de-Port, de les nommer marguilliers et même de leur mettre en main un cierge pendant la bénédiction du saint Sacrement ou durant une procession. Au XVIIe siècle, l'épithète de *Cagot* accompagnait, sur les registres de la paroisse d'Anhaux, le nom des individus de cette race qui recevaient le baptême ou la bénédiction nuptiale [1].

[1] « Le vingt et quatre septembre mil six cents huitante-trois, nasquit Marie d'Oguihandy, alias Ordoquy, fille légitime de Joannes m[e] jeune de lad. maison d'Oguihandy au quartier de Chubito, et de Marie Tristantena, conjoincts ; et a esté baptisée le vingt et six dud. mois. Son parrin a esté Enaut m[e] de Tamborindeguy, d'Uhart en Cize, et sa marrine Marie de Carricaburu m[esse] de Tristantena, de Harriette aud. pays de Cize, les uns et les autres Cagots. *Signé* : D'IRIART, curé. » Reg. des bapt., pag. 35.

« Le sixiesme octobre mil six cents septante-neuf, nasquit Marie d'Etchegaray, fille légitime d'Enaut de Carricaburu, natif du lieu d'Arbouet en Mixe, et de Jeanne de Landaburu, m[es] de la maison d'Etchegaray, de Chubito ; et a esté baptisée le quinziesme dud. mois. Son parrein a esté Domingo de Carricaburu, dud. lieu d'Arbouet, et sa marrine Marie de Gastigar, de Saint-Estienne-de-Baïgorri, tous Cagots : ce que j'ai oublié d'escrire en son lieu. *Signé* D'IRIART, curé. » Ibid., pag. 39.

Le vingt et cincq juin mil six cents septante, Tristand, fils caddet de la maison d'Urruty, et Marie, fille caddete de la maison d'Etchettippi (Cagots), ont espousé et contracté par parole des présents, après la publication de trois bans sans empeschement quelconque, et ensuite receu la bénédiction nuptiale, estants présents avec moi Miguel de Narbais et Pedro d'Irigaray, les deux d'Anhaux. *Signé* : DOMINICUS DE IRIART, vicarius. » Reg. des mar., fol. 3.

« Le second mars mil six cents septante-sept, Joannes de Portaleburu, du lieu d'Uhart, et Marie de Vicencena, alias de Bidegain, d'Anhaux, Cagots, ont espousé et contracté mariage après la publication faicte de trois bans, soit en l'église dud. Uhart qu'en celle d'Anhaux, sans empeschement ; et ont ensuite receu la bénédiction nuptiale, estants présents Gratian m[e] jeune de la maison d'Urruty, Gratiane de Minhondo m[esse] ancienne d'Araudoquy, et autres. *Signé* : D'IRIART, curé. » Ibid., fol. 12.

« Le dix et sept janvier mil six cents septante-huict, Joannes de Lohitebuy, alias Çubiburu, du lieu d'Alciette en Cize, et Marie Oyhamburu, alias Etchettippi, d'Anhaux, Cagots, ont espousé et contracté mariage, après la publication de trois bans faicte soit dans l'église d'Alciette qu'en celle d'Anhaux, ainsi qu'appert de l'attestation du S[r] d'Aroztalde, curé, le jour et feste de l'Epiphanie sixiesme, et les dimanches neufiesme et seisiexme du présent mois de janvier ; et ont ensuite receu la bénédiction nuptiale, pré-

Parmi les actes qu'ils renferment, il en est un [1] qui semble indiquer qu'il existait des rapports fréquents et intimes entre les Agots d'Anhaux, ou plutôt de Chubitua, et ceux de Bozate, dans la vallée de Baztan. Pendant leur vie, les premiers avaient à l'église une petite porte, un bénitier et une petite galerie réservés, qu'on y voyait encore il y a quelques années. Après leur mort, on les enterrait, il est vrai, dans le même cimetière que les autres habitants, et leurs tombes n'étaient séparées de celles des Basques purs ni par des haies vives ni par des murs de clôture; mais elles étaient et sont encore rangées en hémicycle, en sorte que le milieu du cimetière est occupé par les tombeaux de l'autre race. « Je ne sache pas, m'écrit le digne curé de la paroisse, qu'il fût permit aux Cagots de placer des croix tumulaires, car ici je n'en ai pas vu dont l'existence remontât au-delà de 1800. »

A Saint-Étienne-de-Baïgorry, les *Agotac* étaient traités comme à Anhaux, et leurs enfants guerroyaient sans cesse avec ceux de l'autre race, qui, pour les vexer, contrefaisaient le bêlement de la brebis, par allusion aux courtes oreilles de cet animal, que l'usage du pays est de couper. Peu de temps avant 1789, un jeune Cagot de Baïgorry, doué d'une belle voix, osa sortir de la partie de l'église destinée à ses pa-

sentx avec moi Miguel d'Etchettippi, frère de lad. espouse, et Joannes d'Aputeguy, dict Angeli, d'Anhaux. *Signé* : D'IRIART, curé. » *Ibid.*, fol. 13.

[1] « Le vingt et un juillet mil six cents septante-huict, Anton d'Etcheverribehere, alias Alhax, de Chubitua, et Jeanne-Marie d'Amorena, d'Hariscun au quartier de Bozaté en Bastan de la Haute-Navarre, Cagots, ont espousé et contracté mariage après la publication des trois bans faicte sans empeschement quelconque, soit en l'église d'Hariscun, ainsi qu'appert de l'attestation du sieur Nicolas, curé d'Hariscun, qu'en l'église dud. Anhaux, les dimanches troisiesme, dixiesme et dix et septiesme du présent mois de juillet ; et ont ensuite receu la bénédiction nuptiale, estants présents avec moi Joannes d'Apeztegui, dict Angeli, dud. Anhaux, Gratian de Tristantena m° de la maison d'Oguihandy, de Chubitua, et autres. *Signé* : D'IRIART, curé. »

reils, pour aller au lutrin chanter avec les autres chantres; mais, quelque harmonieuse que fût sa voix, elle ne le préserva pas de la confusion de se voir honteusement chassé du lutrin en présence de tout le monde, uniquement parce qu'il était Cagot; et celui qui se chargea de le rappeler au devoir lui recommanda de faire attention une autre fois à son oreille, s'il ne voulait éprouver un pareil désagrément. Cela n'empêcha pas que, plus tard, ce jeune homme, appelé Çamoka, n'ait exercé comme chantre à Baïgorry, où il est mort depuis plusieurs années.

Canton d'Iholdy. — A Iholdy, on comptait autrefois une dixaine de familles cagotes, dont les membres vivaient entièrement séparés des autres habitants; outre une petite porte et un bénitier réservés, ils avaient leurs places marquées, non-seulement au cimetière, mais aussi dans un coin de l'église, et ils étaient sévèrement surveillés pour qu'ils ne dépassassent point le lieu qui leur était assigné. Il était d'usage alors que le peuple, pendant la messe, allât à l'offrande, et le curé leur donnait la paix : les *Agotac* ne pouvaient se présenter, pour la recevoir, qu'un instant après les autres paroissiens. Tout cela avait également lieu dans la paroisse de Larceveau-Cibits-Arros, dont les *Agotac* forment une dixaine de familles, qui présentent un total de cinquante à soixante individus. A Saint-Just, on n'en connaît qu'une seule à laquelle on donne ce titre, encore est-elle venue d'un autre canton du Pays Basque. Interrogé sur sa caste, le chef de cette famille a répondu en hésitant qu'il ne savait rien que par tradition, ajoutant que cette même tradition leur défendait de divulguer à des étrangers ce qui se passait auparavant parmi les *Agotac* dans certaines occasions. Nous avons déjà vu que ceux de Villefranque tenaient des conciliabules hebdomadaires dont on n'a jamais pu pénétrer le secret.

Canton de Saint-Jean-Pied-de-Port. — La ville de Saint-Jean compte, dans sa population, des Cagots qui vivent mêlés avec les autres Basques; on trouve cependant, à quelque distance de la ville, un hameau isolé appelé *Agot-Etcheac*, exclusivement habité par des gens de cette caste. Il y a chez elle peu de mélange, si toutefois il en existe; en général, ils ont un beau sang et le teint clair, et l'on n'en voit que rarement qui soient bruns foncés.

A Aincille, il s'en trouve dans six familles, en tout vingt-cinq individus, venus d'un hameau de Saint-Jean-le-Vieux appelé Harriettalde, et fixés dans ces familles par des mariages. La première de ces alliances date de soixante et dix ans; les autres sont récentes. Les habitants de ce hameau, quoique assujétis depuis environ cinquante ans, pour le spirituel, à la paroisse d'Aincille, n'ont aucun rapport avec les autres paroissiens. Avant la révolution, ils avaient l'usage de la chapelle du château de Harriette, dont il n'existe guère aujourd'hui que les ruines. Les vieillards rapportent avoir ouï dire que les Cagots de Harriette furent jadis préservés d'une expulsion générale par le seigneur de ce château. Ils sont les seuls habitants du quartier, au nombre de quatre-vingt-dix individus environ, formant dix-sept familles, et vivent de leur état de potiers, à l'exception de quelques-uns, qui sont tisserands.

Dans la commune de Çaro, il existe neuf familles réputées cagotes, dont les membres, qui exercent en général la profession de tisserand, présentent un total de trente-neuf personnes. Il y a environ cinquante ans, cette commune n'avait encore qu'une famille d'Agots, et ce n'est que depuis cette époque que cette race s'est ainsi multipliée et a pris un accroissement aussi considérable.

Les autres communes du même canton ont toutes des Cagots, plus ou moins; celle d'Arnéguy, qui est sur la frontière de France, en face du village espagnol de Valcarlos, en possède dix familles, celle de Jaxu trois, celle d'Uhart treize, et celles de Lecumberry et de Mendive une cinquantaine d'individus chacune.

Canton de Mauléon. — Ce canton n'est pas plus exempt de Cagots que le reste du Pays Basque. La commune d'Ainharp en a six familles, souches qui, à leur tour, ont encore poussé quelques branches dans l'endroit et dans les villages voisins; la commune de Cheraute en compte treize familles, celle d'Ordiarp douze, celle d'Arrast quatre, celle de Moncayolle deux, et presque toutes les paroisses ont une petite porte, un bénitier et une partie du cimetière qui leur étaient exclusivement réservés. A Espès et à Undurein, ces malheureux étaient redoutés, parce qu'on supposait qu'ils ensorcelaient les troupeaux. A l'Hôpital-Saint-Blaise, où l'on signale dix familles comme plus ou moins entachées de *cagotisme*, et où l'on traite d'Agots soixante-six individus, grands ou petits (la population est de deux cent-un habitants), on voit encore à l'église deux petits bénitiers en pierre, l'un sous le porche, l'autre à l'intérieur, à gauche en entrant. Les anciens disent que le premier était pour les Cagots, et le dernier pour leurs femmes.

Canton de Saint-Palais. — Les Cagots ne manquent pas à Saint-Palais; mais ils sont disséminés et ne forment plus un corps de population. Autrefois, il y avait dans cette ville un quartier qui leur était propre et qui s'appelle encore *Agot-Kharrica*, ou *Rue des Agotac;* mais aujourd'hui ce quartier n'est plus exclusivement habité par cette sorte de gens. Ils vivent mêlés aux autres Basques, avec lesquels ils contractent même des alliances. Il est juste, néanmoins, de faire observer qu'elles n'ont lieu qu'autant que les Cagots présentent des avantages pécuniaires : aussi un grand nombre d'entre eux restent-ils sans se marier.

A Aicirits, il y a trois familles réputées cagotes, à Ber-
raute une seule, et à Domezain trois, de six qui s'y trouvaient autrefois; les autres ont quitté la commune depuis
quelque temps. L'église de Domezain offrait les mêmes particularités que la plupart de celles du pays.

Canton de Tardets. — A Alçay-Alçabehety-Sunharette, il
y avait six familles de Cagots, quatre à Montory, et deux seulement à Sauguis.

Nous ne voulons point rentrer dans le Béarn sans présenter encore quelques observations sur les *Agotac* du Pays
Basque. Le Labourd et la Soule possèdent, comme on vient
de le voir, un certain nombre de ces individus; mais ils entrent pour une très-petite proportion dans la population des
communes, et ils ont même disparu dans quelques-unes
d'elles. Il en est autrement dans la Basse-Navarre : cette
race s'y trouve agglomérée, surtout dans les cantons de Saint-
Étienne-de-Baïgorry et de Saint-Jean-Pied-de-Port. Une
autre remarque à faire, c'est que les *Agotac* ont leurs habitations dans le voisinage des châteaux, et que, seuls parmi
les Basques, qui n'ont jamais courbé la tête sous le joug féodal, ils étaient en état de vasselage, à telles enseignes qu'il
y avait encore en 1789 des familles tenues de faire la corvée.
Parcourez la Basse-Navarre, vous verrez de petits châteaux
flanqués de tours, couronnés de créneaux, placés comme
des forteresses sur des éminences, et, assises à leurs pieds,
les humbles cabanes des malheureux Cagots. En Baïgorry,
les châteaux des vicomtes d'Échaux, de Licerazu; en Cise
(canton de Saint-Jean-Pied-de-Port), celui des barons de
Harriette, section d'Aincille, celui d'Apat de Bussunarits,
celui d'Irumberry de la Magdeleine, section de Saint-Jean-
le-Vieux, n'avaient autrefois d'autres voisins que les Cagots.

La rue de Chubitua, à Anhaux, est incontestablement le berceau et le centre des *Agotac* pur-sang; on peut dire que de tout temps elle en a été la métropole, et pourtant elle ne peut pas se glorifier d'avoir vu près d'elle une maison habitée par la noblesse; mais elle est bâtie sur les terres d'Échaux, dont les vicomtes protégeaient les Cagots en toute occasion. Si les communes des Aldudes, de la Fonderie, de Bidarray, d'Ossés, de Lasse, d'Ascarat, n'ont point de quartiers occupés par ces gens-là, c'est qu'elles n'ont pas eu non plus des maisons seigneuriales anciennes et renommées, et l'on en peut dire autant de toutes les communes où cette race n'est pas en nombre. Dans le pays d'Ostabaret (canton d'Iholdy), il y a cependant aussi des maisons nobles; il y en également, et même beaucoup plus, dans celui de Mixe (canton de Saint-Palais), et pourtant, dans ces deux pays, les *Agotac* sont bien peu nombreux; Irouleguy, qui est en vue de Chubitua, n'en possède pas un seul : cette différence s'explique par ce que nous avons dit plus haut. Un Cagot de notre temps, auquel n'avait point échappé cette attraction qui avait poussé sa caste vers la noblesse, disait un jour naïvement: « Ou tous les nobles sont Cagots, ou tous les Cagots sont nobles. » Hélas! le pauvre homme oubliait le malheur de sa condition présente, et ne savait sans doute pas que ses semblables du pays de Cize, loin d'être tenus pour nobles, étaient autrefois traités plus durement que les serfs les plus infimes : il leur était défendu d'avoir aucun bétail, si ce n'est un cochon pour leur provision, et un âne ou un cheval de charge pour le transport de leurs outils; encore n'avaient-ils pas pour ces animaux la jouissance du droit de parcours dans les montagnes. Le seul privilége qui leur fût commun avec la noblesse, était d'être, comme partout ailleurs, exempts des charges locales.

Arrondissement d'Oloron.

Il n'y a pas de commune, dans l'arrondissement, où l'on ne puisse trouver des familles cagotes. Le peuple sait partout les distinguer, quoique aucun signe extérieur ne différencie ces individus ; mais la tradition est là, et parle contre eux. Dans beaucoup de communes, à peine compte-t-on quatre ou cinq familles de Cagots, tandis que, dans d'autres localités, au moins un tiers de la population descend de ces parias.

Canton d'Accous. — Tel est le cas à Accous, où l'on en compte cinquante familles ; à Lescun, où il y en a un nombre plus considérable encore ; à Borce, où cinq familles sont arrivées à en faire trente-cinq; à Bedous et à Sarrance. Il y a, dans l'église de cette commune, dont la madone reçut la visite de Louis XI, une chapelle qu'on appelle *des Cagots*, parce que c'était là qu'ils étaient relégués. L'un d'eux s'étant marié avec une fille de Bedous, on fit à cette occasion une chanson que je n'ai pu me procurer, et qui commence par ces vers :

A Bedous, lou bon bilatge,
A Bedous Cagots son touts.
Lou Cagot ey de Sarrance,
La Cagote de Bedous.
A Bedous, lou bon bilatge,
A Bedous Cagots son touts.

Presque tous les villages de la vallée d'Aspe comptent un grand nombre de Cagots. A Borce, malgré la multiplicité des alliances qu'ils ont formées avec les Béarnais de pur sang, ils sont loin d'être aimés. Le fait suivant le prouve assez. Vers 1817, un Cagot fut nommé maire de la commune, au grand scandale des habitants du pays, indignés de voir, peut-être pour la première fois, un homme de cette caste ceindre l'écharpe. Des réclamations arrivèrent de toutes parts au préfet du département ; ce magistrat n'en tint nul compte et maintint l'arrêté qui confirmait la nomination du Cagot. Les plaintes ne cessèrent point pour cela ; elles continuèrent à se reproduire jusqu'en 1830, époque à laquelle les électeurs contraignirent le maire réprouvé à rentrer dans la retraite, ainsi que les membres du conseil municipal qui avaient appuyé son administration. Dès lors, leurs noms ne sont plus entrés dans l'urne électorale, à cause de leur contact avec ce maire, qu'ils servaient, il faut le dire, plus par crainte que par considération. L'antipathie et la haine qu'on leur voua, dès cette époque, subsistent encore.

Après avoir quitté la route royale d'Oloron à Urdos, on gravit une côte pénible, d'une heure d'étendue, sur un chemin scabreux bordé de précipices et semé de périls de plus d'un genre, et l'on arrive au village de Lescun, situé sur un plateau et adossé à une montagne. Sur deux cent quatre-vingt-six familles dont se compose actuellement la population de cette commune, il y en a quatre-vingt-six réputées cagotes, ou *ladres*, nom qu'on leur donne également dans le pays ; mais il en est cinq de douteuses, c'est-à-dire dont l'origine n'est pas bien constatée. Toutes ces familles forment aujourd'hui une population de quatre cent quarante-six âmes sur celle de quatorze cent soixante-dix, chiffre que donne le dernier recensement de la commune. Des quatre-vingt-six familles cagotes, cinquante habitent tout autant de maisons, ou plutôt de chaumières, qui sont entassées, pour ainsi dire, les unes sur les autres, en forme d'amphithéâtre au-dessous de l'église et à l'entrée du village. Ce quartier s'appelle *Bésiat* ; on y voit une excellente fontaine connue sous le nom de *Houn deu Chrestiaa*. Les trente-six autres familles se trouvent maintenant disséminées, mêlées et confondues parmi les familles pures du corps principal du village, lieu qu'il leur était autrefois défendu d'habiter, et dans lequel ils n'ont pu pénétrer qu'au moyen de mariages ou d'acquisitions d'immeubles.

Avant 1789, les Cagots étaient, à Lescun, repoussés de toutes les fonctions publiques. Le seul emploi qui leur fût confié était celui de fossoyeur, rempli encore aujourd'hui par un individu de cette caste et héréditaire dans sa famille depuis un temps immémorial. Ce n'est qu'en éprouvant la plus vive résistance qu'ils parviennent encore à se glisser dans quelques places.

A l'église, où ils avaient une porte et un bénitier particuliers, l'entrée du sanctuaire leur était sévèrement interdite, à ce point qu'un Cagot s'y étant furtivement introduit, en fut honteusement chassé en présence de l'officiant et des fidèles. Le cimetière qui recevait les dépouilles mortelles des familles de race pure, leur était également fermé; on les enterrait dans un endroit à part.

Les plus grandes fortunes territoriales, les meilleurs fonds de Lescun sont au pouvoir des familles pures. Les Cagotes, sauf quelques exceptions, ne possèdent que des propriétés de peu de valeur et d'une nature inférieure. Il en est de même pour les capitaux et pour les bestiaux, principale richesse de la commune. Mais si, de ce côté, une inégalité subsiste entre les deux races, la Cagote a un autre avantage sur la pure : elle possède la force et le courage. C'est chez elle qu'on trouve les hommes les plus intrépides et les plus endurcis aux fatigues. S'il s'agit d'une corvée dangereuse, les Cagots sont les premiers requis, et ils marchent les premiers en bravant tous les périls; enfin, ils sont toujours chargés des travaux les plus rudes, et ils les exécutent avec succès. Malgré cela, les alliances entre les deux races sont rares; il faut, pour qu'un Cagot soit admis par un mariage dans une famille pure, qu'il se recommande par une position sociale ou par des qualités supérieures à celles de cette famille; encore les parents de celui des deux époux qui n'est pas cagot, ne consentent-ils, le plus souvent, à une pareille union qu'avec la plus grande répugnance : tant la prévention qui pèse sur les malheureux en question a encore de racines profondes parmi cette population imbue de tous les préjugés de ses pères!

Ces préjugés ne se montrent pas seulement quand il s'agit de mariage, ils percent dans toutes les occasions. La race pure de Lescun considère les Cagots comme une population maudite et dépravée, et ne voit, dans le quartier où ils habitent en plus grand nombre, qu'un lieu de perdition. Il en résulte que les deux races s'observent et se méfient mutuellement l'une de l'autre, comme par le passé. S'il s'agit d'élections d'officiers municipaux ou de chefs de la garde nationale, elles se divisent en deux partis, dont chacun met beaucoup d'acharnement à faire triompher ses candidats et à repousser ceux de l'autre, quels que soient, d'ailleurs, leurs titres à la confiance publique. Enfin, il est rare qu'une réunion d'individus de pur sang se sépare, à la suite d'une partie de plaisir, sans que les Cagots n'aient été l'objet de leurs sarcasmes ou de leurs insultes.

Comme les Cagots de Lescun, ceux d'Accous, de Bedous, de Borce et d'Etsaut avaient, à quelque distance du village, un quartier séparé dont le nom servait le plus souvent à les désigner : ainsi, ceux de Bedous étaient généralement connus sous la dénomination de Cagots de Carrolle, ceux de Borce sous le nom de Pézilles, et ceux d'Etsaut sous celui de Cap-det-Poun; dans ces quatre paroisses, ils avaient un bénitier spécial, une place distincte à l'église et au cimetière.

Canton d'Aramitz. — Aramitz, Arette et Issor (vallée de Baretous) avaient aussi beaucoup de ces gens-là; on en compte encore un nombre considérable, et plusieurs pères de famille ont eu la plus grande difficulté à établir leurs filles, parce qu'elles étaient cagotes. Dans l'église d'Arette, le bénitier était commun; mais l'eau bénite était offerte aux maudits au bout d'un bâton. A Issor, ils avaient un quartier à part, qui existe encore, et qu'on nomme, comme à Lescun, *Bésiat.*

Canton d'Arudy. — A Arudy, il y a également des Cagots; ils vivent tout-à-fait confondus avec le reste de la population, qui fait d'autant moins d'attention à leur origine, que certains d'entre eux sont parvenus à l'aisance et même à la fortune [1]. Le caractère de leur physionomie est sombre, morose, d'une lividité terreuse et peu expansif; ils sont d'une taille moyenne et trapue. Autrefois, ils entraient dans l'église par une petite porte pratiquée pour eux dans la partie nord-ouest de cet édifice, et maintenant condamnée. Un homme se tenait auprès du bénitier et donnait de l'eau bénite aux Cagots au moyen d'un goupillon, pour empêcher que leurs doigts, trempant dans le vase, ne souillassent l'eau destinée aussi à l'usage des autres habitants de la paroisse. Dans l'église, ils occupaient un petit coin situé tout près de leur porte.

Buzy, village éloigné d'Arudy de cinq kilomètres, avait aussi ses Cagots. L'ancienne église, qui a été détruite il y a dix-sept ans, se trouvait bâtie sur le haut d'une colline, au

---

[1] Cette fusion ne date cependant que de ces dernières années ; car, sans remonter plus haut que 1815, on trouve des exemples de la répugnance qu'avaient les Béarnais d'Arudy à s'allier avec les Cagots. Cette année même, un paysan, près d'unir son fils avec la fille d'un Cagot de Buzy, déclara, au moment même où le mariage allait s'accomplir, qu'il n'aurait pas lieu. On eut beau le presser, il se refusa à donner la moindre explication. Il n'en demeura pas moins certain pour tout le monde que ce changement d'idée dans le père du prétendu avait été amené par une révélation relative à la descendance de celle qui devait être sa bru. *Mémoire de M. P. H. Medevielle, maître de pension, à Arudy.*

sud-ouest du village. Une grande partie des Cagots de cette commune avaient pour habitation quelques maisons assez rapprochées de cet édifice; le reste de cette race se trouvait relégué dans des bicoques bâties à une centaine de mètres de la route, à gauche en allant d'Arudy à Oloron. Placés sur ces différents points, et éloignés qu'ils étaient du village, les Cagots de Buzy n'avaient presque pas de communication avec les autres habitants.

A Bescat et à Iseste (vallée d'Ossau), on comptait également beaucoup de Cagots; comme à Buzy, comme partout, ils avaient une porte particulière à l'église, et un bénitier séparé. La répugnance que les habitants de ces communes avaient à contracter des mariages avec eux dure encore. A Mifaget, la main d'une jeune fille, appartenant à une riche et honnête famille de paysans, a été refusée il n'y a pas très-longtemps, uniquement parce qu'elle descend de Cagots, et cette personne n'a pu trouver à s'établir jusqu'ici. On montrait encore, il y a peu d'années, la partie du cimetière où ces parias étaient enterrés, ainsi que le bénitier et la porte de l'église qui leur étaient affectés. Ces deux derniers indices de l'existence d'une certaine agglomération de Cagots dans une localité, se voient aussi à Rébénacq, où il y a encore quatre familles réputées telles. Leurs ancêtres avaient une place à part dans l'église, où les autres habitants se tenaient à une certaine distance d'eux, dans la crainte de toucher du pied leurs crachats.

Canton de Sainte-Marie.—Les Cagots d'Agnos se débattent encore sous le poids de l'anathème qui s'attache à leur caste. Sans parler des obstacles sans nombre qu'ils ont à surmonter pour contracter des alliances avec leurs voisins de race pure, au moindre conflit, leurs adversaires leur jettent à la face l'épithète de *Cagot*, qui amène presque toujours des coups de bâton et de fourche, l'effusion du sang, et parfois l'intervention de la justice. La famille B..., d'Agnos, a été six fois au moment de conclure le mariage de l'aîné de ses fils, garçon âgé de quarante ans, et toujours ce mariage a été rompu quand on a découvert l'origine du prétendu.

La répugnance que les habitants d'Agnos éprouvent à s'unir avec des Cagots se remarque encore à Esquiule, Moumour, Saint-Goin et Géronce. A Sainte-Marie, il y avait beaucoup de ces parias, tous charpentiers. Ils habitaient de préférence une rue, encore appelée de leur nom et occupée par leurs descendants. Là, comme ailleurs, ils avaient une place marquée à l'église, et un bénitier à part; un valet de ville leur présentait l'eau bénite au bout d'un bâton. Ils ne pouvaient être affiliés à aucune confrérie, sinon à celle de Saint-Jean, qui leur était spéciale. M. de Revel, évêque de Sainte-Marie, mort en 1784, n'admettait aucun Cagot à recevoir les ordres sacrés.

A Esquiule, les Cagots étaient enterrés dans un coin particulier du cimetière.

Canton de Monein. — Il en était de même pour ceux de Lahourcade, qui, pendant leur vie, avaient à l'église un coin fixe séparé par une petite balustrade.

Canton d'Oloron. — Il existe, à l'église Sainte-Croix d'Oloron, bâtie ou rebâtie par Centulle IV en 1088, un petit bénitier encastré dans le mur, que les plus anciennes traditions disent être le bénitier des Cagots, et qui, de nos jours encore, est désigné sous ce nom. Quant à la petite porte qui accompagne ordinairement ce bénitier, on n'en voit ici aucune trace. Il y a bien deux portes, mais toutes les deux sont principales. La manière dont est disposé le bénitier des Cagots à Sainte-Croix, au côté droit de la porte qui se dirige vers le fond de l'église, indiquerait qu'ils entraient par la porte commune pour se rendre directement au fond de l'édifice, place que leur désignait la coutume de Béarn, où on lit que les Cagots ne devaient point se placer devant les hommes ni les femmes, dans les églises ou dans les processions. Aujourd'hui, il y a bien peu de personnes, à Oloron, qui soient signalées comme telles.

La plupart des habitants de Lurbe étaient cagots; le quartier qu'ils occupaient primitivement était bien distinct et séparé par un pont, qu'on voit encore, des autres parties de la commune. Ils avaient à l'église une entrée particulière, et une auge placée à quelques pas de leur porte leur servait à la fois de bénitier et de borne : ils se tenaient sur un banc, devant lequel il y avait une grille en bois; derrière eux étaient leurs femmes, à genoux sur les dalles. On leur présentait le pain bénit au bout d'une baguette en bois. L'ancien curé de Lurbe, M. d'Abidos, éprouvait une grande répugnance contre les Cagots; il n'aurait pas choisi pour l'office de marguillier, ni pour tout autre emploi de l'église, un individu réputé tel. En 1788, il séparait encore, dans la maison de Dieu, les Cagots de ceux qui ne l'étaient pas; et comme, vu le grand nombre des premiers, cette séparation était fort difficile, les enfants s'amusaient, pendant les offices, à coudre une queue de mouton ou de brebis à une Cagote et à une femme qui ne l'était pas, comme pour les unir : ce qui était une union monstrueuse. Un vieillard âgé de 78 ans se rappelle fort bien qu'un jour une Cagote, ayant voulu se placer devant la borne dont nous venons de parler, le curé, hors de lui, se prit à crier de toute sa force : « Votre place n'est pas là, Cagote, et sachez que moi, que je soie devant ou derrière vous, je suis toujours votre curé; mais vous autres, que vous soyez devant ou derrière, vous ne serez jamais que de vilains Cagots. » Souvent il arrivait à cet ecclésiastique d'insulter ces malheureux en présence d'un nombreux public, et de les qualifier de *damnés*. Un jour, un Cagot, ayant touché par mégarde l'encensoir, fut mis im-

médiatement à la porte, et l'entrée de l'église lui fut interdite pour toujours. Après cela, il est superflu de dire combien était grande, dans cette commune, la répugnance
qu'éprouvaient les familles non cagotes à s'allier avec celles
qui présentaient cette tache. Peu de temps avant notre première révolution, l'abbé de Lurbe intenta un procès à son
frère aîné, seigneur de ce lieu, parce que ce dernier avait
épousé une Cagote ; il voulait le priver de ses droits et priviléges. Le parlement de Navarre débouta l'abbé ; mais cette
famille seigneuriale n'est plus aujourd'hui qu'une famille
de paysans. « Je tiens, m'écrit M. Laffore, je tiens d'un bon
propriétaire de cette commune, homme instruit et digne de
foi, qu'étant sur le point, il y a quelques années, de marier
sa fille avec un Cagot, il reçut la visite d'un de ses beaux-
frères, qui lui fit de vifs reproches sur cette union, et qui,
n'ayant pu le décider à rétracter sa parole et à contrarier sa
fille, finit par lui déclarer formellement que, si le mariage
avait lieu, il ne se présenterait plus chez lui, et que tous
leurs rapports devaient cesser. »

M. Laffore, après beaucoup de recherches pour savoir si
les Cagots avaient un cimetière particulier, s'est assuré que,
dans un grand nombre de communes, ils n'étaient point enterrés dans l'intérieur de l'église, mais au cimetière, qui, cependant, leur était commun avec les pauvres gens non cagots,
hors d'état d'acheter une tombe dans le premier de ces deux
endroits. Cela avait lieu surtout à Sainte-Marie-d'Oloron,
où il y avait un évêché ; mais il paraît qu'à Lurbe il existait un cimetière particulier pour les Cagots : M. Ch. Paliole,
l'un des notables habitants de cette commune, homme digne
de toute confiance, assure avoir lu dans un acte public qu'il
a égaré, et dont il ne se rappelle plus la date, acte qui portait vente d'une pièce de terre, qu'elle confrontait d'un côté
avec le cimetière des Cagots (*dap lou cemiteri deous Cagots*).

Il y avait aussi beaucoup de Cagots à Escou, Escout, Herrère et Pedegiet. Un grand nombre des habitants les plus riches de ces communes descendent de ces parias, et l'on y trouve, chez les habitants non cagots, la même répugnance à s'allier avec ceux qui le sont. Il paraît que le *cagotisme* a plusieurs degrés ; on en est plus ou moins infecté. « Je connais, dit M. Laffore, une mère de famille riche, dont la fille était recherchée en mariage par deux jeunes gens, tous deux cagots. La mère, fort embarrassée, consulte son notaire, elle lui dit qu'elle ne voulait pas donner sa fille à l'un des prétendants, parce qu'il était cagot ; et, comme le notaire lui objectait que l'autre l'était également : « C'est vrai, » dit la mère, « mais il l'est beaucoup moins, cela se perd dans la famille. » Les individus dont je parle appartiennent aux communes dont il vient d'être question.

À Buziet, il y avait un grand nombre de Cagots ; peut-être même la moitié de la population appartenait-elle à cette race. Ils habitaient un quartier entièrement séparé. Un médecin de cette commune, nommé Dabadie et cité par Palassou, s'était beaucoup occupé de ces parias ; malheureusement, il n'a pas laissé d'écrits.

Arrondissement d'Orthez.

L'arrondissement d'Orthez, auquel nous sommes arrivés, ne le cède à aucun autre quant au nombre des Cagots qu'il renferme. Toutes les communes en comptent plus ou moins, dont les ancêtres étaient traités comme ailleurs, c'est-à-dire avaient, à l'église, une porte, un bénitier et une place réservés, et étaient enterrés à part, soit dans le cimetière commun, comme à Orthez, à Doazon et à Hagetaubin (canton d'Arthez), à Lacq et à Sarpourenx (canton de Lagor), à Do-

gnen, à Ogenne, à Préchacq-Josbaigt, à Rivehaute et à Sus
(canton de Navarrenx), à Bellocq et à Escos (canton de Salies), à Castet bon et à Montfort (canton de Sauveterre), ou
dans un cimetière particulier, comme à Noguères et à Sauvelade (canton de Lagor), à Audaux (canton de Navarrenx),
à Salies, et à Ossenx (canton de Sauveterre). A Dognen, le
morceau de terre, réservé aux Cagots à l'extrémité du cimetière, reçoit encore exclusivement les dépouilles de leurs
descendants, tandis qu'à Sus, à Bellocq et à Montfort, cette
partie du champ du repos ne sert plus qu'à l'inhumation
des étrangers morts dans la commune. A Castetbon, et
sans doute à Ossenx, tout habitant se croirait déshonoré si
quelqu'un de ses parents était enterré en cet endroit : aussi,
dans cette dernière commune, a-t-on abandonné aux brous-
sailles, qui le couvrent, le cimetière des Cagots, qui, même
aujourd'hui, est séparé du grand par une clôture.

Canton d'Arzacq.—A Arzacq, où l'on compte encore deux
ou trois familles issues de Cagots, il y a un monticule qu'on
nomme *Coste deou Camot,* et qui pourrait bien avoir été appelé ainsi des Goths ou Cagots. Ce qui me suggère cette
conjecture, c'est qu'il y a, au bas de ce monticule, une
source qui porte le nom de *Houn déou Chrestiaa.* A Morlanne,
une famille a pour nom le dernier de ces trois mots, qu'une
famille de Méracq a pour surnom.

A Malaussane, les familles cagotes, à peu près au nombre
de douze, habitent le même quartier ; le bénitier qui servait
exclusivement à leurs ancêtres se fait remarquer par deux
oreilles assez grotesquement sculptées qui en forment les
anses. Dans deux communes voisines, Coublucq et Pouliacq,
qui comptent encore chacune, parmi leurs habitants, deux
familles cagotes ; ces familles étaient, avant la Révolution,
reléguées au fond de l'église, sous le clocher ; et, quand elles
sortaient, on leur chantait les couplets suivants :

Cagot capale.	Lou Cagot taille la bigne,
Cachaou de mule.	La Cagote eschermenta ;
Cousi germa	Can la camise esquissade.
Deu nouste ca.	La mieytat deu cu qu'espat.

Tout cela prouve que ces pauvres gens n'étaient pas mieux traités à Malaussanc, à Coublucq et à Pouliacq qu'ailleurs. Il paraît cependant qu'ils étaient plus heureux à Vignes, où, de quatre familles cagotes qu'on y connaissait autrefois, une seule reste encore qui soit réputée telle : en effet, non-seulement ils vivaient au milieu des autres habitants, et étaient enterrés au même cimetière sans distinction de lieu, mais encore ils n'avaient à l'église ni entrée ni place réservées, et l'on se souvient même d'un charpentier, membre de l'une de ces familles, qui chantait au chœur.

Canton de Lagor. — On peut en dire autant des Cagots de Vielleségure, qui, assez nombreux autrefois, sont actuellements réduits à dix familles. Ils vivaient mêlés aux autres habitants, et ont toujours communiqué avec eux ; cependant, ils avaient un bénitier particulier, et maintenant, quand il s'agit de mariage, on voit encore percer un reste de cette vive répugnance qui, dans des temps plus reculés, mettait entièrement obstacle à ces alliances. Les Cagots de Vielleségure ont toujours participé aux affaires de la commune, en ont partagé les charges et ont pris part à ses travaux. Néanmoins, une famille réputée cagote a continuellement vécu et vit encore dans un isolement absolu. Habitant la ligne limitrophe de deux sections de la commune, elle a toujours été rejetée par les fonctionnaires respectifs de chacune de ces sections. Les autres communes du canton où l'on trouve des Cagots, qui y sont diversement traités, sont Os, Abidos, Gouze, Sarpourenx, Marcerin, Noguères et Sauvelade, où il y a une famille réputée cagote, Besingrand et Mourenx, où l'on en compte deux, Lagor, qui en possède

trois ou quatre, Lacq, qui en a ce dernier nombre. A Sauvelade, au lieu d'une, il y en avait autrefois quatre ou cinq,
et deux seulement à Gouze et à Sarpourenx ; mais l'une des
familles cagotes de cette dernière commune est éteinte, et
celle qui a disparu de Gouze a transporté son domicile dans
un village voisin. A Mont, il y avait sept familles réputées
cagotes ; il est probable qu'elles y existent encore.

Canton de Navarrenx.—Ce canton est un de ceux qui renferment le plus de Cagots ou de *Gaheigts* , comme on les
nomme en quelques endroits, par exemple à Bugnein ; on
en compte à Dognen et à Gurs une quinzaine de familles,
comme à Préchacq-Josbaigt , où elles étaient autrefois au
nombre de vingt-deux. A Nabas , il y en a neuf ; à Susmion
huit, dont une pure, quatre cagotes du côté paternel et trois
du côté maternel (les enfants de ces dernières ne sont pas
réputés cagots) ; à Bugnein sept, dont trois ne le sont que
par la mère ; à Sus, sept également ; à Méritein six ; à Cas-
telnau-Camblong quatre ' ; à Ogenne-Camptort, quatre ou
cinq ; à Audaux deux ; à Angous et à Préchacq-Navarrenx
une. Dans la plupart de ces communes , les Cagots avaient
à l'église une petite porte et un bénitier à part ; dans d'autres, comme à Ogenne , ils recevaient l'eau bénite au bout
d'une baguette. A Rivehaute, où il y avait quatre familles de
Cagots, ils entraient à l'église par une porte particulière
pratiquée dans l'une des faces du clocher ; là , sans aller
plus loin, ils assistaient aux offices, séparés des autres habitants , attendu que le clocher n'est point compris dans le
corps principal de l'édifice. Sans doute , les Cagots vivaient
également à une certaine distance des villages dont leurs
maisons faisaient partie ; mais nous ne saurions l'affirmer

' Si l'on n'admettait pas, comme on le fait, que la race dégénère par la
femme et qu'elle ne se multiplie que par l'homme, il se trouverait quelques
familles de plus.

que de Sus, où ils habitent, à une famille près, le même quartier, appelé *lou Coo*, et de Dognen et de Gurs, où ils étaient relégués dans des espèces de faubourgs séparés, désignés sous le nom de *rue deus Chrestiaas* [1]. Quelque peu fondée que soit l'opinion populaire, qui voit un signe de *cagotisme* dans le peu de longueur du lobe auriculaire, il est cependant à remarquer que toutes les personnes de la première de ces trois communes désignées comme cagotes ont cette partie de l'oreille fort courte. A Susmion, annexe de la paroisse de Sus, le parrain et la marraine d'un enfant cagot devaient l'être eux-mêmes, sinon l'enfant mourait, dit-on, peu de jours après sa naissance.

Canton d'Orthez. — On répute encore comme cagotes, à Puyoo, six familles, autant à Sallespisse, et trois seulement à Sault-de-Navailles.

Canton de Salies. — A Salies, comme je l'ai déjà dit, les Cagots étaient enterrés à part. Ceux de la paroisse Saint-Vincent avaient leur cimetière au coin de la place Saint-Grace, et ceux de Saint-Martin à côté de l'ancien cimetière des protestants. Quand les Cagots des environs de Salies étaient persécutés, ils se réfugiaient à Escos, commune du canton, où la moitié des maisons, toute la partie sud, appartenait à des familles cagotes. Elles habitaient, à environ deux kilomètres du bourg, un quartier dit *lous Cagots*, qui se compose de huit ou neuf maisons, dont l'une porte le nom de *Crestiaa*. Les familles qui, de nos jours, passent pour appartenir à cette race, sont au nombre de huit ; elles entrent dans l'église par leur porte particulière, prennent de l'eau bénite dans leur bénitier, et vont se placer en bas contre le confessionnal, dans un coin séparé par une balustrade du reste de l'église.

Canton de Sauveterre. — La commune d'Abitain compte

---

[1] *Chrestiaa* est le nom que porte encore une maison de Dognen.

deux familles de Cagots qui y sont établies depuis quelques
années seulement, Barraute-Camu trois, Narp une seule,
composée de deux sœurs, et Montfort se souvient d'avoir eu
deux familles de ces parias. A Montestrucq, il y a une maison qui porte encore le nom de *Chrestiaa*. Un vieillard de
Castetbon, qui a exercé pendant longtemps les fonctions de
maire, se rappelle avoir vu, sur un vieux cadastre, les noms
de trois familles, accompagnés de la syllabe *ca*, qui, selon
toute apparence, était une abréviation de *chrestiaa* ou
de *cagot*; c'étaient les familles Hourmilougué, Sensoulet et
Colibet. Ce dernier nom indiquerait-il l'ancienne condition
des ancêtres de ceux qui le portent?

A Ossenx il n'y a plus de Cagots, au moins n'y signale-
t-on personne comme tel; mais, à une époque assez rapprochée de la nôtre, il s'y trouvait une famille, maintenant
éteinte, qui passait pour appartenir à cette race. Pour ce
motif et pour d'autres, cette famille était tellement abhor-
rée, que les murs même de la maison qu'elle habitait ont
été détruits.

Le souvenir des Cagots parait à peu près effacé à Sauveterre; cependant, on y emploie un proverbe qui allonge
encore le catalogue des imputations répandues sur leur
compte. Quand on veut donner une haute idée de l'étourderie
de quelqu'un, on dit qu'il est pire que le Cagot de Gamachie. Qu'était ce Cagot? Je n'en sais rien. *Gamachie* n'est
pas un nom de commune; ce doit être un nom de famille. Mais à quelle partie des Pyrénées rattacher cette famille? A Sauveterre, par la raison que le proverbe en question y est répandu? cela ne suffit pas; d'ailleurs, il existe,
dans une autre partie du pays, un vieux dicton qui me
semble se rapporter au même personnage. Dans l'arrondissement d'Oloron, quand une vieille fille manifeste un tel
désir de se marier qu'il semble que toute alliance lui serait

bonne, on dit qu'elle épouserait même le *Cagot de Gaba-chies*. Il faut croire qu'à des imperfections morales, ce malheureux joignait des défauts physiques non moins remarquables, qui, les uns et les autres, lui ont assuré une certaine célébrité; mais elle n'a point empêché que son nom ne s'altérât, circonstance qu'il faut sans doute attribuer à la distance à laquelle a vécu celui qui le portait, de ceux qui l'emploient aujourd'hui dans leurs comparaisons et dans leurs hyperboles.

Si l'on admet avec M. Thiers que les pays de montagnes sont, par les institutions, les mœurs et les habitudes, des lieux de conservation, on ne s'étonnera pas que, dans les départements du Gers et des Landes, il reste moins de souvenirs des Cagots que dans les Hautes et dans les Basses-Pyrénées. Commençons par le Gers.

Arrondissement d'Auch.

Canton d'Auch. — Les Capots avaient un quartier dans la paroisse de Saint-Pierre d'Auch; mais, au temps de D. de Brugèles, dans l'ouvrage duquel nous puisons ce renseignement [1], il ne s'en trouvait plus. A Sainte-Christie, il y avait au moins un Cagot en 1700, date d'un arrêt du parlement de Toulouse, où Antoine Darrieu est nommé avec d'autres individus qui se plaignent d'être appelés ainsi et traités comme tels. A Pessan, cette race maudite s'était perpétuée et avait souvent des contestations avec les autres paroissiens au su-

---

[1] *Chron. ecclés. du diocèse d'Auch*, pag. 375.

jet du pain bénit, de l'eau bénite et de quelques autres cérémonies et fonctions ecclésiastiques, qui leur étaient faites
séparément des autres fidèles; mais, au temps du savant bénédictin que nous venons de citer, la seule différence qui
subsistât entre eux était dans le cimetière, que les Capots
avaient à part [1].

A Monbert, il y avait également des Capots. A une époque
antérieure à 1750, ils eurent un procès, probablement en
réhabilitation, devant le parlement de Toulouse, pendant le
cours duquel M. Vanque-Bellecour, avocat de cette ville, publia contre eux un factum que nous n'avons pu nous procurer, et dont l'abbé Venuti a cité un passage [2]. Maintenant il
n'y a plus, à Monbert, de Capots, ou, pour mieux dire, de
gens traités comme tels. Néanmoins on signale comme leurs
descendants les habitants d'un hameau, communément appelé le Pouchots, et qu'autrefois on nommait aussi le hameau
des Capots. Il existe encore dans l'église de Monbert, sous
le clocher, un monument qui témoigne de la condition de
ces malheureux dans cette commune : c'est une balustrade
où le prêtre leur donnait la communion, après les autres
fidèles, dont il était obligé de traverser la foule pour arriver
aux Capots. Ceux-ci étaient considérés comme étant d'origine juive et descendant de ceux qui avaient crucifié notre
Seigneur. Ils exerçaient, de préférence à tout autre, l'état
de charpentier.

Canton de Jegun. — Dans la commune de Biran, contiguë
à celle de Monbert, on voyait aussi un hameau appelé *les
Cloutets*, qui n'était habité que par des Capots. C'est à cette
race qu'appartenait un révolutionnaire, fameux dans le pays,
le nommé Délom, qui en voulait surtout au clergé, et qui,

[1] *Ibidem*, pag. 379.
[2] Seconde partie, pag. 136.

poursuivant le neveu de Mgr de la Tour du Pin, archevèque d'Auch, le tua d'un côup de fusil, dans la commune de Barran, non loin de cette ville.

Canton de Vic-Fezensac. — A Vic, ancienne capitale du comté de Fezensac, devenu ensuite comtés d'Armagnac et d'Astarac, il y a un faubourg nommé *lous Capots,* qui n'est adhérent à la ville qu'à cause de son agrandissement.

Arrondissement de Condom.

Canton de Condom. — Il n'y a plus de Capots à Condom ni dans l'étendue de cette commune; du moins rien ne distingue du reste du peuple les descendants de ces parias. Nous savons cependant qu'il y en existait un certain nombre : la coutume de cette ville en fait mention sous le nom de *Gafedz,* et ordonne de leur remettre la viande saisie chez les bouchers pour une raison ou pour une autre [1]. Qu'on ne dise pas que ce mot signifie ici *lépreux*; pour peu qu'on parcoure la coutume de Condom, on y verra ces malheureux désignés par le nom de *lebros* [2].

[1] « Item. Tot mazerer qui ben en la viela de Condom carn mezera morta, o troia per porc, o aolha o craba en loc de creston, o antra carn corumpuda a coneguda dels senher e dels cosselhs, que pague .xxx. sols de bos morlaas per non de pena arbitraria, e que la carn sia dada als *Gafedz,* etc. » (Item. Tout boucher qui vend en la ville de Condom viande de boucherie morte, ou truie pour porc, ou brebis ou chèvre au lieu de mouton, ou autre chair corrompue à la connaissance du seigneur et des consuls, qu'il paye trente sous de bons morlans d'amende, et que la viande soit donnée aux gahets, etc.) Ms. de la Bibliothèque royale, supplément français n° 2472, folio 25 recto, col. 2.

[2] « Que a mayzoo de religioos, ni a persona de religion, ni a glisia, ni a caver, ni a donzel qui no fos vezin, ni a maa-morta, ni a *lebros,* no pod leixar ni dar sos bees no mobles ses voluntat deu senhor deu qual aquets bees seran tenguts en fius; e si per aventura ac faze, aquera mayzon d'areligion, o glesia, o aquet caver, o *lebros...* devre mostrar e mete home bor-

Aux deux extrémités de la ville, hors des faubourgs Labouquerie et du Pradeau, se trouvent des maisons qui, quoique maintes fois reconstruites, portent toujours le nom de *maisons des Capots*. C'est là, sur les bords de deux ruisseaux, que vécurent jadis ces hommes qui eurent si longtemps à souffrir avant de parvenir au rang de citoyens. Il y en avait aussi dans un endroit plus rapproché de la ville, sur la route de Lectoure : là ,si nous en croyons une tradition assez récente, se trouvait une petite église ou chapelle, et un cimetière attenant, consacrés sans doute aux seuls Cagots [1].

Quand leur race fut éteinte, ou que, par l'extinction du préjugé, elle se fut confondue dans le sang commun, les maisons des Capots gardèrent encore quelque chose de leur destination. En effet, depuis cette époque jusqu'à nous, et sans interruption, elles furent, comme elles sont encore, un lieu de refuge pour les mendiants étrangers à la ville; ils y trouvent une grange et de la paille pour la nuit.

Les églises des faubourgs Labouquerie et du Pradeau étaient naturellement les églises que fréquentaient les Capots de Condom; elles avaient, l'une et l'autre, une petite porte latérale destinée à ces réprouvés. La porte de l'église de Labouquerie est murée depuis longtemps; celle de l'église du Pradeau existe encore. Aucun de ces édifices n'a conservé le petit bénitier qui se voit ailleurs incrusté dans le mur à côté de la petite porte; mais dans tous les deux on

gues, o autre plus bas, dents .i. an e .i. mees en aquets fieus, » etc. (A maison de religieux, ni à personne de religion, ni à église, ni à chevalier, ni à damoisel qui ne serait pas habitant de la localité, ni à main-mortable, ni à lépreux, on ne peut laisser ni donner ses biens ni ses meubles sans la volonté du seigneur duquel ces biens seront tenus en fief; et si par aventure on le fait, cette maison de religion, ou église, ou ce chevalier, ou lépreux...devra montrer et mettre homme bourgeois, ou autre plus bas, dans un an et un mois en ces fiefs, etc.) *Ibid.*, folio 13 v°, c. 2.

[1] *Feuille d'annonces de Condom.* Mardi 22 octobre 1833 ; n° 506.

trouve encore intérieurement, le long des murs latéraux, des siéges d'une maçonnerie grossière, qui étaient autrefois exclusivement réservés aux Capots.

Cantons d'Eauze, de Montréal, de Nogaro et de Valence. — A Bascous, il y avait encore une famille de Cagots en 1700, suivant l'arrêt du parlement de Toulouse que nous avons cité plus haut. On en peut dire autant de Betous et de Lanne-Soubiran ; mais à Gondrin, le nombre de ces malheureux devait être plus considérable ; car, dans le voisinage de cette commune, on trouve un hameau appelé *lous Capots,* habité, il y a environ un siècle, par des charpentiers qui étaient mal vus, et vraisemblablement traités comme ceux de Lialores, de Grasimis et de Mezin, en faveur desquels il existe un arrêt du parlement de Bordeaux en date du 28 mai 1710. Un semblable hameau existe à Valence, à une lieue de Condom ; mais il s'appelle *lous Chrestias,* nom que portent encore, dans les actes de vente des notaires, certaines pièces de terre. En général, il n'est pas de petite ville dans le département, qui n'ait en dehors de son enceinte, un amas de maisons portant le nom de *Capots,* sans compter les lieux ainsi appelés qui sont situés loin des villes, comme celui que l'on trouve sur le chemin de Mezin, en-deçà de la rivière de l'Osse.

Arrondissements de Lectoure et de Mirande.

Canton de Fleurance. — On désigne dans le pays les Capots de la Sauvetat ; ils ont un nom de famille commun, celui de *Mortera,* que nous retrouverons plus tard parmi ceux des Capots du Mas-d'Aire.

Canton de Plaisance. — A Plaisance, il y avait un quartier des Capots qui communiquait avec la ville par un pont désigné par le même nom. Un propriétaire faisait, il y a quelques années, niveler une prairie. En creusant un monticule, on trouva, à une certaine profondeur, deux voûtes basses et longues construites en briques et appuyées sur un mur mitoyen. Elles étaient percées d'ouvertures latérales très-étroites, et contenaient une grande quantité d'ossements qui avaient appartenu à des âges et à des sexes différents, et qui se réduisaient en poussière à la moindre pression[1]. Faut-il croire que c'étaient ceux des Capots de Plaisance?

Canton d'Aignan. — L'existence des Cagots dans ce canton ne nous est révélée que par l'arrêt du parlement de Toulouse cité plus haut; il en nomme trois pour Averon et cinq pour Sabazan.

Avant de sortir du département du Gers, ne manquons pas de faire observer qu'il a dû se trouver des Cagots, s'il ne s'en trouve plus aujourd'hui, dans plusieurs autres communes, dont les églises laissent encore voir la petite porte par où ces malheureux se rendaient, pour entendre les offices, dans une place séparée des autres.

DÉPARTEMENT DES LANDES.

Arrondissement de Mont-de-Marsan.

Canton d'Arjuzanx. — Dans le XVIIIe siècle, il y avait des Gahets en grand nombre à Arengosse, et très-peu dans les communes environnantes. A cette époque, un quartier aujourd'hui dépendant d'Arengosse, quartier appelé *Bezaudun*, était la paroisse, la succursale, tandis qu'Arengosse n'était qu'une annexe. Tous les Gahets, mêlés avec les autres habitants, se tenaient dans Bezaudun; ils assistaient aux offices divins dans leur église, et presque jamais ailleurs;

---

[1] *L'Opinion, journal constitutionnel du Gers*, mardi 11 avril 1843. — n° 78; feuilleton de M. D. Vincent, homme de la localité. Cet écrivain voit dans les Capots des lépreux.

ils avaient une petite porte et un bénitier exprès pour eux ; ils devaient se tenir dans un endroit qui leur était réservé, et après leur mort on les enterrait au cimetière dans un recoin qui leur était affecté. Ce quartier, dont l'église n'existe plus depuis longtemps, est encore aujourd'hui en horreur à la commune d'Arengosse tout entière et même à celles des environs ; on le désigne sous le nom de *République de Bezaudun.*

On rapporte qu'un peu avant la Révolution, un mur de l'église de cet endroit s'étant lézardé, les habitants de race pure, se croyant inspirés de sainte Magdeleine, leur patronne, défendirent l'entrée du saint lieu aux Gahets, dans la crainte que leur présence n'en amenât la ruine prochaine. Ainsi chassés, les Gahets durent aller aux offices de l'église d'Arengosse, et là encore ils furent soumis aux mêmes règlements et séparés des autres fidèles. On voit très-bien à cette église, la porte, aujourd'hui murée, qui leur servait d'entrée ; et bon nombre de personnes affirment qu'elles ont vu les vestiges de leur bénitier, et se rappellent que les Gahets étaient enterrés au cimetière, mais à part.

L'habitant d'Arengosse, auquel je dois les détails qui précèdent, y joint ceux-ci qui les complètent : « On reconnait généralement les Gahets aux oreilles, dépourvues de lobes et pour ainsi dire rondes. Ils diffèrent encore du reste de la population, soit par leur physique, soit par leur langage. Dans le principe, ils étaient fort ingénieux, et s'adonnaient spécialement à l'état de charpentier. Les membres des trois familles issues de Gahets qui sont encore à Arengosse, n'ont pas de profession propre ; ils sont laboureurs comme le reste des habitants ; mais il est à remarquer qu'ils font très-bien leurs affaires. Ils ont beaucoup d'ordre et par suite ils jouissent d'une honnête aisance. »

Canton de Grenade-sur-l'Adour. — Au Vignau, il y a deux

familles réputées cagotes, et composées chacune de trois
ou quatre membres : ce sont les familles Hustaillon et Fustaillon, dont les noms qui, comme on le voit, ne diffèrent
entre eux que par une légère variante orthographique, non-
seulement indiquent une souche commune à ces familles,
mais encore semblent dérivés de la profession de charpentier ou de bûcheron, qu'exerçaient leurs membres [1]. Ceux
d'aujourd'hui sont cultivateurs, comme les autres habitants;
ils vivent au quartier dit *des Capots* [2], à l'une des extrémités
de la commune. Petite porte à l'église, petit bénitier joint
au mur, l'un et l'autre au midi, cimetière à part, les Cagots
du Vignau avaient tout cela : et pendant leur vie, comme
après leur mort, ils figuraient sur les registres de l'état civil
avec la désignation de *Capots* [3], qui perpétuait la tradition
et le malheur de leur origine.

Canton de Mont-de-Marsan. — Il est à peu près certain
qu'il a existé des Cagots à Mont-de-Marsan, dans un temps
plus ou moins reculé, et qu'ils étaient relégués dans un quartier séparé de la ville, appelé quartier *des Gézits*, qui est
habité aujourd'hui par des gens mal famés et des filles de
mauvaise vie. On voyait, à l'ancienne église de cette ville,
écroulée en 1821, une petite porte latérale, murée, qui était,
assure-t-on, à l'usage des Cagots. Pareille petite porte, latérale et murée, se voit encore à l'église du collége, construite
en 1656. On y distingue aussi un bénitier qui était, dit-on,
affecté également aux Cagots.

Canton de Pissos. — Il y a eu des cagots à Moustey : la

---

[1] *Hustaillon*, comme *Fustaillon*, me paraît signifier *mauvais ouvrier
sur bois.*

[2] Ce quartier a été réuni à Cazères, tant pour le civil que pour le spirituel, par ordonnance royale de 1844.

[3] *Baptême.* — A Hustaillon, le 5e jour du mois de septembre 1679, est
nay, et a esté baptisé dans l'église paroissiale du Vignau, Pierre de Hustaillon, fils légitime de Jean Hustaillon et de Catherine Hustaillon, mariés,

porte de l'église qui leur était réservée et dont la forme parait encore, suffirait pour le prouver; mais la tradition n'a guère transmis sur eux que l'extrême répulsion dont ils étaient l'objet. Des lieux qu'ils habitaient, de leurs professions, de leurs mœurs, les octogénaires ne savent absolument rien. Cependant un souvenir qui s'est conservé, c'est celui du droit qu'on leur reconnaissait de s'emparer, quand ils entraient dans une maison, du pain entamé qui se trouvait sur la table, s'il était renversé et si le côté coupé était tourné vers la porte [1]. Il parait qu'il y a quarante ans, il n'existait plus qu'un Gahet dans la contrée (il demeurait à Pissos, où il a laissé des enfants dont l'origine est oubliée); car c'était le seul dont on craignit l'arrivée, lorsque le pain

gens de labeur; parrain a esté Pierre de Hustaillon, et marrine Françoise de Labarrere; présents à ce Jean et autre Jean de Hustaillon, les susdits gens de labeur, habitants dudit Vignau, etc. *Signé sur la minute* : R. DE CAPDEVILLE, curé du Vignau.

Décès.—Le 23ᵉ jour du mois de may 1682, a été enterrée dans le cimetière de l'église paroissialle du Vignau, et décéda la nuit précédente Jeanne de Salies, quand vivait femme de labeur, âgée de 30 ans ou environ, habitante dudit Vignau; présents à ce Pierre et Jean Hustaillon, charpentiers, habitants aussi dudit Vignau, etc.

Le 27ᵉ jour de novembre 1685, ont consenti mariage Joseph Hustaillon, charpentier, capot, âgé de 30 ans ou environ, avec Catherine Hustaillon, capote, fille de labeur, âgée de 20 ans ou environ, tous deux habitants d'Aurandet et paroissiens du Vignau; ledit Hustaillon assisté de Jean Claverie et de Catherine Hustaillon, ses cousins, et ladite Hustaillon assistée aussi de Pierre Hustaillon et de Françoise Labarrere, ses père et mère, en présence des mêmes témoins que dessus, etc.

Décès. — Le dernier janvier 1695, décéda Jean Hustaillon, capot, âgé de 40 ans environ, et fut inhumé au cemitière du présent lieu, le 1ᵉʳ février 1695, présents Pierre et Jean Hustaillon du présent lieu, etc. *Signé* : SAINT-MARTIN, curé.

Naissance.—Le 26ᵉ juillet 1728, naquit Joseph Hustaillon, fils légitime à Pierre Nanux et à Jeanne Hustaillon, mariés; parrain et marrine, Jean et Jeanne Hustaillon, etc. *Signé* : SAINT-MARTIN, curé du Vignau.

Décès. — Aux Capots, le 4ᵉ jour du mois d'avril 1738, est décédée Jeanne Claverie, de condition de travail; et son corps a été enseveli le lendemain dans le cemitière, en présence de Jean Pierre Hustaillon et de Bertrand Claverie. *Signé sur la minute* : BOULIN, vicaire.

[1] Voyez ci-dessus, page 106.

se trouvait placé par les petits enfants dans les conditions indiquées plus haut.

Canton de Roquefort. — A Roquefort, il existait encore des Cagots il y a cinquante ou soixante ans; ils étaient relégués dans un quartier qui porte toujours le nom de quartier *des Capots,* et ils avaient à l'église une porte et un bénitier particuliers.

Canton de Villeneuve-de-Marsan. — Il existe encore à Villeneuve, petite ville à cinq lieues et à l'est du chef-lieu du département, une famille de Cagots, si l'on en croit la tradition conservée par les vieillards de l'endroit. Cette race y était bien plus nombreuse autrefois, à en juger par la petite porte, aujourd'hui murée, que l'on distingue encore à la gauche de l'entrée principale de l'église, et au petit bénitier que l'on remarque aussi dans l'intérieur et du même côté, bénitier au-dessus duquel il y avait autrefois une inscription pour le désigner. A une époque que nous ne saurions préciser, les Cagots de Villeneuve, repoussés par les autres habitants, se réfugièrent à un kilomètre au nord-est de la ville, sur un plateau environné de fondrières, et y construisirent des cabanes. Plus tard, ces individus se dispersèrent, et l'on éleva une ferme sur ce même lieu, qui porte encore aujourd'hui leur nom.

Il existe encore à Hontanx et à Perquie des descendants de Capots, appartenant à d'autres familles, qui, aujourd'hui semblables au commun du peuple de cette partie des Landes, ont pris toutes ses habitudes et son industrie, et sont considérés comme les autres citoyens. Cependant la superstition et l'ignorance sous le joug desquelles se trouvent encore quelques-uns des paysans de la contrée, leur font redouter la présence de ces Capots; ils craignent qu'ils approchent du berceau de leurs enfants, s'imaginant qu'ils peuvent, par leurs regards ou par leurs caresses, les frapper de terribles maladies ou d'infirmités incurables. On reconnaît assez facilement ces Cagots à leur petite stature, peu développée, à leur physionomie large et basse, à leurs traits gros et saillants, à leurs yeux enfoncés et sans expression, enfin à leur teint brun et olivâtre. Mais le signe le plus particulier qui les fait distinguer par le peuple, c'est qu'ils ont les oreilles très-courtes; il ne peut y être attaché de pendants qu'avec beaucoup de difficulté. Je tiens cette observation de M. Caussin, instituteur communal de Villeneuve, qui n'est peut-être ici que l'écho d'un préjugé généralement répandu.

Arrondissement de Dax.

On comptait autrefois un grand nombre d'Agots dans tout cet arrondissement, entre autres, à Capbreton, Orx, Saint-Martin-de-Hinx, Saint-Jean-de-Marsacq, Saubrigues, Rivière, Seignosse, et à Sainte-Marie-de-Gosse. Le préjugé dont ils étaient les victimes était, il y a vingt ou trente ans, beaucoup plus sensible qu'aujourd'hui. A mesure que les races se mêlent il disparaît ; cependant il existe encore, bien qu'il n'occasionne plus de fâcheuse collision. A Seignosse et à Tosse (canton de Soustons), ainsi que dans presque toutes les paroisses du pays, les Agots avaient un bénitier à part. Un jour, un individu nommé Hougas ou Fabas, maître de la Hosse, se vit arracher violemment la croix des mains pendant la procession, sous le prétexte qu'il était Agot, et, à ce titre, indigne de la porter. Aujourd'hui un descendant de cet homme est maire de Seignosse : tant les choses ont changé depuis !

Dès 1574, nous trouvons, à Capbreton, des Agots, que des pièces conservées aux archives de la commune appellent également *Gesitz* et *Gesitens*, et qui sont nommés *Capots* et

Gahets dans un arrêt du parlement de Bordeaux, rendu contre eux en 1581. Outre cet arrêt, sur lequel nous reviendrons, la justice doit avoir eu souvent à en prononcer d'autres; car, à en juger par les titres des pièces dont d'anciens inventaires font mention, il y eut de longs, de sérieux procès entre les Agots et les habitants de Capbreton. Nonobstant ces dissensions, ces derniers employaient leurs adversaires, soit pour garder la paroisse et plus particulièrement les sables, qu'ils faisaient garnir par eux de joncs et d'autres herbes afin de les fixer, soit pour d'autres travaux d'utilité publique. Ainsi on les trouve, en 1619 et en 1640, occupés, au nombre de vingt-cinq, à déblayer la rivière. Ils le furent également en 1726 [1]. Ils étaient alors réunis dans un hameau appelé *la Punte* ou *la Pointe*. Aujourd'hui il existe encore à Capbreton une dixaine de familles agotes, qui vivent mêlées et entièrement confondues avec les autres, et dont les divers membres exercent indistinctement toute sorte de professions.

Le nombre des familles agotes d'Orx est encore moins considérable : il est de six sur soixante-treize maisons. En 1738, deux de ces Agots eurent un procès qui se termina par la condamnation de leurs adversaires. Aujourd'hui encore, malgré les progrès de la civilisation, les Agots d'Orx sont exclus des charges de l'église, telles que de marguillier, fabricien, etc., par suite d'une répugnance qu'on peut également signaler chez les habitants de Saubrigues, parmi lesquels il existe environ sept familles agotes. Outre ces familles, il y en a plusieurs qu'on cite comme *macouaous,* mot patois qui indique le produit du cheval et de l'ânesse, et par lequel on désigne les individus nés d'une union mixte.

[1] *Histoire ou Annales de Cap-Breton, et partie de celles de Bayonne.* Par J. M. Bartro. Bayonne, imprimerie et lithographie de Lamaignere, in-8, pag. 96, 97.

A Saint-Martin-de-Hinx, il y a un quartier qu'on appelait, il n'y a pas longtemps, le quartier des Agots, parce qu'en effet il était peuplé par des gens de cette sorte. Aujourd'hui il y a, dans cette commune, une quinzaine de familles réputées agotes, sans compter les *macouaous*. Le nombre des Agots de pur sang peut s'élever à une centaine sur une population de 1,400 habitants, proportion que présente à peu près celle des communes voisines. Outre les imputations de hâblerie, de mensonge, d'avarice, de gourmandise et d'autres vices auxquelles les Cagots sont en proie là comme ailleurs, ceux de Saint-Martin passent pour avoir, en général, le cou plus rouge que les individus de race franche. C'est une chose tellement reçue, que lorsque les paysans trouvent un épi plus rouge que les autres, ils disent : Voilà un Agot ; et ils le séparent de la pile.

Arrondissement de Saint-Sever.

Canton d'Aire. — A Aire et au Mas-d'Aire, il y avait bon nombre de Cagots, comme le prouvent les registres des décès de la dernière de ces paroisses [1] et le quartier qu'elles ont l'une et l'autre, quartier désigné encore sous le nom de

[1] Le quinzième du mois de février 1671, est mort un petit enfant aux Capots, nommé Jean Laranier, âgé de quatre ans, et est enseveli au cimetière des Capots.

L'an 1671 et le huitième mars, a été ensevelie au Mas une petite fille, âgée de trois ans, ou environ, fille à Jan Mortera, Capot, et est ensevelie au cimetière desdits Capots.

Le 1er mars 1676, est mort un petit enfant des Capots, âgé de deux ou trois ans, et a été enseveli au cimetière des Capots.

Le dernier juillet 1676, est mort aux Capots du Mas, Bernadon Laranier, vigneron, âgé de trois vingts ans, ou d'avantage, administré des sacremens et exhorté jusques à la mort ; et est enseveli au sépulcre des Capots, lui étant Capot.

Le 28 décembre, est morte Jeanne Pataille en l'année 1676, mariée avec Jean Maubareit, après avoir reçu tous les sacremens de notre mère l'Église, et est enseveli au cimetière des Capots.

Capots ou de *Carces,* mot qui pourrait bien être dérivé du
latin *carceres,* soit que ce lieu ait été assigné pour prison,
en quelque sorte, aux débris de la race maudite, soit, ce qui
est plus probable, que ce fût là l'ancien emplacement des
prisons de la ville. Aux Capots du Mas, on voit encore une
maison, la plus antique du quartier, qui, de temps immémorial, a réuni plusieurs ménages sous son toit : particularité qui fait exception aux usages du pays, et qui porte à
croire que c'était là l'asile commun des Cagots de l'endroit.

En général, on retrouve de ces parias dans tous ou presque tous les villages de la Chalosse, notamment à Saint-
Cricq, Brassempouy, Bastennes, Gaujac, Amou, Miramont,
Hagetmau, communes situées sur la frontière du Béarn et
faisant partie de l'arrondissement de Saint-Sever. Dans ces
localités, il existe encore un ou deux quartiers désignés sous
le nom de *Carrère dous Cagots,* ou de quartier des Cagots;
chacun se compose de trois, quatre, cinq familles. A Saint-
Cricq, il y a deux de ces quartiers ; à Brassempouy, à Gaujac, à Miramont, à Hagetmau, il ne s'en trouve qu'un. Dans
celui de la dernière de ces communes, qui comprend une
grande partie de la population, c'est-à-dire, de 7 à 800 habitants, il y a une fontaine dite *des Cagots.*

Comme dans les Pyrénées, les églises des Landes ont assez généralement deux bénitiers, dont l'un, uniquement à
l'usage des Cagots, a retenu leur nom; auprès de ce bénitier, il se trouvait toujours une cheville dont les habitants
de race franche se servaient pour offrir de l'eau bénite à
ces pauvres gens, tout en évitant leur contact. Les bénitiers
qui restent sont sans date et sans sculptures ; cependant,
celui que conserve l'église de Brassempouy, formé d'une
assez grosse pierre, porte un grand C bien sculpté et encore fort apparent, initiale commune aux deux principaux

noms des Cagots, dont l'un se retrouve dans celui de quelques familles des Landes, comme à Marpaps (canton d'Amou), où il existe une maison appelée *Chrestiaa*. Il existait aussi, dans les églises des Landes, une petite porte isolée, exclusivement réservée aux Cagots. Dans celles de Brassempouy et de Hagetmau, cette porte a été conservée; haute d'un mètre vingt-cinq centimètres, elle donne sur un escalier obscur, qui conduit à une galerie ou tribune. On retrouve également cette porte à Ossages (canton de Pouillon, arrondissement de Dax); à Caupenne, à cinq lieues et au sud-ouest de Saint-Sever; et à Doazit, à une lieue et à l'est de Caupenne. Ailleurs, elle a été murée depuis longtemps; mais il est facile d'en reconnaître la forme, comme à Nerbis (canton de Mugron), où elle se trouvait à l'extrémité de l'aile gauche de l'édifice, et à Mirémont (canton de Geaune), où elle était au nord. Il ne paraît pas qu'il y ait jamais eu de porte pareille à Tilh (canton de Pouillon). On y voit bien le petit bénitier dont nous avons parlé; mais il est placé vis-à-vis de l'entrée principale, sous le porche de l'église, où il est encastré dans la muraille. Quant au lieu de sépulture des Cagots, ceux de Mirémont avaient un cimetière à part, et nous tenons de M. le curé de Brassempouy qu'au quartier de cette commune, nommé *dous Cagots*, il y avait, avant la Révolution, un cimetière uniquement destiné à la sépulture de cette race, et que l'on trouve parfois encore des ossements sur ce terrain. A Urgons, près de Saint-Sever, il existe à côté du cimetière un endroit réservé autrefois aux Cagots; il reçoit aujourd'hui les restes des personnes qui meurent sans confession. On se rappelle également, à Nerbis, le lieu particulier où l'on enterrait les Gahets; car c'était là le nom par lequel on désignait les Cagots de cette commune, aussi bien que tous les habitants de celle de Goutz, près de Tartas. Nous ignorons comment ces derniers justifiaient cette

épithète, qu'il ne serait pas prudent de leur donner aujour-
d'hui ; car, bien que le temps, les progrès de la raison et les
changements opérés dans les idées par la révolution de 1789,
aient presque entièrement détruit le préjugé que les Landais
nourrissaient contre les Cagots, cependant on ne peut pas
dire qu'il n'en reste pas des traces dans le peuple. Il se
souvient des dictons qui les flétrissaient [1], et l'on peut citer
des descendants de ces malheureux qui participent à la malédiction dont étaient frappés leurs ancêtres. Ainsi, à Brassempouy, il y a plusieurs familles cagotes qui, par l'âpreté
de leurs mœurs et de leur physionomie, semblent former une
caste distincte du reste de la population ; elles restent encore vouées au mépris de tous, et surtout en butte aux insultes des enfants.

Avant de sortir du département des Landes, nous rapporterons une anecdote qui, à défaut de tout autre renseignement, suffirait pour prouver à quel point l'aversion que le
peuple ressentait pour les Cagots était violente, et combien
l'autorité du parlement de Bordeaux était impuissante contre
elle. Dans les premières années du règne de Louis XVI, un
riche Cagot de cette contrée fut remarqué à trois différentes
reprises prenant de l'eau bénite dans le bénitier des habitants de l'endroit. Un ancien soldat, l'ayant appris, s'arma
de son sabre et alla un dimanche guetter notre homme à
l'entrée de l'église. A l'instant où l'imprudent s'apprêtait à
violer de nouveau la défense faite à toute sa race, le sou-
dard lui coupa la main, que l'on s'empressa de ramasser et
de fixer à la porte du lieu saint, comme pour servir d'avertissement à ceux qui auraient pu être tentés d'imiter ce malheureux.

---

[1] *Set Cagots qué balen un chrétien. — Hil de chrétien et dé Cagote,
machou.* C'est-à-dire : Sept Cagots valent un chrétien. — Fils de chrétien
et de Cagote, mulet.

DÉPARTEMENT DE LOT-ET-GARONNE.

On ne connait plus de Cagots dans ce département, bien qu'il y en ait eu autrefois, surtout à Marmande et au Mas-d'Agenais, comme on le verra au chapitre suivant. En 1578, il se trouvait des « Capots et Gahets » dans la ville et juridiction de Casteljaloux : un arrêt du parlement de Bordeaux, que nous citerons plus loin, en fait foi. Dans le cadastre de Lusseignan, village de l'arrondissement de Nérac (canton de Lavardac), lequel fut qualifié de ville autrefois, et n'est même plus une commune, non-seulement on donne à un hameau voisin le nom de *Capots*, mais c'est aussi la qualification que reçoit l'un des tenanciers du même lieu, à la suite de son nom patronymique [1], qualification remplacée

---

[1] *Des Crestians ou Capots.*
Jean Renun. Capot, tient terre labourable, bouzigue et vigne à un tenant au Couston; confronte du levant, septentrion, bouzigue et bois du sieur de la Cazenave; midy, couchant, vigne, bouzigue et terre de monsieur Perès. Contenant la vigne un quart, neuf escats; faira . . . . j^l, v^s.
La bouzigue un quart de car^{de}; fera . . . . 0^s, xj^d.
La terre deux cartallades; faira . . . . iij^l.
Plus, maison, ayrial, jardin et terre à un tenant au Couston; confronte du levant terre des hoirs Bernard Bibrette; du midi terre desditz hoirs Bibrette. maison et ayrial des hoirs veuve Renun; couchant, septentrion, maison, ayrial, jardin et vigne desditz hoirs Renun et vigne du sieur de la Cazenave. Contient la maison, ayrial et jardin dix-huict escatz; faira iij^s, ix^d.
La terre un car, vingt-quatre escatz . . . . j^l et v^s.
Somme, troys car^{des}, troys quartz, quinze escatz.
Somme d'alluvement. . . . . vj^l, iiii^s, viii^d.
Pierre Renun tient maison, ayrial, jardin et vigne à un tenant au Couston; confronte du levant maison, ayrial et jardin de Margueritte Misson, maison, ayrial et jardin de Jean Renun; midy, couchant, à un chemin et jardin dudit Jean Renun; septentrion, vigne du sieur de la Cazenave... Contennant la maison, ayrial et jardin vingt-quatre escatz; faira . v^s.
La vigne demye car^{de}, trente escatz. . . . . . ij^l, vj^s, iij^d.
Somme, demye car^{de}, dix-huict escatz.
Somme d'alleuvement . . . . ij^l, xj^s, iij^d.
Margueritte Misson tient une chambre de maison et ayrial au Couston;

par celle de *charpentier* dans un second livre d'arpentement d'une date postérieure[1]. Enfin à Mezin, dans l'arrondissement et au sud-ouest de Nérac[2], il se trouvait une colonie de Cagots qui habitait vers une porte appelée **Porte-Anglaise**.

DÉPARTEMENT DE LA GIRONDE.

Les **Gahets** ont existé en grand nombre dans le Bazadais, c'est-à-dire, dans la partie du département qui confine à celui des Landes, et particulièrement à **Savignac**, près d'Auros, à **Birac**, à **Bazas** et à **Saint-Michel-de-la-Prade**, section de cette dernière commune; au **Nizan**, dont les habitants sont encore surnommés *Gahets* par ceux des communes voisines: à **Lignan**, à **Captieux**, à **Préchac** et à **Uzeste**. Certaines de ces localités présentent encore quelques individus isolés que l'on dit appartenir à cette race. On voit, dans la commune de Lignan, un hameau appelé *lou Gaheraou*, parce que, probablement, il était habité par des Gahets. Aujourd'hui, il n'en renferme plus un seul; mais, à une petite distance de ce hameau, on trouve encore une fa-

---

confronte du levant, midy et septentrion, maison, ayrial et jardin de Jean Renun ; couchant, maison et ayrial de Pierre Renun. Contenant quatre escalz ; faira . . . . xᵈ.

Hoirs Pierre Renun tiennent maison, ayrial et jardin au Couston; confronte du levant, septentrion, maison et ayrial de Jean Renun ; midy, terre des hoirs feu Bernard Bibrette ; couchant, maison et ayrial de Margueritte Misson. Contenant quatre escalz ; faira . . . . xᵈ.

Reg. des arch. de Barbaste, fol. 179 et 180.

[1] Jean Renun, charpentier, tient borde, pâture, jardin et terre aux Capots ; confronte du levant et midi terre de Jean Broussé, et borde des héritiers de Louis Vigneau, etc. *Reg. de 1672*. Suit une série d'articles pour le compte de Jean Berrété, marchand *as Capots*, articles qui n'ont aucun intérêt pour nous.

[2] *Annuaire... du département de Lot-et-Garonne... Par C. M. Lafont-du-Cujula... pag.* 66.

mille dont le chef descend de ces parias de l'Occident. Une femme qui habite Bazas est encore appelée *la Gahère* (femme ou fille de Gahet), nom qui n'excite contre elle ni répulsion ni mépris ; car aujourd'hui les familles qui comptent des Gahets parmi leurs ancêtres ne sont pas plus évitées que les autres, et personne ne se fait plus un scrupule de s'allier à elles. Deux ou trois générations se sont écoulées depuis que les Gahets ont été admis à la vie commune et se sont mêlés au reste de la population, avec laquelle ils se sont tellement confondus, qu'il est assez difficile d'établir leur filiation. Enfin la révolution de 1789, qui a nivelé tant d'autres choses, a fait disparaître le reste de préjugés qui avait pu se conserver contre eux, en dépit de l'esprit de tolérance et de civilisation du dix-huitième siècle. En effet, les vieillards du Bazadais se rappellent encore certains individus à qui, dans leur jeunesse, ce nom de *Gahet* était donné comme une espèce d'injure, et personne, de nos jours, ne cherche à en faire ressouvenir leurs descendants.

A Auros, chef-lieu de canton dans l'arrondissement de Bazas, il y avait sept ou huit familles de Gahets, qui exerçaient tous le métier de charpentier ; elles vivaient séparées des autres habitants, dans trois hameaux contigus, dont deux portent encore aujourd'hui les noms de *Labaste* et de *Montalieu*, qui sont ceux de deux de ces familles, tandisque le troisième est connu sous la désignation de *Gahets*. Quelques unes de leurs branches sont éteintes à Auros, où les maisons ainsi qualifiées ne dépassent pas le nombre de quatre, et la totalité des individus qui les composent celui de seize. Il est vrai que plusieurs rejetons se sont répandus dans les communes voisines, telles que Savignac, Saint-Pardon, etc.; mais il est à présumer qu'on ne les y connaît pas partout sous la dénomination de *Gahets*.

Ceux d'Auros n'ont jamais eu de petite porte particulière à l'église de leur paroisse, dont un coin leur était réservé, avec un bénitier qui a été détruit. Certains vieillards prétendent que les Gahets y prenaient de l'eau bénite à l'aide d'un bâton : comment concilier cette circonstance avec la destination exclusive de ce bénitier ? Il est probable qu'ils avaient dans l'unique cimetière d'Auros un endroit particulier; mais on n'en est pas certain.

Les noms des Gahets du Bazadais ne diffèrent en rien de ceux du reste de la population : ainsi la famille qui existe à Lignan porte le nom de *Labaste* qui, comme nous venons de le voir, est également celui d'une autre famille de Gahets établie à Auros. A Préchac, il y a une famille de cette race qui se nomme *Courrèges*; et, à Bazas, il y en avait une qui s'appelait *de Mussos*. C'est ce que nous apprenons d'une requête présentée le 30 mars 1641 au juge de Langon par Jean de Clavet, de Saint-Michel, près de Bazas, dans laquelle sont invoqués en témoignage un très-grand nombre d'habitants et des plus notables, en présence du procureur d'office. Le requérant y dit « qu'il lui est besoin et nécessaire d'attester comme quoi Jean de Mussos, qui se tient près la ville de Bazas, est fils de Jehan de Mussos, du présent lieu, et qu'on tient ledit Jean de Mussos et toute sa famille en la présente ville comme Gahets et séparés des autres personnes, soit en leur habitation, soit à l'église, et qu'ils ne se mêlent point parmi le peuple, et qu'ils ont leur place, tant eux que les autres de leur nature, au devant la porte de ladite église, sans qu'ils se puissent avancer plus avant; ni ne vont jamais à l'offrande que séparément, ni ne prennent jamais de pain bénit que comme on leur baille, ni ne vont à la communion qu'avec les gens de leur condition... Ce qui fut attesté. —

« Et même les dits ss. Joué Lafon et Castelnau ont déclaré avoir vu Mussos fils aller au collége de la présente ville, et que le dit Mussos avait sa place séparée à sept ou huit pas des autres écoliers [1].»

Suivent plus de trente signatures des plus notables.

Il existe encore dans le pays une famille portant le nom de Clavet, dont le chef habitait, il y a une cinquantaine d'années, le même Saint-Michel; ce Clavet passait pour appartenir à la race des Gahets, quoiqu'il niât cette filiation et repoussât cette qualification comme une injure. Cette famille descendrait-elle du dénonciateur de Jean de Mussos?

Il ne reste rien des mœurs et des coutumes particulières des Gahets, si tant est qu'ils en aient eu qui s'écartassent de celles des paysans au milieu desquels ils vivaient. Les traits physiognomoniques et caractéristiques d'une race particulière, s'ils en ont eu autrefois, ont complètement disparu; seulement, on prétend, dans le pays, qu'il est facile de les reconnaître à leurs yeux bleu-gris, et cette couleur se retrouve assez bien chez les individus qui paraissent avoir du sang gahet dans les veines; mais on la retrouve aussi chez bien d'autres qui n'ont jamais passé pour appartenir à cette race.

Après ces détails, est-il nécessaire d'ajouter que les Gahets de Lignan, entre autres, avaient à l'église une place à part, un bénitier particulier et une porte distinctive; et qu'on voit sur le mur méridional de plusieurs des églises rurales de l'arrondissement de Bazas, une petite entrée qu'on appelait la *porte des Gahets*, et un bénitier désigné par le nom de ces malheureux [2]?

A Langon, ville du même arrondissement, nous trouvons

---

[1] Pièce du cabinet de M. Lafargue, ancien notaire à Langon.

[2] Nous avons puisé une partie des détails qui précèdent, dans une lettre du docteur Ardusset, de Bazas, et dans l'*Essai sur l'histoire de la ville et de l'arrondissement de Bazas*, par l'abbé Patrick J. O'Reilly, chap. XXI, pag. 464.

un lieu appelé *les Gahets*[1], qui portait aussi le nom des *Christians* ou des *Chrétiens*. Non loin de là, il y a une localité désignée par la dénomination de la *Gahère*, probablement à cause du séjour volontaire ou forcé qu'y firent les Gahets, et nous savons qu'il y en avait à Saint-Pierre-de-Mons, près de Langon. Au commencement du xviie siècle, l'appellation de *Chrétien* était encore en usage dans cette partie de la Guienne[2], et ne manquait pas, sans doute, d'exciter la haine et le mépris contre ceux à qui elle était donnée. En 1711, Etienne de Jaas, écuyer, habitant de Savignac, se qualifiait seigneur de la maison noble de Chrestians ou Crestians, ce qui peut s'expliquer de trois manières: ou l'un des anciens propriétaires de cette terre avait été seigneur d'un certain nombre de familles de Gahets; ou il avait consacré à ces infortunés un lieu particulier dans ses domaines; ou, mieux encore, il avait acquis des biens qui leur avaient appartenu. Quoi qu'il en soit, il existe encore une métairie du nom des *Christians*, appartenant au maire actuel de Bordeaux.

De l'autre côté de la Garonne, à Saint-Macaire, chef-lieu de canton dans l'arrondissement de la Réole, il y avait également des Gahets; car, à la porte de la première de ces villes, il existe, près de l'église de Pian, une croix qu'on appelle *la Croutz dous Gahetz* (la Croix des Gahets). Il a dû s'en trouver aussi à Monségur, chef-lieu de canton dans l'arrondissement de la Réole, comme nous le fait supposer une pièce de

---

[1] « André Lacroix, facturier, habitant de Saint-Gervais, pour 10 journaux, 10 lattes, 19 escals, dans Saint-Gervais et Toulene, lieu apellé à Gaidon, à Pibot, à Deysse, à la Garenne, à Jean de François, au Couloumès, aux *Gahets*, à Bruhon, et au Laquai, à la rente generallé 5¹ 11ˢ.» *Terrier ou Lieve des rentes ou censives de la baronie de Langon, pour servir aux receveurs et fermiers de monseigneur le duc* (d'Antin)... Ms. des archives de la mairie de Langon, pag. 30, art. 5.

[2] « Hoirs de Barre dit *Chrestian.* » Etat de toutes les maisons de Langon en 1604. (Ms. des archives de la mairie de cette ville, folio 3 verso.)

l'*Esclapot*, ou livre des franchises et priviléges des habitants de cette ville [1]. Sans doute, il faut soigneusement distinguer les Gahets des lépreux; mais rien ne nous prouve que cette distinction ait été faite dans la Guienne à toutes les époques, et que le nom de ces derniers n'ait pas été étendu à ceux qu'atteignait seulement le soupçon de lèpre, c'est-à-dire, aux Gahets. Il est à croire que la réciproque eut également lieu, et ainsi, il faut peut-être restituer aux lépreux les legs que plus loin nous supposons avoir été faits aux Gahets par Rose du Bourg, Pierre Amanieu et Asalhide de Bordeaux. Une autre remarque importante à consigner ici, c'est que nous ne sachons point que le mot *Gahet* ait été représenté en latin autrement que par *leprosus*. Si l'on admet qu'il a dû être employé pour désigner les malheureux dont nous faisons l'histoire, on reconnaîtra, pour peu qu'on lise attentivement l'acte qui vient d'être cité, qu'il y avait des Gahets à Monségur. En effet, rien dans cette pièce n'indique que l'on traite avec des gens atteints d'une maladie contagieuse : on établit une circonstance où des animaux appartenant à des *lépreux* pourront passer de leurs mains dans celles d'autres habitants, et on les astreint, en cas de guerre, ou pour quelque autre raison ou occasion des affaires de toute la communauté, à la servir comme messagers ou autrement; enfin, à faire comme feront les autres *lépreux* du diocèse de Bazas. En un mot, on les traite comme des étrangers avec lesquels on veut vivre en bons voisins, et non comme de vrais lépreux qu'ils n'étaient sans doute pas.

Le monument le plus ancien où il soit question des Gahets de Bordeaux est le testament de noble dame Rose de Bourg, dame de Vayres, fille de Guiraud de Bourg, chevalier,

---

[1] *Ordinatio facta inter jurati* (sic) *et habitatores Montis Securi ex parte una, et leprosos dicti loci*, etc. Ms. des archives de la mairie de Monségur, fol. 35 verso — 38 recto.

seigneur de Vertheuil en Médoc, et veuve de feu noble homme
Ayquem Wilhem, seigneur de Lesparre [1], acte en date
du 14 novembre 1287, et où la testatrice lègue vingt sous
aux « Gaffets de Bordeu [2]. » Le noble seigneur Pierre Amanieu, chevalier, captal de Buch, leur laissa cinquante sous,
dans son testament du 20 mai 1300, retenu par Guiraud du
Cournau, notaire [3]. Le 2 avril 1328, la noble dame Asalhide
de Bordeaux, fille de Pierre de Bordeaux, damoiseau, et
épouse de noble et puissant baron, Pierre, seigneur de
Grailly, vicomte de Benauges et de Castillon, fit son testament, qui fut retenu par Ramond Thomas de Vertfulh, notaire. Elle y légua dix livres, une fois payées, à la communauté des Gahets de Bordeaux; et par un autre article du
même testament, elle fit un pareil legs de dix livres à chacune des maisons des Gahets, placées dans l'étendue des
juridictions de Benauges, de Castillon-sur-Dordogne et de
Castelnau-de-Médoc [4].

On voit par là que les Gahets se trouvaient autrefois
en grand nombre dans le Bordelais, puisqu'il existait
des maisons pour les recevoir, dans l'étendue des sei-

---

[1] On retrouve le nom de cette dame dans un manuscrit conservé aux archives de la Gironde, qui contient des extraits de bulles de divers papes
concernant l'ordre des frères mineurs en général et le couvent de Bordeaux
en particulier. Voyez n° 1, liv. 1ᵉʳ, folio 128. Il est également question de
la même dame dans la collection Doat, où l'on lit la *Promesse de passer le
contrat de mariage de Ayquem Guillem de Lesparre avec Roze, fille de
Guiraud de Bourcq, seigneur de Berteuil, et de Thomase, fille de Gombaud, seigneur de Vayres.* Secundo exitus julii 1269. — Bibliothèque
royale, Colb. 38, pièce n° 10.

[2] *Variétés Bordeloises*, t. IV, p. 18. 19.

[3] *Ibidem.*

[4] « *Item*, a leyssat la deita dona a tot lo communal dels Guafetz de
Bordeu detz libras una vetz pagaduyras... *Item*, a leyssat a totas las maysons delz Guafetz de las honors de Benauges, de Castelhon et de Castelnau-
de-Medolc, x libras. » *Variétés Bordeloises*, t. 1ᵉʳ, p. 263. 267: t. IV,
p. 19. Voyez cette pièce en entier dans la collection Doat, à la Bibliothèque
royale, à Paris, tom. XLII, fol. 68-95. Elle y porte la date du 13 mai 1309.
Ce qui se rapporte aux *Gaffetz de Bordeu* se lit au folio 74 recto.

gneuries de Benauges et de Castillon, qui appartenaient à Pierre de Grailly, et dans celle de Castelnau, qui était du chef de son épouse. Au reste, on sait que le village du Bas-Médoc qui porte à présent le nom de Grateloup, comptait autrefois des Gahets parmi ses habitants [1]; et l'on conjecture avec assez de raison que les lieux du Bordelais qui sont désignés par le nom de ces malheureux, l'ont reçu uniquement parce qu'ils leur étaient anciennement affectés. Ainsi, s'il faut s'en rapporter à Baurein, qui cite un titre du 14 mars 1488 [2], il existait à Saint-Vincent-de-Canejan un lieu appelé *les Gahets* ou *les Gaffets, près Camparrian*, et les anciens titres qui concernent l'hôpital de Saint-Jean-de-Grayan font mention d'un tenement appelé *aux Gahets* [3]. Suivant le même auteur, l'un des principaux villages de la paroisse de Vensac en Bas-Médoc s'appelle *les Gahets* [4], et dans Mérignac, près de Bordeaux, il existait un lieu nommé *au Gahet*, comme cela résulte d'un titre du 11 novembre 1562 [5]. A un demi-kilomètre du bourg de Carbon-Blanc, sur le bord et à la droite de la route qui va à Bordeaux, il y a une fontaine ou ruisseau, appelé le *ruisseau des Ladres*, dans lequel ces malheureux devaient puiser exclusivement l'eau dont ils avaient besoin. Ce ruisseau était aussi pour eux une limite qu'il leur était défendu de dépasser dans leurs promenades. Nous n'aurions point fait mention de ce fait, en apparence étranger à l'histoire des Cagots, si à une pareille distance de Carbon-Blanc, du côté

---

[1] *Variétés Bordeloises*, t. 1er, p. 257; *le Producteur, journal des intérêts spéciaux de la propriété vignoble du département de la Gironde.* Juin 1839. 2e année, n° 6, p. 265.

[2] T. IV, p. 167.

[3] *Variétés Bordeloises*, t. II, p. 34.

[4] *Ibidem*, p. 32.

[5] *Ibidem*, p. 307. Il est à remarquer cependant que le mot *Gahet* signifiait aussi *échalas*. Voyez le *Supplément des chroniques de la noble ville et cité de Bourdeaus*, folios 21 verso et 25 verso.

opposé, sur l'ancienne route qui conduit à Ambarès, il n'existait pas un autre point appelé le *pas du Gahet*, qui leur était pareillement assigné comme limite qu'ils ne devaient pas franchir. Ces Ladres ou Gahets avaient un hôpital ou chapelle, et un cimetière particulier, dans lequel, outre des ossements, on a trouvé des pierres tumulaires, dont quelques unes existent encore chez les nouveaux propriétaires de l'emplacement qu'il occupait. A Saint-Loubès, commune du canton de Carbon-Blanc, il y avait, à la fin du seizième siècle, une certaine étendue de terrain, qui portait le nom de *Graves du Gahet*, nom qu'elle a peut-être conservé [1].

Pour en revenir aux Gahets de Bordeaux, ils étaient rassemblés, nous ne savons à partir de quelle époque, dans un faubourg qui leur était affecté et où ils formaient une espèce de communauté; l'église de Saint-Nicolas-de-Graves, ou des-Gahets, qui, dans le principe, n'était pas paroissiale, leur était exclusivement réservée, et ils en payaient la jouissance au chapitre de Saint-André par une redevance annuelle [2]. Mais longtemps avant Baurein, auquel nous empruntons une partie de ces détails [3], il n'était plus question de Gahets, ni dans le faubourg qui en retenait le nom, ni dans le reste du pays bordelais.

---

[1] « Sçavoir est une piece de vigne située dans la paroisse de Saint-Loubés, lieu apellé cy-devant et encore à present aux Graves du *Gahet* dans ladite paroisse Saint-Loubés, confrontant du cotté du levant à la vigne de Sᵣ Jean Chevalier, où yl y avoit cy-devant fossé et hàye entre deux, apellé aussy les Graves du Gabet, du fief dudit seigneur. » Contrat entre Vincens Roux, tisserand, et François de Pontac, chevalier, seigneur d'Anglade et Fourens, vicomte des Jaubertes et autres lieux, conseiller du roi au parlement de Bordeaux; pièce de notre cabinet.

[2] « Leprosi Burdegalenses pro ecclesia Sancti Nicholay et pro vineis que sunt circa ecclesiam. . . . . xvj s'. » *Compota domini Arnaldi Constantini presbiteri, alias Senac*, de anno Domini 1437, p. 10. Le manuscrit original a passé des mains de M. Goethals dans celles de M. Gustave Brunet, qui a bien voulu nous le communiquer.

[3] *Ibidem*, t. IV, p. 15, 20.

L'archiprêtré, dont le chef-lieu, qui était d'abord à Saint-Nicolas-de-Graves, fut transféré ensuite à Saint-Pierre-de-Gradignan, est appelé dans les anciens pouillés du diocèse *archiprêtré de Cernès*. Le titre latin était *archipresbyteratus Sarnesii*, ou *de Sarnesio*, ou simplement *Sarnesium*. Ce terme, dont le sens paraissait inexplicable [1], n'était que la traduction littérale du mot *Gahets* ou *galeux*, puisque dans l'idiôme basque *sarnâ* signifie la gale, et *sarnotsua* galeux, mots qui sont passés dans la langue espagnole [2]. On s'était donc borné, à l'époque où l'usage du basque était encore moins circonscrit qu'aujourd'hui, à transporter matériellement dans le latin le mot populaire qui répondait à *galeux*; et cette phrase *archipresbyteratus de Sarnesio*, signifie simplement *archiprêtré de la gale*, ou plutôt *des galeux*.

Depuis Bordeaux jusque dans la Basse-Bretagne inclusivement, il y avait, comme on l'a déjà vu, ou comme on le verra dans la suite de ce travail, des Cagots qui y étaient connus sous divers noms. Il s'en trouvait dans le Poitou, surtout à l'extrémité de l'île de Maillezais; et vraisemblablement la Saintonge, l'Aunis et l'Angoumois avaient aussi les

---

[1] Voyez les *Variétés Bordeloises*, t. IV. p. 1-4. L'auteur, après avoir tenté plusieurs explications de ce mot, s'arrête à celle-ci : « Ces mots *in Sarnesio*, employés dans les titres latins au sujet de cette contrée, nous font soupçonner qu'ils ne sont qu'une contraction de ceux-ci *in Sarcinesio*, c'est-à-dire, dans la contrée occupée ou ravagée par les Sarrasins. »

[2] « Sarna, es voz Bascongada, *sarnâ, atzâ, zaragarra*. Lat. Scabies, ei. » « Sarnozo, *sarnotsua, atzatsua, zaragarduna*. Lat. Scabiosus. » *Dic. tril.*, tom. II, p. 274.

Dans l'ignorance de l'étymologie primitive, les lexicographes espagnols se sont épuisés en conjectures plus singulières les unes que les autres, et sont allés chercher très-loin ce qu'ils avaient sous la main: on le voit par Covarruvias, qui dit : « Sarna, una especie de lepra... Algunos quieren que sea Griego del nombre ψωρα, Psora, scabies: est enim cutis summæ asperitas cum furfureis scamulis. A otros les parece ser nombre Hebreo de la rayz צָרַע sarang, inde צָרֻעַת saruang, leprosus, et צָרַעְתָן sarangto, lepra sua. 2. Reg. c. 5. Tambien puede ser del nombre Latino sanies, ei, por la sanguaça de la sangre interposita r. sanies, inde sarna. » *Tes. de la Leng. Castel.*, segunda parte, fol. 23, col. 2.

leurs. En Bretagne, on en voyait dans la ville et dans le diocèse de Tréguier en 1436, dans l'évêché de Saint-Malo en 1477, et généralement dans tout le duché dès 1474. Un aveu rendu le 6 novembre 1556, à Henri II, par l'évêque de Saint-Malo, Bohier, nous apprend que cette sorte de pauvres, vulgairement nommés *Caquins*, était dans la totale juridiction de ce prélat, et que leurs villages appelés *maladreries* étaient, entre autres endroits du diocèse, au hameau de Saint-Denis en Ploërmel, à celui de Saint-Marc en Guer, à celui de la Corderie en Campénéac, à celui de la Corderie encore en Caro, à celui de la Magdeleine en Mohon, à celui de la Maladrerie en Guilliers, à celui de Saint-Marc en Mauron, enfin à Guignen, à Ploubalay, à Plélan-le-Petit et à Pleurtuit [1].

En 1795, on voyait encore de ces parias dans le district de Quimperlé, et sur le chemin de Plaçamen on rencontrait un joli village de Caqueux; encore aujourd'hui, dans le Finistère, on poursuit du nom de *Cacous* les cordiers réunis dans plusieurs villages, notamment à Trebirou, en Lannilis.

A Maroué, près de Lamballe, département des Côtes-du-Nord, il y avait, dans un lieu nommé la Caisse-d'Or, une corderie célèbre dont les ouvriers appartenaient à cette race maudite. Il n'y a pas encore vingt ans, dit M. Habasque [2], qu'on les enterrait à part.

L'un des hameaux des environs de Saint-Brieuc, auprès du bois Boixel, porte encore à présent le nom de *Caquinerie*, nom commun à tous les lieux des Côtes-du-Nord habités par des Caqueux.

Il y en avait aussi à Hillion, à Pledran et à Yffiniac, com-

---

[1] *Histoire de la Petite-Bretagne...* par M. F.-G.-P.-B. Manet... Saint-Malo, impr. d'E. Caruel, 1834, in-8; tom. II, p. 300, en note.

[2] *Notions histor. sur le littoral du dép. des Côtes-du-Nord*, tom. Ier, p. 85, note 1.

munes du canton de Saint-Brieuc (midi); à Plérin, qui fait partie du même canton (nord); à Plélo et à Trégomeur, canton de Chatelaudren; à Pléguien, canton de Lanvollon; à Hénon, Quessoy et Trédaniel, canton de Moncontour; à Pleneuf, chef-lieu de canton dans l'arrondissement de Saint-Brieuc, et à Planguenoual, canton de Pleneuf; à Plouha, chef-lieu de canton dans le même arrondissement, et à Plé-hédel, canton de Plouha. A Quintin, autre chef-lieu de canton à trois lieues et demie de Saint-Brieuc, les cordiers travaillent encore aujourd'hui hors ville, près du champ de la Saint-Ladre.

Enfin, il y avait encore des Caqueux à Loudéac, chef-lieu d'arrondissement dans le même département que les communes qui précèdent, à Plumieux, canton de La Chèze, au Gouray, canton de Colinée, et sans doute dans beaucoup d'autres lieux des Côtes-du-Nord; mais nous craindrions, en les désignant, de tomber dans des erreurs, et nous préférons nous en tenir à ceux que nous a indiqués M. Habasque, l'homme sans contredit le plus versé dans l'histoire et dans les antiquités de cette partie de la France.

Au dire de ce savant, les Caqueux, qui, outre le métier de cordier, exerçaient aussi ceux de tonnelier et d'écorcheur de bêtes mortes, étaient tous serfs d'église, et, comme tels, sous la protection de l'évêque; leurs biens ne pouvaient être transmis qu'à d'autres Caqueux.

A Pontivy, chef-lieu d'arrondissement et de canton dans le département du Morbihan, ils se tenaient près de la léproserie, et ne furent autorisés que peu de temps avant 1789 à mettre leur banc devant l'église [1], au bas, près de la porte. Sur la route d'Auray et assez près de Vannes, il y avait une

[1] *Essai sur les Antiquités du département du Morbihan*, par J. Mahé, p. 411.

corderie, et conséquemment un certain nombre de familles de Caqueux.

Dans les environs de Hennebont, ville du même département, on méprise, comme par le passé, les cordiers, ainsi que les tonneliers et les tailleurs, répandus dans les villages de Kerhart en Kervignac, Kerroch ou Kerror en Saint-Caradec, et Goerch-en-Eijone (le Ruisseau-du-Bœuf) en Languidic; on prétend qu'ils jettent des sorts. Pour s'en préserver, on tient le pouce caché sous les quatre autres doigts, et l'on prononce ces mots inexplicables même pour les Bas-Bretons : *Ar garet* [1]. Tout récemment un boulanger d'Hennebont ayant épousé une *Cacouse*, a perdu toutes ses pratiques dans le bas peuple.

Mais ces sortes de mariages mixtes sont extrèmement rares : les Caquins, considérés en Bretagne comme des lépreux, ne s'allient qu'entre parents à cause de la grande difficulté pour eux de trouver une alliance dans d'autres familles. « Depuis quatorze ans, m'écrivait M. le chanoine Gaudin, je suis secrétaire de l'évêché de Vannes, et je n'ai jamais vu un cordier se marier qui ne fût parent de sa future. Aussi les dispenses de parenté, qui ne s'accordent jamais sans raison canonique, sont-elles accordées, à eux, sans la moindre raison, si ce n'est qu'ils sont tous deux cordiers ou Caquins. »

Aux environs de Ploërmel, les cordiers s'irritent du nom

---

[1] En Andalousie, les enfants portent presque tous à leur cou de petites mains ciselées en corail, en ivoire ou en tout autre matière. La main fermée a le pouce passé entre l'index et le doigt du milieu. Cette manière de représenter la main sert, dit-on, à conjurer le *mauvais œil*. Une jeune femme, quand elle porte dans ses bras son fils, et qu'elle rencontre une vieille qui louche et pourrait jeter un sort à l'innocente créature, arrange aussitôt la petite main de l'enfant, en plaçant le pouce entre les deux doigts indiqués; elle lui dit en même temps : *Hijo, hijo, haga usted una fija!* Mon fils, mon fils, fais-lui la figue. Voyez l'*Espagne sous Ferdinand VII*, par le marquis de Custine. A Paris, chez Ladvocat, M DCCC XXXVIII, in-8; tom. IV, pag. 173.

de Caqueux; mais ils se résignent tristement à recevoir celui de *Malandrins*. Ils ont eu longtemps leur cimetière et leur chapelle à part. On croyait que la prétendue lèpre de leurs pères avait dégénéré en quelque autre mal, tel que l'épilepsie. Depuis la révolution de 1789, la fusion populaire s'est à peu près opérée.

Enfin, au Mans, à l'extrémité d'un des faubourgs, il y avait aussi des Cagots dans le XVIIᵉ siècle, s'il faut s'en rapporter au témoignage de D. Louis le Pelletier, qui était né dans cette ville[1]; ils étaient tous considérés comme étant de la lie du peuple; on les désignait par le nom de *Cagous de Saint-Gilles*, à cause du lieu qu'ils habitaient, et plusieurs d'entre eux exerçaient les professions de cordier et de tonnelier.

Cette superstition était aussi répandue dans le Pays Basque, comme l'atteste le conseiller Pierre de l'Ancre, dans un passage où ce grand persécuteur de sorciers rapporte que Jeannette d'Abadie « dict qu'ayant veillé dans l'Eglise de Siboro,... le jour venu, elle s'en alla dormir chez elle, et pendant qu'on disoit la grande Messe, le Diable lui vint arracher un Iligo de cuir qu'elle portoit au col, comme font une infinité d'autres; qui est une forme de main ou poing serré, le poulce passé entre les deux doigts, qu'elles croyent et portent comme remède à toute fascination et sortilege : et parce que le Diable ne peut souffrir ce poignet, elle dict qu'il ne l'osa emporter, ains le laissa prés du sueil de la porte de la chambre dans laquelle elle dormoit. » *Tableau de l'inconstance des mauvais anges et démons*, liv. II, pag. 130, etc. A Paris, chez Jean Berjon, M.DCXIII. in-4;

On conserve dans plusieurs cabinets d'antiquités, notamment à la Bibliothèque royale de Paris, des mains antiques de bronze, de cristal, de corail, qui sont fermées, avec le pouce passé entre les doigts; ces mains étaient portées suspendues pour servir d'amulettes préservatrices. Les mains de bronze sont très-souvent opposées à un phallus, avec un anneau au centre: dans ce cas, la vertu du talisman se trouvait doublée, car le phallus était aussi un signe de défense contre le mauvais œil. Encore aujourd'hui, en Normandie, des paysannes portent de petits phallus de verre au cou. Dans l'Italie moderne, la main faisant les cornes a été substituée à la main phallique faisant la *fica*.

[1] Le 20 janvier 1663.

CHAPITRE II.

Condition, droits et obligations des Cagots; lois et réglements relatifs à cette caste ; procés que les Cagots soutinrent pour obtenir l'exercice des droits communs.

La première mention des Cagots et le renseignement le plus ancien que nous ayons sur leur condition, se trouve dans le cartulaire de l'abbaye de Luc. Au temps de Loup Aner, vicomte d'Oloron en l'an 1000, Garcias Galin donne à ce monastère les villages de Verdets et d'Aos; il se retire lui-même parmi les moines et se consacre à Dieu avec sa femme, son fils Sanche Galin et sa fille Bénédicte. Celle-ci voulant rentrer dans le monde et se marier dans la maison de Préchacq, il fallut obtenir le consentement de l'abbé et des moines; une digue de moulin, à Préchacq, et la maison d'un chrétien nommé Auriol Donat furent concédés au couvent par cette dame [1].

Hormis trois testaments, dont le plus ancien, du 14 novembre 1287, contient un legs de vingt sous aux Gahets de Bordeaux, du XIe à la fin du XIIIe siècle les documents historiques découverts jusqu'à ce jour sont muets au sujet

[1] Histoire de Béarn, p. 270 ; Mémoire de Palassou, p. 344 ; Essais de Faget de Baure, p. 51.

des Cagots [1]; ce n'est qu'en 1296 que nous les retrouvons à Monségur concluant, en présence de l'official de Bazas, dont sans aucun doute ils relevaient, un traité avec les habitants de la première de ces deux villes contre lesquels ils plaidaient depuis quelque temps. Les parties en cause étaient d'une part douze bourgeois et jurats, en leur nom et au nom de toute la communauté, et de l'autre Jean Bossin, Hélie Bossin et Marie Bossin, *lépreux* demeurant dans le district de ladite ville, pour eux et leurs successeurs *lépreux* habitant Monségur ou sa juridiction, ladite Marie Bossin également pour Raimond Bossin, son fils, comme sa tutrice légitime. « Ils ont voulu, dit l'acte destiné à mettre fin aux débats entre les Gahets et les bourgeois de Monségur, ils ont voulu et arrêté que tout *lépreux* tenant feu continuellement dans ladite bastide ou dans le district, ne puisse avoir,

---

[1] P. de Marca, on l'a vu plus haut, dit que « l'Ancien For de Navarre, qui fut compilé du temps du Roi Sancé Ramires, environ l'an 1074. fait mention de ces gens, sous le nom de Gaffos, d'où est venu celui de Gahets en Gascogne, et les mettant au rang des ladres, les traite avec la mesme rigueur, que le For de Bearn. » C'est là une de ces erreurs qui, une fois mises en circulation, passent de livre en livre, et finissent par acquérir l'autorité d'un fait incontestable. La vérité est que l'ancien for de Navarre ne dit pas un mot des Cagots, et que le chapitre qui s'y trouve sur les *Gafos*, ne peut se rapporter qu'aux lépreux, ainsi appelés de tout temps en Espagne. Au reste, voici le texte de ce chapitre, tel qu'il se lit dans la dernière édition du for de Navarre :

« *En qué logar debe morar si alguno tornare gafo.*

« Infanzon, ó Villano si tornare Gafo en Eglesia, ó en abrigos de la Villa, no debe ser con los otros vezinos, mas que baya á les otras Gaferias et dixere el gafo en mi heredat puede vivir, que hire á otras tierras, y sea de la Villa, et todos los vezinos de la Villa faganli casa fuera de las heras de la Villa, en logar que los vezinos vean por bien. Est gafo mezquino que non puede ajudarse con lo suyo, vaya demandar almosna por la Villa, et demande fuera de las puertas de los corrales con sus tablas, et no aya solaz con los niños ni con los homes jobenes quando anda por la Villa pidiendo almosna, et los vezinos de la Villa deviende á lures creaturas que non vayan á su casa por aver solaz con eill. Et eill non dando solaz si dayno viniere, el gafo non tiene tuerto. » (*En quel lieu doit demeurer celui qui deviendra lépreux. Si un noble ou un vilain devient lépreux dans l'église ou dans les maisons de la ville, il ne doit pas être avec les autres habitants, mais qu'il*

tenir et nourrir chaque année que vingt brebis, un cochon, un bélier et six oies; et que si lesdites brebis ont des agneaux, ils les puissent tenir et nourrir jusqu'à la Saint-Martin d'hiver suivante. Ladite fête passée, lesdits *lépreux* doivent choisir tant des agneaux que des brebis vingt brebis, et les tenir avec un cochon, un bélier et les oies susdites, comme ôter et faire sortir de la bastide et du district ce qui dépassera ce nombre le jour de la fête, ou après. S'il arrive que ladite fête passée, il se trouve supérieur à celui de vingt brebis, un bélier, un cochon et six oies, la moitié de cet excédent appartiendra à la communauté de ladite bastide pour subvenir aux dépenses à faire pour la nécessité et l'utilité d'icelle, et l'autre moitié au bailli ou prévôt alors en exercice. Lesdites brebis, bélier, cochon et oies ne doivent pas descendre, pour pâturer ni autrement, depuis le chemin roman de Monségur jusqu'au Drot, ni de-

---

aille aux léproseries d'ailleurs. Et si le lépreux dit qu'il peut vivre dans son héritage sans aller en d'autres terres, et qu'il soit de la ville, que tous les bourgeois lui fassent une maison hors de la ville, au lieu qu'ils jugeront convenable. Et si le lépreux est misérable de telle sorte qu'il ne puisse s'aider du sien, qu'il aille demander l'aumône par la ville et qu'il demande en dehors des portes des cours avec ses tables (cliquettes); qu'il ne joue point avec les enfants ni avec les jeunes gens, quand il va par la ville demandant l'aumône, et les bourgeois de la ville doivent dire à leurs enfants de ne pas aller à sa maison pour s'amuser avec lui. Et en ne jouant pas s'il arrive malheur, le lépreux n'a point tort.) *Fueros del Reyno de Navarra, desde su creacion, hasta su feliz union con el de Castilla.* En Pamplona, por Longas, año de 1815, in-folio; lib. v, tit. xi, cap. v, p. 165.

Ce même mot *gafo* se retrouve dans la formule du serment des Juifs, qui forme le chapitre iii du livre ii, titre vii, du même for : « Si mientes, ó juras falso, sequense tus manos, et podrezcan tus brazos, dolor rabiosso se buelva en tus guessos, et podrezcan tus brazos, miembros, et cayante bervezones buillentes, et si algunos nazieren, ó han de ti nazer, sean ciegos, et sordos, et mancos, et coijos, et sean en escarnio de todo el Pueblo, et mueran gafos, di amen. » (Si tu mens ou jures faussement, que les mains se sèchent et que tes bras se pourrissent ; qu'une douleur atroce ronge tes os ; que tes bras, tes membres se pourrissent; qu'il te tombe des vers grouillants ; et si tu as des enfants, ou que tu doives en avoir, qu'ils soient aveugles, sourds, manchots, boiteux; qu'ils soient un objet de mépris pour tout le monde, et qu'ils meurent lépreux. Dis *amen.* »)*Ibidem,* p. 47, col. 2.

puis Serbeirac, ni même du lieu appelé Landouille, autant que ledit chemin roman dure et s'étend du côté de bas jusqu'à ce même Drot; mais lesdits animaux peuvent paître dans les autres pâturages communs de ladite bastide qui sont au-dessus dudit chemin roman, sans causer ni porter de dommage à aucun bourgeois ni à ses biens. Et s'il arrive que les animaux en question s'écartent dans ces endroits prohibés, tout bourgeois qui les y trouvera peut les tuer, sans être tenu à aucun dédommagement envers lesdits *lépreux* ; mais les animaux ainsi tués appartiendront à ceux dont ils étaient la propriété pendant leur vie, et le *lépreux* peut les prendre et les porter à sa maison comme à lui appartenant. *Item*, les parties contractantes ont voulu et arrêté que tout *lépreux* tenant feu et habitation dans ladite bastide ou dans le district, puisse tenir une paire de bœufs ou de vaches de labour, s'il en a besoin pour cultiver ses terres, et une bête, c'est-à-dire un cheval ou une jument, un âne ou une ânesse avec bât, à son propre usage pour le service de sa maison, et lesdits animaux, c'est-à savoir bœufs, vaches et bêtes avec bât, pourront paccager par le district de ladite bastide, dans tous les pâturages où les bestiaux des bourgeois paissent ou paîtront, sans causer de dommage aux biens d'aucun d'entre eux. *Item*, ils ont voulu et arrêté que, dans le cas où lesdits animaux, tant aratoires que non aratoires, feraient du mal aux biens ou aux choses de quelque bourgeois ou habitant de ladite bastide, le *lépreux*, propriétaire des animaux, soit tenu de réparer le dommage, au jugement et à l'appréciation des jurats alors en exercice, ou d'autres gens de bien de ladite bastide, et, le dommage ainsi réparé, qu'il soit quitte et déchargé de toute amende et action pour raison de ce. Ils ont également voulu et arrêté que si la communauté de ladite bastide, en cas de guerre ou pour quelqu'autre raison ou occasion des affaires communes, a besoin desdits *lépreux* ou de quelques-uns d'entre eux pour s'en servir comme messagers, comme valets ou autrement, ils sont tenus d'obéir auxdits jurats ou à la communauté de ladite bastide, et de faire comme font les autres lépreux demeurant ou résidant dans le diocèse de Bazas. De plus, ils ont voulu et arrêté que si le bétail de quelque bourgeois ou habitant de ladite bastide ou du district fait du dommage dans les biens ou appartenances desdits *lépreux*, celui à qui les animaux appartiendront sera tenu de réparer le dommage, au jugement et à l'appréciation des jurats alors en exercice, ou d'autres gens de bien de ladite bastide, » etc. Grâce à ce traité, dont les articles, je le répète, ne peuvent se rapporter à de vrais lépreux, mais concernent évidemment les Gahets soupçonnés d'être tels, quoique à un moindre degré, nous pouvons nous faire une idée de la condition de cette classe de personnes en Guienne au XIIIe siècle, et constater déjà chez elle l'habitude d'avoir recours à la loi pour améliorer cette condition, ou, du moins, pour empêcher qu'elle ne devînt pire. Passons maintenant au Béarn, et voyons comment, au XIVe siècle, la législation de ce pays traitait les Cagots.

On trouve à leur égard la disposition suivante dans un passage du vieux for, dont les archives du département des Basses-Pyrénées possèdent un manuscrit qui correspond aux indications relatives au travail exécuté en 1303 par ordre de la vicomtesse Marguerite :

« Item. Fo stablit et autreyat que si, per aventure, lesdits jurats no poden saber vertadere sabence qui aura feyt la mala-feyta, que aquets de qui hom aure mala sospieyta, que se esdigne sa maa septabe d'espetits o ab trente XPistiaas (Christiaas). » *Item*, il fut établi et octroyé que si, par aventure, lesdits jurats ne peuvent point avoir une véritable connaissance sur celui qui aura fait le

délit, celui contre qui on aurait de mauvais soupçons se jus-
tifie, sa main septième de témoins, ou avec trente Cagots[1].

Les Cagots sont peut-être bien aussi compris dans deux
ordonnances de police rendues par la municipalité de
Bayonne, l'une en 1315, l'autre en 1319[2] ; mais ils n'y sont
pas clairement nommés. En effet, les *Arcabodz* ou *Arcabotz*,
dont il y est question, me paraissent n'être rien autre chose
que des Bohémiens, nommés *Cascabotac* en basque du Guipuzcoa, et le mot de *tafars* ne me semble désigner que des
gens sans aveu[3]. Ce n'est donc que dans les *echaureilhadz*
ou *ischaureilhatz* que l'on pourrait reconnaître les Cagots,

[1] *Fors de Béarn...* Par MM. A Mazure et J. Hatoulet. A Pau, imprimerie de E. Vignancour, etc. (1844), in-4 ; pag. 29.

[2] « En l'an de Nostre-Senhor M.CCC.XV. lo dissapte après le feste de S.
Per et de sent Pau apostos, en le mairetat dou seinher en Lop Bergoinh de
Bordeu, maire de Baione...

« Fo establit que todz los tafars eus echaureilhadz eus arcabodz e todz
los autres qui mestir no han, que isquen e boitien le biele de lor medis. »
(En l'an de Notre-Seigneur 1315, le 17 après la fête de saint Pierre et de
saint Paul apôtres, en la mairie du seigneur Loup Bergoing de Bordeaux,
maire de Bayonne...

Il fut établi que tous les *tafars* et les essorillés et les *arcabodz* et tous les
autres qui n'ont qu'y faire, sortent et vident la ville de leurs personnes.)
Livre en parchemin, conservé aux archives de Bayonne sous la marque E.
12, page 126.

« En l'an de Nostre-Seinhor M.CCC e XIX, en le mairetat dou seinher en
Laurens de Biele, maire de Baion...

« Es estat ordenat dous arcabotz e dous ischaureilhatz qui son cridatz en
le date sobre-dyte e die, que ades buytassen le biele de lor medis sobre
peie de meter au fons de le tor ; e que nulhe persone nous auberguí : car,
si affeze, passeri medisse peie. »
(En l'an de Notre-Seigneur 1319, en la mairie du seigneur Laurent de
Biele, maire de Bayonne...

Il a été ordonné au sujet des arcabotz et des essorillés dont il est question
dans la proclamation faite à la date et au jour susdits, qu'ils vidassent tout
de suite la ville de leurs personnes, sous peine d'être mis au fond de la
tour ; et que nul ne les loge : car, en le faisant, il serait passible de la
même peine.) *Ibidem*, pag. 145.

[3] Voyez sur le sens de *tafur*, dont ce mot est sûrement dérivé, et qui
était usité au midi comme au nord de la Loire, les exemples cités dans le
Lexique roman de M. Raynouard, tom. V, pag. 294, et dans notre
Tristan, t. II, pag. 263. Maintenant *tahur* en espagnol, comme en cata-
lan, signifie *joueur*.

dont le caractère distinctif, aux yeux du peuple, consistait, comme nous l'avons déjà vu, dans l'absence du lobe ou de l'extrémité inférieure de l'oreille; mais ce mot peut signifier aussi les repris de justice, ceux à qui une précédente condamnation avait valu la perte d'au moins une des leurs.

En 1378, on retrouve les Cagots faisant un traité avec Gaston-Phébus, qui, en échange de leur travail, leur accorde certains priviléges. Par cet acte, qui existe encore dans les archives de la préfecture des Basses-Pyrénées, les *Crestiaas* d'une part s'engagent à exécuter tous les ouvrages de charpente nécessaires au château de Montaner, situé à quelques lieues à l'est de Pau; d'autre part, le comte de Foix, en récompense de leurs peines, leur fait grâce et remise complète des deux francs de focage que les *Crestiaas* payaient pour chaque feu, et leur accorde exemption des tailles perçues sur les autres habitants des lieux où ils séjournaient eux-mêmes, si toutefois ils n'avaient pas coutume de les payer. De plus, le comte leur donne le droit de forêtage dans tous ses bois, afin de prendre ce qui leur était nécessaire pour le travail dont ils s'étaient chargés.

Cette pièce, inédite jusqu'à ce jour, nous semble jeter une vive et curieuse lumière sur l'état des Cagots du Béarn dans le xive siècle. Après l'avoir lue, on ne peut s'empêcher de reconnaître qu'ils n'étaient ni serfs, ni les vassaux de tels ou tels seigneurs, puisqu'on les voit passer, de leur plein gré et libre volonté, un contrat avec leur souverain; et il est permis de croire qu'ils n'étaient pas encore officiellement tenus pour infâmes et lépreux, puisque le traité est consenti par eux dans l'église de Pau, en présence de témoins, dont l'un, au moins, était gentilhomme, et par devant un notaire public d'Orthez, chargé des affaires du comte de Foix. Quant à l'énumération qui termine l'acte, il semble en résulter que les Cagots étaient disséminés et isolés dans les différents

lieux du Béarn, et qu'il y en avait peut-être une famille
dans chacun des endroits qui en contenait. On a lieu de
faire une observation pareille après l'inspection de plusieurs
censiers de 1365 et de 1385, qui, énumérant les feux exempts
de taille, ne mentionnent jamais de Cagot pour aucune localité, sans le désigner par ces termes : *lo Crestiaa*, et quelquefois par ceux-ci : *l'oustau deu Crestiaa*.

Les priviléges que les *Crestiaas* venaient d'obtenir leur
furent-ils maintenus ? Les Béarnais, au milieu desquels ils
vivaient, les virent-ils d'un meilleur œil ? Nous n'avons aucun moyen de répondre à ces deux questions, les documents
découverts jusqu'ici étant muets à cet égard. Nous savons
seulement que, trois ans après la date de la charte de 1379,
quatre-vingt-dix-huit *Crestiaas* et *Crestianes* faisaient hommage au comte de Foix, et que quatre d'entre eux s'enga-
geaient solidairement, et par corps, à lui payer, à huit jours
de là, soixante-quatre florins d'or, à peine du double. Il est
à remarquer que la plupart des noms qui se lisent dans les
actes de 1383, se retrouvent également dans la charte de
1379, ce qui sert à confirmer l'observation que nous avons
consignée plus haut. Quant à ceux dont les noms diffèrent,
on peut les considérer comme les fils ou les héritiers des
Crestias des mêmes localités, désignés dans l'acte le plus
ancien.

Vers la même époque, nous trouvons les Cagots différemment traités dans une petite ville de Gascogne, actuellement
chef-lieu de canton dans le département de Lot-et-Garonne.
La coutume du lieu, rédigée par écrit en 1388, frappait d'a-
nathème, mais à des degrés différents, trois classes de malheureux dont les tristes aventures, au moyen-âge, nous touchent vivement aujourd'hui. Elle prohibait expressément
aux juifs de toucher le pain et les fruits qui étaient exposés
dans la ville, à tout habitant d'acheter aux Gahets des choses

servant à la nourriture de l'homme, et de les prendre à ses gages en temps de vendanges, et aux jongleurs d'entrer dans les maisons de la ville le jour de Noël et les autres jours de fête, soit pour jouer des instruments, soit pour quêter [1].

[1] *Notice historique sur la ville et l'église du Mas-d'Agenais.* Par L. F[d]. Lagarde, xxii. (*L'Écho de Marmande et de Lot-et-Garonne.* n° 81. Jeudi, 14 mai 1840, p. 1, col. 3.) M. Lagarde, auquel nous nous sommes adressé pour avoir des renseignements sur la coutume du Mas, dont sa notice nous révélait l'existence, a bien voulu nous donner les détails suivants :

« Le livre qui renferme les coutumes de la ville du Mas-d'Agenais est un manuscrit grand in-4, en parchemin, d'environ 200 pages. Il contient des actes de nature, de dates et d'écritures diverses. Les plus anciennes écritures sont du xive siècle, les plus récentes du xviiie. Ces actes sont, d'abord, les coutumes, qui se trouvent vers le milieu du livre, et l'intitulé fixe à l'année 1388 la date de leur mise en écrit; puis des compositions entre le prieur et les habitants, des listes de consuls, que l'on rencontre au commencement et en plusieurs autres endroits, des règlements pour la forêt, les boucheries, etc., des actes d'installation de prieurs. Cette diversité de dates dans les écritures a entraîné une grande négligence dans la pagination, ou plutôt une absence à peu près totale de pagination.

« L'article xiii est relatif aux juifs, le voici :

« *Que nul juziu ni juzia no toquia pan ni fruyta al Mas.*

« Item. Es establit que nulh juziu ni juziva no toquia pan ny fruitz « al Mas, quant lo voleran crompar, ab las mas; mas que se fassan valbar « en aquetz qui lasditas causas veneran. Et qui encontra fara, paguera « v. sols arnaudenx de gatge; et aquet qui venera, paguera autres v. sols « de gatge. »

(*Que nul juif ni juive ne touche pain ni fruit au Mas.*)

Item, il est établi que nul juif ni juive ne touchent avec les mains pain ni fruit au Mas, quand ils en voudront acheter, mais qu'ils se les fassent donner de ceux qui vendront lesdites choses. Et celui qui fera le contraire, payera cinq sous arnaudens d'amende; et celui qui vendra, payera autres cinq sous d'amende.)

« Voici l'article lviie, qui est relatif aux jongleurs :

« *Que nulh joclar ni joclaressa non augua als ostals lo dia de Nadal* « *per toquar estrimens.*

« Item. Es establit que nulhs joclar ni joclareza no augua lo jorn de Nadal « ni en autra festa per las maysons ni per los ostals del Mas queren ni de- « mandan ni en altra maneira. E si fasia lo contra, ni degun ni deguna los « donaba, pagueri cascun v. sols de gatge als cosselhs. Ni no sie tengut lo- « dit jocler o joclareza de anar veser jazent sino ab lo senhor de l'hostal. »

(*Que nul jongleur ni jongleresse n'aille aux maisons le jour de Noël pour jouer des instruments.*

Item, il est établi que nul jongleur ni jongleresse n'aille le jour de Noël

Dans une autre ville du même département de Lot-et-Garonne, dont les règlements de police municipale furent rédigés en corps de coutumes huit ans plus tard, on trouve
des dispositions bien plus rigoureuses contre les Cagots. Ils
ne pouvaient entrer en ville sans avoir sur leur robe de
dessus une pièce de drap rouge, faute de quoi ils étaient
condamnés à cinq sous d'amende, et se voyaient confisquer

ni en autre fête par les maisons ni par les hôtels du Mas, quétant ni demandant ni en autre manière. Et s'il fait le contraire, et que quelqu'un
ou quelqu'une leur donne, chacun payera cinq sous d'amende aux consuls.
Ni ne soit tenu ledit jongleur ou jongleresse d'aller.... si non avec le
maître de la maison.)

« La fin de l'article 34 se rapporte aux Gahets ; la voici :

« *De malafeyta de bestiar.* . . . .

« . . . E si hom trobaba bestiar menut, porc, truga, aolhia ni craba do
« Gaffet en l'autrui malafeyta, e li aussi, non sia tengut de esmendar, e le
« gatge sera als cosselhs. »

(*De dommage de bétail.*

. . . Et si quelqu'un trouve petit bétail, porc, truie, brebis ou chèvre
de Gahet, faisant du mal à autrui, et le lui tue, qu'il ne soit pas tenu de
réparer le domage, et l'amende sera aux consuls.)

Art. LIV : « *Que nulha persona no compri bestiar per vendre ni
nulha bolatura de Gaffet ni de Gaffera.*

« Item. Es establit que nulha persona non compria porc, ni truga, ni
« aolha, ni crabas, ni autru bestiar, ni auzels que hom mingia, ni autra
« mingeria ab giu ni sens giu, de Gaffet ni de Gaffera, ni non prengua en
« comanda per vendre al Mas en nulha maneira. E si hec faze, seri encors
« lo cors, e l'aber al senhor e a la vila d'aquet qui o fari. »

(*Que nulle personne n'achète bétail pour vendre ni aucune volaille de
Gahet ni de Gahère.*

Item, il est établi que nulle personne n'achète porc, ni truie, ni chèvre,
ni autre bétail, ni oiseaux qu'on mange, ni autre viande de chasse ou non,
de Gahet, ni de Gahère, ni n'en prenne en commission pour vendre au Mas
en aucune manière. Et si elle le fait, le corps sera confisqué, et l'avoir
sera au seigneur et à la ville de celui qui le fera.)

Enfin, voici l'art. LV :

« *Que nulha persona no logui Gaffet ni Gaffera en verenhar.*

« Item. Es establit que nulh Gaffet ni nulha Gaffera no se logui a veren-
« har, ni nulha persona no los sia tengut de logar a verenhar ; car, si hec
« fey, paguera x. sols de gatge als cosselhs. »

(*Que nulle personne ne loue Gahet ni Gahère pour vendanger.*

Item, il est établi que nul Gahet ni Gahère ne se loue pour vendanger,
ni que nulle personne ne soit tenue de les louer pour vendanger ; car si elle
le fait, elle payera dix sous d'amende aux consuls.)

leur robe [1]; il leur était interdit de marcher sans chaussure dans les rues, et enjoint, lorsqu'ils rencontraient hommes ou femmes, de se tenir sur le bord du chemin autant qu'ils le pouvaient, jusqu'à ce que le passant se fût éloigné [2]; ils ne pouvaient acheter que le lundi, et ne devaient jamais entrer dans les tavernes, y prendre du vin ni y toucher les hanaps et les brocs; il leur était défendu de vendre des porcs et quoi que ce fût pour manger, sous peine de soixante-cinq sous d'amende et de confiscation des denrées [3]; s'ils avaient soif, il leur fallait puiser de l'eau dans leur fontaine, et non

[1] « *Contra los Gaffet que intran en la vila sens senhal.*

« E ean plus establit losdeyt cosselhs que Gaffet ni Gaffera, estranh ni privat, petit[z] ni grans, no intre dens la vila de Marmanda sens senhal de drap vermelh, lo qual portia de lonc de .i. dorn, et de ample de .iij. ditz, en la rauba sobirana e descubert davant, apert esquera, en pena de .v. sols de gatge al senhor e a la vila, e la rauba sobirana encorssa. »

(*Contre les Gahets qui entrent dans la ville sans signe.*)

Et ont de plus établi lesdits consuls que Gahet ni Gahère, étranger ou de l'endroit, petit ou grand, n'entre dans la ville de Marmande sans signe de drap rouge, lequel il porte long d'une darne, et de trois doigts d'ampleur, en la robe de dessus et découvert devant, à gauche, sous peine de cinq sous d'amende au seigneur et à la ville, et de confiscation de la robe de dessus.)

[2] « *Cum non angan pes nut.*

« E an establit plus que non angan pes nutz per la vila, e cant s'encontraran ab home o ab femna, ques remangen a la una part del camin tant fora cum poyran, entro que hom ne sia passat, en pena de .v. sols de gatge. »

(*Qu'ils n'aillent pas pieds nuds.*)

Et ont établi de plus qu'ils n'aillent pas pieds nuds par la ville, et quand ils se rencontreront avec homme ou avec femme, qu'ils restent d'un côté du chemin aussi loin qu'ils pourront, jusqu'à ce qu'on soit passé, *sous peine de cinq sous d'amende.*)

[3] « *Cum no deven beve vin ni comprar en taberna.*

« E ean plus establit que los desobredit Gaffet que si compren are que o mercadegen de lunh, e que no vengan en taberna, ni prengan vin, ni prengan enap ni pichir, ni venden ni fassan vendre porc ni creston ni altra bestia minjadoyra ni nulha autra causa manjadoyra, en pena de .lxv. sols de gatge e la causa encorssa. »

(*Comme ils ne doivent pas boire du vin ni acheter en taverne.*)

Et ont de plus établi que les susdits Gahets n'achètent rien qu'au marché de lundi, et qu'ils ne viennent pas en taverne, ni ne prennent du vin, ni ne prennent hanap ni pichet (verre ni pot), ni ne vendent ni ne fassent vendre porc ni mouton ni autre animal bon à manger ni aucun autre comestible, sous peine de soixante-cinq sous d'amende et de confiscation de la chose.)

ailleurs, sous peine de cinq sous d'amende, en cas de contravention [1] ; enfin, l'article cxvii de la coutume [2] prescrivait aux Gahets complètement lépreux de ne demeurer, ni de stationner, ni de s'asseoir dans Marmande, sous peine de cinq sous d'amende, dont un tiers devait revenir à la ville, un autre tiers au seigneur, et le troisième aux *Crestias* de la ville qui se saisiraient des délinquants. Cependant, les fêtes et le lundi matin, ils avaient la permission de se tenir et de s'asseoir devant l'église des frères mineurs, vers les fossés, lieu où, depuis nombre d'années, ils avaient coutume de se placer.

[1] « *Cum no deven beve a las fons de la vila ni trayre oly de notz.*

« E establiren plus que los desobreditz no pusian ni bevan en las fons de la vila, mas tant solamen en la lor font propria, en pena de .v. sols de gatge; et que nulha persona de la vila no los traga oly de not, en encorrement del deyt gatge. »

(*Comme ils ne doivent pas boire aux fontaines de la ville ni extraire de l'huile de noix.*

Et ont établi de plus que les susdits ne puisent ni ne boivent aux fontaines de la ville, mais seulement à leur fontaine propre, sous peine de cinq sous d'amende; et que nulle personne de la ville ne leur extraie de l'huile de noix, sous la même peine.)

[2] « *Cum los Gaffetz no deven intra en la vila sino lo dilus.*

« E plus establiren que losditz que son forment lebros, no demorian en la vila ni estangan ni se asieten, en pena de .v. sols de gatge, dels quals sia lo ters a la vila, e 'l ters al senhor, e 'l ters als Crestias de la vila que los penhorien; exceptat que en las festas e al dilus de matin puscan estar e sezer davant la gleysa dels frays menutz, al loc on anssianament an acostumat a sezer, devert los fossat. »

(*Comme les Gahets ne doivent entrer dans la ville que le lundi.*

Et de plus établirent que lesdits qui sont fortement lépreux, ne demeurent pas en la ville, ni ne stationnent ni ne s'asseyent sous peine de cinq sous d'amende, desquels soit le tiers à la ville, et le tiers au seigneur, et le tiers aux *Crestias* de la ville qui les appréhenderont; mais qu'aux fêtes et le lundi matin ils puissent se tenir et s'asseoir devant l'église des frères mineurs, au lieu où depuis longtemps ils ont coutume de s'asseoir, vers les fossés.)

Ces cinq articles sont tirés d'un manuscrit appartenant à M. Gustave de Colombet, avocat à Marmande, et intitulé : *Asso son los Establimens de la vila de Marmanda, los cals an feyt far e escrivre Jacme de la Cauzea e Grimonet Pelicey l'an .M.e ccc. xc. vi;* ils commencent au folio xxxiij verso.

A la fin du XIVe siècle, nous retrouvons les Cagots dans un article des Fors de Béarn, qui date de cette époque, et qui leur concède d'assez importants privilèges. Une remarque importante à faire, c'est qu'ils y sont désignés par le nom de *Crestias*, alors que, dans la dernière rédaction de ce même article, ils sont appelés *Cagotz*. En voici la première :

« *Item.* Fo establit e ordenat que los caperaas, hospitalees, ni Crestias, deu sedent qui an per lors glisies, hospitalaries, crestianaries, no paguin talhas ni contribuesquen a las donations deu senhor. Actum a Morlaas, lo iiiie jorns de julh, l'an M^l iiie xcvviii. »

Item, il fut établi et ordonné que les prêtres, ni les hospitaliers, ni les Cagots, pour l'emplacement de leurs églises, hôpitaux et cagoteries, ne payeront tailles ni ne contribueront aux donations du seigneur. Fait à Morlaas le quatrième jour de juillet, l'an 1398 [1].

Des règlements pareils à ceux de Marmande et du Mas-d'Agenais existaient vraisemblablement dans plusieurs autres villes du midi, où se trouvaient des Cagots ; mais ils étaient tombés en désuétude, lorsque, à la requête des capitouls de Toulouse et des consuls de plusieurs villes du Languedoc et de la Guienne, Charles VI renouvela, par ses lettres du 7 mars 1407, d'anciennes ordonnances qui n'étaient plus observées, et qui portaient que les personnes attaquées d'une espèce de lèpre ou mesellerie, qui, en certaines contrées, sont appelés *Capots*, et dans d'autres *Casots*, porteraient des enseignes ou marques qui les distingueraient des personnes saines, et qu'elles habiteraient dans des lieux séparés des demeures de ces personnes. Le duc de Berry, lieutenant du roi dans le Languedoc et dans la Guienne, ordonna l'exécution de ces lettres, par celles du

---

[1] *Fors de Béarn*, p. 255 : *Renovation de cour majour*, art. IX. La donation dont il est ici parlé est la taille perpétuelle instituée par Gaston Phœbus.

17 mars de cette année, adressées aux trois sénéchaux du Languedoc, et à ceux du Rouergue et du Quercy [1].

A leur tour, ces prescriptions eurent le sort de celles qui les avaient précédées : aussi, en 1439, le dauphin Louis (depuis Louis XI), se trouvant à Toulouse, nomma, le 10 juillet, des commissaires pour visiter plusieurs personnes, hommes, femmes et enfants, qui s'étaient répandus dans la ville et la sénéchaussée de Toulouse, « et qui estoient malades ou entichiés d'une très-horrible et griève maladie, appellée la maladie de la lèpre et capoterie, » pour empêcher qu'ils ne se mêlassent avec les habitants du pays [2].

Trois ans avant cette époque, nous trouvons une mention des Caqueux de Bretagne, qui nous prouve que ces individus, semblables, par le nom, aux Cagots du sud-ouest de la France, leur ressemblaient aussi par la proscription sous le poids de laquelle ils gémissaient. Suivant la tradition populaire, ils étaient juifs; ils ne devaient pas communiquer avec les autres habitants, et, aux églises, leur place était dans la partie inférieure. Il ne leur était pas permis de toucher les vases sacrés, ni de recevoir le baiser de paix avant les gens *sains*. Les contraventions à ces règlements étaient punies d'une amende de cent sous, somme considérable pour le temps [3].

---

[1] Ces lettres sont imprimées sur une copie envoyée de Montpellier, où l'original n'existe plus, dans les *Ordonnances des rois de France de la troisième race*, t. IX, p. 298, 299.

[2] *Histoire générale de Languedoc* (par DD. Vaissette et de Vic), édit. in-fol., t. IV, p. 492, liv. XXXIV, ch. LXXIX. En marge se trouve la citation suivante : « Domaine. de Montp. sen. de Toul. en géner. 7. coulin. n. 5. » L'original de la pièce ainsi indiquée n'existe plus.

[3] « Item, quia cognovimus in dicta civitate et Diocesi plures homines utriusque sexus qui dicuntur esse de lege *, et in vulgari verbo *Cacosi* no-

---

* Ces deux mots, que les divers éditeurs de la pièce n'ont pas compris, semblent être synonimes de *leprosi*. Voyez l'épisode du lépreux, dans notre publication intitulée *Tristan*, tom. I, p. 57. On y lit ces vers :

Trop est Tristran preuz et cortuis
A ocirre gent *de* tel *lois*.
(P. 62, V. 1925.)

En 1477, le duc François II, pour empêcher les Caqueux d'être dans la nécessité de mendier et de se mêler avec les gens *sains*, leur permet de faire valoir, comme fermiers, les terres voisines de leur domicile, borne la durée des baux à trois ans, renouvelle l'injonction de porter une marque rouge, et leur défend tout autre commerce que celui du fil et du chanvre, nécessaires à leur état de cordier [1]. Une chose à remarquer, c'est que cette ordonnance ne se trouve pas dans le corps de coutumes rédigé sous le même duc et imprimé huit ans plus tard à Loudéac [2], exclusion qu'on peut attribuer à la spécialité de cette pièce (il n'y est, en effet,

minantur, quorum conditio et habitatio debet esse separata ab aliis hominibus sanis (puta in esu, potu, et aliis participationibus mutuis); nihilominus dicti Cacosi indebite et irreverenter, et ultra quam deceat, se immiscent cohabitationi et communioni ceterorum hominum, et maxime in Ecclesiis parochialibus et aliis locis in quibus Divina celebrantur officia presumunt precedere alios homines in pacis et Reliquiarum osculo; et exinde contentiones et scandala oriuntur. Et ideo statuimus ut dicti homines legis sive Cacosi debeant in Divinis officiis stare et residere in parte inferiori Ecclesiarum, et non presumant sanctos calices aut alia vasa Ecclesiastica tangere, nec etiam osculum pacis ante alios homines sanos presumant recipere, sed postquam fuerit tradita pax aliis, tradatur eisdem Cacosis; et hoc sub pena c. solid. Datum, teste sigillo nostro, die ultima Maii, anno Dom. MCCCCXXXVI. die jovis post festum Pentecostes. » Statuts synodaux de Raoul Rolland, évêque de Tréguier. (*Histoire de Bretagne*, de D. Lobineau, t. II, col. 1610; *Thesaurus novus Anecdotorum*, t. IV, col. 1142, C; Collection de D. Morice, t. II, col. 1277.)

[1] « Mandement contre hommes et femmes nommez *Caqueux*, auxquels il est fait deffense de voyager dans le Duché sans avoir une pièce de drap rouge sur leur robbe, pour éviter le danger que pourroient encourir ceux qui auroient communication avec eux, pour ne les pas connoistre; comme aussi il leur est fait deffense de se mesler d'aucun commerce que de fil et chanvre, et d'exercer aucun mestier que de cordier, et d'aucun labourage que de leurs jardins seulement, à peine de confiscation; et ordonné qu'il soit fait deffense à cri public à tous subgets de leur vendre autre marchandise que fil et chanvre, et de leur affermer aucuns de leurs heritages, à peine de confiscation, et autres rigueurs. » Extrait d'un registre de la chancellerie de Bretagne, pour les années 1474 et 1475.(*Hist. de Bretagne*, t. II, col. 1350; Collect. de D. Morice, t. III, col. 283.) L'ordonnance de François II a été rapportée par D. Lobineau, tom. II, col. 1362 et 1363, et par D. Morice, tom. III, col. 309.

[2] *Les Coustumes et Constitutions de Bretaigne*, in-4, goth., sans chiffres, contenant 132 articles. Bibliothèque royale, F. 2904.

question que des Caqueux de l'évêché de Saint-Malo), et
d'où il est permis de conclure que ces malheureux n'étaient
guère répandus en Bretagne hors de cette circonscription,
à l'époque dont il s'agit. Il est fort possible, cependant, qu'ils
aient été désignés, dans ces coutumes, comme *gens qui s'entremettent de vendre villaines marchandises,* et qu'il faille rechercher leur état dans les articles suivants :

« *Les quelx sont villains natres* (naturels).

« VII.ᵉˣXVI. Ceulx sont villains natres, de quelconque lig-
naige qu'ilz soient, qui s'entremettent de villains mestiers,
come estre escorcheurs de chevaulx, de villes bestes [1],
garczailles, truendaille, pendeurs de larrons, porteurs de
pastez et de plateaux en tavernes, crieurs de vins, cureurs
de chambres, quoyaz faiseurs de clochers, couvreurs de
pierre, pelletiers, poissonniers, gens qui s'entremettent de
vendre villaines marchandises, et qui sont menestriers et
vendeurs de vent; telles gens ne sont pas dignes d'eulx
entremettre de droit ni de coustume, come dit est ou
XVIII.ᵉˣXII.ᵉ chapitre...

« VII.ᵉˣXVII. *Lesquelx doivent estre appellez à tesmoings de
droit et de coustume, et en quelle action.*

« Justice ne officier ne doibt appeller à tesmoing d'explet
de court nul villain, nulles gens de basse condicion de
villaiges, qui ne s'entremettent de droiz ne de coustumes,
ne s'en doivent entremectre, et s'ils ne les entendent; car
une conjunction peut porter une cause de cent livres de
rente comme de troys deniers, et aussi une disjunction,
et ceulx recordent aussi tost le faulx comme le droit; tout
cuidassent bien recorder, ou pourroient estre plustost su-

---

[1] « Madame la Vierge a filé sa quenouille pendant tout mon voyage, répondit Tanguy, et je n'ai trouvé dehors que des Caqueux qui cherchaient
les bêtes mortes, et les pendus qui brandillaient aux potences. » *Poésies
populaires de la Bretagne,* troisième partie, §. II. (*Revue des Deux-
Mondes.* I. III.—4ᵉ série. — Paris. 1835, p. 69.)

bornés ou corrumpus par colusion, que ne deussent estre gentilshommes. »

Au commencement du seizième siècle, les Agots de la Navarre adressèrent au pape une requête pour se plaindre de ce que le clergé des localités où ils vivaient se dispensait à leur égard des cérémonies et solennités qu'il accomplissait pour les autres chrétiens, dans l'administration des sacrements, les offrandes, la paix et les places à l'église ; parce qu'on disait que leurs ancêtres avaient prêté secours à un comte Raimon de Toulouse, dans sa révolte contre la sainte Église romaine : ce qui les en avait fait séparer par le saint-père jusqu'à nouvel ordre. Ils suppliaient Sa Sainteté d'ordonner que, puisqu'ils n'avaient trempé en rien dans la conduite de leurs aïeux, ils fussent remis en possession de tout ce qu'on leur déniait. Le pape, par une bulle donnée à Rome le 13 mai 1515, ordonna de les traiter avec bienveillance et sur le même pied que les autres fidèles, dans le cas où leurs griefs seraient fondés, et il confia l'exécution de la bulle à Don Juan de Santa-Maria, chanoine et chantre de l'église de Pampelune. Cet ecclésiastique procéda immédiatement à cette enquête ; il s'en occupait depuis deux ans, lorsque les Agots, perdant patience, ou pensant que l'intervention des états de Navarre ne pourrait qu'activer la solution de leur affaire, profitèrent de leur réunion en cortès générales, sous la présidence de Don Antonio Manrrique, duc de Najera, vice-roi et capitaine-général du royaume, pour leur adresser une pétition. Elle trouva un antagoniste dans Caxarnaut, huissier du conseil royal de Navarre, qui exposa que leur séparation d'avec les autres chrétiens n'avait rien de commun avec le comte Raimond de Toulouse et ne provenait pas de ce qu'ils eussent été schismatiques, mais qu'elle datait du prophète Élisée, c'est à savoir quand le prince Nahaman se rendit auprès de lui pour chercher la

guérison de sa lèpre. Ledit prophète Élisée, ajoutait l'huissier, ayant recommandé audit Nahaman d'aller au fleuve
Jourdain, et celui-ci y ayant, par la grâce de Dieu, retrouvé
la santé, le prince offrit des présents à celui auquel il la devait; mais le saint homme refusa de les recevoir. Alors Giezi,
serviteur du prophète, animé par une cupidité désordon-
née, prit lesdits présents et richesses destinés à son maitre :
pour cela il fut maudit par le prophète, lui et toute sa postérité, qui n'est autre que les Agots : malédiction qui a toujours pesé et pèse sur eux, parce qu'ils restèrent lépreux à
l'intérieur et damnés, comme l'expérience le démontre. A
cette explication de l'origine des Cagots, Caxarnaut ajoute
plusieurs imputations non moins absurdes, mais qui sont
précieuses pour celui qui veut se rendre compte des préjugés
dont ils étaient les victimes au xve siècle. La preuve, disait-
il, que les Agots sont lépreux, infectés et maudits, c'est que
même les herbes qu'ils foulent aux pieds se sèchent et perdent
leur vertu naturelle ; les pommes ou tout autre fruit qu'ils
placent dans leurs mains ou dans leur sein, se pourrissent à
l'instant même; sans compter que sur leurs personnes et dans
leurs maisons ils sentent mauvais comme des individus con-
taminés d'une grave maladie. Sans s'arrêter aux allégations
de Caxarnaut, les états prirent en considération la pétition
des Agots, et recommandèrent leur affaire au chantre et à
l'archidiacre de Santa-Gema, par un acte en date du 16 octobre 1517. Le premier de ces dignitaires de la cathédrale de
Pampelune mit encore deux ans à terminer son enquête;
enfin, ayant trouvé les plaintes des Agots fondées et telles
qu'ils les avaient exposées à Sa Sainteté, il ordonna d'obéir
et de se conformer en tout à la bulle, sous peine, pour les
contrevenants, des censures de l'Église et de cinq cents ducats d'amende. Le dispositif de l'ordonnance porte que les
nommés Agots seront traités comme les autres indigènes en

ce qui touche l'administration des sacrements et la présenta-
tion des offrandes; que la paix leur sera donnée de la même
manière, etc. Cette sentence déclaratoire fut prononcée le 30
avril 1519 dans la cathédrale, afin qu'elle fût connue de
tout le monde, et plus particulièrement des parties intéressées, qui avaient appelé des témoins à cette publication.

Les trois états généraux de Navarre se trouvant de nouveau réunis en cortès, présidées au nom de LL.MM. la reine
et l'empereur par le même Don Antonio Manrrique, la bulle
et la sentence du juge-commissaire apostolique Santa-Maria
leur furent présentées pour qu'ils voulussent bien en accorder l'exécution et leur donner force de loi, et le 15 novembre
de l'an 1520, les cortès rendirent une ordonnance conforme
à la requête.

Vexés et molestés, nonobstant la bulle et les arrêts dont
il vient d'être fait mention, les Agots eurent de nouveau recours à l'empereur Charles-Quint pour être admis et traités,
dans les églises comme ailleurs, sur le même pied que les
autres habitants, et pour pouvoir jouir des honneurs et des
avantages spirituels et temporels, suivant ce qui était spécifié
dans ladite bulle et dans les arrêts obtenus en vertu de cet
acte. L'empereur, après s'être fait rendre compte des faits,
expédia une *provision* [1] royale, datée de la ville de Vitoria
le 27 janvier 1524, et signée par son ordre de la main de
son secrétaire Francisco de los Quobos; elle s'adressait au
vice-roi et capitaine-général comte de Miranda, régent, au
conseil royal, aux alcades de la cour supérieure, aux municipalités, aux jurats et aux autres officiers du royaume, et
leur enjoignait de voir lesdites bulles, sentences et déclarations apostoliques, de les observer et d'y obéir, sous peine

---

[1] « PROVISION, dit Covarruvias, los autos acordados y determinaciones
que salen de los Consejos Reales, o chancillerias. »

d'encourir la disgrâce royale, et mille florins d'amende
pour chaque contravention.

En possession de cette *provision* royale, les Agots présentèrent une requête afin d'obtenir qu'elle reçût son entière
exécution, et le même vice-roi et capitaine-général comte de
Miranda, après avoir pris l'avis du conseil, et vu les ordonnances, les sentences et la requête, ordonna, le 27 juin de
la même année 1524, que du moment que les adversaires
des Agots seraient requis avec cette *provision* royale, ils
eussent à se conformer et à obéir aux ordres de Sa Majesté,
du juge ecclésiastique commissaire apostolique, et des trois
états, en traitant les réquérants avec bienveillance, sans
leur faire injure ni tort dans leurs personnes, dans leurs
biens ni dans quoi que ce fût, en les admettant, dans les
églises et dehors, aux offices divins, et en les laissant jouir
desdits honneurs et avantages spirituels et temporels, sous
peine de mille ducats en cas de contravention.

Battus sur ce point, les adversaires des Agots ne se dé-
couragèrent pas; plusieurs habitants de la vallée de Baztan
leur refusèrent le droit de *vecindad*, qui est propre à tous
les indigènes, et par conséquent celui de faire paître leurs
troupeaux dans les montagnes communes, et de couper du
bois, tant pour les besoins de leurs ménages que pour des
constructions. Les Agots leur intentèrent, devant la cour
supérieure de Pampelune, un procès que termina un arrêt
rendu contradictoirement (j'ignore à quelle date) par les
licenciés Don Geronimo de Feloaga et Don Miguel Lopez
de Dicastillo, et confirmé par les membres du conseil, les
licenciés Don Juan de Aguirre, Don Estevan Fermin de Ma-
richalar et Don Juan Antonio de Otalora. Cet arrêt condamnait Pedro de Iriverri à une amende de cinq cents ducats
et à deux ans de bannissement, seize de ses consorts à cent
ducats et à un bannissement d'un an, et tous les dix-sept

adversaires des Agots à les indemniser de tous les dommages et préjudices qu'ils leur avaient fait souffrir.

Les Agots ne pouvant obtenir l'exacte observation de la bulle, des arrêts et des ordonnances royales rendues en leur faveur, eurent de nouveau recours à l'autorité, et une *provision* royale en date du 20 août 1548, signée de Don Luis Belasco, du licencié Argüello, et rendue sur l'avis des membres du conseil Martin de Zunzarrem et les licenciés Pobladura, Berrio et Martin Vicente, ordonna, sous peine de dix mille maravédis d'amende, en cas de contravention, de traiter les Agots en ce qui touchait les sacrements de l'église, le baptême de leurs enfants, la réception de la paix, l'offrande, la présence aux processions et la place à l'église, à l'égal des autres habitants, et sans différence aucune. Cette ordonnance royale fut communiquée à la vallée de Baztan et à la ville de Maya le 4 novembre de la même année 1548.

Cette *provision* royale fut communiquée en la forme ci-dessus; mais elle ne fut pas publiée. Les Agots sollicitèrent qu'elle le fût par ministère de crieur public, aux frais de la vallée; et le 12 septembre suivant parut une autre *provision* royale, signée par les mêmes membres du conseil, qui ordonnait que tous les habitants de la vallée se réunissent dans l'espace de vingt-quatre heures, et que cette ordonnance leur fût notifiée par notaire.

Tout ce qui vient d'être rapporté ne fut pas suffisant pour détruire le préjugé qui subsistait contre les Agots; car ils eurent de nouveau recours à l'autorité pour obtenir l'exécution des ordonnances pontificales et royales rendues en leur faveur, et par arrêt du 19 juin 1582, signé des membres de la cour supérieure de Navarre, les licenciés Villagomez et Don Luis de Suescum, arrêt confirmé par le conseil le 31 janvier 1587, tout ce que demandèrent les Agots leur fut

accordé, avec la réparation de tous les dommages et préjudices qu'ils avaient soufferts.

En 1655, les habitants d'Arizcun mutilèrent à Martin de
Legarreta et autres individus de sa caste plus de trois cents
arbres fruitiers, et furent, pour ce fait, condamnés, par arrêts de la cour et du conseil, à cent livres chacun. Ils avaient
voulu se venger de leurs adversaires et les punir d'avoir fait
publier dans les églises du Baztan la bulle de Léon X, ainsi
que l'ordonnance royale de Charles-Quint, et de les avoir
notifiées à l'alcade, aux jurats et aux habitants de la vallée.

En 1657, Juanes Perlixena, Juanes Jubri, Gracian Martinena, Petri Maestruarena et consorts, habitants de Bozate,
adressèrent au tribunal ecclésiastique de Pampelune une
requête tendant à obtenir l'exécution d'un ordre donné par
Don Pedro Sanz y Racax, chanoine de cette ville et visiteur
du diocèse, qui avait prescrit, sous peine d'excommunication majeure, de donner aux Agots de Bozate la paix et le
pain bénit de la même manière qu'aux autres fidèles. Les habitants d'Arizcun se portèrent opposants à cette requête ;
mais leurs prétentions furent repoussées par un arrêt rendu
à Pampelune le 8 mars 1658 par le docteur Don Juan de
Echauz, prieur de cette ville et vicaire-général de l'évêché
pendant la vacance du siége [1]. Ils interjetèrent appel par
devant le métropolitain ; mais'il est à croire qu'ils ne furent
pas plus heureux.

Quoiqu'il en soit, il ne se passa pas longtemps avant que
les Agots de Bozate ne fussent de nouveau troublés dans
l'accomplissement de leurs devoirs religieux; mais avant de
rapporter la scène qui eut lieu dans l'église d'Arizcun en
1673, il ne me semble pas hors de propos d'indiquer dans
quel ordre la population y était rangée. Elle était divisée

---

[1] Archives du tribunal ecclésiastique de Pampelune, *fajo de sentencia-
dos ; secretario Oteiza.*

en cinq catégories. La première, la plus rapprochée du *presbiterio* [1], se composait des maîtres de maisons *vecinales*, qui, pour chacune d'elles, avaient leurs places particulières, et, chacun selon son rang, allait à l'offrande, suivait la procession, adorait la croix, recevait les cendres et accomplissait tous les autres actes et cérémonies de l'église auxquels les laïques prennent part. La seconde catégorie était celle des gens mariés qui n'étaient pas maîtres de maisons *vecinales*, ou, s'ils l'étaient, dont les descendants vivaient et jouissaient des honneurs de préséance dans la première catégorie; dans la seconde figuraient également les fils aînés non mariés, leurs domestiques et les étrangers qui venaient entendre l'office. Les uns et les autres étaient tous assis, quand il y avait de la place; s'il n'y en avait pas, ils allaient au chœur. Il n'y avait point pour eux de place déterminée, ils s'asseyaient dans l'ordre où ils arrivaient, suivaient la procession et prenaient part à tous les actes dont il a été question. Avec eux allaient d'autres habitants, mariés ou non, qui avaient des maisons dans le même lieu, bien qu'elles ne fussent point de celles qu'on appelait vieilles et d'ancienne origine. La troisième classe était celle des femmes propriétaires desdites maisons *vecinales*; celles-là avaient, comme leurs maris, des places marquées pour entendre la messe, suivre la procession et prendre part aux autres actes et cérémonies indiqués plus haut. Ces femmes se tenaient dans la nef de l'église, où il n'y avait point de bancs pour les hommes. La quatrième catégorie était celle des femmes mariées qui n'avaient pas de maisons, ou qui, dans le cas contraire, avaient encore leur père ou leur mère en possession de la place qu'elles devaient avoir; elle comprenait aussi les filles aînées, leurs domestiques et les étran-

---

[1] On appelle *presbiterio* en Espagne, la partie de l'église où est placé le grand autel, et qui est réservée au clergé pour la célébration des offices.

gères. Toutes ces femmes assistaient aux offices et aux autres cérémonies de l'église, sans observer aucun ordre ni occuper aucune place déterminée, attendu qu'il n'y en avait pas pour cette catégorie. La cinquième et dernière était celle des Agots.

A ces détails il faut ajouter qu'il y avait dans la paroisse deux prêtres, le recteur ou curé, et le vicaire. Le mercredi des cendres, le premier les donnait aux hommes de la première catégorie sur les marches du grand autel : chacun se levait pour aller les recevoir dans l'ordre où il était assis, et en même temps le vicaire en faisait autant pour les femmes; il se plaçait dans un lieu convenable en tête de leurs bancs, et celles de la troisième catégorie allaient recevoir les cendres dans l'ordre où elles se trouvaient. Puis venaient celles de la quatrième, l'une après l'autre et sans distinction de rang.

Cet ordre fut interrompu le mercredi des cendres de l'an 1673, par Martin de Babace, Inigo de Enecorrena, Juanes de Elorga et Juanes de Barazabal, dit Duruzuri, tous habitans d'Arizcun; au moment où les Agotes allaient, avec la dévotion et l'humilité qui leur étaient habituelles et que demande une telle cérémonie, recevoir les cendres après toutes les femmes de la troisième et de la quatrième catégories, ces individus, placés dans la seconde, s'y opposèrent, et proférèrent contre elles des injures et des menaces telles qu'elles aimèrent mieux retourner à leurs places sans avoir reçu les cendres, que de s'entendre traiter de la sorte.

Mais ce motif de plainte n'était pas le seul que les Agots eussent contre les habitants d'Arizcun, et généralement contre les *Bustaneses*, qui leur faisaient une guerre sans pitié comme sans relâche. L'un de ces derniers, Martin de Aguirre, dit *Zapatero*, avait défendu à ces pauvres gens de pêcher aux époques et avec les instruments permis, et avait été jusqu'à confisquer à un vieillard une ligne et un petit filet, son gagne-pain et la seule ressource de sa nombreuse famille. Tous ces griefs donnèrent lieu à un procès pendant le cours duquel l'avocat des Agots publia un volumineux factum dont nous n'avons pu retrouver que des débris [1], et qui, en fait de verbiage et d'érudition oiseuse et indigeste, est un modèle du genre. Entre autres conclusions, il demandait la restitution des ustensiles de pêche saisis, et la condamnation de Martin de Aguirre à mille ducats d'or et aux frais, et il citait l'exemple de Joanesto de Landarruero, habitant d'Arizcun, condamné par sentence du conseil à quatre cents livres, à une année de réclusion, ainsi qu'aux frais et dépens, pour un fait semblable accompagné de mauvais traitements et de violences à l'égard de Gracian de Sanchotena. Les Agots demandaient aussi justice sur d'autres points qu'on leur contestait. C'est probablement

---

[1] Ce factum, écrit en 1674, et publié la même année ou la suivante, est in-folio; nous n'en possédons que les feuillets 29-30, 31-32, 37-38, 39-40, 43-44, 49-50, 51-52, 53-54, 55-56, 57-58, 59-60, 61-62, 63-64, 65-66, 67-68, 71-72, 73-74, 75-76, 79-80, 83-84; encore certains d'entre eux sont-ils en fort mauvais état.

Page 52 se trouve ce sommaire : « §. IV. *Pruevase que estas partes pueden pescar en los rios comunes del dicho Valle, y que los acusados han cometido delito en prohibirselo.* »Et pag. 56 se lit celui-ci :« §. V. y VI. *Pruevase, que se les deve dar la ceniza como a los demàs vezinos, y que deven adorar la Santa Cruz, ofrecer, y hazer las demàs ceremonias de la Santa Iglesia Catolica nuestra Madre, como los demàs Catolicos Christianos.* » Dans tout le cours de ce factum, l'auteur renvoie fréquemment à un *Memorial*, qu'il ne désigne pas autrement, mais que nous supposons être celui dont un habitant d'Arizcun possède un exemplaire, que nous sommes parvenu à avoir en communication. Il est intitulé : « *Hecho ajustado del pleito que Martin de Agarralde, Gabriel de Aguirre, Guillen, de Videgaña, alias Esponda, Juanes de Amorena, Juanes de Machingorena, Petri de Martinena, Martin de Legarreta y otros muchos consortes, vezinos del barrio de Bozate en el Valle de Baztan, llevan sobre cortes de arboles. Contra Leon de Arizcun, alcalde ordinario del dicho Valle, y Esteban Ormart, alias Aguirre, vezino del lugar de Azpilcueta del dicho Valle, y dichos consortes, vezinos asi bien del dicho Valle, sobre cortes de arboles y otras cosas.* » C'est de ce livre, vraiment précieux, que nous avons tiré la plus grande partie de ce que nous disons ici des Agots du Baztan.

dans ce procès que leurs adversaires ayant produit contre
eux un arrêt du parlement de Bordeaux en date du 3 juillet
1604, ceux-ci lui opposèrent un certificat signé par noble
homme Salomon de Belaspet, conseiller et bailli juge royal,
Antoine Noguès, consul en la cour et tribunal royal de
Mauléon, au diocèse d'Oloron, M° Arnaud Mearon, fiscal et
procureur du roi, Louis Belaspet, avocat, et Aguirre, greffier du tribunal, daté de Mauléon le 4 juin 1675, dans lequel
il est déclaré qu'il n'y avait aucune différence entre les individus qualifiés de Goths et les autres gens du peuple.

Toujours est-il qu'en 1654 les Agots du Baztan et des
autres lieux de la Navarre payaient les contributions de
guerre et faisaient le service militaire comme les autres habitants, ayant servi sous les ordres de Don Miguel de Itur-
vide, capitaine de la vallée; malgré cela, la condition des
Agots de la Navarre, comme nous le verrons plus loin, ne
fut pas améliorée, et postérieurement, dans les enquêtes de
pureté de sang que l'on faisait subir pour l'exercice de
certains offices, le candidat devait prouver qu'il ne descen-
dait ni de Maure ni de juif ni d'Agot, ni d'individu mis en
pénitence par l'inquisition [1].

Au récit de toutes ces misères, on est tenté de se demander pourquoi les Agots du Baztan ne cherchaient point une
terre plus hospitalière. Hélas! il leur eût fallu aller bien loin
pour la trouver : tant les contrées pyrénéennes étaient unanimes dans leur rigueur contre eux. Pour ne parler maintenant que du Guipuzcoa, ils y étaient peut-être encore plus
persécutés que dans la Navarre. Ainsi, en 1696, Don Miguel
de Mendizabal adressait à l'une des juntes générales de la

---

[1] *Dic. de Ant. del Reino de Navar.*, tom. 1er, pag. 13. Il y a, dans les
archives de Pampelune, des milliers d'actes qui témoignent de ce fait, antérieurement à l'année 1819, époque à laquelle il fut rendu une loi pour supprimer ces preuves de pureté de sang.

province, en séance à Tolosa, un mémoire dans lequel il
invoquait différents décrets contre les Agots, dont il y avait,
disait-il, quelques-uns dans le pays, au grave préjudice de
la pureté et de la noblesse du sang de ses enfants, et il sup-
pliait l'assemblée de les expulser à leurs frais. Conformément à cette requète, la junte ordonna aux alcades de rechercher avec une grande vigilance, chacun dans sa juridiction, les Agots qui y habitaient, et de les expulser dans le
terme de deux mois, sous peine de cinquante ducats d'a-
mende à laquelle elle condamnait d'ores et déjà ceux qui
seraient omis. Elle nomma pour Tolosa et sa juridiction
Don Ventura de Ayeldaburu, bourgeois de cette ville [1]. Cet
homme remplit sa commission avec un zèle qui lui mérita
les éloges de l'une des juntes tenues l'année suivante à
Mondragon [2]; mais il ne put empêcher que les Agots ne
revinssent dans les lieux dont il les avait chassés : aussi la
sixième des juntes générales, tenue l'année suivante à Saint-
Sébastien, rendit le 13 mai un décret par lequel elle enjoi-

[1] « Habiendose leido un memorial de Miguel de Mendizabal, en que ha-
ciendo relacion que estando dispuesto por diferentes decretos el que en el
distrito de esta Provincia no puedan habitar los Agotes, que viven algunos
en grave perjuicio de la limpieza y nobleza de los hijos de esta Provincia,
suplica à la Junta se sirva de mandar el que todos los Agotes que se halla-
ren en su distrito, sean echados y espelidos de él á costa de ellos y sus
bienes. Acordó la Junta que los señores alcaldes, cada uno en su jurisdiccion, inquieran con gran vigilancia los Agotes que en ella habitan, y los echen
de ella dentro de dos meses, pena de cincuenta ducados que se sacarán in-
violablemente, en los cuales desde ahora condena la Provincia á los que
fueren omisos ; y para la villa de Tolosa y su jurisdiccion nombró la Junta
al Sr Dn Ventura de Ayeldaburu. » Archives de la députation forale de
Guipuzcoa, à Tolosa ; 8e junte générale, tenue le 14 mai 1696.

[2] « Leyose una carta de Dn Ventura de Ayeldaburu, vecino de la villa de
Tolosa, en que avisa que en virtud de la comision que la Provincia se sirvió
darle en su última Junta general, ha echado del distrito de esta Provincia á
todos los Agotes que habia en la de Tolosa, y remite los autos hechos en su
razon. Acordó la Junta se le den las gracias. » *Ibidem*, junte du 15 mai
1697. Une observation importante à consigner ici, c'est qu'à la suite de ce
décret et du précédent, il y en a un relatif aux Bohémiens, qui n'étaient
guère mieux vus dans la province que les Agots.

gnait aux Agots de sortir de la province s'ils ne voulaient en être expulsés, les menaçant, dans le cas où ils y reviendraient encore, de châtiment et de six ans de réclusion. Elle confia l'exécution de ce décret à Don Antonio de Arrieta, bourgeois de Tolosa et l'un des adjoints du corregidor ou maire, et l'autorisa à leur faire supporter les frais que pourrait occasionner cette expulsion. La junte ordonna également à toutes les municipalités des communes de son territoire de chasser tous les Agots, et prononça une amende de cinquante ducats d'or contre tout propriétaire de ferme ou de moulin qui serait convaincu de les avoir pris pour fermiers ou de leur avoir donné asyle chez eux [1].

En 1723, les Agots, à ce qui paraît, furent encore inquiétés ; car le savant auquel on doit le catalogue des archives du Guipuzcoa, Don Domingo Ignacio de Egaña, signale sous cette année deux consultations relatives à ces proscrits [2].

En 1742, Don Joseph Jacinto de Mendizabal fut chargé d'en bannir quelques-uns [3].

[1] « Con la noticia que resultaba por el registro de la diputacion de que habian vuelto los Agotes, que por comision de esta Provincia fueron echados de la jurisdiccion de la villa de Tolosa : Acordó y decretó la Junta salgan luego del distrito de esta Provincia, y no lo cumpliendo así, sean espelidos, apercibiendoles que si volvieren otra vez, serán castigados y condenados á presidio per seis años. Y cometió la egecucion de este decreto à Dⁿ Antonio de Arrieta, vecino de la villa de Tolosa, uno de los merinos del Sʳ corregidor, con calidad de que las diligencias que se hubieren de egecutar para la espulsion de dichos Agotes, sean á costa de sus bienes. Y asimismo mandó que todas las justicias ordinarias de las republicas de su distrito echen de ellas á todos los Agotes, y que ningun vecino dueño de caseria ú molino, los admita por arrendadores ni los recoja en sus casas, pena de que constando se les sacará irremisiblemente cincuenta ducados de plata á cada uno. »

[2] « Dos Pareceres de Abogados, sobre Agotes, y Hidalguías. » *El Guipuzcoano instruido en las reales cedulas, despáchos, y ordenes, que há venerado su madre la Provincia*, etc. Año 1780. En San Sebastian. En la Imprenta de D. Lorenzo Riesgo Montero de Espinosa, etc., in-folio; pag. 16.

[3] *Ibidem.* Cette pièce, comme les deux consultations mentionnées ci-dessus, ne se trouve pas dans les archives de la Province.

En 1776, la septième réunion des juntes générales assemblées à Guetaria, rendit le 8 juillet un décret destiné à en expliquer d'autres émanés de celles de Saint-Sébastien et d'Hernani, et relatifs à la conduite à tenir dans l'admission des individus qui viendraient demeurer dans la Province ; elle accorda le recours au conseil pour l'éclaircissement de ce point, et ordonna que la prescription adoptée dans lesdites juntes d'Hernani, ne pourrait pas favoriser des aventuriers suspects d'avoir le sang gâté, et susceptibles, par l'obscurité et la bassesse de leur origine, de faire du tort à la réputation de pureté et de lustre des familles de la Province, le bénéfice de la prescription en question devant s'étendre uniquement sur les habitans qui auraient résidé dix ans dans le pays, et chez lesquels on ne découvrirait ni ne soupçonnerait aucun défaut contraire à cette pureté d'origine [1]. Quoique les Agots ne soient point nommés dans cette pièce, il n'en est pas moins certain que c'est à eux qu'il y est fait allusion, observation qui s'applique également à un document de 1777, renfermant des instructions demandées par la vallée d'Oyarzun sur le mode à employer pour faire vider le pays à un individu d'origine obscure [2]. De pareilles instructions avaient été données en 1775 à l'al-

---

[1] « Deseosa de ocurrir la Junta á los embarazos y perjuicios que se notan por la mala inteligencia de los decretos celebrados en las Juntas generales de la ciudad de San Sebastian y villa de Hernani, sobre el metodo que se ha de observar en la admision de los sugetos que vinieren á morar en el distrito de la Provincia, acordó se recurra al Consejo, para que se sirva aclarar este punto, mandando que la prescripcion adoptada en dichas Juntas de Hernani, no pueda favorecer á gentes advenedizas y sospechosas de infestada sangre, que puedan desacreditar, por la obscuridad y bajeza de sus linages, la notoria limpieza y lustre de las familias de la Provincia, debiendose entender el favor de la citada prescripcion unicamente para los moradores, que hubiesen residido diez años, y no se descubriere ni sospecháre algun defecto, que se oponga á esta originaria limpieza. » *Ibidem.*

[2] « Pide, y se dá instruccion al Valle de Oyarzun, para el modo de exterminar (*sic*; *leg.* extrañar) un Sugeto de obscuro linage. » *El Guipuzc. inst.*, pag. 17. Cette pièce manque dans les archives de Tolosa.

cade d'Asteazu, village à une lieue de Tolosa, dans un procès que ce magistrat suivait contre quelques habitants qui ne pouvaient point faire leurs preuves de noblesse, et principalement contre un étranger soupçonné d'être de la race des Agots, procès qui n'était point encore vidé l'année suivante [1].

Maintenant reportons nos regards de l'autre côté des Pyrénées, et voyons si la condition des Cagots y fut plus heureuse.

A l'époque où les ordonnances royales se succédaient pour protéger les Agots de la Navarre, les Cagots du Béarn se virent de nouveau signalés à l'animadversion publique par la législation. Les anciens fors les nommaient *Crestias*; la nouvelle coutume rédigée en 1551 les désigne sous le nom de *Cagotz*, et renferme relativement à eux les articles suivants:

« Les prêtres, ni les Hospitaliers, ni les Cagots, ne payeront pas de tailles pour l'emplacement de leurs églises, hôpitaux, ou cagoteries; mais dans le cas où ils feraient des acquisitions, ils en payeront, si ces biens sont ruraux [2].

« Les Cagots ne doivent pas se mêler avec les autres hommes ni les hanter familièrement; ils doivent au contraire habiter séparés des autres personnes. Ils ne se mettront pas devant les hommes et les femmes, à l'église ni

---

[1] « Se dá tambien instruccion al Alcalde de Asteasu, en una causa que sigue contra algunos Moradores, que no tienen Hidalguía, y principalmente contra un Sugeto forastero, sospechoso, de raza de Agote.

« El mismo Alcalde expone, que aquel Síndico necesita de Acompañado, para evacuar en Navarra algunas diligencias, tocantes à la Causa del Sugeto forastero; en que se condesciende.

« Avisa el mismo Alcalde, haver fallecido el Sugeto notado de Agote, sobre cuya residencia se introdujo demanda en el Tribunal del Corregimiento, por incidencia de recusacion. » *El Guipuze. inst.*, pag. 17. Ces trois pièces manquent dans les archives de la députation, à Tolosa.

[2] *Los Fors et Costumas de Bearn.* A Lescar, per Joan de Saride, 1635, petit in-4; art. XXIII, pag. 5. — A Pau, per Joan Desbarratz... 1682 in-4; pag. 14.

aux processions, sous peine d'une forte amende pour chaque fois qu'ils feront le contraire.

« Il est défendu à tous Cagots de porter des armes autres que celles dont ils ont besoin pour leurs offices, sous peine d'une forte amende [1] pour chaque fois qu'ils feront le contraire. Les jurats auront la faculté de se saisir de leurs armes, qui seront vendues au profit du seigneur du lieu, et de la chose publique, par égales portions [2].

Quelque rigoureux que fussent ces règlements, les habitants du Béarn ne s'en contentèrent pas, et les états de ce pays, assemblés à Sauveterre, sollicitèrent une aggravation de précautions sanitaires contre les malheureux que l'opinion publique et les lois traitaient avec tant de cruauté. « Ils présentèrent, dit Maria dans ses mémoires manuscrits sur les fors et coutumes du Béarn, une requête à la reine Jeanne [3] pour la prier de faire défense à tous les Cagots de marcher nuds pieds dans les rues, à cause que les Béarnois pourroient par l'attouchement des pierres sur lesquelles les Cagots auraient marché, contracter leur ladrerie; le conseil de la reine, néanmoins, plus sage que le reste de la province, n'eut point d'égard à cette demande des états, qui conservèrent néanmoins leur bizarre sévérité contre les Cagots [4]. »

[1] *Suús pena de sengles Leys Majors.*

[2] *Ibidem*, édit. de Lascar, pag. 129, 130. — Ed. de Pau, pag. 109; *Rubrica de Qualitatz de personnas*, art. IV et V.

Il ne sera pas inutile, nous le croyons du moins, de faire connaître ici l'article VI, qui est relatif aux lépreux, avec lesquels les Cagots offrent tant de points de ressemblance, sans qu'il soit permis de les confondre. Nous laisserons parler le législateur béarnais, dont le langage est assez transparent pour n'avoir pas besoin de traduction. « Los Ladres, dit-il, no podén poblá à plus avant, ni en autre part, que à las maïsons que lós son deputadas per lórs domicilis. Et en cascuna Ladraria no dèu demorá que un Ladre solèt, ab sa familia : Mes lós passantz et repassantz se y poderán retirá, et demorá tant solament per dus jorns. »

[3] Jeanne d'Albret, mère d'Henri IV, qui épousa Antoine de Bourbon en 1548, et mourut en 1572, dix ans après son mari.

[4] Mémoire de Palassou, p. 375. Nous avons vainement cherché cette

A Bordeaux, ces pauvres gens ne furent pas mieux traités ; cependant il ne paraît pas qu'ils aient été l'objet d'aucun règlement particulier avant le xvie siècle [1]. Ce n'est qu'en 1573 que les jurats de cette ville rendirent une ordon-

requête dans les archives du département des Basses-Pyrénées, où nous avons trouvé l'ordonnance suivante, qui pourrait bien se rapporter en partie aux Cagots, bien qu'ils n'y soient pas nommés.

« *De par les Roy et Reyne.*

« Il est fait inhibition et deffence à tous vagabonds et autres sans aveu, s'ils n'ont expresses affaires à la suite de nostre court, qu'ils aient incontinent abhider (à vider), sur peyne que là où ils seront trouvez vingt-quatre heures après la publication de la presente, d'estre pugnis du fouet pour premiere foys, et pour la seconde d'estre pendus et estranglez, en mandant et enjoignant aux gentz de nostre conseil tenans la chambre criminelle, noz m[es] d'hostelz et controlleur et juratz de noz villes, faire entretenir, garder et observer la presente ordonnance, et icelle faire mectre à execution en cas de contrevention ; et affin que personne n'y puisse prendre cause de ignorance, faire icelle publier par tous lieux où il appartiendra. Donné à Pau le douziesme jour de juillet l'an mil cinq cens cinquante-six. *Signé* : ANTHOINE et JEHANNE; *contre signé* : MOREAU.

« Le xiii jour deu mees de julh mil cinq cens cinquante-sieys, Johan de Vinhau, cride publicque de Pau, se transporta per toutzj et chascuns los locxs, partz et cantoos de la presente ville de Pau, et aqui preconiza en haute botz la present ordonnance, de que en recquery acte à my Pees de Puyau, notary. *Signé :* DE PUYAU. » Registre des Etablissements de Béarn, n° 5, de 1555 à 1574, f° 58.

[1] En effet, ils ne sont pas même nommés dans les anciennes coutumes de Bordeaux, publiées en 1778 par les frères Lamothe. On conserve aux archives de la mairie de cette ville un compte de Dubosc, trésorier, du second semestre commençant le 23me jour de février 1495, et finissant au [*un blanc*] du mois de [*un blanc*] après suivant, l'an révolu 1496, compte dans lequel on trouve, parmi les dépenses de police, l'article suivant, où le nom des Gahets ne figure point, sans doute parce que le rédacteur de ces rôles ne les distinguait pas des ladres, des bélîtres et des vagabonds : « Item, plus compte que a pagat a mestre Johan Batalhey la soma de vingt francs bord', et asso per sa pencion d'aquest segond mech an, per aver lo regard a far tenir las carreiras netas, far abidar los aygueys et retreytz qui no son en locqs convenables, far tenir la riveira desembargada, far gitar los ladres de la villa, reservat los jorns ordenats deu temps passat, ayssunod los belistres, coquins et gentz vacabontz. Per so. . xxv lib. . . . . »

(*Item*, de plus compte qu'a payé à maître Jean Batalhey la somme de vingt francs bordelais, et cela pour sa pension de ce second mois de l'année, pour avoir le soin de faire tenir les rues nettes, faire vider les éviers et commodités qui ne sont pas en lieux convenables, faire tenir la rivière libre, faire jeter les ladres hors de la ville, excepté les jours anciennement fixés, ainsi que les bélîtres, coquins et vagabonds. Pour cela vingt-cinq livres.)

nance, par laquelle ils les soumettaient aux prescriptions les plus humiliantes. « Item (est-il dit dans cette pièce), est estably et ordonné que doresnavant nul Chrestien ne Chrestienne appelez Gahectz, de quelque lieu qu'ilz soient, [ne soient] si hardiz de saillir de leurs maisons ne entrer en la present ville pour aller par les ruhes, sinon qu'ilz portent l'enseigne de drap rouge cousu sur la poictrine, de la grandeur d'un grand blanc et en lieu descouvert et apparant, et qu'ilz ayent les piedz chaussez; et ne soient si hardiz de entrer ez boucheries, ès taverne[s] ne en la mayson de la paneterie, sur peine de soixante-cinq soulz d'amende par tant de foys qu'ilz seront trouvez venant au contraire [1]. »

Une amende de soixante-cinq sous suppose que ceux qui pouvaient l'encourir n'étaient pas dénués des biens de la fortune; cependant, soit que cette peine parût trop douce, soit qu'elle fût d'une application trop restreinte, le règlement fut ainsi modifié quelques années plus tard :

« Des Gahets.

« Est statué, que aucuns de ceux que l'on nomme Chrestiens et Chrestiennes, ou autrement Gahets, de quelques lieux qu'ils soyent, ne pourront sortir hors de leurs maisons ou habitations, ne entrer en la presente ville, pour aller par les ruës, sinon qu'ils portent une enseigne de drap rouge de la grandeur d'un grand blanc, cousuë et bien attachée audevant leur poictrine, et en lieu descouvert et aprent, et qu'ils n'ayent les pieds chaussez, sur peine du fouët, ou autre amende arbitraire.

« Et ne pourront entrer lesdits Gahets ez boucheries, tavernes, cabarets, paneterie de la presente ville, et participer avec l'autre peuple, à mesme peine que dessus [2]. »

---

[1] Ordonnances de messieurs de la ville touchant la police d'icelle. (Registres de la jurade de Bordeaux, conservés à l'hôtel-de-ville, collection de 1573, folio 6 recto et verso.)

[2] Anciens et nouveaux Statuts de la ville et cité de Bourdeaus. A

Vers la même époque, les compagnies de métiers qui faisaient rédiger leurs statuts par écrit, ne manquaient pas d'y consigner, pour ceux qui aspiraient à être admis chez elles, la condition expresse de ne pas être cagot. C'est ce que nous voyons dans les *Ordonnances de l'estat des Pasticiers :*

« Premierement (y est-il dit) aven ordonnat et establit, que aucun nou pourra uzar d'assi en avant (dorénavant) en ladicte ciutat, ny territory d'aquera (d'icelle), deu mestey deu Pasticey, ou Roustissour, sinon que sye homme de bona fama (réputation) et renom, et honnesta conversation (conduite, commerce), et que sia net de son corps, et non sia ladre, gahet, ne malaud d'autre maladia contagiousa, ne dangerousa [1]. »

Mais les mesures législatives employées contre les Cagots étaient trop sévères pour qu'ils ne fissent pas tous leurs efforts pour s'y soustraire; et, de leur côté, leurs adversaires ne manquaient pas de réclamer auprès de l'autorité et des magistrats, qui ne laissaient échapper aucune occasion de remettre en vigueur les anciens règlements relatifs à ces malheureux. C'est ainsi que les habitants du pays de Cize, vallée de la Basse-Navarre, dont Saint-Jean-Pied-de-Port était le chef-lieu, ayant présenté requête aux états pour demander qu'il fût défendu aux Cagots de porter des armes, et prélevé une certaine somme sur le salaire de leurs journées, les états, présidés par M. de Saint-Geniès, ordonnèrent en 1579, que les Cagots de Cize paieraient pour l'année cou-

---

Bourdeaus, par S. Millanges... 1612, in-4; p. 70. — Edition de Tillet. A Bordeaux, chez Simon Boé, M. D. CCI. in-4; p. 54. Entre ces deux articles, il y a un renvoi aux arrêts du parlement, en date du 14 mai 1578 et du 12 mai 1581.

[1] *Ibid.,* éd. de Millanges, p. 270.—Ed. de Tillet. p. 355, 360. Au dire des pâtissiers de 1718, ces statuts sont de l'année 1577. Voyez *Factum responsif pour Anne Bonnet veuve de Pierre Duvignau, Maistre Hôtellier et Cabaretier de cette ville... contre les bayles des Maistres Patissiers et Rotisseurs de la presente ville de Bordeaux,* p. 2.

rante, un réal de Castille par jour, et que plus tard les magistrats aviseraient à fixer le chiffre de la contribution suivant les occurrences et les besoins. Quant au port d'armes, il fut expressément interdit aux Cagots, auxquels on ne toléra que l'épée, qui devait, plus tard, leur être également interdite [1].

Le 14 mai 1578, le parlement de Bordeaux, faisant droit à la requête de Jacques la Ligne, habitant de la ville de Casteljaloux, et au réquisitoire du procureur général du roi, ordonna et enjoignit « aux officiers et consuls dudit Casteljaloux et tous autres, sur peine de mille escus, de policer les ladres et Gahets estans en leur ville et jurisdiction, et en ce faisant leur faire porter la marque et signal qu'ils ont acoutumé de tout temps porter, sçavoir est : auxdits ladres et lepreux les cliquects, et aux Capots et Gahets un

---

[1] « Sus la requeste aus fins que aus Cagotz sie prohibit de portar armes, et que lor sien taxatz lors jornaus et sallaris deus jorns que tribailheran per ung et per autres.

« Ordonam que losdits Cagotz deudit pays de Cise se contriberan per la presente aneye de ung real de Castelle per jornau ab la despence, a comptar deu jorn present en avant; et passat l'an, los magistratz deu lueqs y probediran segund las occurrences et la necessitat et fecillitat de... Cagotz mandan y obedir; et en oultre... deffendon tres-expresement de portar armes, [si non que] espades sollement, a penne de privation de lasdites armes et autre arbitraige, sinon que aultrement per lo rey, o aultres qui auran puixance de Sa Magestat, en fosse ordonat. Feyt lodit jorn, presentz losditz seignors. Signat Saint-Genies et aultres, signat Sponde. » (Sur la requête aux fins qu'aux Cagots soit prohibé de porter des armes, et que leur soient taxées leurs journées et salaires des jours qu'ils travailleront pour l'un et pour l'autre.

« Ordonnons que lesdits Cagots dudit pays de Cize, contribueront pour la présente année d'un réal de Castille par jour à la dépense, à compter du jour présent à l'avenir; et passé l'an, les magistrats du lieu y pourvoiront selon les occurences et la nécessité et facilité de... Cagots commandons y obéir; et en outre... deffendons très-expressément de porter des armes [si ce n'est] des épées seulement, sous peine de privation desdites armes et autre peine arbitraire, à moins qu'autrement par le roi, ou autres qui auraient puissance de Sa Majesté, en fût ordonné. Fait ledit jour, présents fort lesdits seigneurs, etc.) Cahier des états de Béarn, 1579, en fort mauvais état. Archives de la préfecture des Basses-Pyrénées.

signal rouge à la poctrine en forme de pied de guit (canard),
et à memes peines et du fouët auxdits lepreux, Gahets et
Capots, d'y obeir et porter lesdites marques. » Trois ans
plus tard, cet arrêt fut invoqué par Étienne de Laudoir,
« voisin et habitant du lieu et jurisdiction de Cabreton, »
qui en réclamait l'exécution contre les Cagots des Landes de
Gascogne; et le parlement de Bordeaux, par un nouvel arrêt
en date du 12 août 1581, enjoignait « aux officiers et jurats
dudit Capbreton, à peine de mil escus et de privation de
leurs estats, de policer les Capots et Gahets estans audit lieu
de la Punte et jurisdiction dudit Capbreton, et chacun d'eux
ensemble, à leurs femmes et enfens, faire porter un signal
rouge sur leurs acoutremens et à l'endroict de leur poctrine, en forme de pied de guid, auxquels Gahets et Capots
ladite cour enjoint d'obveir (sic) et porter ledit signal, à peine
du fouët et autre plus grande peine telle que de droict par
raison; et à mesmes peines leur fait inhibitions et deffences
toucher au marché ny autres lieus de ladite jurisdiction
aucuns vivres autres que ceux qu'ils voudront achep-
ter des vendeurs d'iceux [1]. » Le 9 décembre 1592, les

---

[1] Copie notariée conservée dans les archives de Biarrits. Une pièce de
celles de Capbreton nous apprend que cet arrêt ne fut signifié que l'année
suivante aux parties intéressées, et témoigne de la répugnance bien naturelle qu'elles avaient à en entendre la lecture.
        « Du douzieme jour   mil cincq cens quatre-vingtz-
             dux, pardevant   Perichon Debayle, Estienne
        Defouarqx, juratz, au parquet ordinaire de la cour.
    « Entre Mc Estienne de Laudoar, le procureur du roy joinct à luy, contre
Saubat Menjon et autre Menjon, Bertranon, Mingot Colas et autre, Saubat
Birocq de Sainct-Jehan. Arnault Guilhen, Menjon Peyroton, Pierre et
Jhanon Dongins, Jehan Desbarry dict l'Homme, autre Jehan Desbarry dict
Pachon, Estienne Saubadon et Arnaulton Ducasso, Gahetz du lieu de la
Punte, asignés à dus hures après mydy de ce jourd'huy, comparant le pro-
cureur du roy en la presente juresdiction et de Laudoar, lesquelz parlant
par ledict procureur, ont dict que par arrest de la court de parlement de
Bourdeaulx donné le douzieme d'aoust mil cincq cens quatre-vingtz-ung...
a esté enjoinct aux officiers et juratz de Capbreton... de policer lesdictz Capotz et Gahetz estanz au lieu de la Punte...; lequel arrest ilz ont faict signifier aux deseus nommés et autres qu'il appartient, en vertu de certaines,

abbé [1] et jurats de la paroisse d'Espelette ayant présenté au parlement de Bordeaux une requète contre les Cagots, la cour rend, le 11 du même mois , un arrêt par lequel elle ordonne et enjoint « auxdits Capots et Gahets residans en ladite parroisse d'Espelete et ez environs , leurs femmes et enfens, d'incontinant prendre sur leur[s] acoutremens et leurs poctrines le signal rouge en forme de pied de guid , et leur inhibe de plus toucher aucuns vivres quy se debitent aux marchés et places publiques, sauf celles qui leur seront baillés et délivrés, et ce à peine du foüét et d'estre exhillés et chassés de la jurisdiction d'Espelete; et à mème[s] peines leur fait inhibitions et deffences d'aller à l'offrande avec les autres parroissiens de ladite parroisse d'Espelete, et eujoint aux officiers dudit lieu, à peine de cinq cens escus, de policer le[s]dits Capots et Gahets suivant le precedant arrêt, et de tenir la main à l'execution d'icelluy et autre[s] arrets donnés en semblables causes, selon leur forme et teneur [2]. »

App[te] default desdictz assignés, sauf s'ilz se presentent dans vendredy prochain, hure du matin, et leur sera signifié par le premier sergent royal ou ordinaire de la presente juresdiction sur ce requis; et à faulte de se presenter à la dicte hure, sera procédé comme de raison. »

[1] Cette appellation, par laquelle les maires étaient anciennement désignés dans le Pays Basque, est fort curieuse et parait remonter aux premiers siècles de notre histoire. On lit, en effet, dans l'Astronome, biographe de Louis-le-Débonnaire, et dans le continuateur d'Aimoin, livre v, chap. 1 : « Ordinavit autem (Carolus) per totam Aquitaniam comites abbatesque, necnon alios plurimos, quos Vassos vulgo vocant, ex gente Francorum... eisque commisit curam regni , » etc. *Recueil des Historiens des Gaules,* tom. VI , p. 88 , D. Potgiesser fait sur ce passage l'observation suivante : « Per Abbates hic intelligi volunt, non personas Ecclesiasticas sacra mitra donatas, sed, Barones. Comites, Duces, Principes ; vel ex eo, quod Abbatias occupassent , aut illo ævo perquam honoratum ac magnificum Abbatum nomen haberetur. Apud Aimoinum quoque proceres bellicosi, Abbates dicuntur : qualis pugnacissimus ille Ebolus, de quo vetus Poëta.

    « *Post nullus procerum remanet, nisi Martius Abba.* »

(*De Conditione et statu servorum apud Germanos tam veteri, quam novo Libri tres,* etc. Coloniæ Agrippinæ, apud Jacobum Promper, MDCCVII, in-8; lib. I, cap. III, §. LVI, p.129, 130. Ce passage manque dans la deuxième édition du traité de Potgiesser, publiée en 1736.)

[2] Copie notariée, conservée dans les archives de Biarritz.

L'année suivante, le même parlement de Bordeaux reçut de
Saubat Darmoire, notaire royal et syndic du bailliage de
Labourd, une nouvelle requête contre les Cagots, à laquelle
il fit droit par un arrêt dont voici le dispositif : « Dit a esté,
interinant laditte requeste quen a ce, que la cour a ordonné
et ordonne, suivant les precedans arrets, que les Capots et
Gahets residans au bailliage de Labourt et lieux circonvoisins, leurs femmes et enfens, prendront sur leurs acoutremens et poctrines un signal rouge en forme de pied
de guid, pour estre dicernés, distincs et separés du reste
du peuble, et leur inhiber de dors en avant de toucher aucuns vivres qui se debitent aux marchés et places publiques,
sauf celles qui leur seront baillés et delivrés par ceux qui
les debitent, et ce à peine du fouèt et d'estre exhillés et
chassés dudit bailliage. Et pour le regard des ladres, si avans
en y a, porteront les cliquets à mesmes peines que desus.
Et fait la cour inhibitions et deffences aux susdits Capots et
lepreux d'aller à l'offrende avec les autres habitans dudit
bailliage ez eglises d'ycelluy bailliage, ny toucher de leurs
meins l'eau beniste, au lieu où lesdits habitans ont acous-
tumé la prendre; et enjoint au baillif dudit Labourt et autres officiers de tenir la mein à l'execution du present arrêt,
à peine de cinq cens escus et amende arbitraire, telle que de
droit et raison. Prononcé à Bordeaux en parlement le vingtiesme de may, mil cinq cens nonante-trois [1]. »

Le 7 septembre 1596, le même parlement rendit un autre arrêt, entre le syndic de Labourd et ses consorts d'une
part, et Jeanne de Lagarrete de l'autre, par lequel il fut ordonné, entre autres choses, « que, conformément aux précé-
dens arrêts, les Cagots et Gahets residans aux bailliages et ès
lieux circonvoisins, porteroient sur leurs vêtemens et sur

---

[1] Copie notariée, conservée à la mairie de Biarritz.

la poitrine, un signe rouge, en forme de patte de canard , pour être séparés du résidu du peuple. » La cour « leur inhibe de toucher aux vivres qui se vendoient aux marchés, à peine du fouet, sauf à ceux que les vendeurs leur auront délivrés , et d'être bannis de leur bailliage; défense aussi auxdits Cagots de toucher l'eau bénite dans les églises où les autres habitans la prennent [1]. »

Par un arrêt du même parlement en date du 3 juillet 1604, la même rigueur s'exerça en Soule, à la requête de Grégaray, syndic du tiers état de ce pays. « Il est ordonné (y est-il dit), en conséquence du précédent arrêt, aux Cagots et Gahets de Soule, de porter ladite marque rouge en forme de patte de canard, et fait les mêmes défenses ci-dessus, avec celles de ne prendre dans les églises que les mêmes places que leurs prédécesseurs et ancêtres dudit ordre des Cagots, etc. , etc. , etc. [2] »

L'animosité contre cette malheureuse caste fut poussée plus loin le 29 juin 1606. Les trois états du même pays de Soule, étant en assemblée générale de la cour d'ordre, à la requête de Bernard d'Etchart, syndic du tiers état, « il fut défendu auxdits Cagots, à peine du fouet, de faire l'office de meunier, de toucher à la farine du commun peuple, ni de se mêler dans les danses publiques avec le peuple, sous peine corporelle [3]. »

L'excessive sévérité et l'injustice de ces règlements dûrent nécessairement provoquer la désobéissance de ceux contre qui ils étaient dirigés; mais les ennemis des Cagots ne s'endormaient pas , et trois ans après, les états de Navarre présentaient au marquis de la Force, gouverneur du royaume,

---

[1] Mémoire de Palassou, p. 371.

[2] Ibidem. Trente-cinq ans plus tard, comme l'implique une phrase de P. de Marca, les Cagots du Béarn avoient abandonné la marque du pied d'oye ou de canard, qu'ils estoient contraincts anciennement de porter.

[3] Ibidem, p. 371, 372.

une requête à l'effet d'en obtenir une ordonnance qui enjoignit aux magistrats de tenir la main à l'exécution des règlements portés contre cette caste malheureuse. Le marquis fit ce que voulaient les états, et le 12 juillet 1609 il rendit cette ordonnance, où les Cagots se trouvent nommés après les *Bohémiens et autres vagabonds* [1]. »

L'année suivante, les villes d'Oloron, de Sainte-Marie, de Monein, et plusieurs communes voisines firent une levée de boucliers contre les Cagots ; elles se plaignaient que depuis quelque temps ils violaient les articles du For qui leur défendaient de se mêler avec les autres habitants, de porter des armes et de faire d'autre commerce que celui des bois. La requête qu'elles présentèrent aux états de Béarn [2] n'amena

---

[1] Réglements et délibérations des états de Navarre, conservés aux archives des Basses-Pyrénées, à Pau, registre 15 (de 1607 à 1622). *Extreyt deus establissementz obtengutz per ladite gens deus tres estatz de Navarre, en l'aneye mille sieys cens et nau, de monsieur lo marquis de la Force, loctenent general du rey en son reaume de Navarre et païs souverain de Bearn, et president aux estatz* (fol. 55-58).

Art. 13 (fol. 56). — « Sus la requeste presentade à so que los reglamentz feytz touccant los compayradges, misses nouvelles, Bohemis et autres bagamonds, et deus Cagots, sien obserbat, et los magistratz mandatz los far goardar et obserbar et entertenir sens aucune dissimullation.

« Lodict seignor ordonne que los reglemenz feytz sus las causes supplicades, seran exactement et de poinct en poinct gouardatz ; mandan à toutz magistratz deu present reaume, et à chascun en lor district et juridiction, tenir la man à l'obserbation dequetz. »

(Sur la requête présentée pour que les règlements faits touchant les associations, misses nouvelles, Bohémiens et autres vagabonds, et relativement aux Cagots, soient observés, et que les magistrats reçoivent l'ordre de les faire garder et observer et entretenir sans aucune dissimulation.

Ledit seigneur ordonne que les règlements faits sur les choses demandées, seront exactement et de point en point gardés ; mandant à tous magistrats du présent royaume, et à chacun en leur district et juridiction, de tenir la main à l'exécution d'iceux.)

[2] « Que, combien per los quoate et cincq artigles deu For, rub. *De Quallitatz de persones*, sie deffendut aus Caguotz de converçar familierement ab los habitans deu present pays, au contrary de habitar separatz et no portar autres armes que las deserbientes per lors officys de charpentiers, per losquoaus termis los sie prohibit et interdict toute sorte de traffique et commerce et de s'adonar à autres officis que de fustéés, neandmeings despuix petit de temps se licentien de traffiquar en vins, granadges et autres mar-

aucune disposition nouvelle relativement aux Cagots, contre lesquels ce corps réclamait l'amende pour une première contravention, et des peines corporelles en cas de récidive; mais le marquis de la Force lui renouvella l'assurance que les articles du For seraient rigoureusement exécutés.

Dans une autre partie des Pyrénées, à Cauterets, les Cagots, auxquels il avait été assigné un lieu particulier pour se baigner, appelé la cabane des Capots, éprouvaient des vexations dans l'exercice de ce qu'ils considéraient comme leur droit. Le neuf mai 1647, Dom Hugues Caimel, religieux réformé, et vicaire général du monastère de Saint-Savin, assisté des consuls des lieux de la rivière de ce nom, rendit une ordonnance portant défense aux Cagots de se bai-

chandises, et acqueros vendre an gros et au menut, et exercen depuis noa-guoayres l'officy de laes, logan à lorserviry mestre[s] experts de tal offecy et autres habitans francqs, qu'y entretienen haylets et servidors en lors mai-sons, porten armes per lo pays, comme los autres, comme plus ample-ment appar per la requeste ausdits estats presentade per los mestres experts de laneficy de las villes d'Oloron, Sainte-Marie, Moneing, Luc, Momor, Gurmenson, Arros et Anhos, atachade ab un arrest baillat en la court de parlement de Bordeaux, lo vingt de may, mill cincq cents nonante et tres: quy no es autre cause que se mesclar et familiarisar, contre la disposition deudit For, nonobstant plusors et diverses ryterades deffences tant de vostre seignorie que deus seignors deu conseil, et ce a creigner que lor continuen ab plus de libertat et hardiesse, sy no y es prouvedit per quoauque reme ij propi et convenable. Per que supplican plus humblement vous playt inhivir et deffender ausdits Caguotz d'exercir lodit officy de laes ni autres que de fus-tées, ny traffiquer de vins, granadges et autres marchandises en gros ou au me-nut, si no ou en gros sollement deus frutz excrescutz en lors terres, ni portar aucunes armes, anan et retornan per lo pays, que acqueres quy los son ne-cessaris per lordit officy, à pene d'emmende pecuniary per la prumere vega-de, et per la segonde de pene corporalle; no remeings por evitar ladite conver-sation et familiaritat ab los autres, vous playt ordonar que lor et lors familyes seran distinguitz deus habitans deu pays per certane merque qu'y portaran en locq apparent, talle que per vostre seignorie sera ordonat. » (Que, combien que par les articles 4 et 5 du For, rubrique *Des Qualités des personnes*, il soit défendu aux Cagots de vivre familièrement avec les habitants du présent pays, (mais ordonné) au contraire d'habiter séparés et de ne porter d'autres armes que celles qui leur servent pour leurs offices de charpen-tiers, par lesquels termes leur soit prohibé et interdit tout sorte de traffic et commerce et de s'adonner à d'autres métiers que celui de charpentier, néanmoins depuis peu de temps ils se permettent de traffiquer en vins.

gner dans le petit bain de Cauterets, de jour ou de nuit, sinon après les autres, sous peine de payer un petit écu pour
chaque contravention, et même d'être mis aux ceps dans la
maison de ville de Cauterets [1].

Nonobstant ces persécutions incessantes, les Cagots, plus
industrieux que leurs voisins, devenaient propriétaires.
Leurs maisons conservèrent le privilége des biens ecclésiastiques, celui d'être exemptes de tailles, et leurs personnes
ne pouvaient être assujetties au service militaire [2].

grains et autres marchandises, et de vendre icelles en gros et en détail, et
ils exercent depuis peu l'état de marchand de laines, louent à leur service
des maîtres experts de ce métier et autres habitants francs, qu'ils entretiennent valets et serviteurs dans leurs maisons, portent des armes par le pays,
comme les autres, comme plus amplement appert par la requête auxdits
états présentée par les maîtres experts du commerce des laines des villes
d'Oloron, Sainte-Marie, Moncin, Luc, Moumour, Gurmençon, Arros et
Agnos, attachée avec un arrêt donné en la cour du parlement de Bordeaux,
le 20 mai 1593 : ce qui n'est autre chose que se mêler et familiariser, contre la disposition dudit For, nonobstant plusieurs et diverses défenses réi-
térées tant de votre seigneurie que des autres seigneurs du conseil, et cela
dans la crainte qu'ils ne continuent avec plus de liberté et de hardiesse, s'il
n'y est pourvu par quelque remède propre et convenable. C'est pourquoi ils
supplient plus humblement qu'il vous plaise interdire et deffendre auxdits
Cagots d'exercer ledit état de marchand de laine et autre commerce que
celui des bois, de trafiquer en vins, grains et autres marchandises en gros et
en détail, sinon en gros seulement des fruits venus sur leurs terres, et de
porter aucunes armes, en allant et revenant par le pays, que celles qui leur
sont nécessaires pour leur dit métier, sous peine d'amende pécuniaire pour
la première fois, et de peine corporelle pour la seconde; et dans le but
d'éviter ledit commerce et familiarité avec les autres, qu'il vous plaise ordonner qu'eux et leurs familles seront distingués des habitants du pays par
certaines marques qu'ils porteront en lieu apparent, telle que par votre seigneurie sera ordonné.) On lit en marge : « Lo contengut aux quoart et cinqual
artigles deu For, rubrieque *De Qualitatz de personnes*, seran exactement
goardatz et observatz, à pene aux contrevenans d'estre punitz de las penes
portades per losditz artigles. » Cahiers des états de Béarn, 1606-1621, vol.
III, année 1610, fol. 9 recto.

[1] Archives du département des Basses-Pyrénées.

[2] « Conformement à l'art. 23. de la prumere Rub. deu For : lous Cagots
non poderan estar taillats per lou cedent de las Cagotaries antiques qui se
troberan establides fens lou Pays en lour favour, mes solament per lous
autres bées et maisons qui se auran acquisit. Per Redglament de l'anneye
1642. accordat per loudit Seignour de Gramont. » *Compilation d'aucuns*

Cette exemption servit de prétexte à quelques-uns de ces proscrits, pour usurper les prérogatives des gentils-hommes. Les états de Béarn adressèrent au duc de Grammont, le 13 décembre 1640, une réclamation à laquelle ce sei-

Priviledges et Reglamens deu pays de Bearn. A Orthés, chez Jacques Rouyer, M. DC. LXXVI. in-4, art. XX, rubr. XV, p. 207; à Pau, per Isaac Desbaratz, 1716, in-4, p. 216.

« Lous Cagots non poderan estar constrets à portar las armas ab lous autres hommis ni mandats à la guerre, que per servir de lours mestiers en Siedges. Per Redglament deu 8. de Juin 1642, feyt per Monseignour de Poyanne (*sic*. Lisez de Grammont). Loctenent general. » *Ibidem*, rub. XXIII, art. XIII; édit. de 1716, p. 227.

Voici l'extrait du cahier des états de Béarn, tel qu'il se trouve dans le registre 1625-1643, sous l'année 1642 :

« A Monseignor lo comte de Gramont, gouverneur et loctenent general representan la personne deu rey, seignor souviran de Bearn. »

8e article :

« Sus so qui es estat representat que lous Cagots de Castagner, Saubalade, Lobieng et Maslacq demanden estar deschargeatz tant de la taille per lou sedent de lor Cagoteries, que per lou man à la guerre comme soldatz, suppliquen plus humblement vous placie ordonnar que lousdits Cagots, conformemt au 23 ar^{le} de la prumere rub. deu For, non poderan estar taillatz per lou sedent de las cagoteries antiques qui se trouberan establides fens lo pays en lour favour, mès soulement per lours autres biens et maysons qu'i auran acquisit, et que, seguien lous 4 et 5 ar^{cles} du For, rub. *De Qualitat de personnes*, nou poderan portar armes ny far fonctions de soldatz, se mesclan en conversacion ab lous autres hommys, mès poderan soulement estar mandatz per lou superiour per anar à la guerre quoand besoin sie, per servir de lours mestiers, outils et ferrementz de charpentiers, en siedges, ou autres actes et expeditions qui se rencontreran. » (Sur ce qui a été représenté que les Cagots de Castagner, Sauvelade, Loubieng et Maslacq, demandent à être déchargés tant de la taille pour l'emplacement de leurs cagoteries, que de l'appel à la guerre comme soldats, supplient plus humblement qu'il vous plaise ordonner que lesdits Cagots, conformément au 23e article de la première rubrique du For, ne pourront être soumis à la taille pour l'emplacement des cagoteries antiques qui se trouveront établies dans le pays en leur faveur, mais seulement pour leurs autres biens ou maisons qu'ils auront acquis, et que, selon les 4_e et 5e articles du For, rubrique *Des Qualités des personnes*, ils ne pourront porter des armes ni faire les fonctions de soldats, se mêlant par un commerce journalier avec les autres hommes, mais pourront seulement être commandés par leur supérieur pour aller à la guerre quand besoin sera, pour servir de leurs métiers, outils et ferrements de charpentier, en siéges, ou autres actes et expéditions qui se rencontreront.) On lit en marge : « Ledit seigneur gouverneur et lieutenant general accorde aus supplians ledit article. »

gneur fit droit en défendant aux Cagots d'Oloron de bâtir des colombiers, et au Cagot de Mont et autres de s'arroger le port d'armes et le costume d'un gentil-homme [1].

[1] « Per los quoatte et cinq artigles deu For, rub. *De Qualitatz de personne*, los Cagots son inhibitz de se mesclar ab los aultres hommys per familiare conversacion, et de portar aultres armes que aqueres qu'i auran besoin per lours ofieys et charpantiere; et per monstrar que talles gens son excluditz de toutz los advantadges et priviledges qui competexin à las aultres personnes, losditz artigles adjusten que losditz Cagotz deben habitar separatz deus aultres personnadges, comme en effeyt lours semiterys son à part, et lours baneqs et siedges son aussy à part et reculatz en las gleyses ; et toutesbetz losditz estatz an recebut plainete que, au prejudicy de so dessus, auguns Cagotz en la ville d'Oloron an bastit coulomers fens lours maysons, et tienin et nourixin coulons qui se nourixin en las terres deus aultres habitans de ladite ville ; et que un aultre Cagot, qui habitte en lo locq de Mont, porte l'espade au coustat, manton, bottes et esperons, et de plus se mesle de cassar ab armes à houecq et ab caas. Et d'autan que tout so dessus es contrary à la subjeccion sus laquoalle son nascutz, et tend visiblement à s'establir en quoauque condition esgalle ab los aultres personnadges et à violar per tal moyen lo for et statut municipal, supplien plus humblement vous plasic ordonnar que lodit coulomer deudit Cagot d'Oloron sera demolit et tollit, ab inhibitions à luy et en sa personne à toutz aultres d'en dressar aucun ; et inhibir aussy audit Cagot de Mont de portar manton, bottes, espade ny armes à fouecq, ni aultres ferraments ou armes que acquetz qui son necessarys à son mestier de charpantier, seguien lo For, ny aultrement s'habillar que comme es convenable à sa condition. » (Par les articles 4 et 5 du For, rubrique *Des Qualités des personnes*, il est défendu aux Cagots de se mêler avec les autres hommes par fréquentation familière, et de porter d'autres armes que celles dont ils auront besoin pour leurs états et métier de charpentier; et pour montrer que telles gens sont exclus de tous les avantages et priviléges qui appartiennent aux autres personnes, lesdits articles ajoutent que lesdits Cagots doivent habiter séparés des autres personnages, comme en effet leurs cimetières sont à part, et leurs bancs et siéges sont aussi à part et reculés dans les églises; et toutefois lesdits états ont reçu plainte que, au préjudice des articles ci-dessus, quelques Cagots en la ville d'Oloron ont bâti des colombiers dans leurs maisons, et tiennent et nourrissent des pigeons qui se nourrissent sur les terres des autres habitants de ladite ville; et qu'un autre Cagot, qui habite au lieu de Mont, porte l'épée au côté, manteau, bottes et eperons, et de plus se mêle de chasser avec des armes à feu et avec des chiens. Et d'autant que tout ce qui est ci-dessus est contraire à la sujétion en laquelle ils sont nés, et tend visiblement à s'établir en quelque condition égale avec les autres personnages et à violer par ce moyen le for et statut municipal, ils vous supplient plus humblement qu'il vous plaise d'ordonner que ledit colombier dudit Cagot d'Oloron sera démoli et enlevé, avec inhibition à lui et en sa personne à tous autres d'en dresser aucun ; et de défendre aussi audit Cagot de Mont de porter manteau, bottes, épée ni armes à feu, ni

A six ans de là nous trouvons les Caqueux traités plus ignominieusement encore dans une ville de la Bretagne. Un des registres municipaux de Saint-Malo porte ce qui suit, sous la date du 9 août 1646 : « Sur la représentation du maire jqu'il regne diverses maladies contagieuses en plusieurs villes du royaume, maladies qu'on suppose introduites par les Cagous et autres hommes de neant, qui s'y retrayent, defenses sont faites à qui que ce soit, sous peine d'amende, de donner asile à ces sortes de gens, s'ils se presentent à nos portes. » A cet effet deux chasse-gueux furent établis à l'entrée de cette place [1]. Il est évident qu'ici le mot *Cagous* s'applique surtout aux lépreux ; mais il n'est pas moins certain que les Caqueux, qui, après avoir été une subdivision de ces malheureux, en furent si longtemps un souvenir héréditaire, devaient être également compris sous cette désignation ; peut-être même, et je suis assez porté à le croire, le furent-ils dans la proportion la plus forte.

Toutes ces mesures, on l'a vu plus haut, étaient dictées par le soupçon de ladrerie qui poursuivait les Cagots, et par la crainte qu'en se mêlant avec les citoyens ils ne répandissent la lèpre au milieu d'eux ; cependant, ils avaient de bonne heure été soumis à l'examen d'habiles médecins, qui tous avaient attesté la pureté de leur sang, la force, la vigueur et la bonté de leur constitution. Pendant que le sieur de Nogués, médecin du roi et Béarnais lui-même, leur donnait ce témoignage, rapporté par Pierre de Marca [2], le

autres ferrements ou armes que ceux qui sont nécessaires à son métier de charpentier, selon le For, ni d'autrement s'habiller que comme il est convenable à sa condition. Etats de Béarn, reg. de 1625-1643, sans pagination générale ; 13 décembre 1640, art. 7. On lit en marge : « Ledit seigneur gouverneur enjoinct ausdits Cagots de se comporter suivant le For. » Voyez aussi *Compil. d'anc. Priv.*, etc. rub. 27, art. VIII; édit. de 1676, p. 240, 241.—Edit. de 1716, p. 249, 250.

[1] *Histoire de la Petite-Bretagne*, par M. Manet, tom. II, p. 301, en note.

[2] Voyez ci-devant, p. 28.

parlement de Toulouse ordonnait le 24 avril 1606, durant l'instruction d'un procès, un examen dont voici le résultat:
« François Vedally fut deputé commissaire, et faute par les parties d'avoir accordé des médecins et chirurgiens, à l'effet de la vérification et visite, le commissaire ayant pris d'office Emmanuel d'Albarrus et Antoine Dumay, docteurs en faculté de médecine de l'université de Toulouse; Raymond Valladier et François, maitres chirurgiens de ladite ville, qui par la relation du 15 juin 1600 attestèrent avoir visité vingt-deux personnes, dout un enfant de quatre mois, tous charpentiers ou menuisiers, soi-disant Cagots, et qu'après avoir palpés, regardés exactement chacun à part, en tous les endroits de leur corps par plusieurs et divers jours, et fait saigner du bras droit, sauf l'enfant à cause de son bas âge, non plus que sa mère parce qu'elle étoit nourrice, lui ayant fait néanmoins tirer du sang par ventouses appliquées sur les épaules, observé et coulé le sang d'un chacun d'eux, et avoir fait les preuves accoutumées, examiné les urines et discouru diligemment sur tous les signes de ladite maladie, le tout suivant les règles de l'art de médecine et chirurgie, sans avoir omis aucune chose nécessaire pour porter un bon et solide jugement en fait de si grande importance; et pour voir si les soupçonnés ou quelques-uns d'eux étoient atteints de ladrerie ou de quelque autre maladie qui y eût quelque affinité, et qui par communication pût préjudicier au public ou au particulier; examiné aussi si les accusés avoient quelque disposition ou inclination à ladite maladie; le tout mûrement considéré par lesdits médecins et chirurgiens, ils rapportèrent d'un commun accord par leur relation, qu'ils déclaroient avoir trouvé les vingt-deux personnes dont il s'agit, toutes bien saines et nettes de leur corps, exemptes de toutes autres semblables maladies contagieuses, et sans aucune disposition à des maladies qui dût les

séparer de la compagnie des autres hommes et personnes sains; qu'il leur devoit, au contraire, être permis de hanter, commercer et fréquenter toutes sortes de gens, tant en public qu'en particulier, et former tous actes de société permis par les lois, sans crainte d'aucun danger d'infection, comme étant tous bien disposés et sains de leurs personnes [1]. »

Les médecins eurent beau faire, ils ne purent jamais réconcilier les Cagots avec la société; la haine convertie en habitude n'écouta point les déclarations de la science, et le législateur même, au lieu de protéger l'opprimé, renouvelait sans cesse les ordonnances qui le signalaient au mépris populaire. La suite des registres des règlements et délibérations des états de Navarre fournit la preuve de ce que nous venons de dire; on lit dans l'un d'eux : « N'estant pas permis aux Cagots par les anciens reglements de se mêler avecq d'autres personnes quy ne le sont pas, soit par mariage ou autrement, ny de porter des armes à feu, ny autres armes tranchantes ayant pointe, il a esté arresté aux estats dans la sçeance du 8e. juillet 1672. que lesdits reglements anciens contre lesdits Cagots sortiront leur plain et entier effait, et ordonné au sçindicq de tenir la main exactement à l'observation d'iceux [2]. »

Ce règlement fut confirmé par un autre règlement du 15

[1] Mémoire de Palassou, p. 377-379.
[2] Registre 17 (de 1666 à 1699), n° 31, p. 14. On retrouve également aux archives de la préfecture, à Pau, un autre procès-verbal de la même séance, dans le registre n° 16 (de 1666 à 1710), folio 63 recto. Le voici :
« Sur la requeste presantée par les deputez de Cise, disans que les Cagots, au prejudice des deffences portéés par plusieurs reglemens, se veullent mesler avecq d'autres personnes quy ne le sont point, soit par mariage que autrement, et qu'ils portent des armes à feu et autres armes tranchantes avec pointe; supliant les estats de pourvoir par leur justice à ce desordre, lesdits estatz ont arresté que les antiens reglemens contre lesdits Cagotz sortiront leur plein et entier effect, et ont ordonné au sindic de tenir la main exactement à l'observation d'iceux. »

octobre 1678, accordé à Saint-Jean-Pied-de-Port par le duc de Grammont et ainsi conçu : « . . . Sur le septiesme article, exposant que, comme les Cagots sont des gens distinguez de tous les autres à raison de leur condition, on a faict des reglemens particuliers contr'eux, où ils sont deffendus de porter de certaines armes, mais parce que ces deffenses ne sont pas accompagnées de peynes, c'est à quoy ils contreviennent tous les jours ; concluant ledit article à ce qu'il plaise à Son Excellance ordonner que lesdits reglemens seront executez par lesdits Cagots, à peyne de cent livres pour chaque contrevention, aveq enjonction au sindiq de tenir la main à l'execution et agissant de la maniere qu'il verra estre faire, à peyne de privacion de ses gages. Ledit seigneur gouverneur et lieutenant general a dit qu'il accorde aux supplians le contenu audit article, à la charge neantmoins que l'amande cedera au profit du roy [1]. »

Par un autre reglement en date du 23 août 1680, rendu par le duc de Grammont, il fut défendu aux Cagots de tenir cabaret ni taverne pour vendre du vin, soit dans les maisons, soit ailleurs, sous peine de cent livres d'amende pour chaque contravention. Néanmoins les communes habitées par les Cagots pouvaient en user autrement, si bon leur semblait [2].

Nous rapporterons aussi une délibération pour l'exécu-

[1] Registre 16, folio 121 recto.
[2] « Sur le sixiesme article contre les Cagots, aux fins qu'il pleust audit seigneur gouverneur et lieutenant general leur reiterer leurs inhibitions portées par les anciens reglemens, de tenir cabaret et taberne pour vendre du vin à pot et pinte, soit en leurs maisons, soit ailleurs, à peyne de cent livres d'amande pour chaque fois qu'ils contreviendront, à laquelle peyne ils seront condamnés par le juge ordinaire, à qui la connoissance en appartiendra exclusivement à tout autre, ledit seigneur gouverneur et lieutenant general accorde aux supplians le contenu au present article, sauf aux communautés où lesdits Cagots habitent d'en user autrement, si bon leur semble. » *Ibid.*, fol. 141 recto. Voyez aussi une note marginale du registre n° 17, déjà cité ; elle contient un résumé de cette délibération.

tion des règlements qui défendaient aux Cagots de se marier avec ceux qui ne l'étaient pas : « Sur ce qui a esté representé par le scindic qu'au prejudice des reglemens des estats faits contre les Cagots, de ne se marier point à ceux qui ne le sont point, le parlement a prins divers arrests par lesquels il permet à un Cagot de se marier avec une fille non Cagotte, ce qui tend à une infraction entiere desdits reglemens, à quoi les estats doivent pourvoir par leur prudence ordinaire, pour eviter les abus et faire valoir lesdits reglemens : sur quoy les estats ont d'une comune voix deliberé que les reglemens faits contre les Cagots seront executez regulierement, et que les parties interessées pourront requerir l'intervention du scindic à leurs propres frais et despens, sans que pour raison de ladite intervention le royaume puisse estre d'aucun fraix [1]. »

Quatre ans après cette délibération, Jean Lalanne, nommé trésorier de l'hôpital de Nay, était rejeté parce qu'il avait été porté à la connaissance des jurats de cette ville qu'il était Cagot, et que l'ancienne rubrique défendait aux Cagots de se mêler avec le reste de la population [2].

---

[1] 7 octobre 1682; *ibid.*. folio 154 recto.

[2] Par délibération des jurats et députés de la commune de Nay, en date du 13 février 1687, Pierre Loustau et Jean Lalanne fils aîné, de la même ville, furent nommés trésoriers de l'hôpital. Cette délibération est en français; mais deux jours après, la délibération suivante fut consignée en béarnais sur le même registre : « Lou quinse de fevrer, mil six cens quoatte-vingt-sept, loudit de Loustau c'es presentat, qui a dit que lis sée offre d'acceptar la d^te charge de tresauré et de prestar lo serment au cas requerit.

« Et à l'esgard deudit de Lalanne, attendut que per lo For, rubrique *De Qualitat de persoune*, es deffendut aux Cagots de se mesclar ab los autres hommis; vist acquet, lou d^t de Lalane es estat deschargat de ladite charge, per nou poder en far la founcion à cause de sa qualitat de Cagot: ser perque d'une commune bout es estat noumat per thresaurer Me Bernard Dalemane de Nay, per, conjointement ab lodit Loustau, exersar ladite charge de thresauré, et sera apperat per acceptar acquere: et lod^t de Loustau a acceptat la dite charge, a prestat lo serment au cas requerit, de que es estat retiengut acte, et a signat.» *Signés au registre :* Loustau, trésorier, Dalemane, trésaurier, Paraiges, 1er jurat.

Au milieu de la prévention et de la haine générales, il y avait, ainsi que nous l'avons déjà vu, des hommes qui plaignaient les Cagots et qui s'efforçaient de les faire monter au rang de citoyens. Le premier qui, parmi nous, passe pour avoir conquis un résultat aussi glorieux, est le célèbre avocat Pierre Hevin, dont la voix s'éleva en faveur des Caqueux de la Bretagne. Il ne faut pas croire néanmoins que l'arrêt du parlement de Rennes, rendu sur les instances d'Hevin [1], ait en rien affaibli les répugnances du peuple contre ces malheureux, et rencontré partout une obéissance complète : il y eut, à quelques années de là, entre le curé et les paroissiens de Saint-Caradec, près d'Hennebont, et les habitants du village de Kerroch, dans lequel il y avait des cordiers de profession, un procès qui se termina en appel par devant le parlement, le jeudi 20 mars 1681, par un arrêt d'audience dont voici l'analyse telle que nous la trouvons dans un volumineux recueil de la bibliothèque publique de Rennes [2] : « Il a été jugé qu'il n'y a plus de lépreux, la-

(Le 15 février 1687, ledit de Loustau s'est présenté et a dit qu'il fait offre d'accepter ladite charge de trésorier et de prêter le serment requis dans cette circonstance.

Et à l'égard dudit de Lalane, attendu que par le For, rubrique *Des Qualités de personnes*, il est défendu aux Cagots de se mêler avec les autres hommes ; cela vu, ledit de Lalane a été déchargé de ladite charge, pour ne pouvoir en faire la fonction à cause de la qualité de Cagot : c'est pourquoi d'une commune voix a été nommé pour trésorier maître Bernard Dalemane de Nay, pour, conjointement avec ledit Loustau, exercer ladite charge de trésorier, et sera appelé pour accepter icelle ; et ledit de Loustau a accepté ladite charge, a prêté le serment requis dans ce cas, dont a été retenu acte, et a signé.)

[1] *Histoire de Bretagne*, de D. Lobineau, liv. XXII, n° CXLI, tom. 1er, pag. 847 ; *Glos. ad script. med. et inf. latin.*, édit. de 1733-1736, tom. II, col. 27. Il paraît, cependant, que le parlement de Toulouse avait rendu, en 1627, un arrêt en faveur des Cagots de son ressort.

[2] *Factums et mémoires*, vol. XI, folio 593. Ce recueil, composé d'imprimés et de manuscrits, paraît mériter une entière confiance ; car il provient de l'ancienne bibliothèque des avocats au parlement de Rennes, et le conseil de l'ordre n'y aurait pas laissé insérer des documents inexacts.

dres ou Caquins. Il a été ordonné que, sans aucune distinction, les habitants de Kerroch, qui jusqu'ici avoient eu leur chapelle et leur cimetière à part, seroient admis aux charges de la paroisse pendant leur vie, et inhumés dans l'église après leur mort ; et l'on a dit qu'il avoit été mal et abusivement ordonné par M. l'évêque de Vannes, en 1633, que les femmes desdits habitants ne seroient purifiées que dans leur chapelle particulière. »

Dufeu, Blouet, Lescandu et Primaignier plaidaient dans la cause; Primaignier l'emporta. Il était pour les cordiers, et recechera tout ce qu'il put trouver de curieux à leur sujet, qu'il tourna pour le sien. Il dit qu'il était cruel de séparer, jusqu'après la mort, des hommes de la société des autres hommes ; que, quoiqu'on voulût dire que ces malheureux étaient ladres, il n'y avait plus aucun reste de la lèpre en France ; qu'elle était venue dans le royaume après les communications que nos troupes, dans les croisades, avaient eues avec les orientaux, mais que le mal avait éprouvé le sort qu'ont les plantes transportées loin de leur climat naturel, lesquelles, à la vérité, produisent quelque temps, mais dégénèrent infailliblement. Il ajouta qu'il tombait d'accord qu'on avait vu en France des gens entachés de ce mal; il avoua même qu'il avait paru dans l'ancien Testament comme la marque assurée de la colère de Dieu contre ceux qui en étaient frappés. Il cita là-dessus le malheur du valet du prophète Nathan (*sic*), qui, pour avoir pris des habits du roi, fut atteint de sa lèpre. Il dit ensuite que la femme de Moïse, pour s'être moquée des actions de son mari, avait été d'abord affligée de ce mal : *Et ecce lepra candens apparuit.* Il dit encore : Ces malheureux étaient si fort en exécration aux anciens chrétiens, qu'ils ne pouvaient paraître en public qu'avec des habits déchirés. S'ils passaient sur un pont, et qu'il fallût s'y appuyer, ils devaient être gantés. Ils portaient un voile sur la bouche, se mettaient sous le vent des passants; et, pour comble de misère, on avait établi exprès dans le rituel romain une manière expresse de les séparer des fidèles : on les plaçait sous le drap mortuaire on faisait pour eux le service des morts, et on les chassait dans un endroit écarté, où ils traînaient une vie languissante, sans secours et sans consolation. Enfin il fallait que la main de la justice soulageât des gens calomniés injustement. Ce mot de Caquin venait, disait-il, du mot grec κακός, méchant, depuis que ces malades s'étaient joints aux juifs pour empoisonner les fontaines de France. Ainsi, il n'était pas juste que ce nom infâme fût appliqué à des gens qui ne l'avaient pas mérité, et n'avaient jamais eu de relations avec les scélérats qui se l'étaient attiré. C'était une imagination de chercher une maladie qui n'existait plus; il était de notoriété qu'aucun des habitants du village de Kerroch n'avait jamais été atteint de la lèpre [1].

L'arrêt du parlement de Rennes, rendu sur cette plaidoirie, fut confirmé par un nouvel arrêt émané de la même cour, le 3 octobre 1690, « lequel faisant droit sur les conclusions de Mᶜ Lelièvre, ordonne que le règlement du 20 mars 1681 sera exécuté selon sa forme et teneur, fait défense d'y contrevenir, ce faisant qu'ils seront inhumés dans les églises, reçus à la communion, aux honneurs et charges des paroisses, défend de les comprendre dans des rôles séparés, et de les appeler Caquins à l'avenir, sous peine de punition exemplaire. » Dans cette circonstance la cour condamna François Thomas en soixante livres et dix livres d'amende, pour avoir ainsi qualifié Henri le Bihan, cordier,

[1] Ce sommaire du plaidoyer de Primaignier nous est fourni par le même recueil que dessus, où il se trouve à la suite de l'arrêt. Quoiqu'en disent D. Lobineau et les éditeurs de du Cange, il ne paraît pas qu'aucun autre arrêt ait précédé celui de 1681. Autrement l'avocat et la cour en auraient fait mention.

appelant de sentence de Carhaix, qui avait mis hors de cause et de procès [1].

Ces deux arrêts furent loin de mettre un terme aux distinctions humiliantes dont les Caqueux étaient l'objet pendant leur vie et après leur mort. Nous n'en voulons d'autre preuve que celle que nous fournissent les registres de décès de la commune de Planquenoual (département des Côtes-du-Nord), pour l'année 1716; on y lit : « Mathurin Rouault, âgé d'environ 72 ans, est décédé dans la communion des fidèles, après avoir reçu les sacrements de l'Église pendant sa maladie, le 22 avril 1716, et inhumé le lendemain, dans l'église de Planquenoual , au bas de l'aile de ladite église, contre les fonts, présents Mrs de la Villéon, des Vauhéas, de Rollon, de Pont-Rouault, et plusieurs autres. *Signé* : GAULTIER, recteur de Planquenoual. » Les témoins de cette inhumation étaient, comme on le voit, toute la noblesse du pays , et cette assistance lui fait honneur. Elle voulait sans doute proclamer par sa présence que les Caqueux étaient des hommes, et que, chrétiens, ils avaient droit après la mort, aux mêmes honneurs que le reste des fidèles. C'est également, on le croit, pour inculquer cette vérité au peuple, que le clergé avait fait inhumer Rouault dans l'église.

Quoi qu'il en soit, voici ce qu'on trouve à la page suivante, écrit et signé par le même Gaultier, recteur de Planquenoual: « Ledit Mathurin Rouault exhumé dans la nuit du

[1] Recueil d'arrêts, manuscrit in-folio, appartenant à M. Ganche, libraire à Rennes, au mot *Injures*, folio 23. Aux mots *Ladre*, *Lèpre*, simul, folio 78, on trouve une copie littérale de la notice de l'arrêt du jeudi 20 mai 1681, telle qu'elle se lit dans le xie volume des *Factums et mémoires* de la bibliothèque publique de Rennes. Seulement le nom de l'avocat qui obtint cet arrêt est écrit *Primagnier*, au lieu de *Primaignier*. Les avocats, dans l'affaire de 1690, étaient Fleuriau et Poulain. On ne trouve dans l'arrêt rendu sous cette date aucune mention de celui qu'aurait obtenu Hevin

25 avril et porté au *cimetière des Cordiers*, et y enterré le
lendemain 26, la justice de St-Brieuc en ayant été avertie par
un dénoncé, vint le 27 pour le porter à l'église pour l'y
faire inhumer dans sa 1ʳᵉ fosse. Quelques femmes s'y opposèrent, et ainsi il fut par ordre de justice, porté à St-Brieuc,
le corps salé et en dépôt à St-Michel : sur les charges, informations et plaintes du procureur du roi de St-Brieuc, la
cour ordonna qu'il fût apporté et enséputuré, et le 15 du
présent mois (de mai), lesdits juges royaux de St-Brieuc
vinrent avec des archers de la maréchaussée, et le firent
inhumer avec les cérémonies ordinaires, et le tout en leur
présence, et ce dans sa première fosse de l'église. » En marge
du registre se trouve cette note : « Cette translation et cet
enterrement se montent à 700 livres, au dire des juges, pour
tout compte. »

D'après les recherches faites par M. Habasque, président
du tribunal civil de Saint-Brieuc, auquel je dois les renseignements qui précèdent, il paraîtrait que depuis cette époque les cordiers auraient été, sans contestation, inhumés
dans le cimetière commun de Planquenoual.

Dans le midi de la France, la justice que le xviiᵉ siècle
devait rendre aux Cagots s'était fait attendre moins longtemps que dans le nord ; déjà en 1627 le parlement de Toulouse avait rendu un arrêt qui défendait d'injurier « les
pretendus de la classe de Giezy, à peine de 500 livres d'a-
mende [1]. » Un autre arrêt, prononcé en 1688 par une autre cour souveraine, acheva d'étendre le bienfait de cette
jurisprudence nouvelle aux lieux qui comptaient le plus de
Cagots. Cet arrêt, émané du parlement de Navarre, éprouva
une vive opposition de la part des Navarrais de pur sang ;
et deux ans après, les états de ce pays décidèrent qu'il en

---

[1] Cet arrêt, cité dans celui du 30 juillet 1700, n'a pu être retrouvé.

serait appelé au roi. Voici le procès-verbal de la délibération à la suite de laquelle cette résolution fut prise : « Sur ce qui a esté representé par le sindic que, par reglement des Etats de l'année 1581, accordé par le seigneur de St-Genies et confirmé par autre reglement de l'année 1608, accordé par le seigneur de la Force, il est deffendu aux Cagots de se marier avec les personnes qui ne le sont point, avec deffences à eux, à peine de la vie, d'avoir aucun comerce charnel qu'avec des Cagots, et qu'ils auront leurs habitations dans les endroits de leur residence, et leurs places dans les eglises en lieux reculés et separés; et que par autre reglement de l'année 1628, accordé par le feu seigneur maréchal duc de Gramont, il fut enjoint aux substituts d'informer contre les contrevenances ; et que par un quatriesme et dernier reglement accordé par meme seigneur maréchal duc de Gramont en l'année 1660, il leur est deffandu de porter des armes à feu, epées, poignards et batons ferrés, et de tenir cabaret; ausquels [1] reglemens on a pris soin de faire garder et observer, non-sulement par la tache et le mepris qui suit encore les gens de cette sorte, que rien n'est capable d'effacer, et par la necessité qu'il y a de les tenir dans les metiers qu'ils font, qu'autres qu'eux ne voudroient faire, mais encore par ce que les Navarrois sont capables de tous offices et benefices et de toutte sorte de dignités en Espagne, et passent tous pour nobles, pourveu qu'ils aient des certificats comme ils ne sortent point de race ni de melange des Cagots : ce qui fait qu'il y en a qui obtiennent des eveschés, des charges de presidant, et parviennent à des postes considerables, dans lesquels conservent leur cœur à leur prince et à leur patrie, ils font passer dans le royaume le plus de commodité qu'ils peuvent, et font des progrès dans les es-

[1] Béarnisme.

prits des sujets de Sa Majesté vivant sous la domination d'Espagne, en faveur de Sa Majesté; cependant il a esté rendu quelques arrests depuis peu au parlement de Navarre, par lesquels ledit parlement, renversant lesdits reglemens, a pretendu lever la tache qui suit lesdits Cagots, et les mettre dans la societé generale des sujets de Sa Majesté sans distinction ni difference, les rendant capables de toutte sorte d'offices et benefices, et il y en a qui se sont sindiqués pour faire declarer comun à tous ces arrests rendus entre des particuliers, à l'effet de quoy ils ont fait assigner le sindic audit parlement. Sur quoi etant necessaire de deliberer, les etats, connoissant l'importance de maintenir lesdits reglemens, non-seulement par les raisons touchées cy-dessus, mais encore par ce que si les arrests rendus au contraire avoient lieu, les Cagots se melant avec les autres, les habitans du royaume en general se rendroient le mépris et l'aversion de l'Espaigne, et deviendroient tous suspects de sortir de leur race ou d'y estre melés : ce qui fairoit une exclusion entiere pour eux de touttes ces charges et dignités et de tous les autres biens et facultés qu'ils y aquierrent, sur le certificat qu'ils sont de race pure, et non melée avec lesdits Cagots; ils ont arreté que le sindic se pourvoira devant le roi ou ailleurs où besoin sera, par les voies les plus convenables, pour faire maintenir lesdits reglemens, nonostant lesdits arrests, qui seront cassés et annullés [1]. »

Quelque résistance que les Navarrais opposassent à la bienveillance du parlement pour les Cagots, ce corps n'en persista pas moins dans ce sentiment. Le 21 avril 1723, il rendit un arrêt dont voici l'extrait, rapporté par Palassou [2]:

[1] Reg.16 déjà cité, folio 212 r⁰. Cette pièce est du 30 juin 1690.
[2] P. 385, 386. Nous n'avons pu recourir aux originaux, les registres du parlement de Navarre ayant été détruits par un incendie en 1721. Ceux

« La cour, du consentement du procureur général du roi, a ordonné et ordonne que les arrêts de la cour du 4 décembre 1688, 9 juillet 1692 et 20 septembre 1721, seront exécutés selon leur forme et teneur. Ce faisant, fait inhibitions et défenses à tous habitans du ressort, de quelle qualité, sexe ou condition qu'ils soient, de distinguer les supplians des autres habitans sous prétexte de ladrerie, cagoterie, capoterie, ou de vice de naissance, dans les églises et dans les assemblées de la communauté, soit publiques ou particulières; leur enjoint de les admettre à présenter à leur tour le pain bénit aux églises, les admettre aux confréries et aux assemblées pieuses, avec défenses de les distinguer dans les églises d'avec les autres habitans; ordonne qu'ils entreront comme les autres habitans, sans aucune différence, dans les charges onéreuses et honorables du corps de la communauté des villes, bourgs et villages du ressort, à peine de 500 livres d'amende, etc., etc. »

Les arrêts du 4 décembre 1688 et du 9 juillet 1695 que rappelle celui du 21 avril 1723, avaient donc été impuissants contre le préjugé dont les malheureux Cagots étaient les victimes, puisqu'à vingt-huit et à trente ans de là il avait fallu en rendre d'autres dans le même sens. Il existe d'ailleurs un monument qui témoigne de l'inefficacité des décisions du parlement de Navarre contre des habitudes si profondément enracinées chez le peuple. C'est une requête qu'on nous pardonnera de rapporter ici en entier; nous la devons, ainsi que l'arrêt qui la suit, à M. Monlaur, instituteur communal à Saint-Pé (Hautes-Pyrénées) :

« A Monsieur Pinon, chevalier, seigneur, vicomte de Quincy, conseiller du roy en ses conseils, maître des requê-

qui restent encore, de la première partie du xviii° siècle, ne contiennent que de petits procès d'individus.

tes ordinaire de son hôtel, intendant de justice, police et finances en Bearn, Navarre, Bigorre et Soule.

· Suplient humblement Loüis de Lalanne de Nay, Jean de Fonsdevielle de Pau, Guillaume Puyou, Isàc Lacoste, Bernard de Souler, tous de Nay, Pierre Lalanne de Mont, Jean de Souler de Bruges, et autres en nombre considérable ; disans qu'encore que par plusieurs arrests du parlement de Pau, il soit fait défenses à toutes personnes de quelque qualité que ce soient, d'injurier les pretendûs de la race de Giesi, à peine de 500. livres d'amende et autres peines arbitraires, cependant, au préjudice desdits arrests, plusieurs habitans des lieux voisins ne laissoient pas de continuer leurs njures, et les appelloient Ladres, Cagots et Capots, les empêchoient d'assister aux assemblées publiques, ou, s'ils y assistoient, faisoient refuser leurs suffrages, comme gens indignes de participer à aucun acte de société civile, et ne se contentant point de cela, ils les faisoient même separer des autres habitans dans les eglises de leur parroisse, et leur faisoient refuser par les curez le pain à bénir qu'ils presentoient, ce qui les rendoient pour ainsi dire des esclaves, au prejudice des loix fondamentales du royaume : c'est pourquoy les supplians ont esté obligez d'avoir recours au roy, qui a eû la bonté de leur faire délivrer la lettre de cachet qui a esté presentée à Vostre Grandeur, et ont apris que l'intention de Sa Majesté estoit que lesdits arrests fussent executez selon leur forme et teneur, que défenses fussent faites à toutes personnes de quelque qualité que ce fût d'injurier de Ladres, Capots et Cagots ou autrement, les supplians, ny même de leur refuser leurs suffrages dans toutes assemblées, dans lesquelles Sa Majesté entend qu'ils soient admis : comme aussi en toutes charges, et droits honorifiques, comme tous les autres habitans, sans aucune distinction, à peine contre les contrevenans de 500. livres

d'amende, ou autres arbitraires, et punition, s'il y échoit.
Pourquoy les supplians ont recours à l'autorité de Vostre
Grandeur, pour leur estre sur ce pourvû.

« Ce considéré, Monseigneur, attendu ce que dessus, il
vous plaise ordonner l'execution desdits arrests dans tout
vostre departement; qu'à cet effet copies collationnées de
ladite lettre de cachet, ensemble de vostre ordonnance, seront lûes, publiées et affichées par toutes les parroisses et
tous endroits necessaires, avec deffenses à toutes personnes
de plus à l'avenir y contrevenir, à peine de 500. livres d'a-
mende, ou autre peine arbitraire, même de punition corporelle, s'il y échoit; et en cas de contravention, commettre
et deputer les premiers juges ou magistrats royaux requis,
sur les lieux où les contraventions se commettront, pour,
les informations rapportées à Vostre Grandeur, estre de-
cerné contre les coupables tel decret que de raison : et au
surplus enjoindre à tous juges, maires, consuls, jurats et
officiers de justice de vostre département, de prester ayde
et main-forte pour l'execution desdits arrests et ordre du
roy, sous peine d'estre declarez complices, et autres arbitraires. Et les supplians, Monseigneur, continueront leurs
vœux pour vostre santé, et la prospérité de Vostre Grandeur. » *Signés* : DE LALANNE, suppliant. DE FONSDEVIELLE,
suppliant, et plusieurs autres. »

Sur le vu de cette requête l'intendant Pinon rendit l'ordonnance suivante, que nous rapportons textuellement,
d'autant plus volontiers qu'elle donne une espèce d'analyse
des arrêts de 1688 et de 1692 ·

« Veu la presente requeste, l'arrest du parlement de Navarre du 4 décembre 1688, rendu sur les conclusions du
sieur procureur general en iceluy, entre Jean de Pedezert,
habitant du lieu d'Aubertin, et les jurats dudit lieu, portant
défenses ausdits jurats de distinguer sous pretexte de ca-

gotterie ledit Pedezert des autres habitans du même lieu, dans l'eglise, dans les assemblées de la communauté, à telles peines que de droit; autre arrêt dudit parlement du 9 juillet 1692. rendu sur les conclusions dudit procureur general, entre Bernard de Capdepont, faisant tant pour luy que pour les autres charpentiers, tisserans des parroisses Sainte-Croix et Saint-Pierre dans la ville d'Oloron, demandeurs, afin d'être maintenus au droit de présenter à leur tour le pain beny ausdites eglises, d'une part, et les nommez Miquëu et Dufaur, habitans de ladite ville d'Oloron, d'autre, et encore les jurats de la même ville, d'autre, par lequel il est fait défenses ausdits Miquëu, Dufaur et tous autres, de differencier les pretendus Cagots d'avec les autres habitans de ladite ville, dans les fonctions ou assemblées, soit publiques, soit particulieres, à peine de 500. livres d'amende et autre arbitraire, et ordonné que les arrests cy-devant rendus sur pareil fait en faveur des habitans d'Aubertin et autres parroisses demeurcroient communs avec eux et avec les habitans des autres lieux de la province pretendus Cagots et Ladres, avec inhibitions et défenses à toutes personnes de les distinguer, méfaire ni médire; ordonné qu'ils entreroient comme les autres habitans, sans aucune difference, dans les charges honnereuses et honnorables, et enjoint aux jurats des lieux de tenir la main à l'execution dudit arrest. Veu aussi l'ordre de Sa Majesté à nous adressé, datté à Fontainebleau le 5. octobre 1695. signé Louis, et plus bas Colbert, par lequel il nous est enjoint de tenir la main à ce que lesdits arrests soient executez selon leur forme et teneur dans l'étenduë de ce département, et empêcher qu'il y soit contrevenu directement ni indirectement sur quelque pretexte que ce puisse. Et ce tout consideré.

« Nous, en consequence du pouvoir à nous donné par Sa Majesté, ordonnons que les arrests dudit parlement de Navarre des quatriéme décembre mil six cens quatre-vingt-huit, et le neuviéme juillet mil six cens quatre-vingt-douze, seront executez selon leur forme et teneur dans l'étenduë de ce département ; faisons défenses à toutes personnes d'y contrevenir, à peine de cinq cens livres d'amende, et, en cas de contravention, permettons aux supplians d'en faire informer : sçavoir, dans le pays de Bearn, par devant le procureur du roi de chaque parsan, et, dans la Basse-Navarre, par devant les juges royaux des lieux, lesquels nous avons commis et subdelegué à cet effet pour les informations faites et à nous raportées estre decretées contre les coupables de tels decrets qu'il appartiendra. Enjoignons à tous juges royaux, maires et jurats de ce département, de tenir la main à l'execution de nòtre presente ordonnance, lorsqu'ils en seront requis, à peine d'en demeurer civilement responsables. Et sera nòtredite ordonnance lûë, publiée et affichée dans toutes les parroisses dudit département et partout où besoin sera, et executée nonobstant oppositions ou appellations quelconques et sans préjudice d'icelles. Fait à Pau ce huitiéme mars, mil six cens quatre-vingt-seize. » *Signé* PIXON; *et plus bas*, par mondit seigneur, CHASTANIER.

L'exemple de l'intendant de Béarn ne tarda pas à trouver des imitateurs, et le 29 avril 1697 M. de Besons, commissaire de parti en la généralité de Guienne, rendit une ordonnance par laquelle Saubat de Harosteguy, Martin Saubat, Pierre du Casse, Joannes et François d'Oyhamboure, tous « Capotz, Gahetz et Gòtz » des paroisses de Biarrits et d'Arcangues, devaient être admis dans les assemblées générales et particulières, et reçus à participer aux charges municipales et honneurs de l'église comme les autres habitants. Ceux-ci s'émurent de ce qu'ils considéraient comme une énormité, et dans leur *bilsar* ou assemblée générale de 1699, ils chargèrent le syndic général du pays de Labourd de faire opposition à l'exécution de cette ordonnance. En conséquence, cet officier présenta au parlement de Bordeaux la requête suivante :

     « *A Nosseigneurs de Parlement.*

« Suplie humblement Pierre du Halde d'Iribaren, sieur dudit lieu, scindicq general du païs de Labourt, disant que sur l'avis donné aux habitans dudit païs que Joannés et François d'Oyhamboure des parroisses de Biarritz et d'Arcangues, et leurs consortz, quoy qu'ils soint des Agotz, Capotz et Gahetz, et par consequent exclus d'estre admis aux honneurs des églises et à toutes les charges publiques, ainzy qu'il a esté jugé par divers arretz contraditoirement randeues en faveur dudit païs de Labourt, datés des 14 may 1578, 12 aoust 1581, xj decembre 1592, 20 may 1593, et 7 septembre 1596, neanmoins ilz ont surpris un arrêt sur resqueste qu'ilz veullent executer contre les habitans dudit païs de Labourt et singulierement contre ceux desdites parroisses de Biarritz et d'Arcangues, par lequel la cour les a retablis et jugés habilles à participer ausdits honneurs et charges publiques : à raison de quoy les habitans dudit païs de Labourt, assemblés en la manierre acoustumée par leur acte de Bilçaer du 21 juillet dernier, on[t] deliberé de faire oposition à l'execution dudit arrest sur requeste, par le ministerre dudit supliant ; et dit intervenir dans la cause pandante en la cour entre lesdits d'Oyhembourre et consort (*sic*) et les habitans desdittes parroisses de Biarritz et d'Arcangous qui on[t] formé osposition à l'execution dudit arrest sur requeste, et en execution le suppliant donne sa requeste en oposition et intervantion, et pour moiens il soutient que les arretz precedantz aiant jugé la question en faveur dudit païs de Labourt, l'arret sur requeste surpris par lesdits d'Oyhamboure et consort ne peut pas subsister. Ce consideré, Monseigneur, il vous plaise de vos graces òctroyer acte au supliant de son opposition et intervantion, et y faisant droit remetre les parties en l'estat qu'elles estoint avant l'arret sur requeste, ordonner que les precedantz arrets seront executés, avec deffences auxdits d'Oyhambourc et leurs consortz capotz. gahetz et gótz dudit païs de Labourt d'y contrevenir sous les peines y contenues, et les condamner aux depens. A ces fins le supliant raporte l'acte du Bilçar et la procuration des 21 juillet dernier et 5 du present mois de decembre, l'acte signé Dibarrart, et la procuration du Halde notaire roïal. Et fairés bien. Signé Miremont. —Ayt acte, au surplus face le supliant sa requette en jugement. Fait à Bordeaux en parlement le 9 decembre 1699. »

Nous n'avons pas l'arrèt que le parlement rendit sur cette requète; mais il n'y a pas à douter un seul instant que, fidèle à sa nouvelle jurisprudence, il ne se soit montré favorable aux Cagots. Leurs adversaires, soit qu'ils craignissent d'échouer à Bordeaux, soit pour toute autre raison, se pourvurent en même temps contre l'ordonnance de M. de Besons auprès du conseil du roi, et en obtinrent des lettres d'appel en date du mois de décembre 1699, qu'ils firent signifier par huissier le 16 décembre 1700, aux « personnes et domicillies de Joannes d'Oyhanlboure, charpantier, habitant de ladicte paroisse de Biarritz, domicillié en sa maison appellée de Coulau, et de François d'Oyambourre aussy charpantier, habitant de ladicte parroisse d'Arcàngues, domicilié aussy en sa maison appellée d'Oyhambourre Behere. » Nul doute que l'ordonnance n'ait été confirmée [1].

Les habitants de Biarrits ne se tinrent pas pour battus, et dix-huit ans plus tard, un « nommé Estienne Arnaud, meunier de la race des Gotz, Quagotz, Bisigotz, Astragotz et Gahetz, du lieu de Biarrits, » qui était « marié depuis peu

[1] Les pièces de cette affaire que nous avons citées, soit en entier, soit par extrait, sont conservées dans les archives de la mairie de Biarrits.

avec l'héritière d'Erretéguy, Gotte, du même lieu de Biarrits, « s'adressa à la justice pour en obtenir un arrêt qui
déclarât qu'il était « en droit de se placer aux galeries de
l'église du présent lieu, et entrer aux charges municipales
et locales. » Il obtint un décret d'ajournement personnel
contre les jurats de sa commune, dont l'un, accompagné du
greffier, alla « rendre son interrogatoire au lieu d'Ustaritz. »
Depuis, Arnaud poursuivit vivement cette instance au bailliage de Labourd. Voyant cela, les jurats, abbé et députés
convoquèrent, le 8 mai 1718, les habitants de Biarrits à l'endroit accoutumé où se tenaient les assemblées capitulaires,
et le sieur Jean Petit de Labat, second jurat, prenant la parole, leur exposa la procédure qui avait été suivie dans le
procès pendant entre Arnaud et la commune. Les habitants, au nombre de cent-cinquante, « d'une vive et commune
voix » déclarèrent approuver et ratifier tout ce qui avait
été fait jusqu'à ce jour; en même temps ils donnèrent
à Petit de Labat pouvoir de poursuivre l'instance liée au
bailliage contre Arnaud, et, en cas d'appel, au sénéchal et
autres tribunaux qu'il appartiendrait, et ce, jusqu'à jugement ou arrêt définitif, etc. Comme Arnaud n'était pas le
seul qui inspirât des inquiétudes aux habitans de Biarrits,
« et comme depuis peu un particulier étranger *s'était* marié
également avec la fille de la tripeire gotte, » ils donnèrent
pouvoir aux jurats d'expulser ledit étranger des galeries de
l'église, s'il s'y plaçait ; et, dans le cas où il voudrait se
ranger du parti d'Arnaud et plaider contre la commune,
« de poursuivre jusques à fin de cause l'instance qu'ils
pourroient introduire au bailliage pour raison de ce. »

Le 25 juin de la même année, le lieutenant criminel au
bailliage de Labourd, d'Etchegoyen, donna gain de cause à
Arnaud, par une sentence qui fut signifiée à Jean de Labat
le 5 juillet suivant. Le 10, les jurats et députés, assistés des

manants et habitants de Biarrits, au nombre de cent soixante, comparurent devant Planthion, notaire royal et greffier de la paroisse, et se constituèrent en assemblée capitulaire. Le sieur de Labat commença par annoncer l'issue du procès intenté à la commune par Arnaud, et fit ensuite lire la sentence rendue par le lieutenant criminel. Cette lecture fut suivie de celle de l'acte d'appel interjeté par maître Jacques de Lalande, avocat de la commune au grand conseil privé du roi, en date du 6 juillet.

Tous les assistants furent unanimes pour approuver ledit appel fait au grand conseil du roi, et donnèrent au sieur de Labat tous les pouvoirs nécessaires pour réduire, si cela était possible, le Cagot récalcitrant. Mais les temps étaient changés, et à Paris, moins que partout ailleurs, on n'était disposé à seconder les préjugés cruels des Basques : aussi, bien que l'arrêt par lequel se termina cette affaire ne nous ait pas été conservé, il y a mille raisons de croire qu'il débouta la commune de Biarrits de son appel, et qu'Arnaud put se placer aux galeries de l'église et se présenter aux charges municipales de la paroisse [1].

Il ne paraît pas, cependant, que les habitants de Biarrits se soient résignés à laisser les Agots exercer leurs nouveaux droits ; car quatre ans après, un charpentier, nommé Miquel Legaret, s'étant mis, à l'église, à une place autre que celle qui était réservée à ceux de sa caste, il en fut violemment tiré par Jean Lartigue, Guillaume Baillet et Pierre Dalbarade, second abbé et jurats de la paroisse. Legaret résista et « commit des excès avec un couteau pointu et un bâton. » Non content de cela, il fit assigner ses trois adversaires devant le lieutenant criminel d'Ustarits, qui

---

[1] Les deux procès-verbaux qui nous ont fourni ces détails se lisent dans les registres de la commune de Biarrits.

rendit, le 6 mars 1722, une sentence par laquelle ceux-c
furent condamnés « à une réparation publique à la porte de
l'églize, à genoux, issue de messe parroissiale. » Les abbé
et jurats en appelèrent au parlement de Bordeaux, et demandèrent une consultation à l'avocat Rochet, qui la déli-
béra le 5 décembre suivant [1]. Le parlement mit fin à ces
débats, par un arrêt rendu le 9 juillet 1723, dans lequel la
cour, devenue plus juste et plus éclairée, s'exprime ainsi :
« Au surplus, faisant droit des conclusions du procureur
général du roi et conformément aux arrêts précédents, ladite cour fait ittératives inhibitions et défenses à toutes sortes de personnes du pays de Labourd et à toutes autres du
ressort de la cour, d'injurier aucuns particuliers comme prétendus descendans de la race de Giezi, et de les traiter de Cagots, Gahets ni Ladres, à peine corporelle, si le cas y échoit,
et de tous dépens, dommages-intérêts. En outre, ladite
cour ordonne qu'ils seront admis dans les assemblées générales et particulières, qui se feront par les habitans et communautés, aux charges municipales et honneurs de l'église,
même pourront se placer aux galeries et aux lieux desdites
églises, où ils seront traités et reconnus comme les autres
habitans des lieux, sans aucune distinction; comme aussi
ladite cour ordonne que leurs enfants seront reçus dans les
écoles et collèges des villes, bourgs et villages, et seront
admis dans toutes les instrutions chrétiennes indistinctement [2]. »

Quelques années auparavant, le même parlement de Bordeaux avait eu à protéger les Cagots du Condomois contre

___

[1] Cette pièce, qui nous a révélé tous ces faits, se trouve dans les archives
de la mairie de Biarritz.

[2] Mémoire de Palassou, p. 385. Nous avons retrouvé une copie un peu
plus complète de cet arrêt dans un manuscrit appartenant à M. Gustave
d'Olce, de Biarotte (Landes), dont un extrait nous a été obligeamment
communiqué par M. Duprat, instituteur primaire à Saint-Martin-de-Hinx.

les autres habitants, qui voulaient s'opposer à ce que leurs corps fussent inhumés dans les cimetières des paroisses. En 1706, Marie Arboucan, fille d'un charpentier de Lialores, petit endroit de la commune de Condom, étant venue à décéder, son enterrement donna lieu à une émeute, à la suite de laquelle la justice informa et décréta de prise de corps contre seize particuliers devant le juge-bailli de Condom, pour raison de voie de fait, violence et attroupement. Quatre ans plus tard, le parlement, qui avait dû connaitre de cette affaire en dernier ressort, fut saisi d'une procédure criminelle dirigée contre un grand nombre d'habitants de la même paroisse de Lialores, pour avoir empêché avec violence l'inhumation d'un charpentier également nommé Arboucan, et sans doute de la même famille que Marie, au mépris d'un arrêt de la cour, en date du dernier janvier 1710 [1].

Le même parlement donna un arrêt, le 27 mars 1738, par lequel il fut fait inhibition et défense d'injurier aucuns particuliers « prétendus descendans de la race de Giezi, et de les traiter d'Agots, Cagots, Gahets ni Ladres. » On y ordonne l'exécution des arrêts de la cour en date des 9 juillet 1723 et 22 novembre 1755, à peine de cinq cents livres d'amende ; on veut que les Cagots soient admis à toutes les assemblées générales et particulières qui se feront par les habitants, aux charges municipales, et aux honneurs de l'église, comme les autres [2].

Huit ans auparavant, le parlement de Navarre avait rendu à Pau un arrêt portant défense aux habitants du ressort d'établir des distinctions et séparations dans les églises, processions et autres assemblées, entre les Cagots et les autres

---

[1] Tous ces faits nous sont révélés par un arrêt du 28 mai 1710, publié dans le *Journal judiciaire, ou Feuille d'annonces... de l'arrondissement de Condom*, etc., n° 782, 23 avril 1839.
[2] *Rech. sur les Gah. de Bord.*, pag. 142, 143. Nous possédons la totalité de cet arrêt.

habitants. Cet arrêt fut prononcé à l'occasion des rixes san-
glantes qui avaient eu lieu, et des meurtres qui avaient été
commis à Lurbe et à Asasp (arrondissement d'Oloron),
parce que les Cagots de ces deux villages voulaient, con-
trairement à l'usage établi, se mêler, dans l'église et dans
les lieux publics, aux autres habitants. A Lurbe, on ne tint
guère compte des défenses portées dans l'arrêt, puisque
M. d'Abidos, curé de cette commune, mort en 1788, exigeait que, dans l'église, les Cagots occupassent une place
distincte.

De son côté, le parlement de Toulouse, qui s'était déjà
montré bienveillant envers les Cagots en 1627 et en 1700[1],
rendit un pareil arrêt le 11 juillet 1746, en confirmation de
deux autres du 20 août 1703 et du 11 août 1745, sous
les mêmes peines et règlements que dans ceux de Bordeaux.
Voici dans quelles circonstances furent prononcés les deux
derniers de ces arrêts : cinq Capots de Monbert ayant eu recours à la justice pour obtenir le redressement des torts
dont ils étaient les victimes, le parlement, accueillant leur
requête, déclara commun avec les demandeurs un arrêt
rendu par la cour le 30 juillet 1700, entre les charpentiers
des lieux de Sabazan et autres lieux voisins de Monbert, et
ordonna que les ordonnances rendues par le vicaire général
en l'archevêché d'Auch, les 7 août 1699 et 12 avril 1703,
contre Jean Cassaigne et autres marguilliers dudit Monbert,
seraient aussi exécutées par provision. Les requérants,
scandalisés de ce que la fille de Guillaume Delom, l'un d'eux,
demeurât enterrée dans un lieu aussi sale et aussi peu dé-
cent que celui où on l'avait mise, avaient prié la cour d'enjoindre à M⁰ Laubas, curé de Monbert, de déterrer ou faire
déterrer, par le jour de la signification de l'arrêt qui inter-

---

[1] Ainsi que nous l'avons déjà dit, l'arrêt du dernier août 1627 n'a pu
être retrouvé.

viendrait, ladite fille dudit lieu, pour être enterrée dans le carré destiné, dans l'église, aux enfants qui venaient à décéder avant l'âge de communion, ou dans le cimetière commun dudit lieu, sous peine, pour le curé, d'une amende de cent livres et de la saisie de son temporel; mais la cour se contenta d'ordonner que lesdits Delom, leurs femmes et enfants, seraient enterrés dans le même cimetière et admis à tous les droits, honneurs et priviléges, de même que les autres habitants et paroissiens, avec inhibition et défense au curé dudit lieu d'y donner aucun trouble ni empêchement, sous peine de voir saisir son temporel.

Quarante-deux ans plus tard, la même famille Delom n'ayant pu obtenir l'exécution de l'arrêt rendu en sa faveur, adressa au parlement, de concert avec deux autres Capots, Blaise Lacoste et Guiraud Mathera, une requête tendant à ce que la cour déclarât commun avec eux l'arrêt par elle rendu le 20 août 1703, et en renouvelât, en tant que de besoin, les dispositions. Fidèle à sa jurisprudence, le parlement rendit un arrêt conforme à la requête, et y prononça une amende de cinq cents livres contre ceux qui, à l'avenir, molesteraient, insulteraient ou injurieraient les Capots.

Cependant, tout en rendant arrêt sur arrêt pour protéger les Cagots, les parlements portaient aussi la main sur leurs antiques priviléges. C'est ainsi qu'en 1707, le parlement de Navarre ordonna que les maisons et les terres des anciennes cagoteries seraient sujettes à la taille et aux autres charges de la communauté, auxquelles le Cagot Pierre Crestiaa de Cardesse, de Monein, prétendait se soustraire : décision qui me paraît avoir eu pour but de placer les Cagots au niveau des autres citoyens, et d'aplanir par là les obstacles qui s'opposaient à l'exécution des arrêts rendus, pour ainsi dire coup sur coup, en faveur de ces parias.

Nonobstant toutes ces prescriptions, qui témoignent de

la ténacité des répugnances contre lesquelles la justice eut
à lutter, aucun Cagot ne fut ni consul, ni jurat, ni admis
aux ordres sacrés jusqu'à M. de Romagne, évêque de Tarbes, prélat vertueux et éclairé, mort en 1768, qui, le premier, éleva au sacerdoce quelques membres de la race proscrite [1]. Jusqu'alors elle n'avait reçu des évêques que des
dispenses pour les différents degrés de parenté, dont ces
infortunés, forcés de s'allier entre eux, avaient un besoin
impérieux, et qui leur étaient facilement accordées [2].

Grâce à ces mesures équitables et bienveillantes, les Cagots se fondirent dans la masse générale des citoyens, et
purent rendre des services à leur pays, qui ne les avait regardés jusque là, qu'avec des yeux de mépris et de haine.
Parmi ceux qui eurent ce bonheur, on peut citer M. Du-
fresne, qui joua un rôle important, quoique secondaire,
dans l'administration de nos finances, sous le ministère de
Necker, et qui mérita que Bonaparte, premier consul, fit
placer son buste dans une des salles du trésor public, en
témoignage de ses bons services [3].

Quant aux Agots du Baztan, ils sont restés bien plus longtemps sous le poids de la réprobation dont leur caste tout
entière a eu tant à souffrir, et il faut descendre jusqu'en
1817, pour trouver une loi du gouvernement espagnol qui
défende l'emploi de ce nom, comme injurieux, et qui ordonne de traiter à l'égal de tout le monde les individus que
cette appellation désignait auparavant à l'animadversion
publique [4]. Cette loi, jointe aux progrès incessants que la

---

[1] *Extrait de l'essai historique sur Mézin.* (Bulletin polymathique du
Muséum d'instruction publique de Bordeaux, tome XIII, p. 135.)

[2] *Ibidem.*

[3] Lettre de M. Walckenaer, p. 336.

[4] Voici le texte de cette loi, rendue sur la demande des états du royaume
de Navarre :

« LEY LXIX.

« *Que á nadie se llame Agote, bajo las penas que se expresan,*

civilisation fait en Espagne, ne tardera pas, nous l'espérons, à dissiper entièrement les préjugés dont les Agots du versant méridional des Pyrénées ont été si longtemps les victimes; mais il est vrai de dire qu'elle a jusqu'à présent très-peu modifié les habitudes des populations parmi lesquelles ils vivent.

En veut-on un exemple? on le trouvera dans le procès que deux Cagots de Bozate, Pedro Antonio Videgain et sa

« S. C. R. M.

« Los tres Estados de este Reino de Navarra que estamos juntos y congregados celebrando Córtes generales por mandado de V. M. decimos : que en este vuestro fidelisimo reino se conoce, aunque en numero bastante corto, cierta clase de gente, llamada Agotes, á la cual se atribuye diverso origen, segun la variedad de opiniones, y el Padre Josef Moret en los Anales de este Reino, tomo 8, página 119 conjetura ser descendientes de las reliquias disipadas del gran egército de Albigenses, que fue derrotado en el año de 1214 por el Conde Simon de Monforte, junto al Castillo de Murello, sito á las márgenes del Garona ; y aunque positivamente no consta su orígen, esas y otras congeturas y vulgares tradiciones han sido causa, de que hasta ahora se le haya tratado con notorio desprecio, reputándolos viles, y excluyéndolos de todos los oficios públicos, y aun puede decirse que del trato social y civil; pero considerando nosotros, no ser justo que se tolere por mas tiempo una costumbre nada conforme á los principios de nuestra Sacrosanta Religion, contraria á las Reglas de la Sana política, é injusta por sí misma, pues que los llamados Agotes son Católicos, y son Navarros, como todos los demas, hemos creido propio de nuestra obligacion elevarlo todo á la superior noticia de V. M., para que esta desgraciada porcion de vuestros fieles súbditos, sea restituida á la consideracion pública, que le es debida, y se estreche en fraternales lazos con todas las demas, sin distincion ninguna ; y á este fin

« Suplicamos rendidamente á V. M. se digne concedernos por Ley, que á nadie se llame Agote, sopena de injuriador, el que tal dijere, y que los denominados hasta ahora tales, hallándose avecindados á los Pueblos ó sus Barrios, ó Arrabales, sean reputados como los demas vecinos, ó habitantes, para todos los efectos y oficios, segun la clase á que deben corresponder. Asi lo esperamos de la notoria justificacion de V. M., y en ello, etc. — Los tres Estados de este Reino de Navarra.

« Decreto.

« Pamplona 27 de Diciembre de 1817. — Hágase como el Reino lo pide. — El conde de Ezpeleta. »

Cuaderno de las Leyes y Agravios reparados á suplicacion de los tres Estados de Navarra, etc. De órden de la Ilustrisima Diputacion del Reino de Navarra. Pamplona. Imprenta de Longas año 1819, in-folio; pag. 140, 141.

femme, Catalina Josefa Zaldúa, furent obligés d'intenter devant le tribunal ecclésiastique de Pampelune, aux habitants d'Arizcun, pour obtenir d'être admis, sur le même pied que ceux-ci, à la participation des cérémonies de l'Église. Ce procès, commencé le 11 août 1840, se termina le 28 septembre 1842, par une sentence qui donna gain de cause aux Cagots. Leurs adversaires interjetèrent appel par devant l'évêque de Calahorra et son tribunal; mais ils ne furent pas plus heureux, et le 13 mars 1843, le notaire D. Vicente Munuca signifia à D. Angel Ustariz, curé d'Arizcun, la sentence qui confirmait celle du 28 septembre. Les souffrances des Agots du Baztan, du moins au point de vue légal, sont donc maintenant du domaine de l'histoire.

CHAPITRE III.

Source des préjugés relatifs aux Cagots.—Motifs des règlements rendus
à leur sujet.

Nous avons maintenant à examiner la source d'où dérivent les préjugés répandus sur le compte des Cagots ;
cette tâche ne nous prendra pas beaucoup de temps : il
nous suffira, pour la remplir, de renvoyer à ce qui a été dit
des individus atteints de la lèpre, dont les Cagots ont toujours été fortement soupçonnés.

Il est certain que dès l'an 1363, époque à laquelle le célèbre Guy de Chauliac écrivait à Montpellier sa Chirurgie,
il y avait une classe de lépreux appelés *cassati*, dont, pour
le dire en passant, on chercherait vainement le nom dans le
Glossaire de du Cange ou dans celui de D. Carpentier.
« Mais s'il a, » dit un traducteur du grand médecin qui
parle ici d'un malade soupçonné de la lèpre, « mais s'il a
plusieurs signes equivoques et peu d'univoques, il est vulgairement appelé Cassot ou Capot. Et tels doivent estre ai-
grement menassez, qu'ils tiennent bon regime : et ayent
bon conseil de medecins, et qu'ils demeurent en leurs bo-
ries ou metairies, et maisons, et que ne s'ingerent fort avec

le peuple : car ils entrent en ladrerie [1]. » Ce passage, dù à
la plume d'un autre médecin fameux de Montpellier correspond assez bien à celui de l'auteur, à cela près que Guy se
sert uniquement du mot *cassatus* [2]. Un second traducteur. médecin juré de la ville de Bordeaux, qui écrivait en
1672. c'est-à-dire près d'un siècle après Laurent Joubert,
le rend par le mot *Cagot*, probablement parce que *Cassot*
avait vieilli ou qu'il ne s'entendait pas dans la Guienne [3].
Ce qu'il y a de sûr, c'est qu'il était déjà en usage en 1411,
date des lettres de rémission d'un registre de la chancellerie de France, dans lesquelles on le lit [4]. Ce qui n'est

---

[1] *La grande Chirurgie de M. Guy de Chauliac... Restituée par
M. Laurens Joubert*, etc. A Tournon, par Claude Michel. 1598, in-8;
pag. 433, §. 8. Cette édition, pour le dire en passant, n'est autre que celle
de Lyon, Est. Michel, 1580, dont on a seulement renouvelé le titre.

[2] « Si autem multa habet signa æquivoqua, et pauca univoqua, cassatus
vocatur vulgariter. Et tales sunt acriter comminandi, quòd teneant bonum
regimen, et habeant bonum consilium medicorum, et quod stent in domibus et mansionibus ipsorum. Et non multum se ingerant cum populo:
quia ingrediuntur lepram. » *D.N. Guidonis de Cauliaco, in arte medica
exercitatissimi Chirurgia*, etc. Lugduni, apud Sebastianum Honoratum. M. D. LXXII. petit in-4; pag. 311, 312. A part quelques transposi-
tions de mots, ce passage se trouve conçu de la même manière dans les manuscrits de la Bibliothèque du Roi, dont trois appartiennent au xve siècle:
ce sont les mss. 6910 A. 6966 et 7133 A, où il faut recourir au folio 148 recto, col. 2. du premier, aux folios 101 verso et 102 recto du second, et au
folio 219 verso du troisième. Les autres manuscrits portent les nos 6957,
7132 et 7133, et sont ou plus ou moins anciens. L'un d'eux a *cassotus* :
c'est le ms. 7132. qui est sur parchemin et du xive siècle: on l'y trouve au
folio 80 verso. Quant au ms. 7133, qui est sur papier et du xvie siècle, il
porte *cassatus*. Voyez le folio 114 verso.

Parmi les éditions imprimées, il en est une pareillement qui donne *cas-
sotus* : c'est celle de Lyon, Q. Phil. Tinghi et Est. Michel, 1595, in-4.
Voyez folio 254. L'édition plus ancienne, de Venise, *apud hœredes Lucæ
Antonii Juntæ*. 1546, in-folio, porte *cassatus*.

[3] *La grande Chirurgie de Maistre Guy de Chauliac... traduite nouvellement en François... par Maistre Simon Mingelousaulx*, etc. A
Bourdeaux (1672), in-8; pag. 471.

Le passage où se trouve le mot en question, a été supprimé dans *Le
Maistre en chirurgie de Guy de Chauliac expliqué...* par L. Verdue.
Paris, Laurent d'Houry, 1704, in-8.

[4] Archives du royaume, reg. coté 165, ch. 267, fol. 87. Voici de cette
pièce ce qui est de nature à nous intéresser :

pas moins certain, c'est qu'à cette époque, les Cagots des Pyrénées n'avaient pas encore échangé contre ce nom celui de *Chrestiaas*, sous lequel ils sont désignés dans les actes les plus anciens.

Quoi qu'il en soit, ayant recherché l'origine de l'opinion populaire qui veut que ces parias se distinguent par la couleur sombre et grisâtre des yeux, et par le peu de longueur du lobe de l'oreille [1], nous l'avons trouvée dans

« Charles, etc... Savoir faisons.... nous avoir oy la supplication des amis charnelz de Anthoine Sabbatier filz de Etienne.... contenant que comme à un certain jour du moys d'aoust... estans en l'hostel d'un nommé Jehan Blanc, autrement dit le Bastart, audit diocese de Saint-Flour.... ledit Jehan Darsac, qui estoit homme très-felon, orgueilleux et queroit voulentiers r[i]otes et debas pour travailler et dommagier les bonnes gens,... eut dit... plusieurs grans et enormes injures.... et entre les autres l'eust appellé très-hort vil *cassot*, qui vaut autant à dire comme *mezel* et venu ou extrait de lignée mezelle ou ladre, avec plusieurs autres injures, villenies, opprobres et menasses, en disant que avant que l'année feust passée, il lui donroit si grant esgarade par le visage, qui vault autant à dire comme lui faire une très-grant plaie, que les grains de la mezellerie en cherroient à terre, telement que chacun pourroit veoir et congnoistre qu'il estoit mezel; et qui plus est et demonstrant son felon courage et voulant mettre son propos danpnable à effect, eust sachié un grant coustel, » etc. Ce document a été cité par D. Carpentier, *Gloss. Nov.*, tom. II, col. 1258, au mot MEZELLUS. Tom. IV, col. 122, on lit: « CASSOT, Lépreux, de race sujette à la lèpre, en Auvergne. »

[1] Voyez le *Tableau élémentaire de semeiotique*, par M. Victor Broussonnet. Palassou réfute cette erreur, pag. 330-332. Cela n'a pas empêché M. Guyon de la reproduire, et d'adresser à l'Académie des Sciences, comme pièce à l'appui de son *Mémoire sur les Cagots des Pyrénées*, qu'il avait soumis précédemment au jugement de ce corps, une série de figures représentant la *conformation de l'oreille*, qu'il considère comme un caractère distinctif de la race. « Ce caractère, dit M. Guyon, consiste dans un arrondissement de l'oreille résultant de l'absence de lobule. Ma première communication n'était accompagnée que d'une seule figure, dont le sujet était une fille de Saint-Jean-Pied-de-Port. Aujourd'hui je mets sous les yeux de l'Académie six figures prises au hasard parmi les Cagots de diverses localités... J'appelle de nouveau l'attention sur ce fait, que les Cagots, que je considère, avec plusieurs voyageurs, comme continuant les Goths dans les Pyrénées, appartiennent à une race de taille élevée et parfaitement conformée, et que le goître et le crétinisme, dont un grand nombre de Cagots sont entachés, ne tiennent qu'à la nature des localités habitées par ces derniers. Ainsi, des six sujets dont je présente les oreilles figurées,

ce que Guillaume des Innocens , au chapitre *des signes univoques de lepre* , dit des éléphantiques ou lépreux dont il fait l'examen. et dans ce qu'en avait écrit avant lui le célèbre Ambroise Paré, dont voici les paroles : « D'avantage, ils ont les oreilles rondes , pour la consomption de leurs lobes et parties charneuses par défaut d'aliment suffisant, grosses, espaisses et tuberculeuses à cause de la crassitie et terrestrité de l'aliment qui afflue à la partie : ce que nous mettrons pour le troisiéme signe [1]. »

Voyons maintenant comment s'exprime le chirurgien de Toulouse :

« En outre la tunique dicte conjonctive ou adnata (qui vient du Pericrane) appert tenebreuse et grisastre aux ladres. Car tout ainsi qu'aux icteriques, ou qui ont la jaunisse , la conjonctive tunique est jaune et saffranée, en tesmoignage de l'humeur cholerique non naturel qui domine : aux phrenetiques ou qui ont inflammation aux muscles du cerveau, et aux vrays ophtalmiques les conjonctives sont rouges signifiante la seigneurie du sang, pareillement aux ladres les yeux avec ses membranes sont obscurs, sombres et de couleur tenebreuse, tout de mesmes que l'humeur

les deux premiers seuls étaient goîtrés, un avec atteinte de crétinisme. » *Comptes rendus des séances de l'Académie des Sciences,* tom. XIX, n° 11 (9 septembre 1844), pag. 526.

[1] *De la petite verolle et lepre,* ch. X : Signes qui monstrent la lepre estre jà confirmée. (*OEuvres complétes d'Ambroise Paré,* édit. de J.-F. Malgaigne, tom. III, pag. 275, col. 4.) Bien avant Paré, au XIVe siècle, Guy de Chauliac rangeait parmi les six signes univoques de la lèpre, la rondeur des yeux et des oreilles et la puanteur de l'haleine. Voyez sa Chirurgie, traité VI, éd. de Lyon, 1672, pag. 309. Plus anciennement encore que Guy de Chauliac, Bernard Gordon avait consigné tous ces symptômes dans son Lys de la Médecine, en y ajoutant le brillant de la face, *color faciei lucidus, vergens ad fuscedinem mortificatam; color faciei rubens, vergens ad nigredinem; color est albus, vergens ad niveum,* etc. Voyez *Bernardi Gordonii Opus, Lilium Medecinæ inscriptum,* etc. Lugduni, apud Guiliel. Rovillium M.D.LXIIII. in-4 ; *de lepra particula* I, pag. 96, 97.

abondant au corps est noir, crasse, cendré, ou grisastre suyvant le degré de son adustion diverse, grande ou petite. A ce signe premier s'ensuyt la figure ronde observée aux oreilles, desquelles la rondeur procede d'une mesme cause, à celle qui rondist les yeux aux ladres, sçavoir est de la seicheresse depravée du nourrissement, a la difference toutesfois des hectiques, tabides, et marasmés, ausquels la nourriture defaut és membres. Or bien que les oreilles soyent naturellement rondes ou oblongues, si est ce que ces petits bouts, et extremités d'icelles (esquelles l'on fiche les bagues et joyaux...) estans desseichées, retirées ou consommées, rendent leur rondeur mieux formée et plus remarquable. De tant que ce qui les fait plus longues, aux uns qu'aux autres, c'est ceste pinne de chair qui est la partie plus mollette de toute l'oreille. Mais icy, il y a d'avantage outre la rondeur une espesseur tubereuse et dure aux borts, et cernes des oreilles des ladres : avec des escorcheures, esgratigneures, ou rogneures qui apparoissent volontiers [1]. »

L'accusation de lubricité portée contre les Cagots, s'explique aussi par la chaleur reprochée aux lépreux. Nous ne savons d'où était venue l'opinion que rien n'égalait l'ardeur et la vigueur de ces malades ; mais au moyen âge, c'était une opinion généralement reçue dans tous les pays. Dans le Roman de Tristan, dont la composition remonte au XIIIe siècle, un lépreux, nommé Ivain, propose au roi de Cornouaille, qui veut faire périr Yseult la Blonde, sa femme, de la lui livrer, à lui et à ses cent compagnons. Il ajoute :

« Sire, en nos a si grant ardor,
Soz ciel n'a dame qui .i. jor
Péust sofrir nostre convers (*commerce*). »

(*Tristan*, tom. i[er], pag. 59.)

[1] *Examen des Eléphantiques ou Lepreux...* ch. XI, p. 82, 83.

Dans une de ses Histoires tragiques, F. de Belle-Forest, parlant d'une malheureuse dame d'Agen envers laquelle des débauchés s'étaient livrés aux derniers excès, et révoquant en doute l'une des énormités dont il fut déposé en justice qu'elle avait été la victime, dit : « Moins encore adjouste-je foi à ceux qui diront qu'elle fut conduite à la maladerie, qui est de hors la ville, pour rassasier la paillardise des Ladres (qu'on dict estre extrememement adonnez à ceste vilennie) et qu'ils en abuserent [1], » etc.

Dans une de ses *Novelle*, le moine Bandello raconte qu'une dame vénitienne, voulant éprouver si tout ce que l'on disait des prodigieuses facultés des lépreux était vrai, se déguisa, alla passer une nuit près de l'un d'eux, et que bientôt après elle mourut des suites de l'épreuve [2].

Il ne paraît pas, néanmoins, que les choses en vinssent toujours là; car Guillaume Bouchet, qui parle de la *chaleur estrange* des lépreux, en des termes que je me garderais bien de répéter, ajoute que « plusieurs femmes ayant eu affaires à des ladres, ont souhaité que leurs maris le fussent [3]. »

[1] *Le sixiesme Tome des Histoires tragiques...* A Lyon, pour Cesar Farine, 1583, petit in-12; pag. 517.

[2] *Histoire littéraire de la France*, tom. XIX, pag. 698, en note. Nous avons cité ce trait d'après M. Amaury-Duval, qui ne peut manquer de l'avoir lu dans quelque édition de Bandello, mais qui, pour son honneur de savant, aurait dû la désigner. Dans celle qui fait partie du *Raccolta de' Novellieri italiani* (Milano, Silvestri, 1813, in-12), on lit, vol. III de cette collection, pag. 34-41, une nouvelle portant le n° XXXVII et ce sommaire : *Una bella donna usa carnalmente con un leproso, e al marito il manifesta, che si contenta che con altri uomini si congiunga.* Le titre même de cette nouvelle prouve que la fin de l'histoire n'est pas aussi tragique que M. Amaury-Duval l'a supposé; puisque la *donna* dont il s'agit, bien loin de mourir des suites de l'épreuve, se fait guérir homéopathiquement, et le bonhomme de prédestiné, son mari, y consent de peur de perdre sa Lucrèce. (*Il povero geloso che non poteva sofferire che altri guardasse la moglie, si contentò ch'ella, a quanti voleva, facesse di se copia.*)

[3] *Troisiesme Livre des Serées de Guillaume Bouchet*, 36e serée, pag. 518 et 519.

Voyons maintenant ce que dit un homme plus compétent, à cet égard, que le trouvère et les deux conteurs. Voici comment s'exprime Ambroise Paré, dont nous croyons devoir conserver le langage crûment scientifique :

« ... Les lepreux desirent grandement le coït, principalement lors que leur maladie est en son commencement et estat [1], à cause qu'ils sentent grande chaleur estrange aux parties internes de leurs corps, et partant bruslent du desir de dame Venus : mais tel deduit leur est fort contraire, d'autant que par iceluy les esprits et chaleur naturelle se resolvent, dont la chaleur estrange est fort augmentée et les brusle d'avantage [2]. »

Un autre chirurgien, non moins versé que Paré dans la matière, dit à peu près la même chose. Après avoir invoqué l'autorité de Galien, Guillaume des Innocens ajoute : « Et vrayement il avoit raison de parangonner les ladres aux Satyres, d'autant qu'ilz symbolisent fort ensemble, non seulement en l'horrible aspect, et forme de visage. Mais en outre (et qui plus est) en l'erection des parties genitales, et en la salacité et picquante ou paillarde chaleur, procedant d'humeur crud et flatulent qui chatouille et remplit les vases spermatiques par sa vapeur, et les membres de la generation aux ladres [3]. »

[1] « L'estat est quand les membres commencent à s'ulcerer. »

[2] *De la pet. ver. et lepre*, ch. VIII : *Des causes de lepre*. (OEuv. compl. d'A. Paré, tom. III, pag. 273, col. 1.) Voyez un autre passage qui n'est presque que la reproduction de celui-là, dans le chap. X. (*Ibid.*, pag. 278, col. 2.)

[3] *Ex. des Eleph.*, chap. XI, pag. 86. La médecine moderne regarde la lèpre comme amenant un résultat tout opposé. Voyez là-dessus des détails dans l'*Abrégé pratique des maladies de la peau....* par MM. Alphée Cazenave et H.-E. Schedel, etc. Paris, Béchet jeune, 1833, in-8, pag. 352; dans le *Dictionnaire de Médecine*, 2e édit., tom. XI. Paris, Béchet jeune, 1835, in-8, pag. 254; et dans le *Compendium de médecine*, tom. III (1840), art. *Eléphantiasis*. Voyez aussi l'*Instruccion medicolegal sobre la lepra*, citée dans la *Disertacion medicohistorica sobre la elefancia... tradu-*

Comme si l'accusation de luxure portée contre les Cagots
n'eût pas été suffisante, on y aurait joint, s'il faut en croire
un écrivain allemand, l'imputation d'un vice affreux [1], dont
l'existence eût complètement justifié la répulsion qu'ils inspiraient. Mais est-il vrai qu'ils y fussent sujets? Quelque
fâcheux que soient les bruits qui, comme nous l'avons déjà
vu, circulent à Gourdan sur le compte des Capots ou Trangots [2], nous nous refusons à regarder ces malheureux comme
coupables du crime de lèze-nature, que ne leur attribue,
d'ailleurs, nul acte, nul écrit ancien. Nous préférons croire
que de même que les Cagots doivent leur réputation de lépreux, comme nous le démontrerons plus tard, à l'emploi
d'un mot à double sens, l'accusation dont il s'agit leur vient
du nom d'hérétique qu'on leur donnait, et qui avait autrefois deux significations au moins [3], comme un autre mot
dont nous n'avons garde d'imprimer la première lettre [4].

cida del frances (de Mr. Raymond). Madrid, en la imprenta de Pacheco.
M.DCC.LXXXVI. in-8, *notas últimas del traductor por via de apendice*,
pag. 18. Il ne faut pas, néanmoins, aller loin pour trouver le contraire: il
suffit pour cela de revenir à la pag. 17, et de lire, pag. 18-20, ce que dit
D. Antonio de Ulloa des lépreux de Carthagène, dans son Voyage historique de l'Amérique méridionale, tom. 1er, ch. v.

[1] « Im mittelalter von der menschlichen Gesellschaft ausgeschlossen, als
Pädrasten verabscheut und als Ketzer verflucht, mussten sie als Abzeichen
ein Stück rothes Tuch oder eine Eierschale auf der Kleidung angeheftet
tragen. » *Conversations-Lexikon*, IXe édition. Leipzig, Brockhaus, 1843,
in-8; tom. III, pag. 109, art. Cagots.

[2] Voyez ci-devant pag. 75.

[3] Voyez le Glossaire de du Cange, au mot BULGARI, édit. de 1733, col.
1338 et 1330, et le *Glossaire de la langue romane*, tom. 1er, pag. 194.

[4]
     « Seignor, dist-il, je ai trové
     Là sus un *crite* prové;
     Il dist qu'il vous herbergera,
     Et après vous ledengera,
     Et si f...... le plus lonc,
     Et si batera le plus cort. »

   . . . .

     « Seignor, dist-il, je sai assez
     Que toz vous ai de lonc passez.

Cette imputation n'avait donc rien de commun avec les ladres, qu'on n'accusa jamais d'errer dans la foi, mais d'être enflammés de luxure.

Au reste, cette opinion n'était point la seule qui poursuivit ces malheureux, ainsi que les Cagots; ceux-ci partageaient aussi avec les lépreux la réputation d'être rusés, fourbes, et surtout enclins à se ruer sur les gens sains. Ecoutons encore, sur ce point, le chirurgien des Innocens :

« Le douxiesme signe equivoque regarde les meurs, lesquelles suyvent volontiers la temperature et composition du corps selon Galen, en un livret exprez et ailleurs. Or

> Je n'irai mie à cel *erite*
> Qui en tel œvre se delite;
> Miex voudroie estre en croiz tonduz
> Que je fusse d'ome f...... »
>
> . . . .
>
> Gales tresfremit et tressaut,
> Si s'escria à haute vois :
> « Or sus, or sus, quar je m'en vois;
> Cil *erites* m'a accueilli. »

Du sot Chevalier, v. 137, 145, 294. (*Fabliaux et Contes*, édit. de Méon. A Paris, chez B. Warée, M DCCC VIII, in-8; tom. IV, pag. 259, 260 et 264.)

> Quant la dame s'oït si ramposner,
> Vergoigne en ot; si dit par felonnie :
> « Par Dieu ! vassal, je l'dis por vous gaber,
> Cuidiés-vous dont qu'à certes le vos die?
> Certes, nenil; ne me vint en penser
> Qu'onques nul jor je vos deignasse amer;
> Que vos avés, par Dieu! meillor envie
> D'un bel vallet baisier et accoler. »
>
> — « Dame, fait-il, j'ai bien oï parler
> De vostre pris, mais ce n'est ore mie;
> Et de Troie r'ai-je oï conter,
> Qu'ele fu jà de moult grant seignorie :
> Or n'i puet-on que la place trover.
> Por ce, dame, vos loe à escuser
> Que cil ne soient atains de l'*iresie*
> Qui desormais ne vos vorront amer. »

QUENES DE BÉTHUNE. (*Le Romancero françois...* Paris, Techener, 1833, in-12; pag. 108, 109.)

pour autant que l'humeur predominant une atre bile, aduste, accompagnée de quelque male qualité virulente, est plus cachée et occulte que manifeste à nos sens, laquelle fume en la teste par son ebullition : de la vient que les songes des ladres, ne sont pas seulement paoureux et espouvantables (comme il sera dict) que mesmes toutes leurs actions (ou la plus-part) en veillant ne sont que ruses, tromperies, et desloyautez. Qui est cause que bien souvent ils se ruent malicieusement sur le peuple sain : tant afin que l'on estime qu'ils n'ayent aucune tache de ce mal sur eux, que par ceste mesme meschanceté qui les accompagne, par laquelle ils se pensent estre moins offensez et travaillez de leur mal, comme ilz se communiquent avec les personnes saines, esquelles ils sement (à leur advis) et despartent leur contagion venimeuse. Cependant l'on ne laisse pas de voir autant d'habilités, perfidies, et desloyautés, voire plus grandes, en beaucoup d'autres personnes saines [1]. »

Avant des Innocens, A. Paré avait dit : « et vrayement le temperament des ladres est fort semblable à celui du chat, sçavoir sec et melancholique, comme aussi les mœurs, en ce qu'ils sont malicieux comme eux [2]. » Puis, développant cette phrase, il avait ajouté : « Pour le dixseptiéme (signe qui monstre la lepre estre ja confirmée), nous mettrons qu'ils sont quasi tous cauteleux, trompeurs, et furieux, sur le commencement et increment [3] de leur maladie, à raison de l'adustion des humeurs, à laquelle d'avantage la siccité sert d'aiguillon : mais en l'estat et declinaison [4] de la maladie,

---

[1] *Ex. des Eleph.*, chapitre x, intitulé : *Des signes de Lepre, et premierement des equivoques* ; pag. 75, 76.

[2] *De la pet. ver. et lepre*, ch. x. (OEuv. compl., tom. iii, pag. 275, col. 2.)

[3] « L'accroissement, lorsque le virus apparoist au dehors, et les signes et accidens se multiplient et accroissent. »

[4] « La declinaison est que la face est hideuse à regarder, et que les extremités des doigts tombent, et alors les signes sont populaires et conneus à un chacun. »

ils deviennent cauteleux et trompeurs, et soupçonneux, à cause qu'ils sont deffians d'eux-mesmes, à raison de la melancholique qui, froide et seiche, les rend ineptes à executer toutes choses, soit de corps ou d'esprit : d'où vient que craignans toute chose, voire les plus asseurées, ils tachent tousjours à parvenir et suppleer par malice ce qu'ils sçavent leur defaillir d'esprit et d'adresse : qui est la mesme cause pourquoy les vieilles gens, les malades et femmes sont sur tous sujets à tels vices [1]. »

Un autre trait du caractère que la tradition prête aux Cagots, au moins à ceux du Pays Basque [2], est d'être présomptueux et hâbleurs. Méritent-ils cette réputation? C'est ce que je ne saurais dire; toutefois, j'en doute. A la rigueur, l'existence d'un pareil défaut chez des malheureux en butte à des humiliations continuelles, peut s'expliquer par l'esprit de réaction qu'elles entretiennent chez eux, par la préoccupation constante où ils doivent être de chercher à se rehausser dans l'opinion; mais à cette imputation je soupçonne une autre cause. En basque, présomptueux se dit *goitia*, et présomption *goitardea* [3] : or le premier de ces deux mots se rapproche assez du nom des Goths qui servait à désigner les Cagots chez les Basques [4], et je ne serais

[1] Pag. 278, col. 1. Guy de Chauliac établissant seize signes équivoques de ladrerie, dit pour le douzième que les lépreux « sont fins et trompeurs, furieux, et se veulent trop ingerer sur le peuple. » Traité VI, pag. 310, édit. de 1572. Voyez aussi le *Lilium Medecinæ*, pag. 97.

[2] Voyez ci-dessus, pag. 110.

[3] « Presumido, presuntuoso, *antustia, facatia, andigotia, goitia*. Lat. Arrogans, confidens.

« Presuncion, vanidad, *antustea, goitardea, andigoá, facá*. Lat. Arrogantia, superbia. »

Dic. tril., tom. II, pag. 193, col. 2.

[4] En *escuara* un Goth se dit non-seulement *Agota*, mais encore *Gota*, pluriel *Gotac*. En voici un exemple tiré d'une tragédie basque de Clovis que je possède :

Kombataq hanitz irain cian, bay eta rude içan ;
Bena azquenecoz, Clovis jouan çuçun burutan

point étonné que ceux-ci eussent étendu aux choses le rapport qu'ils avaient saisi entre les mots, attribué au fond ce qui n'appartenait qu'à la forme.

La dernière, comme la plus grave, des principales accusations portées par le peuple contre les Cagots et les Caqueux était d'entretenir un commerce avec l'esprit du mal, et peut-être est-ce là qu'on doit chercher l'explication d'une coutume qui, nous l'avons vu, se pratiquait à l'égard des premiers [1]. Cette imputation leur était commune avec les lépreux. Bouchet rapportant « que l'espreuve la plus certaine pour sçavoir si un homme est ladre, estoit de luy mettre un poinçon bien avant dans la sole des pieds, car on asseure qu'il sera bien ladre s'il ne le sent [2], » ajoute : « Et aussi fut dit par

Bortu Pyrenen eta Poitieresen hartcia,
Coin beitciren heresia gaisto harez infectatia.
Ordian, içan çutuçun, ordian purquy chahatu,
Eta *Gotaq* arrastatu eta catolico' loxaz errendatu.
Bena, noula ezpeiquira seculacoz mundian,
Clovis eta san Severin hanty sarry hil ciradian.
[Beaucoup de combats eurent lieu, et aussi ils furent rudes ;
Mais à la fin Clovis alla à la tête (de ses troupes)
Prendre Poitiers et les montagnes des Pyrénées,
Lesquels étaient infectés par cette méchante hérésie.
Alors, alors ils furent proprement nettoyés ;
Et les *Goths* furent s'arrêtant et se rendant de peur des catholiques.
Mais, comme nous ne sommes pas toujours dans le monde,
Clovis et saint Séverin moururent bientôt après.]

Premier prologue, v. 57.

[1] Voyez ci-dessus, pag. 106. On lit dans la confession de Loys Gaufridy, prêtre, brûlé à Aix par arrêt du parlement de Provence, pour magie et sorcellerie, le dernier avril 1611, les passages suivants :

« J'advoüe comme on offre du pain, prenant ordinairement la crouste de dessous.

« J'advoüe comme on consacre beaucoup de croustes et de morceaux pour donner aux assistans, et quand il n'y a assez de croustes du dessous, on prend de celles de dessus.

« J'advoüe comme l'on leve la crouste offerte, chacun renie Dieu tout haut, et crient, Maistre, ayde nous, s'addressans à Lucifer et autres Diables. »

Voyez *La Continuation du Mercure françois*, etc. A Paris, chez Estienne Richer, M. DC. XV. in-8 ; folio 22 recto et verso.

[2] « Veritablement je me suis souvent trouvé à l'espreuve des ladres, et

un de la seree, que si ceste espreuve estoit vraye, que les Diables rendoyent donc ladres ceux qui se donnoyent à eux, tous les sorciers estans ladres à vingt et quatre carats : parce, disoit-il, que Bodin asseure que les Diables marquent les leurs, à fin qu'ils les obligent à eux par ce moyen, comme par un sacrement : et qu'en ceste marque on pourroit fourrer toute une grande ayguille, ou quelque autre fer pointu, sans qu'ils en sentent rien, estant un moyen aux Magistrats de convaincre les Sorciers aussi bien que les ladres [1]. »

Enfin, il n'y a pas jusqu'à la tradition de l'origine juive des Caqueux de la Bretagne et de certains Cagots qui ne dérive de la croyance où l'on était que ces malheureux avaient la lèpre. Dans une pièce de vers composée par un lépreux du XIIIe siècle, cette maladie est appelée *l'œuvre d'Israel* : ce qui donne à penser qu'on accusait les Juifs de l'avoir introduite, ou du moins propagée en Occident [2].

C'est à l'opinion qui voyait dans les Cagots une classe de lépreux, et seulement à cette opinion, qu'il faut attribuer les règlements qui les concernaient. Ainsi les Cagots, comme nous l'avons vu, étaient frappés dans leur existence ci-

---

entre tous les signes dignes d'estre bien notés, cestuy-cy m'estoit commun, c'est que les ayant piqués d'une assez grosse et longue espingle au gros tendon qui s'attache au talon, qui est fort sensible par-dessus les autres, et voyant qu'ils n'en sentoient rien, bien que j'eusse poussé l'aiguille fort avant, je conclus que veritablement ils sont ladres. » *OEuv. compl. d'A. Paré*, tom. III, pag. 277, col. 2.

[1] *Tr. Liv. des Ser.*, pag. 526.

[2]   Hé, maistre Guillaume Reel,
        Donnés ces lettres sans scel
        Maistre Jaquemon Travelouce,
        Soit en gardin u en praiel,
        Tant k'il sace *l'oevre Israel*
        Que j'ai empraint desous me houce.

(*Che sont li Congié Baude Fastoul d'Aras*, v. 289. — *Fabliaux et Contes*, édit. de Méon; tom. Ier, pag. 121.)

vile et jusque dans leur postérité; mais nous savons que le sort des lépreux n'était pas plus digne d'envie : pour n'en citer qu'un exemple, la coutume de Calais excluait du droit de bourgeoisie les membres d'une famille dans laquelle il y avait eu des individus attaqués de la lèpre [1].

Plus dures encore, les anciennes lois du pays de Galles, compilées par Howel Dha, ou *le Bon*, et confirmées par le pape en 940, excluent un lépreux de son patrimoine, parce que, disent-elles, il n'est point de ce monde [2]; elles en excluent son fils par une raison semblable, « parce que Dieu a séparé son père du monde. » Le même code déclare la lèpre cause légale de divorce, et interdit à ceux qui en sont atteints de remplir des emplois publics, d'être juges ou de plaider dans quelque cour que ce soit. Un lépreux n'a à payer ni ne peut recevoir *galanas*, compensation due par les parents d'un meurtrier à ceux d'un mort; et quoiqu'il ait droit à la valeur de ses membres, s'il a été attaqué ou blessé, il ne peut réclamer *saraad*, compensation qui se donnait comme dommages-intérêts aux personnes saines [3].

Les statuts de l'Écosse ne se montrent pas animés envers les lépreux d'un autre esprit que les lois d'Howel le Bon. Entre autres dispositions relatives à ces malheureux, un acte de Robert III renferme la suivante : « Le porc et le saumon gâtés, qu'on apportera au marché, seront saisis par

---

[1] *Usances particulières de la ville et banlieue de Calais*, art. VI. (*Nouveau coutumier général...* par Ch. A. Bourdot de Richebourg, tom. Ier. A Paris, chez Cl. Robustel, M DCC XXIV, in-folio, pag. 18, col. 1; *Dictionnaire de Médecine*, tom. XI, pag. 273. M. Dezeimeris y cite à tort les *Ordonnances du Louvre*, t. XII.)

[2] *Ancient Laws and Institutes of Wales... Printed by command of his late Majesty William IV. under the direction of the commissioners on the public records of the kingdom.* (Edited by Aneurin Owen. (MDCCCXLI. in-folio; liv. X, ch. VII, §. 19 fol. 556; liv. XI, ch. IV, §. 17, fol. 602.

[3] *Ibidem*, folios 39, 200, 234, 255, 365, 403, 516, 656, 671, 764, 796, 797, 827.

les baillis et envoyés aux lépreux; et s'il n'y a pas de lépreux, ces denrées seront complètement détruites [1].» On
peut se rappeler avoir vu plus haut une disposition à peu
près semblable dans les coutumes de Condom, à l'égard
des Gahets de cette ville.

Ceux de Bordeaux ne pouvaient sortir sans être chaussés,
obligation à laquelle les états de Béarn voulurent, comme
nous l'avons vu, soumettre les Cagots de cette province;
les lépreux y étaient également astreints, avec cette différence qu'ils devaient porter des souliers couverts ou des
bottes [2].

Les Cagots ne pouvaient avoir des armes; mais les lépreux étaient soumis à la même prohibition : le règlement
de la maladerie d'Amiens, qui fut rédigé en 1305, est ex-

---

[1] « *Fole swine or corropled salmon sould be not sauld.*

« It is statute, that gif any man brings to the market corrupt swine, or
salmond to be sauld, they salbe taken be the Baillies; and incontinent
without any question, salbe send to the Lipper folk.

« 4. And gif there be na Lipper folk; they salbe destroyed alluterlie. »
Regiam Majestatem. The auld Lawes and Constitutions of Scotland.
Edinburgh. Printed by Thomas Finlason, A. D. 1609, in-folio; ch. 40,
art ı et ıv, folio 59. b.

[2] « *De Calceamentis Fratrum leprosorum.*

« Licèt circa calceamenta fratrum leprosorum, fuerat strictiùs antiquitùs
ordinatum; quia tamen subscripta calceamenta quæ eorum infirmitati
(quæ nunquam certis finibus contentatur, et nequit nimis strictis observan-
tiis subjacere) magis credimus convenire : volumus et præcipimus, quòd
fratres leprosi æstivalibus largis seu botis pro calceamentis utantur; sub
quibus si velint, caligis perfruantur. Alia verò calceamenta sint eisdem penitus interdicta. » Statuta hospitalis de Sancto Juliano.(*Matthæi Parisien-
sis Additamenta...* Londini, Excusum Typis Mıl. Flesher. m. dc. xxxıx.
in-folio, pag. 248, lig. 40.)

« Calceamenta pedum sint caligæ et æstivalia, sint sotulares erecti, cum
tribus vel quatuor nodulis circa tibias, quibus uti consueverunt. Sotulares
verò bassos cum uno nodulo, et laqueatos, omnino interdicimus et dam-
namus. Et si quis frater de cætero utatur hujusmodi bassis sotularibus,
contra istud statutum, eat nudis pedibus singulis diebus, donec magister
domus ejus humilitatem considerans, dicat ei, sufficit, » etc. *Ibid.*, p. 258,
lig. 10.

plicite à cet égard ; il interdit aux ladres le port ou la possession d'une arme quelconque [1].

On se souvient qu'il fallait le témoignage de cinq Cagots pour valoir celui d'une autre personne ; mais n'oublions pas non plus que les lépreux ne pouvaient, en aucun cas, ainsi que nous l'apprennent les coutumes de Beauvoisis, servir de témoins [2].

Les Cagots avaient une place à part à l'église et au cimetière ; traités de même, mais plus rigoureusement, les lépreux devaient avoir, suivant les prescriptions du troisième concile général de Latran, tenu sous Alexandre III en 1179 [3],

---

[1] « Nous deffendons que freres malades ne porte ne ait sur lui ne entour son lit, ne en son huchel ne ailleurs, coutel à pointe, ne hache, ne mache; ne fauquet, ne espée, ne broque de fer ne d'acher ne de os ne de fust ne de autre cose. » Archives de l'hôtel de ville d'Amiens, registre aux chartes coté E, folio 101 ; Bibliothèque Royale, collection de Dom Grenier, 15e paquet, n° 2, page 117. Voyez aussi *Des Léproseries de Genève au XVe siècle....*, par le docteur J.-J. Chaponnière. (*Mémoires et documents publiés par la société d'histoire et d'archéologie de Genève*, tom. 1er. Genève, chez Jullien et fils, 1841, in-8; pag. 122.)

[2] « Mesiax ne doivent pas estre oys en tesmognage, car coustume s'acorde qu'il soient debouté de le conversation d'autre gens.» *Les Cout. de Beauv.*, par Messire Ph. de Beaumanoir, édit. in-folio, chap. XXXIX, pag. 210 ; édit. de M. le comte Beugnot, Paris, Jules Renouard, M. DCCC. XLII, in-8, tom. II, ch. XXXIX, art. 33, pag. 103.

[3] « *Leprosi sibimet ipsis privatam habeant ecclesiam et cœmeterium.* «. . . Ecclesiastici quidam, quæ sua sunt, non quæ Jesu-Christi, quærentes, leprosis, qui cum sanis habitare non possunt et ad ecclesiam cum aliis convenire, ecclesias et cœmeteria non permittunt habere, nec proprii juvari ministerio sacerdotis. Quod quia procul a pietate Christiana esse dinoscitur, de benignitate apostolica constituimus ut ubicumque tot simul sub communi vita fuerint congregati, quot ecclesiam cum cœmeterio constituere, et proprio gaudere valeant presbytero, sine contradictione aliqua permittantur habere.... Statuimus etiam ut de hortis et nutrimentis animalium suorum decimas tribuere non cogantur. » *Sacrosancta Concilia....* Studio Ph. Labbei, et Gabr. Cossartii, tom. X, col. 1520 ; Rogeri de Hoveden Annalium Pars posterior. (*Rerum Anglicarum Scriptores post Bedam præcipui,* ed. Henrico Savile. Francofurti, M. DCI, in-folio, p. 586.)

Ces prescriptions furent généralement suivies, excepté dans les localités où il n'y avait qu'un seul lépreux ou un petit nombre de ces malheureux. Ainsi, à Plounévez-Moëdec, commune de l'arrondissement de Lannion, sur la grande route de Paris à Brest, il existe un petit réduit attenant à l'église et

et avaient en effet une église et un cimetière particuliers.

Conformément à l'article XXIII de la première rubrique du for de Béarn, les Cagots échappaient à l'impôt pour une partie de leurs biens; mais les lépreux jouissaient d'une exemption encore plus étendue : le concile provincial d'Auch, tenu à Marciac en 1326, avait défendu, sous peine d'excommunication, d'imposer à la taille les clercs, les religieux et les lépreux enfermés [1].

S'il faut en croire François de Belle-Forest [2], il était rare que les enfants d'un Cagot riche héritassent de ses biens; ils avaient tout au plus en partage les meubles du défunt. Nous n'avons trouvé cette disposition consignée dans aucun for, dans aucune coutume; mais on sait qu'elle existait à l'égard des lépreux, non-seulement dans le pays de Galles, comme nous l'avons vu plus haut, mais dans le nord de la France, au moins dans le Beauvoisis [3].

Enfin, dans plusieurs provinces, comme le Béarn et la Bretagne, les Cagots étaient sous la protection et dans la

placé entre les contre-forts, qui se nommait la *crèche du lépreux*, nom qu'il conserve encore aujourd'hui, en breton *cambr ar lor* ou *cambr ar cacodd*. Cette chambre ou crèche communiquait avec l'intérieur de l'église par un trou en entonnoir, dont la partie la plus large était tournée vers le lépreux. De là il entendait la messe comme par une sarbacane, et sans pouvoir être vu de personne.

[1] « *De iis qui talliant clericos, religiosos, reclusos leprosos.*

« Excommunicamus, et excommunicatos denunciari publice præcipimus comites, barones, consules, bajulos, et alios quoscumque, qui clericos, religiosos, reclusos leprosos, ratione personarum, vel patrimonii ipsorum, ausi fuerint talliare, vel aliquid pro tallia exigere ab eisdem : nisi sic exacta, infra quindecim dies plene restituerint, requisiti. » Concilium Marciacense, A. C. 1326, cap. LIII. (*Sacrosancta Concilia*, tomi XL. pars II, col. 1767.)

[2] Voyez ci-dessus, pag. 9.

[3] « Quant aucuns devient mesiax, par quoi il convient qu'il laisse la compaignie des gens sains, il n'a puis droit en nule propriété d'eritage, ne qui fust siens, ne qui li peust venir de son lignage... car sitost comme il est pris de cele maladie, il est mors quant au siecle. » *Les Cout. de Beauv.*, ch. LVL., édit. de Th. de la Thaumassiere, pag. 290; édit. de M. le comte Beugnot, tom. II, pag. 325, 326.

dépendance du clergé, tandis que dans d'autres contrées, dans la Basse-Navarre [1], par exemple, ils étaient les vassaux de la noblesse. On en peut dire autant des lépreux, dont les hôpitaux, dits *maladeries*, qui faisaient généralement partie des établissements soumis à l'autorité épiscopale, étaient dans de certaines localités, administrés par les seigneurs ou par les communes [2].

Il faut conclure de tout ce que nous venons de rapporter, que les dispositions législatives et réglementaires prises à l'égard des Cagots, dispositions qui nous paraissent si étranges, tenaient au soupçon de ladrerie dont ils étaient l'objet, et non pas, comme on l'a cru jusqu'à présent, au mépris qu'ils inspiraient comme étrangers, et à la proscription que l'on voulait faire peser sur leurs têtes.

Si l'on est curieux de savoir pour quelle raison le moyen âge avait donné aux lépreux des cimetières à part, qu'on

---

[1] Voyez ci-dessus, pag. 124, 125.

[2] « Voirs est que, de droit commun, le garde des maladeries apartient à l'evesque en quele evesquiée eles sunt assises, par le reson de ce qu'à sainte Eglise appartient le garde des coses ammosnées et amorties heritavlement. Neporquant, noz savons aucunnes maladeries qui especialement sunt de le garde des signeurs terriens, » etc. *Les Cout. de Beauv.*, ch. LVI, édit. in-fol., pag. 290 ; édit. in-8, tom. II, pag. 327.

Philippe de Beaumanoir aurait dû ajouter que d'autres maladeries étaient sous la tutelle des communes : rentré en 1290 dans le sein du parlement de Paris, il ne pouvait pas ignorer que ce corps avait rendu, en mars 1287, un arrêt qui maintenait la ville d'Amiens dans le droit de surveillance et de gestion qu'elle avait exercé jusque-là sur sa maladerie. Voyez cet arrêt dans les archives de l'hôtel de ville d'Amiens, liasse cotée F, fol. 3, 1er dossier, pièce 28e ; et reg. aux chartes coté E, fol. 29 verso. Voyez également l'*Histoire d'Amiens* du P. Daire, pièces just.; tom. II, pag. 391 ; et Chopin, liv. II, tit. 1, monast. n° 27. On peut, du reste, conclure de l'omission de Ph. de Beaumanoir, qu'il avait composé et même publié son ouvrage avant l'année 1287. Voyez la notice de M. Beugnot, pag. XXVJ.

Mais la ville d'Amiens n'était pas la seule qui eût l'administration de sa maladerie; plusieurs autres cités, parmi lesquelles nous ne citerons que Bordeaux, gouvernaient les leurs. Voyez les *Privileges des Bourgeois de la ville et Cité de Bourdeaus*, etc. A Bourdeaus, Par Simon Millanges... M. DC. XVIII. in-4 ; pag. 44.

lise les derniers versets du 27ᵉ chapitre du second livre des Paralipomènes, où il est dit qu'Hosias, devenu lépreux pour avoir voulu s'immiscer dans les fonctions des sacrificateurs, s'endormit avec ses pères, et fut enseveli avec eux dans le champ des sépulcres des rois, mais non dans ces sépulcres mêmes [1] ; on verra que, dans cette disposition, comme dans la plupart des autres règlements relatifs aux lépreux, le moyen âge avait pour guide l'ancien Testament.

[1] Dans une traduction de l'une des parties de ce livre, probablement exécutée au XIIᵉ siècle, le 23ᵉ des versets que nous venons de citer, est ainsi rendu : « Li reis Azarias murut e ne fud pas enseveliz en la sepulture reale, kar mesels fud, e ses fiz Joathan regnad pur lui.» *Les quatre Livres des Rois...* publiés par M. le Roux de Lincy. Paris, Imprimerie royale, M DCCC XLI, in-4 ; pag. 392.

CHAPITRE IV.

Opinions diverses touchant l'origine des Cagots et l'étymologie des noms qu'on leur a donnés.

Le moment est venu pour nous d'examiner les diverses opinions relatives à l'origine des Cagots, et d'émettre ensuite la nôtre. Commençons d'abord par celle qui compte le plus d'adhérents, je veux dire l'opinion qui voit dans ces infortunés les rejetons abâtardis et dégénérés des Goths, mis en déroute par Clovis dans les plaines de Vouillé. Ce système, qui paraît être une ancienne tradition populaire, mérite, à ce titre, du respect, sinon une entière confiance. En effet, comme toutes les traditions de ce genre, il doit contenir des éléments de vrai ; mais comme le faux s'y rencontre en proportions au moins égales, et cela par suite de l'indifférence du vulgaire en matière de chronologie, on ne saurait prendre trop de précautions avant d'en adopter quelque chose. Ainsi, comme nous le ferons voir tout à l'heure, cette opinion sur l'origine des Cagots n'est pas complètement erronée; mais, pour être admise, elle eût eu besoin de

preuves, et le seul témoignage qu'en l'absence des documents écrits on puisse invoquer, lui est contraire. Je veux
parler du caractère anthropologique de ces parias. Il n'est
personne qui ne sache que le caractère des races se main-
tient avec une persistance singulière, surtout quand,
par une cause ou une autre, elles ne se mêlent pas à celles
qui les avoisinent. C'est ainsi que les Bohémiens n'ont rien
perdu de leur physionomie asiatique, et que les Juifs sont
reconnaissables en quelque lieu que ce soit, par leur teint
olivâtre, leurs cheveux crépus et couleur de jais, leur nez
arqué et leurs yeux noirs et ronds. Les Goths, au rapport de
l'histoire, étaient des hommes robustes ; ils avaient le teint
blanc, les cheveux blonds, une taille élevée, imposante
et noble [1]. Voyons maintenant jusqu'à quel point ce portrait
peut s'appliquer aux Cagots des temps modernes. Une lettre
de M. Dabadie de Buziet, médecin très-instruit (dit Palassou) contient, entre autres choses, les passages suivants :
« Je défie qu'on distingue en rien les Cagots des autres habitants. Comme ces derniers, ils présentent des teints et des
traits différents ; on en remarque de bien faits, de mal tour-
nés, de bons et de méchants, de riches et de pauvres, en un
mot, les mêmes qualités physiques et morales [2]. » Le témoignage de M. Làa, médecin recommandable d'Arudy, est conforme à celui que nous venons de rapporter : « Il est impossible, dit-il, de faire quelque différence entre la classe des
Cagots et nous [3]. » Un autre observateur, né dans une commune qui, composée de cent quarante maisons, en contient
au moins cinquante habitées par des Cagots, affirme que
« leur teint n'est pas remarquable par une nuance particuliè-

---

[1] « Λευκοὶ γὰρ ἅπαντες τὰ σώματά τέ εἰσι, καὶ τὰς κόμας ξανθοί, εὐμήκεις τε
καὶ ἀγαθοὶ τὰς ὄψεις. » Procop. Cæsar. de Bello Vandalico, lib. I.
cap. II.

[2] Dissertation de Palassou, pag. 321.

[3] Ibidem.

re¹; et M. Minvielle nous apprend qu'après avoir fait des recherches relativement à leur constitution physique et à leurs qualités morales, il n'a pu découvrir chez les individus de cette caste la moindre différence, ni dans leur corps, ni dans leurs mœurs, ni dans leurs consciences². J. A. de Zamacola tient, à peu de chose près, le même langage³. Cependant, comme nous l'avons dit, la tradition populaire n'est pas tout-à-fait dans l'erreur, et elle est en partie confirmée par un témoignage précieux, par celui de Palassou lui-même, qui, comme on l'a vu, regarde comme invraisemblable que les Cagots tirent leur origine des Wisigoths ou des peuples du Nord qui ravagèrent la Novempopulanie vers le commencement de la monarchie française. « On voit chez eux, dit-il, des familles entières à blonde chevelure, avec un teint blanc et frais, qui joignent à la beauté du sang les avantages d'une taille haute et dégagée; on en remarque en outre où la couleur brune domine, et chez lesquelles la force, l'adresse du corps se déployent admirablement, quoique les individus soient d'une stature moyenne. Tous ces dons de la nature leur sont communs avec les habitants originaires

¹ *Ibid.*, pag. 322. Palassou ne nous apprend pas quelle est cette commune; mais vraisemblablement elle fait partie, comme Buziet et Arudy, de l'arrondissement d'Oloron, département des Basses-Pyrénées. Quoi qu'il en soit, ce que MM. Dabadie et Làa et l'observateur anonyme ont écrit des Cagots de leur voisinage, ne peut, à ce qu'il paraît, s'appliquer à ceux des Hautes-Pyrénées. « Cette population, dit M. Bualé, pharmacien instruit d'Argelès, dans une lettre qu'il nous écrivait le 28 novembre 1842, offre parmi nous un teint basané, blême, blaffard, des cheveux touffus, noirs, roides, des yeux bleus. Elle est fort sujette aux scrophules, notamment au goître, infirmité qu'il faut peut-être attribuer plutôt à l'air stagnant et humide de leurs habitations qu'à un vice d'origine. On prétend reconnaître les individus de cette caste à la conformation des oreilles, dépourvues du lobe inférieur. Les pommettes des joues sont plus saillantes que chez nous. »

² *Préjugé vaincu*, pag. 6.

³ « Yo he procurado observar detenidamente algunos descendientes de estos Gagotes en Doñen y en otros pueblos del Bearne, por si entre ellos hallaba, como supone el vulgo, las orejas sin perilla, ó alguna otra diferen-

de ce pays [1]. » On ne saurait douter, après la lecture des passages qui précèdent, que les Cagots ne soient issus d'une race secondaire et même tertiaire; mais si la caste en question ne présente pas de type particulier, on peut dire aussi qu'elle n'en exclut aucun.

Voyons maintenant si l'histoire autorise à croire que les Cagots soient les descendants des Goths qui s'établirent dans une partie du midi de la France.

Dans le cours de l'an 416 de Jésus-Christ, ou au commencement de 417, Wallia, chef des Wisigoths, conclut avec le patrice Constance, général d'Honorius, un traité, par le-

cia que los distinguiese de las demas gentes, pero debo decir en honor de la verdad, que no hallé variedad alguna entre unas y otras personas en su capacidad, en sus costumbres, ni en su trato, y que léjos de ser invéciles y estupidos, me parecieron mas industriosos, aplicados y laboriosos que las demas gentes del pais. » *Historia de las Naciones Bascas*, t. III, p. 216. Un autre Espagnol non moins instruit, Don Juan Crisóstomo de Vidaondo, l'un des plus notables habitants d'Elizondo, m'écrivait, à la date du 13 décembre 1842 : « Ni por su trage, ni por sus costumbres, ni por su idioma, ni por su fisonomía se diferencian de los restantes habitantes de este pais; son generalmente laboriosos, tienen bastante viveza natural, emigran tambien á otras provincias, y algunos de ellos no han dejado de adquirir ventajas. Hay tambien familias en otros pueblos de este mismo valle, y tambien fuera de él. »
[1] Mémoire de Palassou, pag. 322, 323.
« Toutes les personnes que j'ai consultées, dit M. Barraut, médecin, m'ont assuré qu'il n'y avait pas de plus beau sang que parmi les Cagots. Nous en avons quelques familles à B. [Bagnères] dont les hommes et les femmes sont blonds et remarquables par leur beauté.... » *Ibidem*, p. 326.
« La physionomie, en général, des Cagots réputés pur sang est opposée à celle des Bohémiens ; beaucoup d'entre eux ressemblent aux peuples du nord : cheveux blonds ou chatains, surtout dans l'enfance ; teint blanc, yeux bleus ou gris, nez court, doigts assez courts. » Lettre de M. Dominique David, ancien payeur d'armée, propriétaire à Itsatsou, en date du 19 mars 1843.
« Cette haine nationale pour les Visigoths était encore entretenue chez les Basques par les traits physiques des Agots. Ils conservaient ceux de leur race : les yeux d'un bleu verdâtre, les cheveux blonds, la peau blanche, le teint pâle, et, ce qu'il y a le remarquable encore de nos jours, le cartilage de l'oreille adhérent, et la boîte osseuse très-épaisse. » Lettre de M. le vicomte de Belsunce, Méharin (canton d'Hasparren, dépt des Basses-Pyrénées), 31 mars 1843.

quel il s'engagea, entre autres choses, à combattre les Alains, les Vandales, les Silingues et les Suèves, qui avaient conquis l'Espagne. Après les avoir battus en plusieurs rencontres, il se rendit dans les Gaules, en 418, pour occuper la seconde Aquitaine et les terres dont l'empereur lui avait fait don, et il établit sa résidence dans la ville de Toulouse [1]. Quelque voisin que fût le Béarn de cette nouvelle capitale, il ne paraît pas qu'il fût compris dans cette cession, et P. de Marca pense qu'il fit partie de l'empire jusqu'à l'époque où Eurike, successeur de Wallia, en opéra la conquête, c'est-à-dire jusqu'en l'an 471 environ [2]. Quoi qu'il en soit, les Goths n'en furent pas longtemps les maîtres; car Clovis ayant formé la résolution de s'emparer d'une partie des états d'Alaric II, il s'en suivit une guerre, que termina la bataille de Vouillé, où le roi des Francs tua de sa propre main celui des Goths. Avec lui s'éteignit la domination de ce peuple dans les Gaules, et les provinces qu'il occupait tombèrent au pouvoir du vainqueur [3].

Le Béarn ayant été une des dernières conquêtes des Goths, « doit-on présumer (dit Palassou, que nous croyons devoir citer, malgré l'incorrection de son style) que le temps qui s'écoula depuis, jusqu'à la défaite de l'armée d'Alaric, c'est-à-dire l'espace d'environ trente-cinq ans, pût suffire pour les nombreux établissements de la caste à laquelle ils auraient donné naissance? Cette possibilité n'est-elle pas difficile à concevoir, lorsqu'on se rappelle que le règne d'Euric qui voulait profiter des débris de l'empire, ne fut pas assez paisible pour laisser aux Goths le temps de contracter dans le

---

[1] *Histoire de la Gaule méridionale sous la domination des conqué-rants germains*, par M. Fauriel. Paris, Paulin, 1836, in-8; tom. Ier, pag. 140-142.

[2] *Hist. de Bearn*. pag. 64.

[3] *Greg. Turon. Hist. eccles. Franc.*, lib. II, cap. 37.

Béarn des alliances que la paix seule est capable de favoriser; que les Goths, qui naissaient tous soldats, durent par conséquent être sans cesse occupés à servir les projets de ce prince..... Alaric son fils, qui lui succéda, fut, j'en conviens, un prince plus pacifique; mais il fallait conserver de vastes états continuellement menacés; et, pour y parvenir, la prudence ne semblait-elle pas exiger de retenir les Goths rassemblés sous les drapeaux? Il ne paraît pas vraisemblable que cette nation belliqueuse, qui ne s'occupait ni des arts ni des sciences, ni de la culture de la terre, ait formé les établissements auxquels on attribue l'origine des Cagots. On peut dire à peu près la même chose par rapport à ceux qui sont répandus dans les autres contrées de la Novempopulanie.

« En supposant même que les Goths se fixèrent en Béarn et dans les provinces adjacentes, doit-on penser qu'ils s'obstinèrent, après la victoire remportée par Clovis dans les plaines du Poitou, à ne pas quitter la nouvelle patrie qu'ils avaient adoptée, lorsqu'assurés des motifs qui avaient fait prendre les armes aux Francs, ils s'exposaient à se voir exterminés comme ennemis de Jésus-Christ? Le chemin de l'Espagne leur était ouvert. Maîtres des passages des Pyrénées, ils auraient fui vers une contrée qui, réduite sous leur puissance, leur offrait un refuge [1]. »

Les Goths d'Alaric qui ne périrent pas à Vouillé, ne sont donc point les premiers Cagots. Voyons à présent si nous les retrouverons dans les Arabes que P. de Marca et d'autres auteurs supposent être restés en Gascogne après que Charles-Martel eut défait Abdérame. D'abord, rien dans la constitution physique des Cagots n'indique une pareille descendance, qui, à coup sûr, aurait imprimé sur leurs traits un

---

[1] Mémoire de Palassou, pag. 338, 339.

sceau caractéristique et durable; ensuite les raisons que P. de Marca fait valoir en faveur de cette opinion, ne sont que spécieuses et n'ont aucun fondement solide. « On leur donna la vie, dit l'historien du Béarn, en faveur de leur conversion à la religion chrestienne, d'où ils tirerent le nom de Chrestiens. » La dernière partie de cette proposition est fausse, comme nous ne tarderons pas à le démontrer. Mais continuons l'examen des preuves dont P. de Marca étaye le système que nous combattons. Il veut que le soupçon de ladrerie se soit attaché aux Cagots, parce que les Arabes, dont il les croit sortis, étaient originaires de la Syrie, où la lèpre était endémique, et où avaient vu le jour Naaman qu'Élisée guérit de cette maladie, et Giezi, serviteur infidèle que le prophète frappa d'anathème dans sa personne et sa postérité [1]. Cette explication est ingénieuse, mais elle n'est que cela; rien ne nous prouve que les Aquitains aient considéré comme venant de la Syrie, les envahisseurs qui marchaient sous l'étendard de l'islamisme, et qui, en réalité, ne comptaient pas seulement des Arabes dans leurs rangs, mais aussi des Berbers et même des hommes d'origine germanique et slave [2]. Pour les peuples des provinces pyrénéennes, les hordes qui se ruèrent sur eux dans le huitième siècle, étaient des Sarrasins, c'est-à-dire des païens, venus d'Espagne, et les chrétiens, en butte à leurs attaques, s'occupèrent tout d'abord, on peut le croire, à y résister, et à réparer ensuite les dommages qu'elles leur avaient causés, plutôt qu'à se rendre compte d'où émanait l'autorité des généraux sarrasins et des émirs qui commandaient en Afrique et en Espagne. Si les Cagots furent appelés *Gezitains*, ce ne doit avoir été que bien plus tard, non pas dans le

---

[1] « Lepra Naaman adhærebit tibi et semini tuo usque in sempiternum.» Reges, II, c. 5.

[2] *Invasions des Sarrasins en France....* Par M. Reinaud, p. 232, 233.

but d'empêcher une importante tradition de s'altérer, mais par suite d'une méprise [1] et de l'assertion d'un clerc béarnais, qui, nourri de l'Écriture-Sainte et plein de confiance dans l'accomplissement des prophéties, aura cru retrouver la race de Giezi dans les Cagots, dont il ne pouvait s'expliquer autrement l'état misérable. La découverte du clerc aura été d'autant mieux accueillie et propagée par le clergé, qu'elle fournissait une preuve de plus de la divine provenance des livres saints, et que probablement, à l'époque où elle eut lieu, les versions les plus contradictoires circulaient déjà au sujet de l'origine des Cagots; elle obtint d'autant plus de succès dans les masses, qui, d'ailleurs, n'y regardent pas de si près, qu'elle satisfaisait au désir de connaitre qui se trouve chez elles développé jusqu'à un certain point, et qu'elle légitimait la proscription que leur éducation leur avait appris à faire peser sur ces infortunés. Dans cette circonstance, l'opinion émise par la science parvint à contrebalancer, même parmi le peuple, la tradition populaire qui désignait les Cagots comme les descendants des sujets d'Alaric; dans d'autres cas, on a vu cette dernière source de connaissances disparaître entièrement sous une couche savante, qui, à son tour, prenait la physionomie traditionnelle.

P. de Marca fait observer qu'on a toujours reproché aux Sarrasins, comme aux Cagots, l'odeur infecte qu'ils exhalaient, « ce qui est tellement vrai, dit-il, qu'ils estimoient que cette mauvaise odeur ne pouvoit leur estre ostée, que par le moyen du Baptesme des Chrestiens, auquel pour cét effet ces Agaréniens ou Sarasins présentoient leurs enfans, suivant leur ancienne coustume...., laquelle coustume les

---

[1] En effet ce mot, que je n'ai trouvé dans aucune pièce ancienne, me paraît être tout simplement le mot espagnol *Gitano* francisé et augmenté. On sait que *Gitano* est la contraction d'*Egipciano*.

Turcs continuent encore aujourd'hui. » Fondée ou non, cette accusation ne prouve pas que les Cagots descendent des Arabes; car elle a été portée contre bien d'autres peuples, entre autres contre les Juifs [1] et les Lombards, comme le remarque de Marca lui-même. Dans une circonstance, dont Paul Diacre fait le récit [2], l'un des fils de Turisende, roi des

[1] Voyez les épigrammes de Martial, liv. IV, épig. IV; Ammien Marcellin, liv. XXII, ch. v; l'Itinéraire de Rutilius Numatianus, liv. Ier, l. 387; Fortunat, liv. v; et surtout une note du R. P. Christophe Brower, à la fin des œuvres de ce dernier poète, édition de Mayence, Balthasar Lippius, 1603, in-4, pag. 138-143.

Au reste, les Juifs nous ont rendu ces imputations; car, selon les rabbins, le serpent avait répandu sur Eve et sur sa postérité une puanteur dont les seuls enfants d'Israël sont exempts. Voyez le Thalmud de Babylone, traité *Yebamóth* (du Lévirat), ch. 12, fol. 103 verso. On y lit :

אמר ר' יוחנן בשעה שבא נחש על חוה הטיל בה זוהמא ישראל שעמדו על הר סיני פסקה זוהמתן אומות שלא עמדו בהר סיני לא פסקה זוהמתן

« Rabbi Johanan dit : Au moment où le serpent aborda Eve, il lança sur elle une souillure. Quant aux Israélites qui n'ont pas été présents au mont Sinaï, leur souillure a disparu; mais la souillure des (autres) nations qui n'ont pas été présentes au mont Sinaï, n'a point disparu. »

On renvoie à la même tradition dans deux autres passages du Thalmud : traité *Schabbath* (du Sabbat), ch. 22, fol. 146 recto, et traité *Abodá Zará* (de l'Idolâtrie), ch. 2, fol. 22 verso; de même dans le livre cabbalistique *Zohar*, édition d'Amsterdam, tom. Ier, fol. 126 verso.

Au reste, il faut dire que les rabbins prennent ce passage thalmudique au figuré, ainsi que les autres passages de même nature; ils pensent qu'on fait allusion à la souillure morale, c'est-à-dire aux passions humaines, que la loi mosaïque proclamée sur le mont Sinaï devait faire disparaître. Le célèbre Moïse Maïmonide, dans son *Moré Nebouchim* (Guide des égarés), deuxième partie, ch. 30, en expliquant le sens ésotérique de plusieurs traditions de la Genèse, s'exprime ainsi (Je cite la traduction latine de Buxtorf, *Doctor perplexorum*, p. 281) :

« Ex dictis autem maximé admirandis, et secundum literam paradoxis ac absurdis, est et hoc; (sed si solidé hunc librum intellexeris, admiraberis, quanta sapientia in illo lateat, et quam eleganter cum natura hujus Universitatis consentiat) : *Ex quo serpens venit ad Evam, humorem vel sordes projecit in Evam* (lis. *eam*): *Israelitis, qui steterunt in monte Sinai, sordes illæ absterguntur : Gentibus, qui non steterunt in monte Sinai, sordes illæ non absterguntur.* Animum igitur intende et ad istud. »

[2] « His Alboin a patre auditis, quadraginta solummodo juvenes secum tollens, ad Turisendum, cum quo dudum bellum gesserat, regem Gepidœ-

Gépides, comparait ces derniers à des cavales puantes; dans une autre, en 770, le pape Étienne, à la nouvelle du mariage de Charlemagne avec Berthe, fille du roi Didier, lui écrivit, ainsi qu'à son frère Carloman, de ne point le consommer, sous peine d'excommunication, tant à cause que le roi leur père les avait déjà fiancés à d'autres filles illustres de France, que pour ne point souiller, dit-il, le très-noble sang des Francs, qui excelle par dessus tous les autres, avec la per-

rum profectus est, causamque qua venerat intimavit. Qui eum benigne suscipiens, ad suum convivium invitavit, atque ad suam dexteram, ubi Turismodus ejus quondam filius sedere consueverat, collocavit. Inter hæc dum apparatus varii epulas caperent, Turisendus jam dudum sessionem filii mente revolvens, natique funus ad animum reducens, præsentemque peremptorem ejus loco residere conspiciens, alta trahens suspiria, sese continere non potuit; sed tandem dolor in vocem, prorupit : » Amabilis, inquit, mihi locus iste est ; sed persona quæ in eo residet, satis ad videndum gravis. » Tunc regis alter qui aderat filius, patris sermone stimulatus, Langobardos injuriis lacessere cœpit, asserens eos, quia suris inferius candidis utebantur fasciolis, equabus, quibus crurum tenus pedes albi sunt, similes esse, dicens : « Fœtidæ sunt equæ quas similatis. » Tunc unus e Langobardis ad hæc ita respondit : « Perge, ait, in campum Asfeld, ibique proculdubio poteris experiri quam validæ istæ quas equas nominas, prævaleant calcitrare, ubi sic tui dispersa sunt ossa germani, quemadmodum vilis jumenti in mediis pratis. » His auditis, Gepidi, confusionem ferre non valentes, vehementer in ira commoti sunt, manifestasque injurias vindicare nituntur. Langobardi e contra parati ad bellum, omnes ad gladiorum capulos manus injiciunt. Tunc rex a mensa prosiliens, sese in medium objecit, suosque ab ira belloque compescuit, interminans primitus eum puniri, qui primus pugnam commisisset, non esse victoriam Deo placitam dicens, cum quis in domo propria hostem perimit. Sic denique jurgio compresso, jam deinceps lætis animis convivium peragunt. Sumensque Turisendus arma Turismodi filii sui, ea Alboin tradidit, eumque cum pace incolumem ad patris regnum remisit. Reversus ad patrem Alboin, ejusdem conviva hinc effectus est. Qui dum cum patre lætus regias delicias caperet, ordine cuncta retulit quæ sibi apud Gepidos in Turisendi regia contigissent. Mirantur qui aderant, et laudant audaciam Alboin, nec minus adtollunt laudibus Turisendi maximam fidem. » *Pauli Warnefridi... de Gestis Langobardorum libri* VI. lib. I, cap. XXIIII, ed. Lugd. Batav. cIɔ. Iɔ. xcv. in-8; p. 28-30. L'auteur de cette édition, ainsi que Muratori, écrivent ce passage : « Fœtulæ sunt equæ quas similatis. » Mais ce dernier met en note à *fœtulæ* : « Amb. et Mod. *fœtidæ sunt, inquit equæ, quas simulatis.* Lind. *fœtiles.*» Voyez le *Rerum Italicarum Scriptores*, tom. Iᵉʳ, 1ʳᵉ partie, Mediolani, MDCCXXII, in-folio; p. 420.

fide et très-puante nation des Lombards, dont la race des lépreux tirait certainement son origine [1].

P. de Marca poursuit ainsi : «Ayant recherché l'origine de l'imputation de la Ladrerie, et de la puanteur des Gezitains ou Cagots, dans la race des Sarasins ; on doit deriver de la mesme source, la marque du pied d'oye ou de canard, qu'ils estoient contraincts anciennement de porter.... Car comme le plus fort et le plus salutaire remede, qui soit proposé

[1] « Quæ est enim, præcellentissimi filii, magni reges, talis desipientia, ut penitus vel dici liceat, quod vestra præclara Francorum gens, quæ super omnes gentes enitet, et tam splendillua ac nobilissima regalis vestræ potentiæ proles, perfida, quod absit, ac fœtentissima Longobardorum gente polluatur; quæ in numero gentium nequaquam computatur, de cujus natione et leprosorum genus oriri certum est? Nullus enim, qui mentem sanam habet, hoc vel suspicari potest, ut tales nominatissimi reges tanto detestabili atque abominabili contagio implicentur. Quæ enim societas luci ad tenebras, aut quæ pars fideli cum infideli? » *Sacrosancta Concilia*,... Studio Philip. Labbei, et Gabr. Cossartii, tom. VI, col. 1717, D; *Recueil des Historiens des Gaules et de la France*, t. V, p. 542, B. Voyez aussi l'*Histoire de Charlemagne*, par Gaillard. Paris, Foucault, 1819, in-8 : t. 1er, p. 232.

S'il faut voir dans le pied d'oie ou de canard le symbole de la lèpre et de la puanteur, n'y a-t-il pas lieu de croire que la fameuse reine Pédauque, dont on montrait le tombeau à Toulouse, et la statue aux portails de Sainte-Marie de Nesles, diocèse de Troyes, de Sainte-Bénigne de Dijon, de Saint-Père de Nevers, de Saint-Pourçain en Auvergne, et ailleurs, et sur laquelle on a tant discuté, n'était autre chose que Berthe, fille de Didier, dont il vient d'être question? Je sais bien que, d'une part, M. Didron traite de conte archéologique l'assertion relative à l'existence monumentale de ce personnage, qui, dit-il, n'a pas plus existé dans les monuments que dans l'histoire *, et que, d'un autre côté, il assure que les statues des prétendus rois de France qui sont sculptés aux portails de nos cathédrales, appartiennent à des rois et reines de Juda **. Mais, sur le premier point, nous continuerons à croire DD. Mabillon, Montfaucon et Plancher, qui ont parlé des statues de la reine Pédauque *de visu*. Quant au second point, nous le déciderons en citant ce passage d'une pièce écrite avant 1284 : « Li vilains Babuins est cil ki va devant Nostre-Dame à Paris, et regarde les rois et dist : « Vés-là Pepin, vés-là Charlemainne. » Et on li coupe sa borse par deriere ***. »

* *Bulletin archéologique, publié par le comité historique des arts et monuments.* Deuxième volume. Paris, 1843, pag. 680; tom. III, 1844, pag. 211.
** *Ibidem*, tom. II, pag. 122, 679.
*** *Des xxiii Manières de Vilains.* A Paris, chez Silvestre, M. DCCC. XXXIII. in-8; pag. 10.

dans l'Alcoran pour la purgation des pechés, consiste aux lavemens de tout le corps, ou d'une de ses parties, que les Mahometains prattiquent sept fois, ou pour le moins trois fois chasque jour, on ne pouvoit conserver la memoire de la superstition Sarasinesque, par un Charactere plus expres, que par le pied de l'Oye, qui est un animal qui se plaist à nager ordinairement dans les eaux. » Je rends de nouveau hommage à l'imagination du savant prélat, d'autant plus volontiers que c'est elle qui a fait tous les frais de cette explication du signe auquel on reconnaissait les Cagots. Mais avant de chercher la signification du pied d'oye ou de canard, il eût dû, ce me semble, vérifier si cette désignation était juste, et ne se faire qu'à bon escient l'écho des arrêts émanés du parlement de Bordeaux [1].

Pour représenter un pied d'oie sur un habit, sans employer le secours du dessin ni de la broderie, ce que les règlements n'eussent pu exiger des Cagots, attendu leur pauvreté, il fallait au moins employer de l'étoffe jaune. Or, bien que ni de Marca ni aucun autre auteur ne nous apprennent la couleur du signe auquel on reconnaissait ces malheureux dans le Béarn, il y a tout à parier que ce n'était pas le jaune, vû qu'il était déjà affecté aux Juifs [2], avec lesquels

---

[1] Cette observation s'adresse également à le Duchat, qui a donné de la marque des Capots une autre explication. On les obligeait anciennement, dit-il, de la porter sur leurs habits, « parce qu'on les prenoit pour également (*comme les Vaudois*) infectez de lépre et d'hérésie; et par cette marque, on les exhortoit tacitement à recourir aux eaux de la Grace, et à se laver et relaver sans cesse, comme font les canards. » *OEuvres de Maître François Rabelais*, édit. d'Amsterdam, 1741, in-4; tom 1er, pag. 266, note 27.

[2] « Quoniam volumus, quod Judæi a Christianis discerni valeant et cognosci, vobis mandamus, quatenus imponatis omnibus et singulis Judæis utriusque sexus signa, videlicet unam rotam de filtro, seu panno croceo in superiori veste consutam ante pectus, et retro ad eorumdem cognitionem: cujus tota latitudo sit in circumferentia 4 digitorum; concavitas autem contineat unam palmam... » Charta Alphonsi, comitis Pictavensis, an. 1269. (Apud du Cange, *Glos. ad Scriptores med. et inf. Latinit.* in-folio, t. III, col. 1566.)

le vulgaire n'a jamais confondu les Cagots, mais le rouge, comme dans le Labourd et le pays de Soule, comme à Marmande et à Bordeaux, où les Gahets, on l'a vu plus haut, portaient *une enseigne de drap rouge de la grandeur d'un grand blanc*. Dans beaucoup de circonstances, ce serait perdre son temps que de rechercher pourquoi l'emploi d'une couleur a été prescrit à l'exclusion de tout autre, car bien souvent ceux qui ont présidé à ce choix n'ont rien voulu rappeler, n'ont cherché aucune allusion; mais ici le cas est différent. Les magistrats ont eu pour but de rendre sensible le soupçon de ladrerie qui s'attachait aux Cagots, et ils l'ont fait en leur ordonnant de porter *cousu et bien attaché audevant leur poictrine, et en lieu descouvert et apparent* un morceau de l'étoffe dont les lépreux portaient un manteau [1]. Si maintenant on demande pourquoi on avait adopté pour les lépreux la couleur rouge, la réponse est facile: c'était pour les voir de plus loin.

Ce qui a pu contribuer à affermir l'opinion qui donne aux

Cette ordonnance a été reproduite par Louis IX dans les mêmes termes et la même année. Voyez les *Ordonnances des Roys de France de la troisième race*, t. 1er, p. 294. Philippe III, on ne sait en quelle année, rendit un mandement pour ordonner l'exécution du règlement de son père. Voyez le même recueil, p. 312.

[1] « Ledict jour (30 août 1520), a esté aussi arresté par mesdicts seigneurs que monseigneur prevost fera diligence de trouver ung Jaquenau, pastissier, qu'on dit estre ladre; l'amener ceans pour l'epprouver. » Registres de la Jurade, conservés à l'hôtel de ville de Bordeaux; collection de 1521, folio 9 recto.

« Au jour d'uy xe jour de septembre mil ve et xx, estans messeigneurs les soubz-maire prevost Valier, Ramon-Coibo, Jossait, Leisné, Menon et du Casse, assemblés en la maison de la ville, ont faict assembler messieurs les medecins et barbiers de la ville pour epprouver ung nommé Jaquenault, que l'on accusoit d'estre taiché de ladrerie. Lesquelz epprouvemens faictz en tiel cas requis, mesdits seigneurs amprès la relation fete desdicts medecins et barbiers que ledict Jaquenault estoit ladre, mesdicts seigneurs luy ont dit presentement qu'il auroit ung manteau rouge avec les cliquetis et gant, et l'yroit conduire jusques Agoullis le Basque sergent de ceans, où tiels malades ont accoustumé estre mis. » *Ibid.*, folio 12 verso.

Cagots les Arabes pour ancêtres, c'est que ceux qui ravagèrent l'Aquitaine en 732, et qui en particulier pillèrent et incendièrent la ville de Bordeaux, étaient venus dans cette province, au rapport d'un auteur presque contemporain, avec l'intention de s'y établir, et que dans ce but ils y avaient amené leurs épouses et leurs enfants [1] ; mais cette circonstance prouve tout au plus que les Musulmans ne s'attendaient pas à un revers. Battus par Charles-Martel, les débris de l'armée d'Abdérame durent repasser les monts, car on ne peut raisonnablement supposer que les Arabes n'avaient ni gardé les passages ni fait aucune disposition militaire dans l'Aquitaine. « On ne peut croire, dit M. du Mège, à une telle imprévoyance de la part d'une armée d'invasion, qui devait assurer ses flancs et ses derrières, et préparer sa ligne de retraite pour le cas, très-présumable, d'un violent échec. Les Arabes étaient, d'ailleurs, maîtres du revers méridional des montagnes qui nous séparent de la Péninsule, et les habitants de l'Aquitaine, postés dans les passages, n'auraient pu résister à l'attaque simultanée des troupes échappées au glaive de Charles-Martel et de celles qui, de l'Espagne, seraient accourues à leur secours [2]. »

Les Cagots sont-ils, comme le veut l'abbé Venuti, les descendants de ces premiers chrétiens qui sortirent des provinces de Guienne, de Navarre, du Béarn et du Languedoc, pour entreprendre le pèlerinage de la Terre-Sainte, avant et après la célèbre époque des croisades d'Occident? Non, et comme l'auteur de ce système ne l'appuie sur aucune preuve, nous ne nous arrêterons pas à le combattre. Venuti semble avoir été amené à l'adopter, par la conviction qu'il

---

[1] « Deinde post decem annos cum uxoribus et parvulis venientes (Sarraceni) Aquitaniam, Galliæ provinciam, quasi habitaturi ingressi sunt. » *Pauli Warnefridi de gestis Langobardorum liber* VI, cap. XLVI ; édition de Leyde, déjà citée, p. 248.

[2] *Statistique générale des départements pyrénéens*, t. II, p. 134.

avait que les premiers Cagots étaient atteints de la lèpre,
ce qui n'est fondé sur aucun témoignage, et il n'a trouvé
d'autres moyens pour expliquer la présence de cette
maladie chez ces malheureux qu'en supposant qu'ils l'a-
vaient apportée d'Orient. « C'est de ces pays, dit-il, que ces
devots Chrétiens l'apportèrent en Europe, où ils la rendirent du moins plus fréquente et plus connue. » Nous savons bien que des autorités fort respectables ont attribué
aux pèlerinages l'introduction de la lèpre en Europe, et sa
récrudescence aux Croisades; mais nous ne pensons pas
qu'il en soit ainsi [1]. Pour ne parler que de notre pays,
les plus anciens monuments de notre histoire contiennent
une foule de passages qui prouvent à n'en pas douter, que
dans les temps les plus reculés de nos annales, il y avait un
grand nombre de lépreux et d'hôpitaux exclusivement
affectés à leur usage. Grégoire de Tours parle fréquemment des uns et des autres [2], et déjà avant la fin du sixième

---

[1] Il existe un texte d'où il résulte clairement qu'un grand nombre de
pèlerinages à la Terre-Sainte étaient entrepris par des lépreux gaulois qui
espéraient trouver dans les eaux du Jourdain, en s'y lavant sept fois
comme Naaman, la guérison de leur infirmité. Voyez le livre Ier du
Traité de la Gloire des Martyrs, de Grégoire de Tours, chap. XIX.

[2] « Ad cujus (sancti Hilarii episcopi Pictaviensis) beatum sepulcrum
multæ quidem virtutes ostensæ narrantur, quas liber vitæ ejus continet.
Sed tamen duo leprosi in eodem loco mundati sunt. » S. Georgii Floren-
tii Gregorii episcopi Turonensis Liber in gloria beatorum confessorum, cap II; inter opera sua edita a domno Theodorico Ruinart, col. 894,
D, anno CCCLXVIII. 13 januar.

« Posthæc ædificato xenodochio leprosorum Sacerdos suburbano, in
ejus basilicam confectis Abbatibus et omni clero, beatum corpus (Deside-
rati presbyteri) transtulit, et in basilica superiús memorata summo studio
sepelivit. » Id., cap. LXXXVI; ibid., col. 970, C, anno DLXX, 30 april.

« Factum est autem quodam tempore, dum iter ageret ad visitandos
fratres, ut occupante crepusculo ad hospitiolum diverteret leprosorum.
Erant autem novem viri, susceptusque ab eis, statim plenus caritate Dei
jussit aquam calidam fieri, atque omnium pedes manu propria lavit, lec-
tulumque spatiosum fieri præcepit, ut omnes in uno strato requiescerent,
non abhorrens luridæ maculam lepræ. quod cùm factum fuisset, obdor-
mientibus leprosis, hic inter decantationes psalmorum vigilans, extendit
manum suam, et tetigit latus infirmi unius, statimque mundatus est : tac-

siècle, les conciles avaient à plusieurs reprises porté leur
attention sur ces infortunés. Un des canons du cinquième
concile d'Orléans [1], renouvelé en partie dans le troisième
concile de Lyon [2], les recommandait à la sollicitude spéciale des évêques. Enfin, au viiie siècle, leur état attira les
regards de Pepin le Bref, au point que ce prince rendit à
leur sujet un règlement qui fait partie du capitulaire de
Compiègne [3]. Plus tard, Charlemagne s'occupa d'eux dans
un but de police [4]; et quelque laconique que soit le texte

tuque salubri iterum tangens alium, et ipse protinus est mundatus. Cumque se sensissent redditos sanitati, tetigit unusquisque proximum suum,
ut scilicet expergefacti rogarent Sanctum pro emundatione sua. Sed cùm
tacti ab invicem fuissent, et ipsi mundati sunt. Mane autem facto adspi-
ciens omnes nitente cute effulgere, gratias agens Deo, et vale dicens, ac
singulorum oscula libans, abscessit, » etc. *S. Gregorii Turonensis Vitæ
Patrum,* cap. i, n° iv. (*Ibid.,* col. 1149. SS. Lupicin. et Roman.)

[1] « XXI. Et licet propitio Deo omnium Domini sacerdotum, vel quo-
rumcumque hæc cura possit esse fidelium, ut egentibus necessaria debeant
ministrare, specialiter tamen de leprosis id pietatis causa convenit, ut
unusquisque episcoporum, quos incolas hanc infirmitatem incurrisse, tam
territorii sui quam civitatis agnoverit, de domo ecclesiæ juxta possibilita-
tem victui et vestitui necessaria subministret, ut non eis desit misericordiæ
cura, quos per duram infirmitatem intolerabilis constringit inopia. » Concilium Aurelianense V. Anno Christi 549. (*Sacrosancta Concilia,* ed.
Philip. Labbeo, et Gabr. Cossartio, tom. v, col. 396, D.)

[2] « Placuit etiam universo concilio, ut uniuscujusque civitatis leprosi,
qui intra territorium civitatis ipsius aut nascuntur, aut videntur consistere,
ab episcopo ecclesiæ ipsius sufficientia alimenta, et necessaria vestimenta
accipiant, ut illis per alias civitates vagandi licentia denegetur. » Conc.
Lugd. iii. A. C. 583. (*Sacr. Conc.,* tom. v, col. 975, A. Citatur hic Canon
in antiquis collectionibus Andegavensi et Divionensi, titulo *De viduis, pu-
pillis, et pauperibus.*)

[3] « *Si conjugum alter sit leprosus, potest alter cum illius consensu
aliud inire conjugium.*
« XVI. Si vir leprosus mulierem habeat sanam, si vult ei donare com-
meatum ut accipiat virum, ipsa femina, si vult, accipiat. Similiter et vir. »
Capitulare Compendiense factum anno Christi DCCLVII. in generali populi
conventu. (*Capitularia Regum Francorum,* ed. Stephano Baluzio, t. i,
col. 184.)

[4] « XIII. De manu leprosi.
« XX. De leprosis, ut se non intermisceant alio populo. »
Capitulare tertium anni DCCLXXXIX. (*Capit. Reg. Franc.,* t. i, col.
214.)

qui témoigne de ce fait, il en résulte cependant d'une manière évidente que les lépreux étaient alors assez nombreux pour alarmer le monarque relativement à la salubrité publique.

Au xie siècle, ils n'avaient pas diminué, surtout en Normandie, où le duc Robert le Magnifique leur portait une affection particulière [1]. Dans une autre partie du royaume, un comte épousant une femme de son rang, s'engageait à ne la répudier qu'autant qu'elle deviendrait lépreuse [2] : ce qui semble indiquer que cette maladie était alors assez commune. Quoi qu'il en soit, il ne parait pas que les malheureux qui en étaient atteints fussent généralement tenus en quarantaine. A Cluny, par exemple, ils étaient admis à recevoir la communion des mains de l'abbé, comme nous l'apprend une curieuse anecdote, dont le héros est Goderanne, mort en 1076, abbé de Maillezais en Poitou [3]. Il est vrai que

Nus n'ont unques si chers lepros,
Nus autres ne lor fist tel bien :
Là entendoit sor tote rien.
(*Chronique des Ducs de Normandie*, par Benoît, t. ii, p. 511, v. 30041.)

[2] « ...et prædictus Artallus comes non dimittat prædictam Luciam, dum viva fuerit, per ullam occasionem, si leprosa non fuerit, etc.» *Charta sponsalitii quod fecit Artallus Mironis comes Palariensis Luciæ comitissæ*, etc., circa 1060. (*Appendix Marcæ Hispanicæ*, col. 1121.)

[3] « *Eum Hugoni præ ceteris acceptum fuisse colligitur ex Chronico Cluniacensi, in Bibliotheca Cluniacensi col.* 1642. *Ubi idem Goderannus monachus et capellanus sancti Hugonis appellatur. Huic officio incumbebat, cum sacram Eucharistiam, quam Leproso cuidam ministraverat sanctus Abbas, cum vomitu exscreatam, fide accensus absorbuit, quod discipuli sui facinus ipse Hugo miratus dicitur. Id refert Chronici supra laudati auctor, sed alium omni exceptione majorem preferimus testem, Hildebertum Cenomannensem episcopum, in ejusdem sancti Hugonis Vita, ubi ea de re sic loquitur....* Accidit autem ut eo præsente, leproso cuidam per manus beati Hugonis Eucharistia traderetur. Qui dum suscepta sacri panis portione uti non posset, diuque luctatus in vacuum niteretur, sacramentum cum salivis et screatibus horrendis visu ex ore lacerato decidenti Goderannus utramque manum supposuit, et gloriosius de se, quam de quolibet hoste triumphans, adhibitum ori totum absorbuit. Quo viso beatus Abbas obstupuit, craticulam Laurentii hoc animi tormento di-

le lépreux dont il est question dans ce récit pouvait être du nombre de ces malheureux que les abbayes étaient alors dans l'usage de recueillir et d'entretenir pendant toute leur vie. Dans un acte de 1096 environ, nous voyons Hélie de Didonne, Aricie sa femme et Hélie leur fils, sur le point de faire le voyage de Jérusalem, donner au monastère de Maillezais divers immeubles. De son côté, l'abbé Geoffroi leur accorde la société et le bénéfice de l'abbaye, et promet de nourrir un lépreux à leur intention, d'en prendre un autre après sa mort, et de lui rendre les mêmes soins [1].

Ce qui a pu faire croire que les croisades avaient accéléré les ravages de la lèpre en France, c'est que l'époque à laquelle la première de ces pieuses expéditions fut achevée, coïncide avec l'ardeur de fondations religieuses qui se manifesta vers le même temps [2]. On élevait de tous côtés des léproseries, dont certaines, comme celle de Chartres, qui fut achevée par les libéralités de Henri Ier, roi d'Angleterre (1199-1135) [3], étaient aussi remarquables par leurs dimensions que par leur architecture.

cens esse meliorem. » *Acta Sanctorum ordinis S. Benedicti*, sæcul. VI, pars secunda, p. 316, ann. Ch. MLXXIV. Voyez aussi *Histoire de Maillezais....*, par Charles Arnauld. Niort, Robin et Cie., 1840, in-8 ; chap. IV, p. 73.

[1] *Recueil de diplômes, chartes, notices et autres actes authentiques pour servir à l'histoire du Poitou*, etc., par D. Fonteneau, conservé aux archives de la Vienne, à Poitiers : tom. XXV, pag. 163.

[2] « Charitate priorum frigescente cœnobitarum, exorti sunt illo tempore diversorum dogmatum sectatores, scilicet Templarii, Hospitalarii, Grandimontenses, Carthusienses, Cistercienses, xenodochia pauperum, conventus sanctimonialium, coadunationes leprosorum, et quorumdam novorum congregatio canonicorum. » *Chronica Gaufredi prioris Vosiensis*, cap. XXXI, sub anno circiter 1100 (*Novæ Bibliothecæ manuscript. librorum Tomus secundus*, p. 296.)

[3] « Necnon etiam xenodochium elephantiosorum Carnoti manentium, opus videlicet pergrande ac mirificum, ipsius munificentia complevit. » *Willelmi Gemmeticensis monachi Historiæ Normannorum Liber* VIII, cap. XXXII. (*Historiæ Normannorum Scriptores antiqui*, ed. Andrea du Chesne, p. 308, D.)

Que dire maintenant des autres opinions émises sur l'origine des Cagots? Comme les deux premières que nous avons déjà examinées, elles reposent presque toutes sur l'idée que cette caste devait provenir d'un peuple vaincu par les armes. Ainsi les auteurs nommés plus haut ont vu dans ces parias des restes d'Albigeois échappés au massacre qu'en fit Simon de Montfort; mais ce nouveau système, bien qu'adopté par les Cagots de la Haute-Navarre, dans la requête qu'ils présentèrent au pape Léon X , à l'effet d'être admis aux sacrements de l'Église[1], n'a peut-être que du vrai, sans présenter toute la vérité. Depuis longtemps les Cagots avaient perdu non seulement les chartes, mais encore les traditions relatives à leur origine; ou, s'ils avaient conservé quelque chose de ces dernières, ce n'était qu'un souvenir confus d'une imputation d'hérésie autrefois portée contre leurs ancêtres. Or, quelle hérésie pouvait-ce être, sinon celle des Albigeois, la seule dont le peuple au xvie siècle eût gardé la mémoire? Mais dans cette circonstance, les Cagots, contre l'ordinaire des autres populations, se faisaient moins vieux qu'ils ne l'étaient réellement; car les Albigeois, dit P. de Marca, « commencerent à paroistre en Languedoc environ l'année 1180. et furent ruinés l'an 1215. et neantmoins les Cagots estoient reconnus sous le nom de Chrestiens, dés l'an mille, ainsi qu'on remarque dans le Chartulaire de l'Abbaye de Luc; et l'Ancien For de Navarre qui fut compilé du temps du Roi Sance Ramires environ l'an 1074. fait mention de ces gens, sous le nom de Gaffos[2]. » Ajoutons à cela

A Chartres mist grant manantie
A faire la maladerie,
Uncor i puet l'om bien veeir
Les granz ovres de son aveir.
(*Chronique des ducs de Normandie*, par Benoît, t. III, p. 386, v. 42073.)
[1] *Hist. de Bearn*, p. 74, n. VIII.
[2] On a vu ci-devant, au commencement du chapitre II, p. 174, en note, ce qu'il faut penser de cette dernière assertion.

284   HISTOIRE DES RACES MAUDITES

que, si elle eût été complètement exacte, cette tradition eût régné de préférence dans les lieux qui furent le théâtre des croisades contre les Albigeois, c'est-à-dire dans le Languedoc et dans l'Agenais. Or, nous ne savons pas qu'il en ait été ainsi.

Le système de Court de Gebelin, dépourvu de preuves comme il est, ne nous arrêtera pas longtemps ; on a vu plus haut en quoi il consiste.

Quant à celui de M. Walckenaer, il est, comme tout ce que fait le savant académicien, excessivement ingénieux ; mais il est fondé sur une fausse étymologie, et croûlera du moment que cette fausseté sera démontrée.

Passons maintenant aux diverses dénominations données aux Cagots.

L'opinion la plus généralement répandue sur l'étymologie du mot *Cagot* veut que ce soit la contraction de *Caas Goths,* qui, en béarnais, signifie *chiens Goths.* Cette étymologie, recueillie par Fl. de Ræmond, est adoptée par P. de Marca, Millin, Deville, du Mège, X. Durrieu et autres écrivains. Scaliger, dans le premier *Scaligerana,* fait venir *Cagot* (qu'il écrit *Cagoth*) de *Canis Gottus* [1], et J. A. de Zamacola voit l'origine de ce mot dans le basque *Gauhotes,* dont la signification est bien différente [2].

Fl. de Ræmond regarde le mot *Capot* comme une altération de *Cagot,* et conjecture que le nom des Gahets peut venir de celui d'une secte d'hérétiques qui vivaient au vıe siècle. Il n'y a pas jusqu'au nom de *Chrétiens,* donné aux Cagots, qui

---

[1] *Prima Scaligerana , nusquam antehac edita , cum præfatione T. Fabri...* Groningæ, apud Petrum Smithæum. M.DC.LXIX. petit in-12; p. 4.

[2] « *Hagotes* ó *Cagotes ,* es voz Basca derivada de la palabra Gauhotes, que significa los de los despoblados ó argomales de la noche, esto es , los habitantes de las montañas despobladas de la parte de Francia, sin domicilio ni vecindad. » *Hist. de las nac. Bascas.* t. III, p. 213, 214, note 33.

ne le confirme dans l'opinion que leurs ancêtres avaient été retranchés du reste des fidèles, à cause de l'hérésie dans laquelle ils seraient tombés [1].

Bosquet dérive le mot *Capot* de *capo*, qui veut dire *chapon, châtré*, en basse latinité, ou de *capus*, qui signifie, dans les auteurs du moyen âge, entre autres dans Théodulphe d'Orléans, un épervier, *à capiendo*.

P. de Marca, voulant expliquer le nom des Cagots, ne trouve rien de plus vraisemblable à proposer, « sinon qu'on leur faisoit ce reproche, pour se mocquer de la vanité des Sarasins, qui ayans surmonté les Espagnes, mettoient entre leurs qualités, celle de vainqueurs des Goths... On prétendoit donc (ajoute-t-il) leur donner le tiltre de leur vanterie, en les qualifiant Chiens ou Chasseurs des Goths, par une signification active :... si l'on n'aime mieux croire que c'est un ancien Reproche, et terme de mespris tiré de ce convice de *Concagatus*, dont il est fait mention dans la Loi Salique... » Don Miguel de Lardizabal se range de cette dernière opinion [2].

Le Duchat ne doute point que les *Cagots* ou *Capots* du Béarn n'aient été appelés de la sorte à cause des *capes* de ce pays, qu'ils étaient obligés de porter en tout temps, lors-

---

[1] « J'ai aussi remarqué qu'en plusieurs lieux on les appelle Chrestiens, ce qui est advenu à mon advis, de tant que comme ont tousjours fait tous les heretiques, ainsi que remarque Sainct Hierosme des Luciferiens, et Sainct Augustin des Donatistes, et de nostre temps les Puritains : ces Gots se disoient les vrais Chrestiens. nom que le peuple a laissé à ces Capots, soit par mocquerie, soit par coustume, s'estant les vrais Chrestiens contentez de retenir ce fameux et victorieux nom de Catholique. On les appelle aussi Gahets : peut-estre sont ce de ceste race d'heretiques, dont parle nostre Empereur Justinian, au tiltre *de hæreticis*, qu'il appelle *Gazaros*. » *L'Antichrist*, chap. XLI, pag. 569.

[2] « Otros, á mi ver mas probablemente, piensan que se tomó de aquel *Concagatus*, término vilipendioso, de convicio, y de denuesto, con que la Ley Sálica so pena de multa prohibe insultar á otro. » *Apologia por los Ágótes*, p. 9, 10.

qu'ils paraissaient en public. « Et comme les Sarrazins, ajoute-t-il, ont régné longtemps en Espagne, de là vient aussi le reproche qu'on fait aux Espagnols de sentir le fague-nat [1]. » A. F. Jault tire du latin *cacatus* l'étymologie de *Cagots*, qui, dit-il, est la même que celle de *Caqueux* [2].

On se rappelle que Vanque-Bellecour, dont nous avons déjà cité le factum contre les Cagots de Monbert, imagine l'étymologie suivante pour l'explication du nom de *Gezitains*; il assure que « le mot Yezite est un composé de celui de Yezith, grand Emir, ou Califfe des Sarrasins. » Comme nous l'avons démontré plus haut, si les Cagots ont été désignés par le nom de *Gezitains*, ce n'est que dans quelques pièces peu anciennes et par une extension vicieuse du mot *Gitanos*, qui appartient exclusivement aux Egyptiens ou Bohémiens.

Borel, qui écrivait en 1655, mais dont le Trésor de Recherches et Antiquités gauloises et françoises, imprimé pour la première fois cette année, a été réimprimé à la suite du Dictionnaire de Ménage, nous laisse libres de chercher la racine de *Cagot* soit dans le grec, soit dans une langue, mais je ne saurais dire laquelle, qui posséderait le mot *agotes* avec le sens de *sarrasins*, ou d'adopter l'étymologie béarnaise mise en circulation par Fl. de Ræmond et plus encore par P. de Marca [3].

---

[1] *Dictionnaire etymologique de la langue françoise*, par M. Ménage, édition de M.DCC.L. tom. 1er, p. 284.

[2] *Ibidem*, p. 304, art. CAQUEUX.

[3] « CAGOT, et bon; de κἀγαθὸς, où de *caasgoths*, c'est-à-dire, chiens Goths, selon *de Marca*; ou de *agotes* Sarrasins. Cela signifie aussi un Ladre: et Cagoterie, Ladrerie: car il y a un serment du Seigneur de Bearn, au livre des *Offices de France*, où on voit ces paroles qui le prouvent: *Caperaas, Espitalées, ny Cagots, no pagaran Talhas*, etc. Et plus bas: *Las Gleisas et Cagotariez*. D'où peut estre venu le mot de *ladre capot*. » *Dictionnaire des termes du vieux françois*. A Paris, chez Briasson, M. DCC. L. in-folio, page 34. Le serment du seigneur de Béarn cité dans ce passage n'est autre chose que les Fors et coutumes de ce pays,

D. Louis le Pelletier donne l'explication suivante du nom des Cacous· « Ce nom est, si je ne me trompe, venu du François *Caque*, petit tonneau, prononcé par nos Bretons *Cac*, qui ne devroit se dire que des Tonneliers: mais pourquoi y comprendre les Cordiers? Je croi que cette prévention populaire vient de ce que ces deux sortes de métiers s'exercent ordinairement hors des villes, ou dans les fauxbourgs, l'un parce qu'il faut de l'espace en longueur, pour faire ses cordages, et l'autre parce qu'il fait beaucoup de bruit: ce ce qui n'étant pas compris par la populace, elle aura attribué cette séparation à la lépre Judaïque, que la Loi Sainte excluoit de tout commerce avec les sains. Je me souviens qu'à l'extrémité d'un des fauxbourgs de la ville du Mans, y a une maladrerie, dite vulgairement le *Sanitas* de Saint Gilles, et que les habitans de ce lieu sont qualifiés les Cagous de Saint Gilles, lesquels sont tous de la lie du peuple, et plusieurs sont Cordiers et Tonneliers. Voilà donc le nom de *Cacous* un peu altéré, lequel est donné aux voisins d'un hôpital de lépreux, et séparé comme un corps particulier du reste de la ville, où ils forment une petite Paroisse; et parce que ces gens sont presque tous pauvres, on a fait de ce nom *Cagous*, le verbe *Cayousser*, pour *Gueuser*, c'est-à-dire, demander l'aumône, et être vagabond. On nomme aussi *Cagous* une tasse de terre que les gueux portent avec eux. Les Hauts-Bretons nomment les hommes de ces deux métiers, sçavoir, Cordiers et Tonneliers, les *Caquins*. En ces trois différentes prononciations d'un même nom, se trouve toujours la *caque*, qui sent le hareng. Le *Coquin* ne s'en éloigne pas beaucoup, et sent encore plus la cuisine, *Coqui-*

dont la première rubrique est ainsi conçue : *Lô Jurament deu Senhor de Bearn.* Voyez, au reste, *Trois livres des Offices de France.... Par Me E. Girard... Le tout vérifié... Par Mr Jacques Joly,* etc. A Paris, chez Estienne Richer, M. DC. XXXVIII. deux volumes in-folio ; tom. Ier, liv. Ier, titre LXII, pag. 597.

na, qui semble et peut être le féminin de *Coquinus*, pour
Coquus. Quant à ce vaisseau dit *Caque*, qui a la réputation de
mauvaise odeur, on a pû en faire un usage plus sordide que
celui d'y *arranger* du hareng, qui est de s'en servir sous
une chaise percée; et on a pû faire ce nom de *Cac'h*, etc. »

Venuti est persuadé que le nom des Cacous a été tiré du
grec par quelque médecin; quant à *Cagots* et *Gahets*, il regarde comme vraisemblable « que ces mots ayent été formés
de la Langue Allemande [1] ou Celtique, plutôt que du nom
des *Goths* et des *Wisigots* : les *Cagots* ou *Gahets* (ajoute-t-il)
n'ont donc point donné le nom à la Nation des faux dévots,
mais au contraire ils l'ont emprunté d'elle [2]. »

Court de Gebelin assure que le nom donné aux Cagots et
aux Cacous « est le mot Celtique *Caeh*, *Cakod*, *Caffo*, qui
signifie *puant, sale, ladre*. »

Baurein veut que le dénomination de *Gahet* dérive du
verbe gascon *gahar*, qui signifie *s'attraper, s'attacher, s'ac-
crocher*, sans doute, dit-il, parce que les Gahets étaient atteints d'une maladie qui se communiquait aisément [3].

Ramond, comme nous l'avons vu, rejette l'opinion de
ceux qui croient que le nom des Cagots vient de *Caas Goths*,
et penche vers l'explication de Court de Gebelin.

Laboulinière semble tirer l'étymologie du nom des Cagots
(qu'il dit se nommer *Caffos* dans les Alpes : ce qui est faux)
d'une langue africaine: c'est au moins ce que laisse entendre la note suivante de son Itinéraire [4] : « M. Bruce, au
sujet de l'Abyssinie, dit que le mot *gafat* veut dire oppri-

---

[1] C'est l'opinion de Pasquier, qui dit : « *Got* en langue Germanique et
Françoise signifioit Dieu, et de là nous tirons les mots de *Bigot* et *Cagot*,
pour denoter ceux qui avec une trop grande superstition s'adonnent au
service de Dieu. » *Les Recherches de la France... A Paris, chez Laurens
Sonnius*, M. DC. XXI. in-folio, livre VIII, chap. 2; p. 679, C.

[2] *Recherches sur les Gahets*, p. 151.

[3] *Variétés Bordeloises*, t. Ier, p. 258; t. IV, p. 16.

[4] Tome Ier, p. 73.

mé, arraché, repoussé, chassé par la violence; et il parle d'une nation de ce nom qui semble avoir fait partie des tribus persécutées par Roboam, fils et successeur de Salomon. Peu avant, il parle d'une autre peuplade condamnée à servir les rois des agaazi ou des pasteurs, à cause de la malédiction de Chanaan, et qui de temps immémorial porte l'eau et coupe du bois. (Voyage aux sources du Nil, tom. II, p. 223 et 225.) » Plus loin, p. 79, Laboulinière s'exprime ainsi dans une autre note : « Le plus probable est que cette dénomination nouvelle de *Cagots* est une altération des anciennes, et qu'elle n'a été employée comme elles, qu'en signe de mépris. Dans la Romagne et à Naples, on appelle du nom de *Caffoni* les gens de la campagne les moins civilisés et les plus grossiers. »

A son tour, M. Charles Nodier, recherchant l'étymologie du mot *Cagot*, n'est pas éloigné de la demander à la langue grecque : « Je ne suis pas trop porté (dit-il) à chercher des étymologies grecques aux mots qui paroissent anciennement naturalisés dans notre langue; mais je conçois que, à une époque plus voisine, on ait substitué au nom de caste de ces malheureux un nom grec qui consonnoit peut-être avec lui. Κακὸς signifie *malus, improbus, ignobilis*.

« Quant à l'étymologie de *cagot*, pris dans l'acception d'hypocrite, il ne faut pas la chercher ailleurs. Il est à remarquer que les *cagots* s'appeloient aussi *chrétiens*. Ce dernier nom ne pouvant être injurieux pour désigner un dévôt outré, on se sera servi de l'autre, qui se prenoit depuis longtemps en mauvaise part. Il est probable encore que les misérables dont je parle, restant fidèles à la communion catholique, les réformés en auront pris l'idée de confondre tous les partisans de l'Église romaine sous la même dénomination; l'on remarque du moins que l'usage n'en remonte pas au-delà de la réforme. Voyez Rabelais, qui se

sert souvent du mot de *cagot*, et qui l'accompagne presque
toujours de celui de *bête puante*. La lèpre et la puanteur
étoient deux des reproches que l'on faisoit aux *cagots*.

« Nous avons eu la même libéralité à l'égard des Juifs,
tant la société est invariable dans ses préventions, et les
proscripteurs délicats dans le choix de leurs prétextes [1]. »

Mais la plus curieuse étymologie de ce mot, est celle que
lui a récemment donnée un auteur qui, ce nous semble,
aurait dû s'en dispenser, eu égard à la gravité du sujet.
Voici comment s'exprime M. Pierquin de Gembloux dans
son livre des patois et de l'utilité de leur étude [2] : « Dans
quelques-unes de nos provinces les crétins portent le nom
de cagots. On a vainement recherché l'étymologie gracieuse
de ce binome, inintelligible aujourd'hui. Cependant cette
dénomination ne figure pour la première fois que dans la
nouvelle coutume de Béarn réformée seulement en 1551,
tandis que les manuscrits portent *chrestiaas*, c'est-à-dire
ceux à qui le ciel appartient, les pauvres d'esprit, les personnes tutélaires des familles, les chrétiens par excellence.
Là pourrait bien être l'origine tant cherchée aussi de crétin,
qui ressemble tant à chrétien. Marca pense que le mot français de cagot vient du Béarnais *Caas Goths*. Nul doute quant
à la première partie de ce binome, car on a pu vouloir
représenter ainsi métaphoriquement l'attachement extrème
des cagots pour le foyer domestique. La seconde supposi-
tion ne me paraît pas aussi probable. Peut-être aura-t-on
dit amoureusement d'abord *caas gros*, comme on dit encore
mon gros amour, et l'on aura fini par supprimer le *s*, tout

---

[1] *Examen critique des Dictionnaires de la langue françoise*, .
Paris, Delangle frères, m. DCCC. XXIX. in-8 ; p. 85, 86.
[2] *Histoire littéraire, philologique et bibliograhhique des patois*. A
Paris, chez Techener, 1841, in-8 ; p. 124.

comme on n'a fait qu'un mot des deux expressions. » Nous sommes tenté de demander excuse au lecteur d'avoir inséré dans un livre sérieux une bouffonnerie semblable.

Mais les noms que nous venons d'énumérer ne sont pas les seuls qui aient été donnés aux Cagots; ceux du versant méridional des Pyrénées étaient non-seulement appelés *Agotes*, mais encore *Sistrones* ou *Chistrones*, *Miseles*, etc. [1]. Ce dernier mot ne doit point nous embarrasser : ce n'est autre chose que notre mot *mezeaux*, qui était synonyme de *lépreux*, et qui, sous sa forme espagnole, laisse encore mieux voir sa racine latine. Celle de *Sistrones* ou *Chistrones* est plus difficile à découvrir, et l'on chercherait vainement ce mot dans les dictionnaires espagnols les plus étendus. Nous sommes porté à croire que c'est un terme d'injure analogue à celui de *quistoun*, que B. de Roquefort a consigné dans son *Glossaire de la langue romane*, avec le sens de *mendiant*, *quêteur*, ou à celui de *quistron*, qu'on lit dans le *Lai d'Havelok le Danois* [2], et que nous avons peut-être eu tort de traduire par *marmiton*. Notre mot *cuistre*, il est vrai, avait

---

[1] « Ponderaron por afrentosas... y están comprehendidas las que a esta parte hazen las contrarias, llamandolos *Agotes*, *Chistrones* y *Leprosos*. » Factum pour les Agots de la vallée de Baztan, déjà cité.

« ... eran y habian sido Agotes, Sistrones, Miseles y Ladres de san Lazaro por tales habidos, tenidos y nombrados y comunmente reputados, en voz y fama publica de todo el Valle; y... no eran los demandantes admitidos en los Concejos y Ayuntamientos de los Lugares y Valle de Baztan, por ser, como es, la dolencia de los dichos Agotes, Sistrones, Miseles, muy contagiosa á los que con ellos conversaban, » etc.

« ... han cometido nuevo delito; pues los tratan de Agotes, expulsos y otros nombres de injuria, » etc.

Hecho ajustado, déjà cité.

[2]
       Pur la franchise qe il out,
       Entre eus le tenoient pur sot;
       De lui fesoient lur deduit,
       Cuaran l'appelloient tuit;
       Car ceo tenoient li Breton
       En lur language *quistron*.

Édition de Paris, MDCCCXXXIII, in-8; pag. 9, v. 255.

une signification à peu près semblable[1], qu'il a perdue pour celle d'*homme pédant et grossier*. Viendrait-il, comme le veulent Ménage et B. de Roquefort[2], de *coquister*, fait de *coquus*? de *coquere*, comme penchent à le croire les compilateurs du Dictionnaire de Trévoux, ou, suivant d'autres, de l'allemand *Kuster*[3], qui signifie un *serviteur d'église*? Nous ne prendrons pas sur nous de le décider; nous nous bornerons à rappeler que les Cagots, considérés comme lépreux, relevaient, à ce titre, de l'autorité ecclésiastique, bien que dans le Pays Basque ils fussent plus particulièrement dans la dépendance de la noblesse.

---

[1] Comme on le sait, on donnait autrefois ce nom par injure aux valets de collége.

[2] *Dictionnaire étymologique de la langue française*. Paris, Decourchant, 1829, in-8; tom. 1er, pag. 217, col. 2.

[3] Ce mot ne dériverait-il pas du mot latin *custos*?

CHAPITRE V.

Origine des Cagots ; étymologie des différents noms qui leur ont été donnés.

Charlemagne, appelé de l'autre côté des Pyrénées par les prières et par les plaintes des chrétiens qui gémissaient sous le joug des Arabes [1], aussi bien que par les communications que lui avait faites l'émir Soliman el Arabi, était entré en Espagne à la tête de forces considérables. Il devait, à ce qu'il semble, être secondé par les populations chrétiennes de la vallée de l'Èbre soumises aux infidèles et par un parti nombreux de ces derniers ; mais la coopération qu'il en attendait se borna à peu de chose: aussi le grand empereur, craignant d'avoir à soutenir une lutte inégale contre les populations musulmanes du bas Èbre et de l'Espagne orientale qui s'armaient et venaient en toute hâte au secours de Saragosse, leva le siége de cette place et reprit le chemin de la Gaule.

[1] *Annales Francorum Metenses*, sub anno 778. (*Recueil des Hist. des Gaules et de la France*, tom. v, p. 343, b.) — *Vita sancti Genulfi confessoris.* (Ibidem, p. 470, a.)

« Bientôt après lui, dit M. Fauriel, et comme sur ses traces, l'on vit accourir en Septimanie et dans les autres parties de la Gaule voisines des Pyrénées des chrétiens espagnols, et même des Arabes, qui venaient chercher un refuge en-deçà des montagnes. C'étaient les plus compromis des partisans de Charlemagne, livrés par sa retraite précipitée aux persécutions du parti victorieux et fuyant pour s'y soustraire. Leur postérité subsista longtemps dans le midi de la Gaule, distincte du reste de la population et l'objet spécial de la protection des rois Carlovingiens [1]. »

Ce fait est attesté par un diplôme de Charlemagne de l'an 812, dont voici la traduction :

«Ceci est le mandement de la concession et de la donation que l'empereur Charles a faites aux réfugiés espagnols.

« Au nom du Père, du Fils et du Saint-Esprit. Charles sérénissime auguste, couronné par Dieu, grand, pacifique empereur, gouvernant l'empire romain, et, par la miséricorde de Dieu, roi des Francs et des Lombards, à Bera [2], Gauscelme [3], Gisclafred [4], Odilon [5], Ermengar [6], Ademar [7], Laïbulf [8], et Erlin, comtes. Sachez que ces Espagnols de

---

[1] *Histoire de la Gaule méridionale*, etc., tom. III, p. 349.

[2] Bera, comte de Barcelonne et duc de Septimanie, Goth de naissance. Voyez sur lui l'Hist. I. génér. de Langued., t. 1er, p. 462, etc.

[3] Comte de Roussillon, fils de saint Guillaume, duc de Toulouse. Voyez, sur ce comte, l'ouvrage déjà cité, p. 464, 468, 469, etc.

[4] Vraisemblablement comte de Carcassonne. Voyez l'Hist. de Langued., t. 1er, p. 474 et suiv., 517, 518, etc.

[5] Odilon, comte de Bezalu dans la Marche d'Espagne. Voyez *Marca Hispan.*, p. 348; et l'Hist. de Langued., t. 1er, p. 474.

[6] Ermengar, comte d'Empurias, est nommé dans les Annales d'Eginhard, à l'année 813 (*OEuv. compl.*, édit. de M. Teulet, t. 1er, p. 304), dans les Annales de Loisel et dans la vie de Charlemagne par un moine d'Angoulème. Voyez le Recueil des Hist. des Gaules. t. v, p. 62, c; et 186, B.

[7] Ademar devait être comte de Béziers ou de Gironne. Même observation pour Erlin.

[8] On connaît un Leibulfe, qui, à ce qu'il paraît, était comte de Narbonne en 812; on trouve également un comte d'Arles de ce nom, qui est peut-

votre juridiction, Martin, prêtre, Jean Quintila, Calapodius[1],
Asinarius, Egila, Etienne, Rebellis, Ofilo, Atila, Fredemir,
Amabilis, Christianus, Elperic, Homodei, Jacentus, Espe-
randei, et encore Etienne, Zoleiman, Marchatellus, Teodald,
Paraparius, Gomis, Castellanus, Ardaric, Wasco, Wigise,
Witeric, Ranoid[2], Suniefred, Amancio, Cazerellus, Langobard, Zate, soldats[3], Odesind, Walda, Roncariolus, Mauro,
Pascales, Simplicio, Gabinius, Salomon, prêtre, se rendant,
auprès de nous, nous ont informé qu'ils étaient en butte à
une foule d'oppressions de votre part et de celle de vos subordonnés. Et ils nous ont dit que plusieurs habitants de vos
cantons s'approprient des portions de notre fisc en se servant les uns aux autres de témoins relativement à la propriété, qu'ils les en chassent contre toute justice et qu'ils les
en dépouillent, malgré l'investiture que nous leur avons
donnée depuis trente ans ou plus, des terres qu'ils ont retirées
de l'état de friche au moyen de notre concession et de notre
licence. Ils disent encore que vous leur avez enlevé des
domaines qu'ils cultivaient, et que vous avez autorisé vos
huissiers[4] à exiger d'eux par force des *beboranias*[5]. C'est
pourquoi nous avons ordonné à Jean, archevêque[6] et notre

être le même que le précédent, et qui peut avoir passé successivement du
comté de Narbonne à celui d'Arles. Voyez l'Hist. de Langued., tom. Ier,
pag. 474, 475, 492-494, etc.

[1] Il faudrait lire, ce me semble, *Calopodius;* du grec καλος (beau) et
πους (pied).

[2] Probablement *Ranold.*

[3] Les auteurs de l'Hist. de Languedoc écrivent *Militets*, comme si c'était
le nom d'un des réfugiés.

[4] *Saiones.* Voyez, sur ce mot, le Glossaire de du Cange, édit. in-fol.,
tom. VI, col. 65, 66; et l'ouvrage de J. Grimm, intitulé *Deutsche Rechts-
Alterthümer*, pag. 765. On rencontre fréquemment *sayon* dans les *fueros*
de Navarre avec le sens d'*alguacil*, de *mayoral;* et dans le *Fuero Juzgo*,
avec celui de *ministre du roi, juge.*

[5] Du Cange explique ce mot par *Præstationis species*, et cite ce même
passage. Voyez son Glossaire, édit. de M. DCC. XXXIII., col. 1085.

[6] Ce Jean était archevêque d'Arles, son nom figure parmi ceux des si-

envoyé impérial, de se rendre auprès de notre cher fils le roi Louis et de lui exposer ces faits dans tous leurs détails. Nous lui avons recommandé de s'y rendre en temps opportun, afin que, vous étant aussi rendus devant lui, il fasse décider de quelle manière ces Espagnols doivent vivre à l'avenir. A ces causes, nous avons ordonné que ces lettres fussent faites, afin que vous ni vos subordonnés ne soumettiez à aucun cens ni ne dépouilliez de leurs propriétés nos Espagnols, qui sont venus d'Espagne sur notre foi, et au moyen de notre concession ont cultivé les terres en friche; mais qu'au contraire, aussi longtemps qu'ils seront fidèles à nous et à nos fils, vous les mainteniez, eux et leur postérité, dans la tranquille possession des domaines qu'ils tiennent depuis le terme de trente ans. Et tout ce que vous ou vos subordonnés vous avez fait ou pris sur eux contre la justice, vous devrez le réparer en totalité, si vous voulez mériter la grace de Dieu et la nôtre. Et pour que vous ajoutiez plus de foi à ce mandement, nous l'avons fait sceller de notre anneau. Guidbert, diacre, l'a collationné à la place d'Ercanbald.

« Donné le 4 des nonnes d'avril, la douzième année de notre empire (le Christ nous étant propice), qui est la quarante-quatrième de notre règne en France, et la trente-huitième de notre règne en Italie, indiction cinquième.

« Fait heureusement à Aix-la-Chapelle dans le palais royal, au nom de Dieu. Amen [1]. »

Cette pièce donne lieu à deux observations. Première-

gnataires du testament de Charlemagne. Voyez, sur ce prélat, le *Gallia Christiana*, tom. 1er, col. 545.

[1] *Capitularia regum Francorum*, ed. Stephano Baluzio, tom. 1er, col. 499-502.—*Recueil des Historiens des Gaules et de la France*, tom. v, pag. 776, 777. Cette même charte se trouve également col. 36, n° xvi, des preuves du tome premier de l'Histoire générale de Languedoc. (Nouvelle édition, tom. 11, pag. 601.) Voyez aussi pag. 474, liv. ix, n° LXIX.

ment il en résulte clairement que les réfugiés dont il y est question étaient ceux-là même ou les fils de ceux qui avaient suivi Charlemagne à son retour en France. On voit par leurs noms qu'il y avait parmi eux, outre les descendants des Espagnols latinisés, des Goths et des Arabes[1]. En second lieu, ce diplôme constate les travaux agricoles et l'état misérable de ces émigrés, que la protection de l'empereur n'avait pu garantir des mauvais traitements des indigènes, ni des exactions et des spoliations des officiers chargés de veiller à leur défense.

Il paraît que l'archevêque Jean s'acquitta de la mission qui, suivant le diplôme, lui avait été confiée ; car trois ans après, Louis le Débonnaire, remplissant les intentions de son père à l'égard des réfugiés, leur donnait la constitution et les privilèges suivants :

« Ceci est le mandement de la rémission ou concession que l'empereur Louis a faite aux Espagnols qui se sont réfugiés auprès de lui.

« Au nom du seigneur Dieu et de notre sauveur Jésus-Christ. Louis, par la volonté de la divine Providence, empereur auguste, à tous les fidèles, présents et futurs, de la sainte Eglise de Dieu et de nous, habitant dans les parties d'Aquitaine, de Septimanie, de Provence et d'Espagne. Comme nous pensons qu'il n'est échappé à la connaissance d'aucun de vous comment quelques hommes, à cause de l'injuste oppression et du joug très-cruel que la nation sarrasine, ennemie mortelle de la chrétienté, faisait peser sur leurs têtes, abandonnant leurs demeures et leurs patrimoines en Espagne pour se réfugier auprès de nous, se sont ren-

---

[1] Les noms propres d'origine germanique qui se lisent dans cette pièce sont, outre ceux des comtes francs, Egila, Odilo, Atila, Fredemir, Elperic, Teodald, Ardaric, Wasco, Wigise, Witeric, Ranoid, Suniefred, Langobard, Odesind et Walda ; les noms d'origine arabe, Zoleiman et Zate.

dus, pour y habiter, en Septimanie et dans cette partie de l'Espagne qui a été réduite en solitude par nos comtes des frontières, et, s'affranchissant du pouvoir des Sarrasins, se sont soumis au nôtre de leur libre et plein gré; de même nous voulons qu'il vous soit connu à tous que nous avons reçu ces hommes sous notre protection et sauve-garde, et décidé de les tenir en liberté.

Article Ier.

« Qu'ils aillent à l'armée avec leur comte, de la même manière que les autres hommes libres, et qu'ils ne négligent pas de faire sur nos frontières, sur l'ordre raisonnable et l'avis du même comte, les gardes et le guet, que nous appelons vulgairement *wacta*; qu'ils donnent le gîte à nos envoyés impériaux ou ceux de notre fils qui seraient dirigés vers ces provinces suivant le besoin des circonstances, ainsi qu'aux députés qui viendraient vers nous des provinces d'Espagne, et qu'ils leur fournissent des chevaux; mais aucun autre tribut ne soit exigé d'eux, ni par le comte, ni par ses hommes, ni par ses agents.

Article II.

« Qu'ils ne refusent pas de venir au tribunal de leur comte pour les causes capitales, comme homicides, rapts, incendies, pillages, amputations de membres, vols, larcins, attentats contre les biens d'autrui, et toutes les fois qu'ils auront été accusés au civil ou au criminel par leur voisin, et appelés en justice. Quant aux causes de moindre importance, il continuera de leur être permis de les vuider réciproquement entre eux, suivant leur coutume, comme on sait qu'ils ont fait jusqu'à présent.

Article III.

« Et si quelqu'un d'eux attire d'autres hommes, de quelque part qu'ils viennent, dans l'endroit qu'il aura choisi pour l'habiter, et les fait demeurer avec lui dans sa portion qu'on appèle *adprisio* [2], il pourra user de leurs services sans contradiction ni empêchement de personne, et il lui sera permis de les obliger à se juger entre eux relativement aux causes dont ils peuvent connaitre. Quant aux causes ou actions criminelles, elles seront réservées à l'examen du comte.

Article IV.

« Et si quelqu'un de ces hommes qui aura été accueilli par l'un d'entre eux et établi sur son domaine, abandonne l'endroit, néanmoins le lieu délaissé ne sera pas retranché de la propriété dont il faisait jusque-là partie.

Article V.

« Si, à cause de la douceur et de la mansuétude de leur comte, ils lui donnent quelque chose à titre d'honneur et de respect, cela ne sera pas pris comme tribut ou redevance quelconque, et le comte ou ses successeurs ne le regarderont pas comme coutume; il ne les forcera pas non plus à lui préparer des logements ou à lui donner des chevaux de charge, à lui ou à ses hommes, ni à lui payer d'autre impôt, tribut ou redevance, que ce qui a été exprimé plus haut. Mais il sera permis tant à ces Espagnols qui pour le présent résident dans les lieux susdits, qu'à ceux qui, fuyant la domination des infidèles, viendraient encore sous notre foi, et qui, s'établissant dans des lieux déserts et incultes avec notre permission ou celle de notre comte, y élèveraient des édifices et cultiveraient des champs, de vivre en liberté de la manière susdite, sous notre protection et sauve-garde; pourvu que dans l'occasion ils s'acquittent avec zèle et fidélité, envers notre comte et envers ses hommes, de ce qui a été spécifié plus haut.

[2] Ce nom désignait spécialement la condition des terres des Wisigoths dans le midi de la France. Voyez, à ce sujet, la deuxième édition de l'Histoire générale de Languedoc, additions et notes du liv. xi, t. ii, p. 89 et suivantes; et les add. et not. du liv. xiv, t. iii, p. 43, col. 2.

Article VI.

« Néanmoins les Espagnols susdits sont prévenus que nous leur laissons la faculté de devenir les vassaux de nos comtes de la manière ordinaire ; et si quelqu'un d'entre lesdits Espagnols obtient un bénéfice quelconque de celui auquel il se sera recommandé, qu'il se considère comme tenu envers son seigneur à un service pareil à celui que nos hommes ont coutume de faire aux leurs pour des bénéfices semblables.

Article VII.

« C'est pourquoi nous avons décidé de leur donner ces lettres de notre autorité, par lesquelles nous décidons et ordonnons que cette constitution de notre libéralité et de notre mansuétude soit à jamais et inviolablement conservée dans toute sa teneur, à leur égard, par tous les fidèles de la sainte Église de Dieu et les nôtres. Nous voulons que de cette constitution il y ait trois copies dans chacune des villes où les Espagnols susdits sont connus pour habiter : l'une au pouvoir de l'évêque de cette même ville, l'autre qui restera aux mains du comte, et la troisième qui sera en possession des Espagnols établis dans la localité. Nous avons aussi jugé convenable d'en faire déposer un exemplaire dans les archives de notre palais, afin que, si, comme par le passé, il s'élevait des réclamations de leur part, ou s'il y avait des plaintes contre eux, soit de la part du comte, soit de tout autre personne, la contestation pût être réglée par l'inspection de cette pièce.

« Et pour que cette constitution obtienne plus de respect des fidèles de la sainte Église de Dieu et des nôtres, nous l'avons souscrite de notre propre main et fait sceller de notre anneau.

« Signe du seigneur Louis, sérénissime empereur.

« Collationné par Durand, diacre, à la place d'Helisachar.

« Donné pendant les calendes de janvier, la première

année (le Christ étant propice) du règne du seigneur Louis, très-pieux auguste, huitième indiction.

« Fait heureusement au nom de Dieu, au palais d'Aix-la-Chapelle. Amen [1]. »

Cette pièce est remarquable sous plus d'un point de vue: Louis, voulant déterminer l'état des réfugiés espagnols, décide qu'ils vivront en liberté, soumis aux seules charges qui pèsent sur les hommes libres, avec l'unique restriction qu'ils ne pourront prendre les armes sinon sur les ordres du comte, et que, tout libres qu'ils sont, ils seront tenus de se soumettre au recrutement opéré par cet officier et à son ordre de départ pour l'armée, et de remplir tous les devoirs militaires. On peut voir dans ces dispositions une intention de prévoyance, quoiqu'il existe dans les lois des Wisigoths et dans les Capitulaires des passages qui témoignent formellement de ce droit du roi sur les hommes libres. Mais ce qui ressort évidemment des deux pièces qui précèdent, c'est que, en établissant dans le midi de la France les transfuges de l'Espagne, les empereurs carolingiens [2] avaient un double but: d'une part, ils attachaient à la protection des frontières sans cesse menacées par le Croissant, des hommes d'autant plus intéressés à les défendre, qu'ils n'avaient aucun quartier à attendre des infidèles; d'un autre

---

[1] *Capitularia regum Francorum...* ed. St. Baluzio, t. I, col. 549-552. —*Recueil des Historiens des Gaules et de la France*, t. VI, p. 470, 471. Cette pièce a été commentée par P. de Marca. Voyez le livre III, chapitre XIX, du *Marca Hispanica sive Limes Hispanicus...* Parisiis, apud Franciscum Muguet, MDCLXXXVIII, in-folio, col. 297-301.

[2] Nous ne nous faisons aucun scrupule d'employer ce mot de création toute moderne, depuis que M. Augustin Thierry lui a donné place dans ses écrits à l'exclusion de *carlovingien*, dont la formation est vicieuse. Au reste, il ne faut pas croire que ce dernier mot soit lui-même fort ancien : il ne date que du XVIIe siècle, où l'on disait *carlien* ou *carlovingien* indifféremment. Voyez l'*Abrégé chronologique* de Mezeray. A Paris, chez Louis Billaine, M. DC. LXVIII. in-4; tom. 1er, pag. 139. Au XVIe siècle, on se servait du mot *carlin*. Voyez les *Mémoires de la Ligue*. A Amsterdam, chez Arkstée et Merkus, M. DCC. LVIII, in-4; tom. 1er, pag. 257.

côté, Charlemagne et son fils, qui connaissaient, pou
l'avoir vu éclater plus d'une fois, la répugnance des méri
dionaux, et surtout des Aquitains, pour la dominatio
franke, plaçaient au milieu d'eux des étrangers dont un
longue suite de bienfaits leur assurait le dévouement, et qui
destinés par leurs mœurs, leur constitution et la jalousi
de leurs voisins, à rester en dehors de la population indi
gène, la tiendraient en respect, et n'éprouveraient aucu
scrupule à s'armer au besoin contre elle.

Quelque habilement combinée que fût cette constitution
elle était mauvaise, et, ce qu'il y a de singulier, les Espa
gnols qu'elle tendait à favoriser d'une manière aussi insigne
furent les premiers à le prouver en cherchant à dépouil
ler et même à réduire en servage les plus faibles et les plu
pauvres d'entre eux. D'un autre côté, les comtes et les vas
saux de l'empereur, après avoir accueilli sous leur patro-
nage certains de ces émigrés et leur avoir donné des terrain
pour les habiter et les mettre en rapport, les en avaien
expulsés sous un prétexte ou sous un autre. Les victime
de cet état de choses le dénoncèrent à l'empereur, qui ren
dit l'ordonnance suivante :

« Au nom du seigneur Dieu et de notre sauveur Jésus-
Christ. Louis, par la volonté de la divine Providence, empereur auguste. Qu'il soit connu de tous les fidèles de la
sainte Église de Dieu et des nôtres, présents et à venir, ainsi
que de nos successeurs, que, depuis que les Espagnols qui
avaient fui le joug des Sarrazins se sont placés sous la protection de notre père et sous la nôtre, et que nous avons
ordonné de mettre par écrit et de leur délivrer un mandement de notre autorité relatif à la manière dont ils doivent
se comporter envers nos comtes et s'acquitter de leur service envers nous, quelques-uns cependant d'entre ces Espagnols nous ont soumis une plainte contenant deux griefs :

le premier constate que lorsque ces Espagnols venant dans notre royaume eurent obtenu par des concessions de notre père et de nous la propriété, pour eux et leurs successeurs, des lieux déserts où ils s'étaient établis, ceux d'entre eux qui avaient le plus de puissance et de richesse se sont présentés dans notre palais et ont obtenu des rescrits royaux, au moyen desquels ils ont tenté, soit de dépouiller les plus faibles et les plus pauvres des domaines qu'ils cultivaient assidûment, soit de les réduire eux-mêmes en servage; le second est relatif à ce que ceux d'entre ces Espagnols qui s'étaient recommandés à nos comtes et à nos vassaux et qui en avaient reçu des terrains en friche pour les habiter et les mettre en culture, en ont été expulsés, après les avoir défrichés, par ceux auxquels ils s'étaient recommandés et qui ont saisi tous les prétextes pour les retirer à eux ou les donner à d'autres, à titre de gratification. Comme nous ne trouvons ces deux manières d'agir ni justes ni raisonnables, nous voulons et ordonnons par l'autorité de ces présentes que ceux qui ont obtenu une concession de nous ou de notre père, continuent de posséder les terres qu'ils ont défrichées avec leurs hommes. Quant à ceux qui, venus en même temps, se sont établis sur des terres désertes, nous voulons qu'ils conservent, eux et leur postérité, sans aucune espèce d'atteinte, la possession de tout ce qu'ils auront défriché, à condition toutefois que chacun d'eux s'acquittera du service qu'il nous doit en raison de l'étendue de son domaine, avec ceux qui ont obtenu des concessions spéciales. Quant à ceux qui sont venus plus tard et qui s'étant recommandés, soit à nos comtes, soit à nos vassaux, soit à leurs propres compatriotes, en ont reçu des terres pour s'y établir, ils les posséderont à l'avenir, eux et leurs héritiers, aux titres et conditions qu'ils les ont primitivement reçues. Et ce décret de notre autorité, nous entendons qu'il soit observé, non-seulement envers les émigrés espagnols passés et présents, mais encore envers ceux qui viendront plus tard de ces régions pour se placer sous notre foi : aussi nous avons ordonné qu'il en fût dressé sept copies semblables , dont la prémière sera envoyée à Narbonne, la seconde à Carcassonne, la troisième à Roussillon, la quatrième à Empurias, la cinquième à Barcelonne, la sixième à Gironne, la septième à Beziers ; un exemplaire en sera en même temps déposé dans les archives de notre palais, de manière que les susdits Espagnols auront les sept autres entre leurs mains, et que celui qui restera dans notre palais servira au jugement des nouvelles contestations qui pourraient nous être déférées par la suite. Et afin que cette constitution de notre autorité obtienne plus de force et soit plus pleinement observée à l'avenir par les fidèles de la sainte Église de Dieu, nous l'avons souscrite de notre propre main et fait sceller du sceau de notre anneau.

« Signe du seigneur Louis, sérénissime empereur.

« Collationné par Arnald, à la place d'Helisachar.

« Donné le 4 des ides de février, la troisième année (le Christ étant propice) de l'empire du seigneur Louis, très-pieux auguste, indiction neuvième. »

« Fait heureusement à Aix-la-Chapelle, dans le palais royal, au nom de Dieu. Amen [1]. «

Les ordonnances impériales rendues en faveur des émigrés espagnols, bien que violées peu après leur promulgation par ceux-là même qui avaient intérêt à les observer, leur présentaient trop d'avantages pour qu'un grand nom-

---

[1] *Capitularia regum Francorum*, ed. Steph. Baluzio, tom. I, col. 569-572.— *Recueil des Historiens des Gaules*, t. VI, p. 487, 487. Cette pièce se trouve analysée et commentée dans l'ouvrage de Pierre de Marca déjà cité, livre III, chap. XX. col. 301-304; elle a été traduite, pour la plus grande partie, par M. Guizot. Voyez ses *Essais sur l'Histoire de France*, V⁰ édition, Paris, Charpentier, 1841, post 8; p. 84-86.

bre d'autres réfugiés de cette nation ne s'empressât point
d'en échanger la jouissance contre l'esclavage où les tenaient
les Arabes : aussi est-il permis de croire que bientôt les provinces limitrophes de l'Espagne regorgèrent de chrétiens,
goths et espagnols d'origine, avides de participer aux priviléges octroyés par Charlemagne et son fils. A l'ombre de leur
sceptre, les nouveaux colons n'avaient pas tardé à changer
les déserts qui leur avaient été concédés, en campagnes riantes
tes et fertiles : l'aisance, sinon la richesse, dut être le fruit
de cet état de choses; mais il ne pouvait manquer de faire
naître également une violente jalousie dans le cœur des habitants de race gallo-romaine, ruinés, soit par le passage des
armées de Charlemagne qui se rendaient dans la Péninsule
(778-797), soit par les ravages des Sarrazins en 793. Ce
sentiment, entretenu par les colons eux-mêmes et par le
soin que probablement ils mirent à ne pas s'allier en dehors
de leur nation, dut réveiller les vieilles accusations portées
contre leurs ancêtres. Les Goths avaient été ariens [1], et à ce
titre, ils avaient passé pour entachés de lèpre [2]; il n'en
fallut pas davantage pour autoriser les Aquitains à croire
et à répandre le bruit que les Espagnols domiciliés parmi
eux avaient hérité de cette affreuse maladie, et en cela
ils obéissaient peut-être à un préjugé populaire, ainsi for-
mulé plus tard :

[1] Entre autres écrits, voyez, sur l'hérésie d'Arius, les conférences qu'eut
S. Grégoire de Tours avec Agilaf et Oppide, ambassadeurs de Leuvihild,
roi d'Espagne, et dont il fait le récit dans son Histoire ecclésiastique des
Francs, livre v, chap. 44, et livre vi, chap. 40.

[2] « Chararici cujusdam regis Galliciensis filius graviter ægrotabat, qui
tale tædium incurrerat, ut solo spiritu palpitaret. Pater autem ejus fœlidæ
se illi Arianæ sectæ una cum incolis loci illius subdiderat. Sed et regio illa
plus solito, quam aliæ provinciæ, lepra sordebat..... Rex unitatem Patris
et Filii et Spiritus Sancti confessus, cum omni domo sua chrismatus est.
Squalor lepræ a populo pellitur, et omnes infirmi salvantur, nec umquam
ibi postea usque nunc super aliquem lepræ morbus apparuit. » *S. Gregorii episc. Turonensis de Miraculis S. Martini*, lib. I, cap. XI.

> ... fil de lebros es lebros,
> E del qui ha gota, gotos [1].

Sans doute l'arianisme des Goths suffisait pour faire considérer les Espagnols du viiie siècle comme doublement infectés ; mais peut-être la haine des indigènes contre les colons n'eut-elle pas besoin d'aller rechercher dans le passé cette imputation d'hérésie d'où découlait le soupçon de lèpre par suite de la confusion introduite dans les idées par le langage mystique de l'époque [2]. L'erreur d'Arius, qui sub-

[1] *Eluc. de las propr.*, fol. 69, cité t. iii, p. 486, du Lexique roman de M. Raynouard.

[2] Quelques exemples, choisis entre mille, suffiront pour démontrer le fait. On lit dans le *Peristephanon* de Prudence :

> Peccante nil est tetrius,
> Nil tam leprosum, aut putridum ;
> Cruda est cicatrix criminum,
> Oleique ut antrum Tartari.

(*Hymnus III. Passio Sancti Laurentii*, v. 285.)

Grégoire de Tours donne le nom de lèpre à l'idolâtrie de Clovis, dans le récit qu'il fait du baptême de ce roi. Voyez l'Histoire ecclésiastique des Francs, livre ii, chapitre 31. Dans la lettre de félicitation que le pape Anastase écrivit à Clovis, à cette occasion, on lit le passage suivant, où le pontife fait évidemment allusion aux Wisigoths, contre lesquels le clergé catholique conspirait déjà, attendant le moment de lancer sur eux le nouveau converti : « Sed speramus in spem contra spem et Dominum collaudamus, qui eruit te de potestate tenebrarum et in tanto principe providit Ecclesiæ, qui possit eam tueri, et contra occurrentes pestiferorum conatus galeam salutis induere. » (*Sacrosancta Concilia*, ed. Philip. Labbeo et Gabr. Cossartio, t. iv, col. 1283, A.

Sur un bas-relief qui faisait partie des décorations du portail de Saint-Saturnin de Toulouse, on voyait une femme plongée jusqu'aux hanches dans une cuve, et, près d'elle, saint Saturnin et saint Martial qui lui conféraient le baptême. On lisait sur les côtés et au-dessous du bas-relief :

> TVRAE NOVAE LEGIS SANATVR FILIA REGIS
> CVM BAPTISATVR MOX MORDAX LEPRA FVGATVR.

« La femme nue, à demi plongée dans une cuve, dit M. du Mège, n'est point la reine de Saba, mais bien cette princesse, cette prétendue fille du roi Marcellus (autre personnage mythique), à laquelle S. Saturnin conféra le baptême, et qui fut ensuite miraculeusement guérie de la lèpre, c'est-à-dire, sans doute, de la souillure du polythéisme. » *Histoire générale de Languedoc*, additions et notes du liv. v, tom. 1er, pag. 399.

Au reste, cette habitude d'assimiler l'idolâtrie, l'hérésie et le péché à la lèpre, n'a pas cessé avec le moyen âge : nous n'en voulons pour preuve que le titre suivant d'un livre qui a paru il y a quelques années : *La Vé-*

sista si long-temps dans le nord de l'Europe [1], ne dut cesser qu'ostensiblement dans le midi après sa suppression légale; d'ailleurs, dans le même temps et presque dans les mêmes lieux où nous avons vu les émigrés espagnols s'établir, naquit une hérésie concernant le mystère de l'Incarnation. Ses auteurs étaient Elipand, évêque de Tolède, et Félix, évêque d'Urgel; ses sectateurs, quelques individus cachés

rité et la Grace, ou la Lèpre prouvée et la Lèpre guérie... Imprimerie de Deverité, à Abbeville. » *Journal de la Librairie*, 1841, n° 599.

[1] Elle avait encore des adhérens en Pologne au XVIIe siècle. Voyez les *Voyages et Observations du sieur de la Boullaye-le-Gouz, gentil-homme angevin*... A Paris, chez Gervais Clousier, M. DC. LIII. in-4 ; chap. XLIV, p. 485.

Le nom des sectateurs d'Arius s'est longtemps conservé en Espagne, comme le prouvent les passages suivants, empruntés à des ouvrages des XIVe et XVe siècles :

> Asy fué por çierto que fueron vençidos
> los infantes moros, en esta sancta fiesta :
> pues ya bien paresçe é se manifiesta
> el noble infante de los escogidos
> que Dyos quiso ungir entre los naçidos
> por destruymiento de los *Arrianos*,
> é por que los nobles fieles christianos
> syentan que biven por él defendidos.

Alfonsso Alvares de Villasandyno. (Cancionero de Baena, ms. de la Bibliothèque royale, folio 5 recto, col. 2.)

> Por ende, ssey ledo humano ;
> que ssy bives, tú verás
> cosas con que gozarás,
> ssyn non eres *arryano*, etc.

        Ibidem, folio 66 recto, col. 2.

> Por ende el fondo arcano
> de la mi breve conçiençia,
> rruego á la suma potençia
> que non tarde, mas tenprano,
> faga el mundo sofragano
> d'él, é de sus valedores,
> muy fuertes batalladores,
> por que abaxen los favores
> del cruel pueblo *arryano*,
> falso metropolitano.

        Ibid., folio 92 verso, col. 1.

> Si aquesta dueña bolviendo su dança
> avre las puertas de Jano en troyano,

dans les Pyrénées[1]. Voici en quoi elle consistait : le Christ
est fils de Dieu, qu'on le considère dans sa divinité ou dans
son humanité. Les deux évêques espagnols, trouvant que c'é-
tait établir trop d'égalité entre les deux natures, demandaient
une différence plus marquée : que le Christ, dans sa divinité, fût pleinement et entièrement fils de Dieu, ils l'admet-
taient ; mais ils voulaient que, comme homme, il ne fût que
son fils adoptif [2]. Il y avait là, on le voit, une déviation
peu sensible du dogme catholique ; cependant la nouvelle
hérésie mit en émoi toute la chrétienté. Les conciles s'assem-
blèrent en différents endroits, les controverses s'établirent,
et tout le monde y prit part, depuis le moine obscur jusqu'à
Charlemagne lui-même. Le zèle qu'il déploya contre les no-
vateurs, rapproché de la protection constante dont les Espagnols réfugiés furent l'objet de sa part, démontre suffisamment qu'ils restèrent étrangers, ostensiblement du moins, à
l'hérésie de Félix ; mais il ne s'en suit pas que les voisins de la
frontière d'Espagne n'aient point pris conseil de leur haine
contre les nouveaux venus pour les en accuser, confondant

bien creo syn duda que grand alegrança
se seguirá al pueblo *arryano.*

Respuesta que fiso é ordenó miçer Françisco Inperial. (*Ibidem,*
folio 184 recto, col. 1.)

[1] « Unum e duobus : aut in toto mundo est Ecclesia Christi supra pe-
tram fundata… aut etiam in Felice et suis paucis sectatoribus, quod omnino indignum est Christo Deo nostro, ut plures non habeat in ovili suo,
quam illos paucos, qui in montanis latitant cum Felice. » Epistola Albini
magistri ad Elipantum Toletanum episcopum. (*Beati Flacci Albini seu
Alcuini abbatis… Opera…* cura et studio Frobenii, etc. Literis Joannis
Michaelis Englerth, M. DCC. LXXVII. in-folio ; tomi primi volumen secundum, pag. 865, n° VII.)

[2] *Einhardi Annales de Francorum,* sub anno DCCXCII. (*Rec. des Hist.
des Gaules,* t. V, p. 210, C ; *OEuv. compl. d'Eginhard,* éd. de M. Teulet, t. Ier, pag. 218.)—Baronii Annales ecclesiast, anno Christi 794, n° 5.
—*Marcæ Hispanicæ Liber tertius,* cap. XII, col. 268-272.—Histoire ecclésiastique de l'abbé Fleury, liv. 44, n° 50 et suivants ; liv. 45, n°s 9 et 13.
—Dissertatio historica de Hæresi Elipanti archiepiscopi Toletani, et Felicis
episcopi Orgelitani, etc., ad calcem Alcuini Operum tomi primi vol. secundi,
p. 923-944. ▬ *Histoire de Charlemagne,* par Gaillard, t. II, p. 82-84.

ainsi à dessein l'erreur d'Arius avec celle de l'évêque d'Urgel, le passé qui n'inspirait plus de craintes, avec le présent que les lois divines et humaines vouaient à la persécution.

Que les choses se soient ainsi passées ou qu'il en été autrement, les fugitifs espagnols établis dans le Bordelais reçurent, entre autres noms, celui d'Ariens. Ce qui nous le fait croire, c'est le nom de Camparrian, *Campus Arianus*, donné à un quartier de la paroisse de Canejan en Cernès, près duquel, comme on l'on déjà vu, il existait en 1488 un lieu appelé les *Gahets* ou les *Gaffets*, sans nul doute à cause des Cagots qui l'habitaient ou qui y avaient anciennement demeuré. En assignant cette origine au nom de Camparrian, nous nous éloignons, il est vrai, du texte de Jean Vasæus [1] et de celui de Gabriel de Lurbe [2], qui le dérivent de la défaite d'un parti de Goths taillés en pièces en cet endroit après la bataille de Vouillé; mais rien, ni sur les lieux ni dans les écrivains contemporains, ne vient à l'appui de cette prétendue défaite, et « cette vague tradition, comme le dit M. Jouannet [3], paraît n'avoir d'autre fondement que

[1] « In Burdegalensium finibus Gothi qui prælio abfuerant, ausi fortunam prælii tentare, tanta cæde victi sunt, ut is locus Campus Arianus etiam nunc vocitetur. » *Rerum Hispanicarum Scriptores aliquot...* tomus prior. Francofurti, M D LXXIX, in-folio; p. 546, lig. 32.

[2] *Burdigalensium rerum Chronicon...* Burdigalæ, excudebat S. Millangius... cIɔ. Iɔ xc. ad calcem Ausonii Operum eodem anno excussorum in-4 ; folio sexto recto. — *Chronique Bourdeloise...* A Bourdeaus, par Simon Millanges, M. DC. XIX. in-4; fol. 8 verso, sous l'année 509. — *Variétés bordeloises*, t. IV. p. 174-176.

[3] *Statistique du département de la Gironde...* t. II. — Première partie. A Paris, chez P. Dupont et compᵉ, 1839, in-4: p. 170. Par une distraction singulière, M. Jouannet nomme ici les Sarrasins au lieu des Wisigoths.

Camparrian n'est pas le seul lieu de la Guienne auquel on ait rattaché le souvenir des Goths : il y a encore la paroisse de Villegouge en Fronsadais, « qu'on trouve appelée (dit Baurein, *Variétés bordeloises*, t. IV, p. XXIX) dans les anciens pouillés de ce Diocèse, *villa Gosia*, c'est-à-dire, ville de Gots, comme l'atteste une espece de tradition. »

Une autre tradition, consignée dans un écrit du XVIIᵉ siècle, place non loin de là d'autres établissements de Goths : « Depuis l'ancienne inondé-

le nom même de l'endroit, *Campus Arianorum*.» Quoi qu'il
en soit, le passage de Vasæus et celui de Gabriel de Lurbe
prouvent une chose, c'est qu'au xvie siècle, époque à laquelle
vivaient ces deux chroniqueurs, le souvenir de l'émigration
espagnole du viiie était complètement effacé dans le pays
bordelais, et que, dans l'ignorance de l'évènement auquel
Camparrian devait son nom, des clercs avaient supposé un
fait d'après ce même nom, en rapprochant celui-ci des notions historiques dont ils étaient en possession et qui pouvaient s'y rapporter.

Si les réfugiés espagnols qui s'établirent à l'est des Pyrénées échappèrent au malheur d'être accusés de lèpre dans
le sens naturel et mystique du mot, ils furent, comme leurs
frères d'Aquitaine, de Vasconie et de Gothie, sans cesse
attaqués dans leurs propriétés et dans leurs priviléges, et,
pour les consolider, ils s'adressèrent à l'autorité impériale
dont ils les tenaient. C'est au moins ce que nous inférons
d'un mandement de Charles le Chauve, rendu le 19 mai de
l'an 844. Quelques réfugiés espagnols domiciliés dans le
comté de Beziers, aux villages d'Aspiran et d'Alignan, avaient
demandé à ce prince de leur confirmer les possessions que
Charlemagne et Louis le Débonnaire leur avaient données.
Charles confia, suivant l'habitude royale, *de more regali*,
le soin d'examiner cette affaire à Noton, archevèque d'Arles, à Elmerad ou Hilmerad, comte du sacré palais, celui-là
même qui, suivant la Chronique de Fontenelle, mourut en
851, dans un combat que le même empereur livra aux Bre-

tion et arrivée des Goths en Guyenne et à Bourdx., il est resté aux environs dud. Bourdeaux vers la palu et vers le Cuzaguès une certaine engeance
desd'. Goths qui s'y voit encore et dure en la présente année 1653. lesquels, soit hommes et femmes, sont de plus haute stature que les autres habitans, et s'assemblent tous les ans à Bordx le jour de la feste de St. Seurin
proche de l'Eglize, où ilz dansent l'aprés-disnée après avoir ouy vespres. »
Manuscrit relatif à l'histoire de la Guienne, décrit dans le *Mémorial Bordelais*, no du dimanche 24 juillet 1842; folio 27 verso.

tons [1] ; à Suniefrid, marquis ou comte des frontières, le même sans aucun doute qui avait été fait comte d'Urgel par Louis le Débonnaire; à Suniarius, comte, et à divers nobles. Le prince, éclairé par leur rapport sur la vérité et la justice de ce qui était exposé dans la requête, y fit droit et ordonna que les mêmes Espagnols et leurs descendants tiendraient et posséderaient les mêmes choses sans aucun empêchement, sous la sauve-garde de la protection royale, et qu'elles pourraient passer aux collatéraux, si les possesseurs mouraient sans fils ni petits-fils [2].

Bien que ce mandement ne contienne pas de mention expresse des tribulations dont nous supposons que les Espagnols de la Septimanie furent nécessairement les victimes, il les laisse néanmoins entrevoir d'une manière vague dès les premières phrases. On doit aussi induire, ce me semble, du silence que cette pièce et les diplômes de Charlemagne et de Louis le Débonnaire gardent au sujet des *chiens de Goths*, qu'il n'en existait pas encore à l'époque où les uns et les autres furent rédigés, ou que, s'il y en avait (ce qui aurait besoin d'être prouvé), ils ne sauraient être la tige des malheureux désignés plus tard par ce nom ; autrement de deux choses l'une: ou il en eût été question dans ces mandements, soit pour distinguer les émigrés espagnols de ces misérables, considérés plus tard comme étrangers sur le sol qu'ils habitaient, soit pour recommander aux comtes de veiller à ce

---

[1] *Rec. des Hist. des Gaules*, t. VII, p. 43, A.

[2] *Capitul. reg. Franc.*, ed. St. Baluzio, t. II, col. 1444; *Marca Hisp.*, col. 354, 355 ; *Hist. gener. de Langued.*, t. Ier, preuves, col. 84, n° LXV. (Deuxième édition, t. II, p. 634.)

Le 5 juin suivant, Charles le Chauve accorda un pareil diplôme à Theofrid, l'un des descendants de ces Espagnols, et fils de Jean, à qui Louis le Débonnaire avait en 814 confirmé la possession de plusieurs domaines, entre autres de Fonjoncouse au diocèse de Narbonne, concédés audit Jean par Charlemagne. Voyez l'appendice aux Capitulaires, t. II, col. 1445; *Hist. gen. de Lang.*, t. Ier, preuves, col. 85, n° LXVI (deuxième édit., t. II, p. 634, col. 2); et col. 45, 46, n° XXV. (Deux. édit., t. II, p. 608.)

que ces derniers ne participassent point aux priviléges concédés aux réfugiés ; ou, cette distinction et cette recom-
mandation n'existant pas, aucune barrière ne se fût opposée à la réhabilitation des descendants des Wisigoths
échappés à la déroute de Vouillé, rien ne les eût empêchés
de se réunir à leurs frères d'Espagne, qui n'auraient pu se
refuser à les considérer comme tels, si, dans leur isolement,
les descendants des compagnons d'Alaric eussent conservé,
entre autres traces de leur nationalité, la tradition de leur
origine : ce qui fût arrivé, comme nous l'accordent les
partisans des systèmes contraires au nôtre, en se fondant
sur des traditions vieilles de neuf siècles.

On l'a sans doute déjà deviné, nous croyons que les Cagots sont les descendants de ces Espagnols qui n'échappèrent au pouvoir des Musulmans que pour ployer bientôt
sous un joug mille fois plus pesant, mille fois plus insup-
portable, et qui durent leur longue misère à un acte de
munificence mal entendu, à une erreur de l'administration,
comme nous dirions aujourd'hui.

Des quatre instruments carolingiens que nous venons de
citer, à l'accord intervenu entre Gaston-Phébus et les Cagots, il y a une lacune immense que les documents connus
jusqu'à ce jour ne sauraient combler, même en partie. Nous
sommes donc obligé d'employer la divination, en attendant
que nous ayons recours à la philologie, pour nous rendre
compte de la lamentable histoire des Cagots.

Si l'on admet que le *précepte* de Charles le Chauve fut
rendu pour surmonter les difficultés que ceux de Charlemagne et de Louis le Débonnaire rencontraient dans leur
exécution, on peut croire que le dernier en date n'eut pas
plus de succès. En effet, les uns et les autres péchaient par
la base, et Charles avait bien autre chose à faire qu'à s'occuper des Espagnols auxquels son aïeul et son père avaient

donné une position si belle en apparence. D'autre part, ces étrangers dûrent ressentir d'autant plus vivement l'oppression qu'on cherchait à faire peser sur eux, qu'ils n'avaient pas la ressource d'y échapper. Retourner en Espagne, c'eût été s'exposer à une mort à peu près certaine; pénétrer plus avant dans le royaume des Francs, leur eût valu des maux pires que ceux dont ils étaient abreuvés : dans cet état de choses, qui nous dira ce qui se passa? Peut-être, profitant de l'anarchie dans laquelle était tombé l'empire d'occident sous les enfants de Louis le Débonnaire, usèrent-ils des armes que leurs comtes leur avaient mises entre les mains, pour se faire rendre justice; peut-être furent-ils jugés indignes de les porter en raison des accusations auxquelles ils étaient en butte; peut-être faut-il voir en eux l'occasion, ou du moins les victimes des troubles qui agitèrent l'Aquitaine avant le mois de juin 854, troubles dont le souvenir ne nous a été conservé que par quelques mots d'un article du plaid d'Attigni [1]; si toutefois ils ne furent pas les complices et les fauteurs de la conspiration du Goth Aïzon, qui éclata dans le courant de l'année 826, en des lieux affectés comme résidence à des réfugiés espagnols [2]. Ce qu'il y a de certain, c'est qu'à la fin du IXᵉ siècle, comme j'espère le démontrer, il y avait des Cagots établis dans le Bas-Poitou, et qu'en 1365 nous en trouvons un grand nombre disséminés et isolés dans différents lieux du Béarn : ce qui donne à penser qu'ils furent dispersés par une force supérieure, qui, après leur avoir enlevé leurs priviléges ainsi que les pièces qui en faisaient foi, leur laissa cependant la liberté; mais quelle

[1] « De advenis quos affligunt ministri reipublicæ, scilicet ut qui ab illis quos Nortmanni vel Brittones adflixerunt, et ideo mendicando in istud regnum venerunt, vel qui propter adflictionem Aquitanicam huc venerunt, censum vel operationes exegerunt, hoc cum sua lege illis emendent. » *Capit. reg. Franc.*, t. II, col. 69.

[2] *Einhardi Ann. Franc.* (Œuv. compl., édit. de M. Teulet, t. Iᵉʳ, pag. 384); *Hist. de la Gaule mérid.*, tom. IV, p. 68 et suivantes.

liberté ! On a pu juger si le servage le plus dur n'était pas mille fois préférable. Certains d'entre les Cagots durent le penser et demander à descendre au rang des serfs, et c'est probablement par suite d'une requête de ce genre que le seigneur de Préchac put, plus tard, faire présent de la maison du *Crestiaa* Auriol Donat à l'abbaye de Luc.

Je prends occasion de ce nom pour répondre à une objection que l'on ne manquera pas d'élever contre mon système. Ce nom d'Auriol ainsi que ceux qui se lisent dans le traité entre les Cagots et le comte de Foix, ne diffèrent en rien des noms en usage dans le Béarn, et l'on n'y aperçoit aucune trace de gothique, d'arabe ou d'espagnol latinisé ou non: ce qui nécessairement aurait lieu, ajouteront mes contradicteurs, si les Cagots provenaient des Espagnols qui émigrèrent sous et après Charlemagne. A cela je répondrai qu'il dut en être de ceux-ci comme des Juifs, dont le sort fut à peu de chose près pareil au leur pendant toute la durée du moyen âge. Pour échapper à l'attention publique et à la persécution qu'elle enfantait, ils changèrent de nom, à une époque qu'il est difficile de préciser, et prirent en général celui du lieu de leur naissance: c'est ainsi qu'il faut expliquer les noms de Rotschild, de Fould, de Crémieux, d'Anspach, de Ratisbonne, connus sous différents rapports. Nous savons d'ailleurs que les hérétiques du xiie siècle, non contents d'avoir recours à la fuite pour se soustraire à la proscription prononcée contre eux, prenaient également la précaution de changer de nom [1]. Une autre objection que je

---

[1] « De Piphilis. Quoniam impurissima Manichæorum secta tergiversatione lubrica sub specie religionis apud imperitissimos se occultans, simplicium animas perditum ire molitur, et per abjectissimos textores, qui sæpe de loco fugiunt ad locum, nominaque commutarunt, captivas ducunt mulierculas oneratas peccatis. » etc. Concil. Rem. an. 1157. apud Marten. to. 7 Ampl. Collect. col. 74; vid. etiam Gloss. ad Script. med. et inf. Latin. to. v, col. 470, sub voce PIFLI.

prévois résulte de la différence qui existait entre la profession des réfugiés espagnols et celle des Cagots. En effet, les premiers, comme on vient de le voir, étaient agriculteurs, et les autres étaient bûcherons et charpentiers. Il ne nous paraît pas très-difficile d'expliquer cette différence : privés des biens qu'ils tenaient de la munificence des empereurs francs, repoussés comme argués d'hérésie par les propriétaires fonciers, au service desquels ils auraient pu songer à entrer, les descendants des émigrés durent se résoudre à descendre encore plus bas, c'est à dire avoir recours à des professions industrielles [1] dont l'exercice pût soutenir leur existence et celle de leur enfants ; mais également repoussés par les ouvriers dont ils voulaient partager les travaux, ils ne trouvèrent ouvert devant eux que l'état de charpentier, qui avait autrefois plus d'extension qu'aujourd'hui, et qui sans doute était infâme, parce que ceux qui l'exerçaient étaient tenus de se prêter à la fabrication, à la réparation et à la mise en place des gibets et autres instruments de supplice [2]. Ce qui nous confirme dans cette opinion, c'est la tradition populaire relative à leur origine juive, et l'analogie que

[1] Encore en 1609, un avocat plaidant par-devant le parlement de Bretagne pour les charpentiers de Nantes, après avoir dit que la cause était de conséquence, pouvait ajouter : « Car encore que les arts méchaniques soient les plus basses et ravallées conditions de l'Etat, si est-ce que ce sont parties indispensablement necessaires à sa conservation, » etc. Voyez *Arrests du Parlement de Bretagne, pris des Mémoires et Plaidoyers de feu M^e. Sebast. Frain..* troisieme et derniere edition, revuë... par Me Pierre Hevin, etc. A Rennes, chez Pierre Garnier, M. DC. LXXXIV. deux volumes in-4; tom. 1er, pag. 78.

[2] « — Après avoir ouy les officiers du roy et bourgeois dudict Troyes, qui nous ont attesté n'avoir jamais veu fourches patibulaires ny potances en la place mentionnée en la presente requeste et qu'il y a autres lieux destinés aux executions de justice, mandons et enjoignons au m^e charpentier du roy transporter lad. potance et la dresser en *l'Estappe au vin* dud. Troyes. Faict aud. Troyes ce xie septembre m. v^e iiijxxvj. » etc. *Les Archives historiques du département de l'Aube et de l'ancien diocèse de Troyes... par A. Vallet de Viriville... Troyes. Bouquot... M.DCCC.XLI.* in-8; p. 241.

présente la profession des Caqueux de la Bretagne. Ceux-ci, il est vrai, ne pouvaient exercer d'autre état que celui de cordier, et le seul commerce qui leur fût permis était celui du fil et du chanvre nécessaires à leur état [1]; mais il était in-

[1] Nous ne pensons pas qu'il faille voir dans les achats de fil que faisaient les tailleurs bretons, ou dans l'habitude où ils pouvaient être d'ensevelir les morts, la cause de la défaveur qui pesait sur leur état, si l'on en croit un ancien proverbe rapporté par M. Théodore de la Villemarqué (*Barzas-Breiz. chants populaires de la Bretagne*, t. II, p. 99); mais nous ne pouvons nous empêcher de faire remarquer que la condition de tailleur était également tenue pour vile à Bordeaux, comme le prouve ce qui suit : « Ledict jour les capitaines de la ville, en nombre de dix-sept, sont entrés en la chambre du conseil, parlant par l'organe de maistre Lamarque avocat en la cour, l'ung desdictz cappitaines, ont represanté qu'ilz sont avertis qu'ung tailleur nommé Tholouse a puis naguaires presté le serment de capitaine-enseigne en la jurade Sainct-Pierre, qu'ilz supplient messieurs les juratz ne permetre qu'ung tel personnage de ville condition et noté en sa personne face ceste foncion : aussy ne trouveroit-il personne quy le voulut suivre, non plus que à la veille de la Sainct-Jehan qu'y ne sceut trouver q'ung seul soldat, encores estoit-il son serviteur. E[t] ou [cas où] lesdictz sieurs juratz agreeroit ladicte nomination et le continuer en ceste charge, iceux capitaines declairent qu'ilz remetent leurs charges ez mains desdictz sieurs juratz, pour y pourvoir à leur plasse telles personnes que bon leur semblera, à cause qu'ilz ne pourroient permetre q'ung tel personnage demeurat en leur compagnie.

« A esté deliberé, ayant esguard à la plaincte desdictz cappitaines, qu'il sera pourveu à ladicte plasse d'enseigne d'ung autre personne que dudict Tholouse, lequel sera adverty de ladicte deliberation. »

(Registres de la jurade de Bordeaux, conservés à l'hôtel de ville, volume de 1623-1624, folio 84 recto. Délibération du mercredi 26 juin 1624.)

Si l'on objecte que le grade de capitaine-enseigne dans la milice urbaine de Bordeaux exigeait un homme d'une profession plus relevée que celle de tailleur, et qu'un praticien aux prévôtés [*], un homme vivant du travail de ses mains, qui se fût trouvé dans le cas de Tholouse, eût été évincé comme lui, nous répondrons par un autre extrait des mêmes registres : « Le lundy septiesme febvrier audict an, les habitans du lieu de Caudeyran et Bosquat sont entrés en la chambre du conseil, et represanté que, suivant la permission à eux donnée, avoir faict choix d'ung capitaine, quy est maistre Louys de Caudeyran, praticien; comme aussi a presté le serment de lieutenant Gelliot Blandin Maitisan, laboureur, habitans dudict village de Caudeyran. » Volume de 1620-1622, folio 223 recto.

Il est possible, cependant, que ce qui était exigé pour Bordeaux ne le fût pas pour la banlieue, où d'ailleurs il devait y avoir moins de choix qu'en ville; et puis ne suffisait-il pas que Tholouse exerçât un art mécanique pour être réputé *de ville condition* ?

[*] Voyez, relativement à l'office et aux devoirs des praticiens aux prévôtés, les *Anciens et nouveaux statuts de la ville et cité de Bourdeaux*, éd. de 1612, pag. 58 et 59.

fâme comme je suppose que celui de charpentier l'était dans le sud-ouest de la France, et cela apparemment par la même raison, car, si les charpentiers dressaient les gibets et les autres instruments de supplice, les cordiers fournissaient les harts destinés à mettre un terme à la vie des criminels condamnés à être pendus. D'un autre côté, il ne faut pas oublier que l'état de charpentier présente de fréquents dangers, et que le rouissage du chanvre que mettent en œuvre les cordiers bretons, est une opération dégoûtante, qui leur vaut divers genres de maladies.

On voit par là combien l'on est peu fondé à croire que les Goths, après avoir été réduits en servitude, furent condamnés à couper du bois, par assimilation aux Gabaonites. La connaissance de l'Ancien Testament, si répandue aujourd'hui, surtout chez les protestants, ne se trouvait, avant le XIIIᵉ siècle, que dans la partie la plus éclairée, c'est-à-dire dans la minorité du clergé, et cette minorité, qui pouvait bien rechercher les causes d'un fait accompli, et donner cours par là à une explication bonne ou mauvaise, n'avait pas assez d'influence sur les masses pour leur faire imiter la conduite des Israélites de Josué, quelque désir qu'elle en pût avoir d'ailleurs. Quand Shakspere donnait à l'esclave de Prospero, au fils repoussant de la sorcière Sycorax, une partie des occupations réservées aux Cagots [1], il ne se

---

Qui nous dira maintenant si ce sont les Anglais qui ont apporté en Guienne les préjugés qu'eux aussi nourrissaient autrefois contre les tailleurs, ou si ce sont les Gascons qui les leur ont communiqués?

[1] *Prospero.* Shake it off; come on;
  We 'll visit Caliban, my slave, who never
  Yields us kind answer.
Miranda.   'Tis a villain, sir,
  I do not love to look on.
Prosperò.   But, as 'tis,
  We cannot miss him : he does make our fire,
  Fetch in our wood ; and serves in offices
  That profit us. What ho! slave! Caliban

faisait pas l'organe d'une tradition du moyen âge ; il subissait l'empire des opinions de son temps et de son pays, où, par suite de la réforme, la Bible était devenue d'un usage aussi général et avait acquis une autorité aussi grande, aussi étendue, que le Coran dans les contrées soumises à Mahomet.

Une troisième objection, bien plus forte que les autres, peut nous être opposée ; mais nous espérons en venir heureusement à bout. Voici en quoi elle consiste : il résulte du premier mandement de Louis le Débonnaire en faveur des réfugiés espagnols, qu'ils habitaient l'Aquitaine, la Septimanie, la Provence et une partie de l'Espagne soumise aux empereurs francs ; il résulte également du second mandement de Louis le Débonnaire et de celui de Charles le Chauve, qu'il y avait de ces émigrés à Narbonne, à Carcassonne, à Roussillon, à Empurias, à Barcelonne, à Gironne et dans le comté de Beziers[1]. Cela étant, comme on ne trouve à aucune époque, en Provence et dans la contrée que nous venons de nommer, des individus que l'on puisse assimiler aux Cagots, comment expliquer cette circonstance? Nous pourrions alléguer l'insuffisance des documents écrits, et cette fin de non recevoir, que nous opposons pour ce qui touche la Catalogne, dont nous ne savons rien pour le sujet présent, doit être admise jusqu'à un certain point relativement au sud-est de la France ; cependant nous croyons pouvoir donner une meilleure réponse à l'objection que nous avons prévue.

Thou earth, thou! speak.
Caliban [within.] There 's wood enough within.
(*Tempest*, act 1, sc. 11.)

[1] Les établissements des Goths durent être nombreux dans la Marche d'Espagne et la Septimanie, mais presque tous ont disparu ; on a cru retrouver les traces de l'un d'entre eux, à environ deux kilomètres de Perpignan, dans le lieu de Malloles, nommé aussi dans les anciens titres *Villa Gothorum, vel Malleolas*. Voyez la seconde édition de l'Histoire générale de Languedoc, additions et notes du liv. xiv, t. iii, p. 46.

Il suffirait peut-être de dire qu'à l'est des Pyrénées, les réfugiés espagnols, dont la majeure partie, comme nous sommes fondé à le croire, se composait de Goths, trouvèrent de nombreuses familles wisigothes[1] qui y vivaient heureuses sous l'empire des lois particulières de ce peuple, autrefois si puissant[2], et qu'accueillis en frères par ces familles, ils durent n'être à aucune époque considérés comme étrangers, et se mêler de bonne heure avec elles; mais il nous semble qu'il est possible de mieux faire. Nous allons donc essayer de prouver que la cause première du mépris et de l'aversion que les émigrés inspiraient dans le sud-ouest ne pouvait exister à l'orient des Pyrénées.

[1] Eginhard, faisant le récit de la révolte d'Aïzon, sous l'année 827, parle des Goths et des Espagnols qui habitaient la Cerdagne et le Val : « Defecit ad eum et filius Berani, nomine Willemundus, nec non et alii complures novarum rerum gentilitia levitate cupidi, junctique Sarracenis ac Mauris Ceritaniam et Vallensem rapinis atque incendiis quotidie infestabant. Cumque ad sedandos ac mitigandos Gothorum atque Hispanorum in illis finibus habitantium animos Helisachar abbas, cum aliis ab imperatore missis, multa et propria industria et sociorum consilio prudenter administrasset, » etc. *Annales Francorum.* (OEuvres compl. d'Eginhard, édit. de M. Teulet, t. 1er, p. 388.) Ces Goths et ces Espagnols étaient-ils les descendants des anciens conquérants du pays ou des émigrés de fraîche date? Nous croyons qu'il y en avait des uns et des autres.

[2] Anno DCCLIX Franci Narbonam obsessam obsident, datoque sacramento Gothis qui ibi erant, ut si civitatem partibus traderent Pipini regis Francorum, permitterent eos legem suam habere. Quo facto, Gothi Sarracenos, qui in præsidio illius erant, occidunt, ipsamque civitatem partibus Francorum tradunt. » *Chronicon Moissiacense.* (Recueil des Hist. des Gaules, t. v, p. 69, A.) Voyez aussi les *Mémoires de l'Hist. de Languedoc....* par Me Guillaume de Catel. A Tolose, par Pierre Bosc. M.DC.XXXIII. in-folio; liv. III, p. 538.

« Franci Narbonam diu obsessam per Gothos recipiunt, peremptis Sarracenis : facta pactione cum Francis, quod illic Gothi patriis legibus, moribus paternis vivant. Et sic Narbonensis provincia Pippino subicitur.» *Otia Imperialia Gervasii Tilberiensis.* (Historiæ Francorum Scriptores... opera ac studio Francisci du Chesne, t. III, p. 366, A.)

Voyez aussi l'Astronome auteur de la vie de Louis le Débonnaire, sur la demande faite par les peuples de la Septimanie, dans l'assemblée de Kiersi. (Recueil de du Chesne, t. II, p. 316, B; *Rec. des Hist. des Gaules*, t. VI, p. 121, B.)

On se rappelle que la principale des accusations dirigées
contre les Cagots était celle d'arianisme, et que celle-là donna lieu à toutes les autres. Or, ce grief était peu de chose
dans le sud-est de la France, où le peuple et la noblesse furent toujours très-tolérants, parfois même hérétiques ; et les
réfugiés, que des répugnances religieuses ne tenaient pas
en dehors de la population indigène, durent s'y fondre rapidement. On trouve des preuves de cette tolérance dans
la manière dont les Juifs étaient traités dans cette partie du
royaume. Au vi⁰ siècle, les Juifs de la Provence pouvaient
faire le commerce avec des navires à eux et des équipages
de leur nation [1]. Dans le xii⁰ siècle, si l'on s'en rapporte à
Benjamin de Tudèle qui visita, vers 1170, les synagogues
de l'Europe et de l'Asie, les Juifs pouvaient être encore
propriétaires de biens fonds à Narbonne. A Beziers, à Montpellier [2], à Lunel, à Marseille, il y avait un grand nombre
de familles juives riches et bienfaisantes, et d'académies
célèbres, dans certaines desquelles on entretenait aux frais
de la communauté les étudiants qui venaient s'y appliquer
à l'Écriture Sainte [3] : toutes choses qui supposent une existence paisible et même une certaine indépendance, dont
étaient loin de jouir les Juifs du reste de la France. Au treizième siècle, il en était de même; les sectateurs de Moïse

---

[1] S. Gregor. episc. Turon. de Gloria confessorum, cap. xcvii, inter opera sua edita a Domno Th. Ruinart, col. 978.

[2] Un passage du testament de Guillaume vii, seigneur de cette ville, qui
est de l'an 1172, donne à penser qu'avant lui les Juifs étaient admis aux
emplois dans ce comté. On y lit : « Volo et jubeo ne unquam Judæus sit
bajulus Montis-pessuli, vel castelli de Palude, vel alicujus honoris mei. »
Histoire generale de Languedoc, t. iii, preuves, col. 127, lig. 6. Il est à
remarquer que ce seigneur avait puisé cette disposition dans les testaments
de ses deux prédécesseurs nommés Guillaume comme lui. Voyez les Mémoires de G. de Catel, déjà cités, livre iv, p. 661 et 663.

[3] *Itinerarium Benjamini Tudelensis... Ex Hebraico Latinum factum Bened. Aria Montano interprete.* Antuerpiæ, ex officina Christophori
Plantini... M.D.LXXV. in-12 ; p. 15-18.

pouvaient acquérir des aleux dans le sud-est de notre pays :
on le voit par les plaintes de Guillaume de la Broue, archevêque de Narbonne, contre Amalric, vicomte de cette ville,
qui ne voulait pas permettre aux clercs d'acheter des aleux
dans ses domaines , sans payer un certain droit: « ce qui ,
ajoutait le prélat, a toujours été permis à un chacun , même
aux Juifs, suivant les us et coutumes du pays [1]. » A Montpellier, la communauté juive vivait tranquille et heureuse , état
qui dura pour elle jusqu'à l'expulsion générale des Juifs de
France. Plus favorisés encore à Toulouse, les enfants d'Israël
furent admis aux emplois publics par le comte Raimond VI ,
et ce fut là un des griefs que le pape Innocent III avait contre
lui [2] : aussi pour obtenir l'absolution, ce seigneur fut obligé, en 1209, de promettre, entre autres engagements, de ne
plus employer de Juifs [3]. Cette promesse, bien que garantie
par seize barons, ne fut pas tenue; car on obligea, en 1229,
Raimond VII, son successeur, à dépouiller les Juifs des charges publiques dont ils étaient revêtus [4].

Soixante-deux ans plus tard, en 1291, il y eut à Toulouse
un Juif ou un *Marrane* (chrétien d'origine juive) élu consul
ou maire de la ville ; mais sur la représentation du syndic,
qui rappela les défenses canoniques et les anciens arrêtés,
l'élection fut cassée au parlement [5].

[1] *Hist. gen. de Lang.*, liv. XXVI, chap. XIV ; édition in-fol., t. III,
p. 475, 476, an. 1251.

[2] *Petri Vallium Sarnaii monachi Historia Albigensium.* (Rec. des
Hist. des Gaules, tom. XIX, p. 16, D ; 17, B.)

[3] *Hist. gen. de Lang.*, liv. XXI, chap. XLIX ; tom. III, p. 162.

[4] « Instituemus etiam ballivos, non Judæos, sed catholicos in terra, et
nulla hæresis suspicione notatos, et tales prohibiti non possint admitti ad
emendum redditus civitatum, villarum, vel castrorum, vel pedagiorum ; et
si forte aliquis talis ignoranter institutus fuerit, expellemus eum et punie-
mus, cum super hoc fuerimus certificati. » *Hist. gen. de Lang.*, tom. III,
preuves, col. 330. Voyez aussi le Rec. des Hist. des Gaules, t. XIX,
p. 220, C.

[5] *Hist. gen. de Langued.*, liv. XXVIII, chap. XX. t. VI. p. 71 ; et preu-

On voit par là ce qu'il faut penser des éloges que, le siècle précédent, saint Bernard adressait aux Toulousains, sur des renseignements probablement erronés [1].

A Marseille, comme nous l'avons dit, les Juifs avaient été l'objet d'une grande tolérance. Lorsqu'en 1219 la ville fit son accord avec l'évêque, au sujet des franchises municipales de la partie de Marseille soumise à la juridiction épiscopale, les Juifs et les Sarrazins domiciliés dans cette partie furent assimilés aux bourgeois; il fut stipulé que Chrétiens, Juifs et Sarrazins auraient la faculté d'aller, de venir, de demeurer, de trafiquer, comme ils voudraient [2]; pour tout cens, ils ne payaient à l'évêque que deux lamproies. Ces deux nations étrangères furent également comprises dans le traité qui intervint en 1257 entre Marseille et le duc d'Anjou, comte de Provence. Les Marseillais stipulèrent pour les Juifs et les Sarrazins les mêmes conditions que pour eux-mêmes [3] : aussi, dans les transactions commerciales de cette époque, les Juifs se qualifient-ils de citoyens de Marseille [4]. Il est vrai de dire que cet état de choses fut changé quelques années après; mais, en somme, il faut reconnaître que la tolérance fut beaucoup plus

___

ves, col. 8 et 9. — *Les Juifs dans le moyen âge*, par G.-B. Depping. Paris, Imprimerie royale, M DCCC XXXIV, in-8 ; p. 112, 113.

[1] « *Ad Tolosanos, post reditum suum. Epistola* CCXLII. (Sancti Bernardi Opera, ed. D. J. Mabillon, vol. I. Parisiis, apud de Launay, M. DCC. XIX. in-folio, p. 239, ann. Chr. MCXLVII.) Cette épître commence ainsi : « In adventu carissimi fratris et coabbatis nostri B. de Grandisilva, exsultavimus, et delectati sumus in his quæ dicta sunt nobis ab illo de constantia et sinceritate fidei vestræ in Deum, de perseverantia dilectionis et devotionis in nos, de zelo et odio adversus hæreticos, » etc.

[2] *Pacta episcopi Massiliensis*, A. D. 1219, à la suite des *Statuta Massil.*, ms. de la Bibliothèque du Roi nº 4660 B.

[3] Capitulations de l'an 1257. *Ibid.*

[4] « Crescanus de Biens, Judæus, civis Massil., vendidit Johanni de Vapingo, civi Massil., unam faiciam orti. » Charte de l'an 1332, citée par du Cange, au mot FAICIA, t. III, col. 306, de son Glossaire, édition de M. DCC. XXXIII, in-folio.

grande dans le sud-est de la France que dans le reste de ce pays. En veut-on une preuve de plus? On la trouvera dans le Roman de Girard de Vienne, qui contient un épisode que M. Fauriel eût pu sûrement citer pour démontrer l'origine provençale de ce poème. On y voit, en effet, dans les rapports des paladins de la cour de Charlemagne avec un Juif, un reflet des mœurs du midi, dont celles du nord différaient si essentiellement, sous ce point de vue du moins, aux XIIe et XIIIe siècles. Le morceau que nous allons citer commence au moment où Olivier, qui doit combattre contre Roland, va s'armer :

Si com armer se duit li cuens gentis,
A tant ez-voz un Jui, Joiachis;
Blanche ot la barbe si come flor de lis.
Dès icele oure ke Pilaitres fut pris,
Per cui Jesus ot esteit en croix mis
(Mais pues en prist vanjance, ce m'est vis,
Rois Pasiens l'emperere gentis;
Car il fist pandre, si conte li escris,
Toz les Juis ki ierent à cel dis
En Jherusalem, la cité signoris.
Dedans la ville furent trestuit ocis),
Très icele oure ke je ci vos devis,
Fuit en Viane cil Juis Joachis.
Riches hom fuit et d'avoir raamplis;
Tant en donait as bairons del païs,
Ki entor auz l'orent laisié toz dis.
Voit Olivier, si l'ait à raison mis :
«Olivier freire, ce li dist li floris,
Car pren de moi uns garnemans petis;
Ainz n'ot si boin Karlou de S. Denis. »
Olivier l'ot, à resguarder s'est pris,

Desuz ses pailes li avoit son brais mis ;
S'il créist Deu, jai le baisaist el vis.
Cortoisemant li dist li quens jantis :
« Doneiz-les-moi, Joachis, biaz amins.
Se Deus ceu done, li rois de paradiz,
Ke de bataille revigne sains et vis,
Tantost serait baptiziés vostre fis,
S'iert chevaliers ainz viij jors acomplis ;
Donrai-li armes et boin destrier de pris,
Se li donrai grant part de mou païs. »
— « Ne plaice Deu, ce ait dit Joachis,
Ke crestienz devigne jai mes filz !
Par le cors Deu ! miex vodroie estre ossis
Et ke il fust escourchiez trestoz vis. »
Olivier l'ot, volantiers en eust ris,
Et li bairon, li conte et li marchis.
Li boinz Juis les garnemans ait pris,
    Olivier les aporte.

Cil Joachis ne fist arestison,
Les armes done Olivier le bairon.
Sor une table les mistrent à bandon.
Uns arseveskes i fist beneison ;
Les armes seigne de Deu et de son non,
Por Joachim o le flori grenon
    Ki tant les ot gardé en sa maison [1].

---

[1] (Quand le gentil comte dut s'armer, voici venir un Juif, Joachim ; il avait la barbe blanche comme fleur de lys. Dès le moment que Pilate fut pris, par qui Jésus eut été mis en croix (mais depuis en prit vengeance, ce m'est avis, roi Vespasien l'empereur gentil ; car il fit prendre, comme raconte l'écrit, tout les Juifs qui étaient en ce jour en Jérusalem, la cité seigneuriale. Dans la ville ils furent tous tués), dès ce moment où je vous parle ici, ce Juif Joachim fut à Vienne. Riche homme fut et comblé de richesses ; il en donnait tant aux barons du pays, qui autour d'eux l'avaient laissé toujours. Il voit Olivier et lui a adressé la parole : « Frère Olivier, lui dit le vieillard,

Si je ne m'abuse, ce morceau renferme tous les éléments nécessaires pour apprécier la condition des Juifs dans le midi et le sud-est de la France aux xiiᵉ et xiiiᵉ siècles [1]. Joachim était riche; il faisait des largesses aux barons du pays, qui l'avaient toujours toléré autour d'eux et même admis dans leur familiarité, au point que le vieil Israélite se croit autorisé à donner le titre de *frère* à Olivier fils de Renier, le puissant comte de Gènes. Loin de s'en formaliser, le neveu de Girard de Vienne s'appuie sur lui, il s'en faut de peu qu'il ne lui baise la face. Olivier parle-t-il au Juif, il l'appelle *bel ami*, et lui promet pour son fils la chevalerie, des armes, un dextrier de prix, ainsi qu'une portion considérable de son pays, s'il veut se faire chrétien. « J'aimerais mieux, dit Joachim, être mort et que mon fils fût écorché tout vif. » Une pareille réponse eut allumé le courroux d'un baron du

prend de moi une petite armure; jamais Charles de Saint-Denis n'en eut jamais de si bonne. » Olivier l'entend, il s'est pris à regarder, sur ses habits il lui avait son bras mis; s'il crût en Dieu, il le baisât au visage. Courtoisement lui dit le comte gentil : « Donnez-les-moi, Joachim, bel ami. Si Dieu, le roi de paradis, me fait la grace de revenir sain et sauf de la bataille, tantôt sera baptisé votre fils, et il sera chevalier avant huit jours accomplis; je lui donnerai des armes et un bon dextrier de prix, je lui donnerai aussi grand'part de mon pays. »—« A Dieu ne plaise, a dit Joachim, que mon fils devienne jamais chrétien! Par le corps de Dieu! j'aimerais mieux être occis et qu'il fut écorché tout vif. » Olivier l'ouit, volontiers il en eût ris, ainsi que les barons, les comtes et les marquis. Le bon Juif a pris les armes et les apporte à Olivier.

Ce Joachim ne perdit pas de temps, il donne les armes au baron Olivier. Sur une table ils les exposèrent. Un archevêque les bénit; il signe les armes du nom de Dieu, à cause de Joachim à la barbe blanche qui les avait tant gardées en sa maison.)

Der Roman von Fierabras, Provenzalisch. Herausgegeben von Immanuel Bekker. Berlin. Bei G. Reimer. 1829, in-4; p. xxxii, col. 2, v. 2024.

[1] Voyez aussi les *Memoires pour servir à l'histoire des Juifs, depuis leur arrivée en Provence, jusques à leur expulsion*, par P. Bougerel, dans le tome ii de la *Continuation des Memoires de Litterature et d'Histoire* de Salengre. A Paris, chez Simart, m.dcc xxx. in-12; pag. 354-422. Quant aux Juifs de Languedoc, ils ont fourni à M. du Mège le sujet d'une longue note, insérée parmi les Additions et notes du liv. xviii de l'Histoire générale de Languedoc, t. iv, p. 93-102.

nord; elle donne envie de rire au chevalier septimanien : tant les mœurs différaient d'un point de la France à l'autre, surtout pour ce qui avait rapport à la tolérance religieuse !

Au risque d'abuser de la patience du lecteur, je citerai un dernier exemple tiré du roman allemand de Perceval, dont l'original était, suivant Wolfram d'Eschenbach, l'œuvre d'un romancier provençal qu'il désigne sous le nom de Kyot ou Guyot, nom inconnu parmi ceux des troubadours. Un chevalier chrétien, célèbre dans ce roman, ne se fait point scrupule d'entrer au service du calife [1]. « Cet adoucissement du fanatisme fougueux qu'on voit dans les romans de Charlemagne (dit, à ce propos, A. W. Schlegel), fut un effet lent et graduel des croisades. Après une longue lutte, dont les succès sont balancés par une égale bravoure des deux côtés, des guerriers apprennent toujours à s'estimer mutuellement, quelle que soit la différence des religions [2]. » Sans doute il en fut ainsi dans l'histoire des croisades, sur les lieux même qui en furent le théâtre ; mais l'explication du critique allemand me paraît peu propre à rendre compte d'un détail littéraire imaginé en France, et destiné à être lu par bien d'autres personnes que celles qui pouvaient être au fait des choses d'outre-mer. Il vaut sans doute mieux nous rappeler la déclaration de Wolfram, et y ajouter foi, avec M. Fauriel [3] : de cette manière on comprendra aisément qu'un troubadour provençal n'ait éprouvé aucune répugnance à faire entrer un chevalier chrétien au service du calife.

Si maintenant nous tournons nos regards vers le sud-ouest de notre pays, nous ne trouverons que peu de docu-

[1] Voyez les œuvres de Wolfram d'Eschenbach, publiées par Lachmann, p. 18-19; *Parcival*, 13, 3—14—11.
[2] *Journal des Débats*, n° du mardi 21 janvier 1834.
[3] *Revue des Deux-Mondes*, huitième volume. 15 octobre (1832.) — 2e livraison: p. 188.

ments relatifs à la condition des Juifs dans le moyen
âge ; mais ces documents indiquent dans la masse un sentiment de répulsion contre ces étrangers. A Bordeaux, où
ils se trouvaient en grand nombre au commencement du
IXᵉ siècle, il fallait qu'ils eussent bien à se plaindre des
habitants pour introduire de nuit dans cette ville, comme
ils le firent, les Normands, qui la livrèrent au pillage et
aux flammes, qui dispersèrent une partie de la population
et massacrèrent l'autre [1]. Dans la seconde moitié du XIIIᵉ siè-

[1] « Dani Burdegalam Aquitaniæ, Judæis prodentibus, captam depopula-
tamque incendunt. » *Annales Bertiniani*, A. D. DCCCXLVIII (*Rec. des
Hist. des Gaules*, t. VII, p. 65, C); *Chronicon de Gestis Nortmannorum
in Francia.* (Ibid., p. 152, E.) M. Depping met en doute la véracité de
ce fait, qu'il dit n'être rapporté que par une seule chronique. Voyez
les Juifs dans le moyen âge, p. 60.

Quatre ans plus tard, les Juifs de Barcelonne livrèrent cette ville aux
Musulmans, s'il faut en croire les Annales citées plus haut. Voyez le recueil
de D. Bouquet, t. VII, p. 68, D.

En 508, les Juifs d'Arles, qui était alors sous la puissance des Wisigoths, avaient offert à Clovis de lui livrer cette ville, dont il faisait
le siége, à condition que dans le pillage on épargnerait leurs biens et leurs
personnes. Voyez la vie de saint Césaire par Cyprien, Firmin et Viventius,
ch. III, n° 22. (*Acta Sanctorum Augusti*, tom. VI, pag. 69, col. 2.)

Enfin les Juifs de Toulouse furent en butte à la même accusation,
comme le prouve l'histoire de la dispute de S. Théodard contre ceux de cette
ville, qui se trouve dans l'ouvrage de Bertrand, où l'on lit : « In quibus
(Karoli Magni ejusque filii Ludovici præceptis atque edictis) scriptum erat
quid preterea ab eisdem imperatoribus tali pena talique ultione damnati
fuerunt ; quod pre ceteris qui in toto orbe erant hi qui eo tempore Tholose
degebant Judei Abidiramum Sarracenorum regem non coacti, sed sponte
adierunt, et multis suasionibus ad hoc illum animaverunt ut hostiliter cum
universo exercitu suo veniens omnem Christianorum multitudinem usque
ad interemptionem deleret, eorumque regna ac regiones ita suo in perpe-
tuum subjugaret dominio, sicut jam totam subegerat Hyspaniam. » *Gesta
Tholosanorum edita per dominum Nicolaum Bertrandi.* Impressum
Tholose industria Magistri Johannis Magni Johannis... Anno domini .Mil-
lesimo. Quingentesimo .XV. Die .X.iiij. Mensis Julii.. in-folio ; fol. lvii rº,
col. 2. Voyez le récit de toute la discussion dans la nouvelle édition de
l'Histoire générale de Languedoc, t. III, additions et notes du liv. XIII,
p. 18 et 19. Voyez aussi l'ouvrage de G. de Catel, liv. III, p. 517-524 ; et
l'Incredulité et Mescreance du sortilege plainement convaincue..., par
P· de l'Ancre..... A Paris, chez Nicolas Buon, M.DC.XXII. in-4 ; traicté
huictiesme, p. 464-467.

cle, les Juifs de la Guienne étaient serfs : aussi voyons-
nous Édouard, fils ainé du roi d'Angleterre, donner le
3 juin 1265, à Bernard Macoynis, citoyen de Bordeaux, son
Juif de Lesparre, Bernard Bénédict, pour le posséder pendant sa vie, ainsi que tous les revenus qu'il pourrait en
tirer [1]. Le 21 octobre 1283, le même souverain disposait
pareillement du frère de ce Bénédict et de tous ses biens
en faveur de l'un des siens, comme nous l'atteste une
charte de la Tour de Londres [2].

Dans les priviléges accordés au monastère bâti à Squirs,
appelé plus tard la Réole, par Gombaud, évêque de Gascogne, et son frère Guillaume-Sanche, duc du même pays,
l'an de J. C. 977, il est marqué que tout Juif passant par
la ville aura à payer quatre deniers au portier, c'est-à-dire
autant qu'un cheval d'Espagne, une charge de cuirs ou de
métal [3]. Dans la charte de commune de la petite ville de
Monségur en Bazadais, donnée par la reine Éléonore, le

---

[1] *Notice d'un manuscrit de la bibliothèque de Wolfenbüttel intitulé*
Recognitiones Feodorum... par MM. Martial et Jules Delpit. Paris, Imprimerie royale, M DCCC XLI, in-4; p. 130.

[2] « Rex omnibus, etc. salutem. Sciatis quod pro bono servicio quod di-
lectus et fidelis noster Willelmus de Monte Revelli nobis impendit, con-
cessimus ei Bonefercu de Burdegala, Judeum, fratrem Benedicti Judei,
habendi eidem Willelmo cum omnibus bonis suis per triennium a die
confectionis presentium ; et finito triennio illo, predictus Judeus cum omnibus bonis que tunc habuerit, ad nos vel heredes nostros revertetur. Pre-
cipis, etc. Teste rege apud Acton. Burnel. XXI. die octobris. » Collection Bréquigny conservée au cabinet des manuscrits de la Bibliothèque
royale, à Paris, tom XXXV.

[3] « Statutum est praeterea quod si Judæus transitum fecerit per villam,
4 denarios solvat clavigero ; de equo Hispaniæ 4 denarios ; de traca (forte,
ut postea, carga) coriorum, boum, ovium, vel caprarum, 4 denarios ; de
uno corio unum denarium ; de carga stagni vel metalli 4 denarios. »
Novæ Bibliothecæ manuscript. librorum tomus secundus, p. 747, l. 19.
Voyez aussi la *Notice historique et statistique sur la Réole*, par M. Du-
pin. A la Réole, de l'imprimerie de J. Pasquier, 1839, in-8 ; p. 110.
Dans les priviléges accordés aux habitants de la Réole par *senhor Audoard,*
filz premeynat heritey de nostro senhor Andrit, per la grace de Dieu
rey d'Anglaterra (ann. 1255, au mois d'août), le septième des 143 articles

26 juillet 1265, la 49ᵉ année du règne de Henri III, on lit cet article : « E nos ni nostres mans ne devem metre Judeu ni Judeva en la vila, per adops qu'el locs aia, sens voluntat dels juratz e del comun ¹. » A Villefranche, dont les habitants ne possédaient pas, à ce qu'il parait, un pareil privilége d'exclusion, les Juifs étaient si mal vus qu'en 1290 il se fit une pétition au roi d'Angleterre pour que ces étrangers fussent chassés de la ville; il est vrai qu'ils alléguaient, pour motiver leur demande, les ravages que l'usure avait causés chez eux ². Le roi répondit qu'il traiterait les Juifs comme ceux des autres villes du pays ³ : ce qui suppose, à notre sens, nombre de pétitions semblables émanées des principaux endroits de la Gascogne et dictées autant par la haine religieuse que par le regret de se voir dévorer. Nous ne savons quelles mesures prit Édouard Iᵉʳ; mais son successeur Édouard II, sur les plaintes qu'il reçut au sujet des excès des Juifs, leur enjoignit de sortir de Gascogne, ordre qui probablement ne fut pas strictement mis à exécution; car trente ans plus tard le même souverain le renouvela, en déclarant que sa volonté expresse était que les Juifs fussent bannis ⁴.

dont ils se composent est en partie relatif aux Juifs : ce qui, avec une rue portant leur nom, constate leur existence dans cette ville pendant le moyen âge, à partir du xᵉ siècle.

¹ (Et nous ni notre messager ne devons mettre Juif ni Juive en la ville, quelques besoins que le lieu ait, sans volonté des jurats et de la commune.) *L'Esclapot,* folio 17 recto, ligne 19.

² « Item , cum le leu de Vilefranque soyt poures, soupplient à nostre seigneur le roy que son bon playsir soyt que il comant que les Juyeus issent hors du leu de Vilefranque; car il destruyent de tot en tot la vile et le leu. » *Lettres de rois , reines et autres personnages des cours de France et d'Angleterre....* publiées par M. Champollion-Figeac, t. 1ᵉʳ, Paris, Imprimerie Royale, M DCCC XXXIX, in-4; p. 380.

³ « Quant as Jeus, il fera de eaux ausi come de autres en les autres viles du pays. » *Ibidem*, p. 381.

⁴ Lettre d'Édouard au sénéchal de Gascogne, de l'an 1314, à la Tour de Londres.

A Condom, le tarif du chapitre, à Marmande, les réglements de police municipale soumettaient les Juifs qui y passaient, à un droit comparativement fort élevé [1] : ce qui fait
supposer l'intention de les écarter de ces villes.

Au Mas-d'Agenais, comme on l'a vu plus haut, la coutume interdisait formellement aux Juifs de toucher le pain et
les fruits qui étaient exposés en vente; les statuts d'Avignon contiennent la même prohibition, assimilant ainsi les
Hébreux aux filles publiques de la ville; mais, plus sévère,
la coutume du Mas punissait d'une amende de cinq sous et
le délinquant et le marchand qui avait laissé toucher sa
marchandise, tandis que, à Avignon, le contrevenant était
simplement obligé de payer les comestibles sur lesquels
il avait porté sa main, considérée comme impure [2].

Si nous avançons davantage vers le nord, nous trouverons encore une plus grande disette de documents concernant les Juifs. Les recherches auxquelles nous nous sommes

[1] « XXII. Un Juif ou une Juive non enceinte passant par Condom,
payera huit deniers tournois ; et si la juive est enceinte, elle payera seize
deniers tournois.

« XXIII. L'étranger qui aura acheté quelque part un Sarrazin ou une
Sarrazine, payera pour chacun d'eux huit deniers pour la première fois
qu'il les fera passer par Condom, après les avoir achetés. »
Pancarte ou tarif des droits du péage que le chapitre de l'église cathédrale
de Condom a droit de prendre dans la ville et juridiction de Condom sur
l'étranger, etc., conforme à la transaction passée entre le chapitre et la
communauté de Condom, le 13 avril 1506, etc. (*Feuille d'annonces de
Condom (Gers)*, n° 515, mardi 24 décembre 1833, pag. 3.)

« Et en tout Juif passant par la ville etablit dix deniers de peage, s'il
passe par l'eau; et s'il passe par terre, quatre deniers; et s'il est institué(?),
dix deniers; et s'il passe l'eau, dix deniers ; et s'il est mainte (*sic*. et si la
Juive est enceinte?), huit deniers. » Statuts et priviléges de la ville [de
Marmande, donnés par Richard, duc de Guienne, fils d'Henri II, roi
d'Angleterre. 1190. Manuscrit de M. Perrin, de cette ville.

[2] « *Ne Judei vel meretrices tangant panem vel fructus.*

« Item. Statuimus quod Judei vel meretrices non audeant tangere
manu panem vel fructus qui exponuntur venales; quod si fecerint, tunc
emere illud quod tetigerint teneantur. »
Statuta Avenionis, ms. de la Bibliothèque du Roi n° 4768, folio 36
verso.

livré au sujet de ceux du Poitou ont été sans résultat, ou, pour mieux dire, ne nous ont procuré que les lettres originales de Philippe le Bel, du mois de juillet 1291, prononçant l'expulsion des Juifs de la sénéchaussée de Poitiers. On y trouve la preuve que ces étrangers n'étaient pas mieux vus dans le Poitou que dans les autres parties de l'ouest. Au reste, l'ordonnance royale ne tarda pas à être rapportée, au dire de Bouchet [1].

Mais il est temps de revenir aux Cagots, ou plutôt aux colons espagnols dont nous croyons que les premiers tirent leur origine. On vient de voir que dans le sud-est de la France ils retrouvaient comme une seconde patrie, et que d'ailleurs le bruit d'arianisme qui circulait sur leur compte ne pouvait leur préjudicier en rien dans cette partie de notre pays, où la tolérance était plus large que partout ailleurs. Ils durent donc se fondre rapidement dans la masse de la population de cette contrée, et y porter les germes de l'hérésie qui se développa plus tard, si toutefois le long séjour des Goths dans la Septimanie et dans la Provence n'en avait pas laissé dans ces pays. Nous savons bien que près de deux siècles avant le premier établissement des émigrés espagnols dans notre pays, le roi Reccarède Ier avait passé de l'arianisme au catholicisme et déterminé par sa conversion celle de la plupart de ses sujets wisigoths [2]; mais l'hérésie arienne ne dut pas s'éteindre pour cela en Espagne et dans la partie de la Gaule occupée par les Goths : autant vaudrait-il dire que la conversion d'Henri VIII effaça com-

[1] « Les Annales d'Aquitaine... A Poictiers, par Abraham Mounin. M. DC. XXXXIII. in-folio ; quatrième partie, chap. II, p. 179. Voyez aussi l'Abrégé de l'histoire du Poitou, de Thibaudeau, tome II, p. 230 (première édition); et tome Ier, p. 361, 362 (seconde édition. Niort. Robin et Cie. 1839, in-8).

[2] S. Greg. Turon., lib. IX, cap. 15 ; lib. XI, cap. 8. — L'Art de vérifier les dates, 3e édition, t. Ier, p. 731, col. 1.

plètement le catholicisme en Angleterre. Ce qu'il y a de certain, c'est que parmi les hérétiques qui plus tard reçurent
le nom d'Albigeois, il se trouvait des Ariens : Guillaume de
Puy-Laurent, chapelain de Raimond VII, comte de Toulouse, le dit positivement [1] ; et pour peu que l'on voulût tirer parti de l'obscurité du premier des passages que nous
citons en note, on pourrait y signaler une allusion directe
à l'établissement des réfugiés espagnols dans le midi de la
Gaule, et faire peser sur eux l'accusation d'y avoir importé
l'hétérodoxie. Mais une pareille manière de procéder nous
est étrangère, et nous nous bornons à livrer le dire de Guillaume de Puy-Laurent, tel qu'il est, aux conjectures des
savants. C'est à eux de décider jusqu'à quel point il faut
assimiler les émigrés d'au-delà des Pyrénées et les *Crestiaas*
qui en descendirent, aux Bons-Hommes, aux Bononiens ou
Bonosiens, aux Lyonnais ou Vaudois, et aux Manichéens,
qui furent plus tard désignés par le nom uniforme d'Albigeois, sous lequel ils ont acquis une triste célébrité dans
l'histoire [2]. Il ne faut pas cependant oublier que, dans leur

[1] « Dormientibus autem qui vigilare debuerant, latenter hostis antiquus
in terras istas miseras homines perditionis filios introduxit, habentes quidem speciem pietatis, virtutem autem ejus abnegantes, quorum sermo ut
cancer serpens infecit plurimos et seduxit, sicque, nemine opponente se in
murum pro fide ascendentibus ex adverso, adeo profecerunt inprimis ipsi
hæretici, quod per villas et oppida habere sibi hospitia, agros et vineas in-
cœperunt, domos latissimas in quibus hæreses publice prædicarent, suis
credentibus venditantes. Erantque quidam Ariani, quidam Manichæi,
quidam etiam Valdenses sive Lugdunenses...» *Guillelmi de Podio Laurentii Historia Albigensium*, prologus. (*Recueil des Historiens des
Gaules et de la France*, t. XIX, p. 193, D.)

« . . . terramque extra repleverant Ariani, Manichæi, hæretici et Valdenses. » *Idem*, cap. VIII. (*Ibidem*, p. 200, A.)

[2] Les Bénédictins accusent d'avoir donné naissance à l'hérésie des Albi-
geois, une femme venue d'Italie qui porta d'abord le manichéisme à Or-
léans, puis le répandit dans plusieurs provinces de France, surtout en
Aquitaine et dans le Toulousain. Le roi Robert fit assembler en 1022, à
Orléans, un concile à la suite duquel des bûchers s'élevèrent à Toulouse.
Voyez l'*Histoire generale de Languedoc*, liv. XIII, chap. LXXIV, t. II,

requête au pape, les Cagots se disaient descendants de ces hérétiques, se faisant ainsi les organes d'une tradition qui devait être populaire chez eux et qui ne pouvait être complètement fausse.

Il est temps de rentrer dans notre sujet, que nous sommes loin d'avoir épuisé. Outre le signe que les anciens Cagots étaient astreints à avoir sur leurs habits, ils furent sans doute condamnés à porter les cheveux rasés, comme le furent plus tard les Maures en Catalogne, suivant l'ordonnance des états tenus à Lerida en 1301 : c'est au moins ce que nous trouvons dans le passage d'Oihenart, où il est dit que les Cagots appelaient les Basques velus ou chevelus. Quant à l'intention de cette ordonnance, on ne peut y voir que la volonté de perpétuer une dégradation encourue, peut-être même de ravaler à leurs propres yeux ceux qu'elle atteignait. Voyons jusqu'à quel point une pareille mesure pouvait produire cet effet sur les réfugiés.

Pour commencer par les Goths, qui vraisemblablement entraient pour la plus forte proportion dans leur nombre, on sait qu'à l'exemple des Scythes dont ils descendaient [1], de certains Thraces [2], des Francs, des Burgondes et des autres peuples germaniques, ils portaient une longue chevelure. Apollinaris Sidonius, qui nous a transmis sur la personne de Théodoric, roi des Wisigoths, des détails curieux et pleins d'intérêt, nous apprend que, suivant la coutume de sa

---

p. 155, 156 ; liv. XVI, ch. LIX, p. 383, 384. Voyez aussi, relativement à l'hérésie des Henriciens, qui se répandit dans le Toulousain et les contrées limitrophes vers le même temps, liv. XVII, ch. LXXIV, p. 443-457.

[1] « Quid capillum ingenti diligentia comis ? Quum illum vel effuderis more Parthorum, vel Germanorum nodo vinxeris, vel , ut Scythæ solent, sparseris ; in quolibet equo densior jactabitur juba , horrebit in leonum cervice formosior. » L. Annæi Senecæ Epist. CXXIV, in fine.

[2] « ... Quemadmodum e diverso Thraces quosdam appellatos scimus acrocomas , qui antias in frontem muliebriter demitterent. » Lodovici Caelii Rhodigini Lectionum antiquarum Libri XXX. Basileæ, 1566, in-fol.; lib. VII, cap. XIII, p. 258, B.

nation, ce prince avait les oreilles recouvertes de longues mèches de cheveux [1]; dans un autre endroit, il désigne le peuple goth par le mot *crinitum* [2]. Claudien donne aux anciens de l'armée d'Alaric l'épithète de *crinigeri* [3], et Prudence mentionne la chevelure de ces barbares comme étant un de leurs attributs distinctifs [4]. Il y a plus, les Goths laissaient croître leurs cheveux à un tel point, que cette habitude leur valut le nom spécial de *Capillati*, qui leur fut donné sous le règne de Sitalcus, par Diceneus Boroista, l'oracle de ce peuple. Théodoric commence une de ses lettres par ces mots : « Universis provincialibus et *Capillatis*, defensoribus et curialibus Suavia consistentibus [5], » et dans un édit il désigne également ses compatriotes de cette manière [6]. Jornandès, dans son Histoire des Goths, rapporte que ces barbares se tenaient pour honorés de ce nom, et qu'ils en faisaient encore usage de son temps, dans leurs chansons [7]. De tout ce qui précède il ressort évidemment que les anciens Goths, à

---

[1] « . . . aurium legula (sicut mos gentis est) crinium superjacentium flagellis operiuntur.» C. S. Apoll. Sidonii Epistolarum Lib. I, epist. II.

[2] Epist. Lib. III, epist. III.

[3] Crinigeri sedere patres, pellita Getarum
   Curia.
    (Cl. Claudiani de Bello Getico Liber, v. 481.)

[4]   . . . non armis, veste, comisque,
Ignotus capta passim vagus erret in urbe,
Transalpina meam rapiens in vincula pubem.
    (Aurelii Prudentii contra Symmachum Lib. II, v. 692.)
Isidore de Séville est encore plus explicite dans le passage suivant : « Nonnullæ etiam gentes non solum in vestibus, sed in corpore aliqua sibi propria, quasi insignia vindicant, ut videmus cirros Germanorum, granos et cinnabar Gothorum. » *Isid. Hispal. Origin.*, XIX, 23. Par le mot *cirros*, le P. Sirmond, qui rapporte ce passage dans ses notes sur Apollinaris Sidonius (Paris. M. DC. XIV. in-8, p. 13) , entend des cheveux noués en tresses, *in nodum coactos;* et par *granos*, ces tresses mêmes.

[5] Epist. 49, lib. IV, apud Cassiodorum.

[6] Edictum Theodorici regis, cap. 145 : « Dummodo tertio quemlibet *Capillatorum* fuisse conventum, aut cautionis ab eodem emissæ, fides ostendat, » etc.

[7] «... fecitque sacerdotes , nomen illis Pileatorum contradens, ut reor, quia opertis capitibus tiaris, quos pileos alio nomine nuncupabamus , lita-

l'exemple des Hébreux du livre des Juges, plaçaient leur honneur et leur beauté, sinon leur force, dans la longueur de leurs cheveux [1]; mais qu'ils aient puisé cette idée dans l'Ancien Testament, c'est ce qui ne saurait être admis : car bien avant l'introduction du christianisme dans la Mœsie, par Ulphilas, elle dominait dans le nord, d'où les barbares l'apportèrent avec eux, non-seulement en Gaule et en Espagne, mais encore en Italie [2] et en Afrique [3].

Au sixième siècle, les Goths établis dans la Septimanie et en Espagne n'avaient pas raccourci leur chevelure, bien

bant; reliquam vero gentem *Capillatos* dicere jussit, quod nomen Gothi, pro magno suscipientes, adhuc hodie suis cantionibus reminiscuntur. » Cap. xi; édit. Lug. Bat. 1597, p. 38.

[1] Potgiesser conjecture que les esclaves des Suèves avaient la tête tondue, et démontre, d'après Tacite, qu'on coupait les cheveux à ceux qui parmi eux étaient condamnés à l'esclavage. Voyez liv. iii, chap. iv, §. iv, pag. 617, de l'édition in-4. Au reste, le lecteur curieux fera bien de lire le chapitre en entier ; il est intitulé : *De peculiaribus servorum notis, quibus ab ingenuis discernebantur.*

[2] Constantin l'Africain, médecin né à Carthage et mort en 1087 moine du Mont-Cassin, où il écrivait ses ouvrages, s'exprime ainsi : « Sunt ergo pili naturaliter juvamentum corporis, vel tantum expulsio superfluitatis juvata, capilli, supercilia et cilia. Capilli enim caput custodiunt, honestant et defendunt; quibus si careat, maxima est inhonestas, et precipue in mulieribus, » etc. *Constantini Africani deCommunibus medico cognitu necessariis Locis,* lib. ii, cap. xvi : De pilis et unguibus. (*Summi in omni philosophia viri Constantini Africani medici Operum Reliqua,* etc. Basileæ, apud Henricum Petrum (m d xxxv) , in-folio.

[3] « Per provinciam Africam tantum quorumdam temeritati licuisse comperimus, ut Christianæ legis antistites, de propriis domibus raptos, vel quod est atrocius, de Ecclesiæ catholicæ penetralibus protractos, cruciatibus diversis afficerent : alios ad solam divini cultus injuriam, avulsa capillorum parte fœdatos, vel alio injuriæ genere deformatos, concurrentium speculis exhiberent. » *Appendix Codicis Theodosiani novis constitutionibus cumulatior...* opera et studio Jacobi Sirmondi... Parisiis, apud Sebastianum Cramoisy, m. dc. xxi. in-8; p. 39, constit. xiv.

Le cordelier Michel Menot nous apprend que les infidèles qui coupèrent les cheveux à S. Pierre, le firent dans le dessein de le couvrir de confusion. Voici ses termes : « Heu, *helas !* Domine mi, dicitur quod corona sacerdotum primo introducta fuit in Antiochia, ubi infideles fecerunt tonsuram beato Patro qui residebat ibi ; et licet facta fuerit in contumeliam, est nunc tamen in honorem. » Feria tertia post secundam dominicam quadragesimalem.

qu'elle dût les incommoder sous les feux du soleil méridional : aussi le concile d'Agde, tenu sous Alaric, impose-t-il aux pénitents la condition expresse de se la faire couper [1], tandis que, dans les autres parties de la Gaule, ceux qui étaient admis à la pénitence ecclésiastique devaient laisser croître leurs cheveux, ainsi que nous l'apprennent saint Isidore [2], saint Colomban, abbé de Luxeuil [3], Grégoire de Tours [4], et Orderic Vital, moine de Saint-Évroul en Normandie [5]. Cette prescription, qui avait pour objet d'humilier fortement les Goths auxquels elle s'adressait, et de les distinguer du reste des fidèles, dut produire l'effet qu'on en avait attendu, puisque nous la voyons renouveller quatre-vingt-trois ans plus tard, au troisième concile de Tolède [6].

A la fin du VIIe siècle, les Goths n'avaient pas modifié les idées de noblesse qu'ils attachaient à leur chevelure : nous

[1] « Pœnitentes, tempore quo pœnitentiam petunt, impositionem manuum et cilicium super caput a sacerdote, sicut ubique constitutum est, consequantur. Si autem comas non deposuerint, aut vestimenta non mutaverint, abjiciantur... » Concilium Agathense, A. D. 506, canon XV. (*Sacrosancta concilia*, ed. Philip. Labeo et Gabr. Cossartio, t. IV, col. 1385, E.)

[2] « Hi vero qui pœnitentiam agunt, proinde capillos et barbam nutriunt. » *De Officiis Ecclesiæ*, lib. II, cap. 16.

[3] « Pœnitentes fratres, quamvis opera difficilia et sordida efficiant, non lavent capita nisi in die dominico, id est octavo. Sin autem, nisi in quinto decimo, aut certe propter fluentium capillorum incrementum. » *Divi Gregorii papæ... Liber Sacramentorum...* ed. Fr. Hugone Menardo. Parisiis, sumptibus Claudii Sonnii et Dionysii Bechet, M. DC. XLII. in-4; notæ et observationes, p. 222.

[4] Hist. eccl. Franc., lib. VIII, cap. 20.

[5] « Olim pœnitentes et capti ac peregrini usualiter intonsi erant, longasque barbas gestabant. » *Ecclesiasticæ Historiæ Lib.* VIII. (*Historiæ Normannorum Scriptores antiqui*, ed. Andrea du Chesne, p. 682, c.)

[6] « Quicumque ab episcopo vel a presbytero, sanus, vel infirmus, pœnitentiam postulat, id ante omnia episcopus observet, vel presbyter, ut si vir est, sive sanus, sive infirmus, prius cum tondeat, et sic pœnitentiam ei tradat; si vero mulier fuerit, non accipiat pœnitentiam, nisi prius mutaverit habitum : sæpius enim laïcis tribuendo desidiose pœnitentiam, ad lamentanda rursus facinora post acceptam pœnitentiam relabuntur. » Concilium Toletanum III, A. D. 589, cap. XII. (*Sacrosancta Concilia*, ed. Ph. Labbeo et Gabr. Cossartio, t. V, col. 1012, A.)

en voyons des preuves dans les canons de plusieurs conciles [1], et dans la manière dont Wamba, roi de Tolède, traita les complices de la révolte du duc Paul, auxquels il fit raser les cheveux et la barbe [2], imitant ainsi Reccarède, l'un de ses prédécesseurs, qui, dans une occasion semblable, avait appliqué la même peine [3], consignée dans un grand nombre d'articles du code wisigothique [4].

[1] « Rege vero defuncto, nullus tyrannica præsumptione regnum assumat; nullus sub religionis habitu detonsus, aut turpiter decalvatus, aut servilem originem trahens, vel extraneæ gentis homo, nisi genere Gothus, et moribus dignus, provehatur ad apicem regni. » Concilium Toletanum VI, A. D. 638, regnante Cinthila, cap. XVII. (*Sacros. Conc.*, t. V, col. 1748, D.)

« Et quia omnino justum est, ut pontifex sævissimam non impendat vindictam, quidquid coram judice verius patuerit, per disciplinæ severitatem absque turpi decalvatione maneat emendatum. » etc. Concilium Emeritense, A. D. 666, regnante Reccesvintho, cap. XV. (*Ibid.*, t. VI, c. 505, c.)

[2] « Sed nulla mortis super eos illata sententia, decalvationis tantum, ut præcipitur, sustinuere vindictam..... Etenim quarte ab urbe regia milliario Paulus princeps tyrannidis, vel ceteri incentores seditionum ejus, decalvatis capitibus, abrasis barbis, pedibusque nudatis vel squallentibus, veste vel habitu camelorum induti, vehiculis imponuntur. » *Historia Wambæ regis Toletani.* (Rec. des Hist. des Gaules, t. II, p. 715, c; et 716, c. Voyez aussi *Hispaniæ illustratæ seu urbium rerumque Hispanicarum... Auctores varii chronologi, historici...* studio et opera Andreæ Schotti...t. III. Francofurti, anno M. DC. VIII. in-folio; p. 65, lig. 55, et p. 66, lig. 45.)

[3] « Recaredo ergo orthodoxo quieta pace regnante, domesticæ insidiæ prætenduntur. Nam quidam ex cubiculo ejus, etiam provinciæ duæ, nomine Argimundus, adversus Recaredum regem tyrannidem assumere cupiens, ita ut, si posset, eum et regno privaret et vita; sed nefandi ejus consilii detecta machinatione comprehensus, et in vinculis ferreis redactus, habita discussione, socii ejus impiam machinationem confessi, condigna sunt ultione interfecti. Ipse autem Argimundus, qui regnum assumere cupiebat, primum verberibus interrogatus, deinde turpiter decalvatus, posthæc dextra amputata, exemplum omnibus in Toletana urbe asino sedens pompizando dedit, et docuit famulos dominii non esse superbos. » *Chronicon Joannis Biclariensis.* (Hispan. Illustrat. t. III, p. 158, lig. 22.)

[4] Nous ne citerons que trois de ces articles, renvoyant, pour les autres, au Glossaire de du Cange, t. II, col. 1322, 1323.

« Et si nulla mortis ultione plectatur, et pietatis intuitu a principe illi fuerit vita concessa, effossionem perferat oculorum... decalvatus tamen e flagella suscipiat, et sub artiori vel perpetuo erit religandus exilio pœnæ, » etc. *Legis Wisigothorum Liber secundus*, lit. I, § 7: *De his qui contra principem, vel gentem, aut patriam refugiunt, vel insolentes existunt.* (Rec. des Hist. des Gaules, t. IV, p. 293, c.)

« Servus autem qui talia commisisse detegitur, e ictus accipiat flagello-

Si maintenant nous passons aux Espagnols de race, en l'absence de documents nous supposerons qu'ils portaient les cheveux longs, comme leurs ancêtres [1], ou qu'ils avaient adopté les modes wisigothiques. En eût-il été autrement, la mesure qui fut prise à leur égard n'en aurait probablement pas moins eu lieu, puisque les Arabes (on sait qu'il s'en trouvait parmi les réfugiés) portaient aussi les cheveux longs: « Voici venir au Christ, disait Théodulphe à Charlemagne, le Hun aux cheveux tressés ... Qu'après le Hun vienne l'Arabe, autre peuple chevelu; mais qu'ils viennent, l'un, les cheveux tressés, l'autre les cheveux flottants [2]. » Nous savons, d'ailleurs, que chez ce peuple, du moins en Espagne, le supplice de la décalvation était en usage, accompagné des circonstances que nous avons signalées plus haut chez les Wisigoths [3].

rum, atque turpiter decalvatus in integrum mox reformet rem, quam causa pigneris occupavit. » *Id.*, tit. II, § 7 : *Si quislibet ex alterius judicis potestate in alterius judicis territorio habeat causam.* (Ibid., p. 305, E.)

« Horum omnium transgressor, quisquis ille repertus fuerit, et centum flagella decalvatus suscipiat, et debita mulctetur exilii pœna. » *Id.*, lib. XII, tit. III, § III : *Ne Judæi aut se aut filios suos aut famulos baptismi gratiæ subtrahant.* (Ibid., t. IV, p. 448, E.)

Voyez aussi le *Fuero Juzgo...cotejado...por la real Academia española.* Madrid, por Ibarra, 1815, in-folio ; pag. [v], col. 1 ; p. 8, col. 1, note 6 ; p. 39, col. 1 ; p. 43, col. 2 ; p. 127, col. 1 ; p. 150 et 151, col. 1 et 2 ; p. 152, col. 2 ; p. 153, col. 1 et 2 ; p. 155, col. 1 ; p. 158, col. 2 ; p. 159, col. 1 ; p. 160, col. 1, etc.

[1]   Tu præter omnes une de capillatis
    Cuniculosæ Celtiberiæ fili,
    Egnati, opaca quem bonum facit barba,
    Et dens Hibera defricatus urina.
        (C. Val. Catulli Carmen XXXVI, v. 17.)

[2]   Pone venit textis ad Christum crinibus Hunnus.

    . . . .
    Huic societur Arabs, populus crinitus uterque est,
    Hic textus crines, ille solutus eat.
(Theodulfi Aurelianensis episcopi Carmina, lib. III, carm. I. — *Rec. des Hist. des Gaules*, t. v, p. 417, c.)

[3] « ...Mahimen Alhaytam captum carceri mancipavit, nec mora fortiter flagellatum, turpiter judicatum, capite decalvatum, post terga manibus colligatum, catenis ferreis alligatum, ab asino deportatum, per civitatem

Dans cet état de choses, qui régnait, non-seulement en Espagne, où il dura jusqu'au quinzième siècle environ [1], mais encore en France, où il subsista jusqu'au seizième [2], et qui dut être le même dans le Pays Basque et en Gascogne, c'était un terrible châtiment que de priver les descendants des réfugiés espagnols d'un ornement auquel ils devaient attacher le plus grand prix; cependant, comme la force n'était pas de leur côté, il leur fallut se résigner, et des maux plus réels étant venus éteindre jusqu'au souvenir de l'humiliation qu'ils avaient subie dans la perte de leur chevelure, ils donnèrent à leurs persécuteurs, à titre d'injure;

(Cordubam) attractum... iterum custodiæ mancipavit, » etc. *Roderici Ximenez archiepiscopi Toletani Historia Arabum*, cap. XIII; ed. Th. Erpenio. Lugduni Batavorum, ex typographia Erpeniana, 1626, in-folio, p. 12.

Il n'est pas hors de propos de remarquer ici que le même supplice existait chez les Grecs du Bas-Empire ; un passage de Georges Cedrenus en fait foi. Voyez son Σύνοψις ιστοριων, ed. C. A. Fabroto. Parisiis, e Typographia regia, M. DC. XLVII. in-fol.; tom. 1er, pag. 389, c. Chez les Indiens, au rapport de Stobée, ch. CLXV, on privait de leurs cheveux ceux qui se rendaient coupables de crimes graves, et l'on tenait cette punition comme extrêmement ignominieuse. Enfin, chez les Juifs, la loi de Moïse ordonnait de raser la tête aux jeunes captives. *Deuteron.*, ch. XXI.

[1] Nous en avons la preuve dans un passage d'Alphonse Tostat, évêque d'Avila, qui, né en 1400, mourut le 3 septembre 1454 : « Sciendum autem (dit-il) quod istud tenebat tempore illo quam nunc, quia inter Hebræos rari tondebantur, sed nutriebant comam : ideo ille qui majorem haberet comam, pulchrior judicabatur. Sic autem erat de Absalom, qui habebat comam ita magnam, quod tonsio annua capillorum ponderabat ciclos ducentos : ergo cæteris pulchrior erat. Nunc autem quia viri non nutriunt comam, sed omnes raduntur, præter parvos capillos ad tutelam et pulchritudinem capitis, non tantum judicatur pulchritudo ex multitudine capillorum sicut tunc. » *Alphonsi Tostati... Operum Tom.* VI... Coloniæ Agrippinæ, anno M. DC. XIII. in-folio, p. 148, F; in secundum librum Regum commentaria, quæst. XVIII.

[2] J. Bodin, voulant prouver que l'exemple du souverain guide le peuple, s'exprime ainsi : « J'en mettrai encores un exemple du roy François, lequel se fit tondre, pour guarir d'une playe qu'il avoit receuë en la teste : soudain le courtisan, et puis tout le peuple fut tondu, tellement que deslors en avant on se moqua des longs cheveux, qui estoit l'ancienne marque de beauté, et de noblesse : car mesmes il fut defendu aux roturiers de porter les cheveux longs, coustume qui dura jusqu'au temps de Pierre Lombard Evesque de Paris, qui fit lever les defenses par la puissance que lors avoyent les evesques sur les rois. » *Les six Livres de la Republique de J. Bodin Angevin...*

le nom dont leurs ancêtres s'étaient glorifiés. Or, pour que
cette appellation eût un sens, il fallait nécessairement que,
du temps d'Oihenart, les Basques portassent les cheveux
longs [1], et que les Cagots se fussent habitués à les avoir
courts, bien que les réglements ne leur en fissent plus une obligation ; tout au moins, on n'y trouve aucune prescription
à cet égard. Si maintenant l'on nous demande dans quel but
les descendants des réfugiés espagnols auraient été tenus
d'avoir la tête rasée, comme les forçats de nos jours et les
soldats condamnés aux travaux publics, plus ou moins,
nous répondrons que, pour les uns et les autres, c'est plutôt
dans une vue de dégradation que par une mesure sanitaire. Nous nous arrêtons d'autant plus volontiers à cette
idée, que les individus atteints et convaincus de lèpre, maladie dont les Cagots n'étaient que soupçonnés, ne furent
nulle part, pendant toute la durée du moyen âge, soumis
à une semblable obligation. Quant aux galériens, nous
sommes convaincus que la privation complette de leurs cheveux dérive également de l'idée d'infamie attachée autrefois à cet état [2], et que c'est plus tard seulement qu'on s'est

---

A Lyon, de l'imprimerie de Jean de Tournes, m. d. lxxix. in-folio; liv. v,
chap. ii. p. 428.

[1] Les Basques, surtout les vieillards, portent encore la chevelure longue
et flottante. Cette mode, qui paraît avoir existé de tout temps chez ce peuple, a commencé à déchoir quand la conscription appela sous les drapeaux
les diverses populations de la France et les soumit à un régime uniforme.
De retour dans leurs foyers, la plupart des soldats basques ne purent se
résoudre à porter leurs cheveux autrement qu'à l'armée.
    Quant aux Basquaises, le conseiller Pierre de l'Ancre nous donnera sur
leur chevelure des renseignements qu'il nous serait fort difficile de trouver
ailleurs que dans son livre : « Parmy les filles et femmes du commun, dit-
il, y comprenant Bayonne comme ville capitale dont tout le reste puize
l'exemple, aucunes sont tondues, sauf les extremitez qui sont à long poil,
d'autres un peu plus relevées, sont à tout leur poil couvrant à demy les
joües, leurs cheveux voletant sur les espaules. » etc. Voyez *Tableau de
l'inconstance des mauvais anges et demons*, etc. A Paris, chez Nicolas
Buon, m. dc. xii. in-4 ; liv. 1er, pag. 42.
[2] Il nous est impossible de dire à quelle époque cette coutume prit nais-

aperçu de l'avantage de cette opération pour la salubrité et la police des bagnes.

Je viens d'exposer, si je ne me trompe, toutes les inductions qu'on est en droit de tirer du petit nombre de textes relatifs aux Cagots, après avoir, toutefois, préalablement étudié les situations analogues que présente l'histoire des peuples. Quant à celles-ci, il n'en est pas de plus curieuse que l'existence d'une peuplade transportée dans un coin du pays des Cagots, au xv siècle; qui, comme ces malheureux, a traversé les temps sans se mêler à ses voisins; qui a conservé tout ce qu'elle tenait de ses ancêtres, et (chose

sance dans notre pays, où elle a peut-être toujours existé à l'égard de certains condamnés. Une ordonnance rendue par Louis xii en 1499, et renouvelée en partie par Charles ix, aux états généraux d'Orléans, en 1560, enjoint aux Bohémiens de vider le royaume sous deux mois. « Et s'ils sont trouvez (y est-il dit), ou retournent après lesdits deux mois, nos Juges feront sur l'heure, sans autre forme de procez, raser aux hommes leurs barbes et cheveux, et aux femmes et enfans leurs cheveux, et après delivreront les hommes à un Capitaine de nos galleres, pour nous y servir l'espace de trois ans. » Voyez *Traicté des peines et amendes...* Par Jean Duret, etc. A Lyon, pour Abel l'Angelier. M. D. LXXXIII. in-8, folio 44 recto; et *Les Édicts et Ordonnances des rois de France...* par Antoine Fontanon, etc. tom. ı^{er}. A Paris, M.DCXI. in-folio, pag. 660.

Cette jurisprudence à l'égard des Bohémiens continua d'être en vigueur pendant toute la durée du siècle suivant et même longtemps après. Un arrêt rendu par le parlement de Paris, le 28 février 1612, contre le capitaine Hierosme, soi-disant capitaine de quatre ménages égyptiens, « ordonne que tant les hommes, femmes que filles, seront razez, et les hommes menez et conduits aux Galeres du Roy pour y estre detenus, et servir ledit Seigneur comme forçaires à perpetuité. » *La Continuation du Mercure françois*, folio 317 recto.

Une déclaration de Louis xiv, du 11 juillet 1682, rendue contre les Bohémiens et ceux qui leur donnent retraite, enjoint de faire attacher les hommes à la chaîne des forçats, pour être conduits aux galères et y servir à perpétuité : et à l'égard de leurs femmes et filles, ordonne de les faire raser la première fois qu'elles auront été trouvées menant la vie de Bohémiennes, etc. Voyez le *Dictionnaire ou Traité de la Police générale...* par Me Edme de la Poix de Freminville. A Paris, chez Gissey, M. DCC. LVIII. in-4 : pag. 65.

Pendant le moyen âge, principalement au xiiie siècle, c'était chez nous une peine afflictive et infamante pour une femme que de lui trancher sa chevelure, et on l'appliquait surtout aux femmes coupables d'adultère.

plus curieuse encore!) a reçu des indigènes le nom donné
aux proscrits des Pyrénées et de la Gascogne. Voici les
faits :

La peste enleva, en 1524 et 1525, une grande partie des
habitants des communes situées sur l'une et l'autre rive du
Drot, petite rivière qui se jette dans la Garonne au-dessous
de la Réole. Henri d'Albret, roi de Navarre et seigneur de
cette contrée, fit venir, pour réparer cette perte, du Poitou
et de l'Angoumois, de nouveaux colons, dont les mœurs, le
costume et la langue parurent si étranges aux anciens habitants, qu'ils traitèrent les nouveaux venus de *Gavaches*. Ce

---

Quant à celles qui de leur plein gré se privaient de cet ornement, elles
agissaient ainsi par esprit de pénitence. La duchesse Parise, accusée à
tort d'avoir fait périr Beuvon, son beau-frère, se prépare au supplice par
des actes de charité et de mortification.

> Que li véist ses draps desrompre et desmaller,
> Et par panz et par peces aus pores ganz doner ;
> Par delez les oreilles fist ses tresces coper,
> An sa pure chemise est li suens cor remès.

(*Li Romans de Parise la Duchesse*, publié... par G. F. de Martonne,
etc. Paris, Techener, 1836, in-12 ; pag. 62, v. 9.)
    Henri d'Andeli, faisant le portrait de la maîtresse d'Alexandre, dit :

> Si l'embelist moult et amende
> Sa bele treche longue et blonde,
> N'a pas deservi qu'on la tonde.

(*Le Lay d'Aristote*, v. 290. — *Fabliaux et Contes*, édit. de Méon,
tom. III, pag. 105.)
    Dans un autre fabliau, un écuyer trompé par son infidèle moitié,

> Sa fame a par les treces prise,
> Por le[s] trenchier son coutel tret.

(*De la Dame qui fit trois tours entour le monstier*, v. 136.—*Ibidem*,
pag. 34.)
    Plus tard, cette punition continua à être en usage pour la même catégorie
de coupables. Les femmes adultères étaient tondues, revêtaient l'habit mo-
nastique et recevaient le fouet de la main, soit de la prieure du lieu où elles
étaient renfermées, soit d'autres religieuses, ou de personnes commises par
le juge, etc. « Plusieurs (ajoute Duret, auquel nous empruntons ces détails)
trouvant la fustigation trop rigoureuse, ont dit, qu'en France la peine plus
usitée est de tondre la femme adultère, luy coupper sa robbe et cotte, devant et derriere, tellement qu'il ne luy demeure que la chemise peu au-
dessus des genoux, apres la conduire ainsi tonduë, et court vestuë ignominieusement par les ruës, pour estre mocquee du peuple. » *Traicté des
peines*, fol. 41 recto et verso.

sobriquet est resté à leurs descendants, qui conservent encore les usages de leurs ancêtres et notamment leur langage. Il y a dans quelques petites villes de cette contrée, des rues où l'on parle d'un côté le gascon, et de l'autre le saintongeois et l'angoumoisien [1].

Qu'on rapproche ces détails de ceux que Tacite nous a transmis sur la punition de l'adultère chez les anciens Germains, et l'on verra à quelle source il faut rapporter cette disposition des lois pénales en usage chez nos aïeux : « Paucissima, dit le grand historien, in tam numerosa gente adulteria, quorum pœna præsens et maritis permissa. Accisis crinibus nudatam coram propinquis expellit domo maritus, ac per omnem vicum verbere agit. » C. Corn. Taciti de Mor. German., cap. xix.

Il n'est peut-être pas superflu de faire remarquer que depuis le douzième siècle, le mot tondre a dans notre langue le sens d'humilier, de tromper, de prendre pour dupe, expression dont le peuple fait encore usage, plus rarement, il est vrai, que d'une autre qui s'en rapproche beaucoup : je veux parler de faire la queue. Le premier ouvrage où la première de ces locutions se retrouve, est, à notre connaissance, la Chronique des ducs de Normandie, de Benoît, poëme composé par ordre et sous le règne de Henri II, roi d'Angleterre. Richard Ier, petit-fils de Hrolf, ayant réussi à s'échapper des mains de Louis d'Outremer, qui le retenait prisonnier, dit à son gouverneur Osmond, auquel il doit sa liberté :

« Maistre, mult sert cil bon luier
Qui traïtor puet engignier.
Un en avez si près tondu
Que quant il s'iert aperceü
Ne li entra teu glaive el cors. »

Tom. 1er, pag. 565, v. 14025.

Plus loin, Hugues le Grand, duc de France, parlant des Normands qui ont battu Louis d'Outremer et qui le retiennent captif à Rouen, dit :

« Cum sage e vaillant chevalier
L'unt reçs senz eve e senz moillier. »

Tom. 11, pag. 56, v. 16978.

Enfin, Richard Ier, ayant échappé aux embûches que l'archevêque de Cologne, Brunen le Grand, lui avait tendues, envoie à ce prélat un messager qui lui dit, en parlant de son maître :

« Ce set, l'aviez fait semondre
Por lui senz eve rere e tondre. »

Tom. 11, pag. 187, v. 20820.

Voyez aussi Les Recherches de la France d'Estienne Pasquier. A Paris, chez Guillaume de Luyne, M. DC. LXV, in-folio, liv. VIII, chap. IX : Du Proverbe. Je veux qu'on me tonde, dont usèrent anciennement nos peres et ayeuls, pour signifier une peine ; pag. 676, 677. Le chapitre suivant est relatif au proverbe faire bien la barbe à quelqu'un.

[1] Notice sur quelques monumens, usages et traditions antiques du département de la Gironde... Par M. de Caïla. (Mémoires de l'Académie

Il n'est peut-être pas hors de propos d'ajouter que les Girondins donnent aussi le nom de *Gavaches* à la population qui se trouve dans une partie du Blayais, rive droite de la Gironde, et dans le Bas-Médoc, le long du littoral et des marais salants, rive gauche de ce fleuve. On la reconnaît à son langage, qui est un français corrompu, prononcé d'une voix lente et traînante, et qui par là forme un contraste frappant avec le gascon bordelais que parlent les indigènes et dont tout le monde connaît le vif accent. De ces *Gavaches* ceux de la partie du Blayais qui est limitrophe de la Saintonge sont bien les enfants du sol; s'ils ont reçu ce nom, ce n'est que pour avoir emprunté à leurs voisins leur langage et leur accent. Pour ce qui est de l'introduction du saintongeais dans le Bas-Médoc, aux quartiers de Soulac, de Certes et d'Audenge, elle est moderne et remonte à l'époque

celtique... tom. IV. A Paris, de l'imprimerie de L.-P. Dubray, M.D.CCC.IX. in-8; p. 269, 270.) Voyez aussi la *Notice sur les Gavachs* publiée par M. F. J. (Jouannet) dans le *Musée d'Aquitaine....* tom. III. Bordeaux. M. D. CCC. XXIV. in-8; p. 259-265. Le second de ces deux auteurs explique ainsi, dans une note, le nom de *Gavach* : « Le mot *Gavach* en gascon, *Gavache* en français, *Gabacho* en espagnol, paraît dériver du mot celtique *gau*, qui désignait des cantons voisins les uns des autres, mais appartenant à des peuples différents. Ainsi le pluriel celtique *gauc-ac*, répondait aux mots latins *Pagani* et *Villani*. Dans la suite cette dénomination est devenue comme une injure, par la propension naturelle qui nous porte trop souvent à n'estimer que nous-même et ce qui nous appartient. » Après cette belle interprétation d'un mot, sur le sens duquel Baurein, bien inspiré cette fois-là, avait gardé un silence prudent (*Var. Bord.*, tom. IV, p. xxx), M. Jouannet explique de la manière suivante l'état de mépris et d'isolement dans lequel les Gavaches furent si longtemps : « Avant leur arrivée, tous les propriétaires d'une commune dans le même *tenement* étaient solidaires; mais lorsque les *Gavachs* eurent obtenu la concession des fonds que les suites de la contagion avaient fait tomber en déshérence, les Gascons refusèrent d'être solidaires avec de nouveaux venus qu'ils ne connaissaient pas. De là, de longues contestations et des haines. Enfin, les seigneurs renoncèrent à la solidarité, la rente cessa par tenement et se perçut par journal. Les choses furent ainsi établies en 1344. » Pag. 263.
Voyez deux traductions de la parabole de l'Enfant prodigue, l'une en gavache de Monségur, l'autre en gavache de la Motte-Landeron, deux communes de l'arrondissement de la Réole, dans les *Mélanges sur les langues, dialectes et patois....* Paris, 1831, in-8, pag. 488, 489.

où des sauniers, originaires de Marennes, transportèrent leur industrie au Verdon. Leurs descendants ont fidèlement conservé la profession, les usages, la langue et jusqu'au costume de leurs devanciers [1].

Je ne sais si je me trompe, mais il me semble que les faits qui précèdent prêtent un inébranlable appui à ma solution du problème d'algèbre historique que présente l'existence des Cagots. Il fallait que les suites de l'état où les mandements des empereurs francs avaient mis les Espagnols réfugiés, eussent nécessairement lieu comme l'histoire nous les fait connaître, puisqu'une transplantation analogue ayant été pratiquée plus tard dans un canton du pays où s'établirent jadis les colonies espagnoles, les mêmes effets s'en suivirent, bien que le temps, et partant les idées eussent changé. Au reste, c'est à la douceur comparative des mœurs du XVIe siècle, jointe à l'affermissement et à la succession régulière de l'autorité, que les Gavaches du Haut-Pays durent de ne point être persécutés. Je me hâte d'ajouter qu'il n'existait, dans leur passé, aucune tradition funeste dont on pût faire une arme contre eux.

J'ai dit que les émigrés du Poitou et de l'Angoumois avaient reçu des riverains du Drot, parmi lesquels ils étaient venus habiter, le nom des Cagots; en effet, le mot *Gaffo*, dont *Gaffet* et *Gahet* ne sont que des variétés, n'est autre chose que la contraction de *Gavacho*, terme d'injure dont on se sert en Espagne à l'égard des Français [2], et dont

---

[1] *Var. bord.*, tom. IV, p. XXX, XXXj; *Stat. du départ. de la Gir.*, par F. Jouannet, tom. Ier, p. 165, 182 et 183.

[2] « Lontcranos, Gavachos, y Bourachos Franceses. » *Les Voyages et Observations du sieur de la Boullaye-le-Gouz*, p. 442. Cela se disait en 1653.

Gobernando están el mundo,
Cogido[s] con queso añejo,
En la trampa de lo caro,
Tres *Cabachos* (*lis.* Gabachos) i un Gallego.

(D. Francisco de Quevedo Villegas, Musa VI, romance XVII. — *El Par-*

le féminin *Gavasa* (c'est là mon opinion) signifie *fille publique*[1]. Ce mot *Garacho*, que les Espagnols peuvent bien avoir emprunté à leurs voisins les Gascons[2], qui prononcent *Gabach*, est évidemment une altération du nom des *Gabali*[3],

[1] naso *Español*, etc. En Madrid, por Melchor Sanchez, año de M. DC.LXVIII. in-4: p. 364.)

[1] « GAVASA. s. f. La muger pública, segun Covarr. que dice ser voz corrompida de Cavasa, por las casillas en que estas vivian, pegadas à los muros de la Ciudad. Lat. *Scortum, i.* » *Diccionario de la Lengua Castellana.... compuesto por la Real Académia Española.* T. IV.... En Madrid: en la Imprenta de la Real Académia Española.... Año de 1734, in-folio: p. 25, col. 1.

« Gavasa, muger publica, viene de el Bascuence *gaua, gauaz*, noche, de noche, y *gauaz*, es la que anda de noche en su mal vivir. *Gavasa, gautarra*.

« Gavasa, se diria tambien trastrocadas las letras de *bagasa*, que es voz Bascongada, y con la misma significacion. Vease. Lat. Scortum. » *Dic. tril.*, tom. 1er, p. 392, col. 1.

[2] « Je confesse que S. Flour avoisine les Quercinois, et Rouerguaz, et toutesfois n'est chef de Province, car les Gabales (qu'à present corrompuement les Gascons apellent Gavachs) ont leur capitale nommé Mande Evesché fort ancienne, » etc. *La Cosmographie universelle de tout le monde,* t. 1er, p. 349, chap. 1 : *Du pays de Languedoch.*

Ce curieux passage nous porte à croire que le *Gavach,* dont le nom se lit dans les suivants, ne l'avait reçu que parce qu'il était étranger aux Landes de Gascogne, et natif ou originaire du Gévaudan.

« Item, le 28me dudict mois ay baillé au Gavachz pour porter une lettre au sieur Miqueau de Pontelz, afin de la fere tenir à M. de la Courtiade, nostre procureur, dix soulz pour ce . . . . 10s.

« Item, le premier juing ay payé au Gavach pour porter une jarre d'ausitonnes, ou bien olives, à Saint-Jours, afin de la fere tenir à M. Ravel, cinq soulz pour ce . . . . 5s. »

Compte de Jehan de Larrugan, jurat et recereur des deniers communs de Capbreton en l'an 1600, conservé aux archives de cette ville.

Dans le passage suivant, le mot *Gabachou* me parait signifier le patois auvergnat :

> E sas besios soun de péguos
> Que se hen un salmigoundin,
> D'estaragues ou de moundin,
> Deou Riberene, ou deou Gabachou,
> Deou Lanusquet, ou d'aquel machou, etc.

(*Lou Trimfe de la Lengouo Gascouo...* Par J. G. d'Astros de Sent-Cla de Loumaigno. A Toulouse, chez Antoino Birosse, M. DCC. LXII, in-12 : pag. vj.)

[3] « *Gavo,* et le terme *garacho,* que les Espagnols appliquent aux Monta-

peuple de montagnards dont une ville portait du temps de
Savaron le nom de Ghave [1], et qui, depuis un temps immémorial, vont gagner leur vie hors de leur pays, surtout en
Gascogne et en Espagne, « où ils exercent, dit Ménage,
d'après Covarruvias [2], les métiers les plus vils. » Cette dernière circonstance les plaça de bonne heure en butte au

gnards du Gevaudan qui vont faire leur moisson et à tous les François, viennent
du latin *gabalus* qui est le nom des habitans du Gevaudan, tout l'extérieur
des habitans des montagnes et même leurs mœurs et leur langage, tout se
ressent de la rudesse du pays qu'ils habitent. » *Dictionnaire languedocien-françois... Par M. l'abbé de S*** (Sauvages). A Nimes, chez Michel
Gaude, M. DCC.LXI. in-8; p. 234.*
    Voyez sur les *Gabali* ou Gabaliens, les *Nouvelles Recherches sur l'é-
tendue du pays des Gabali et sur la position de leurs villes antiques,* par
M. J.-A. Cayx... (*Mémoires et dissertations sur les antiquités nationales
et étrangères, publiés par la Société royale des Antiquaires de France.
t. VII, p. 80-113); et la *Géographie ancienne historique et comparée des
Gaules cisalpine et transalpine... Par M. le baron Walckenaer. A Paris,
librairie de P. Dufart, etc. 1839, trois volumes in-8, t. 1er, pag. 345-348.*
    [1] « Ambigo num de Gabalitana urbe, de qua Gregor. Tur. lib. IV. cap.
34. hist. et Usuard. in Martyrolog. VIII. Kal. Octob. et Ado XII. Kal.
Septemb. hic locus interpretandus sit, quæ Ptolomæo lib. 2. c. 6. et ex eo
veteri libello de notis, *Anderetrum,* postea *Gabalis,* Aimoin. l. 1. c. 5.
hist. et hodie populariter GHAVE, num vero de Aniciensi urbe, quæ vulgo
le PUIS vocatur. » Jo. Savaronis Nota ad C. S. Apollinaris Sidonii carmen
XXIIII, p. 206. Il s'agit de Javols, ou plutôt *Jabous,* comme on l'appelle en
patois, village à cinq lieues nord de Marvejols. « *Jabous,* dit M. Cayx, a
existé en même temps qu'*Anderitum :* il n'a pas changé de nom, mais seulement de manière de le prononcer. Cette ville s'appelait *Gavous;* et, suivant l'usage du pays où elle est située, on a changé le *g* en *j,* et le *v* en *b,* et
l'on a dit *Jabous,* comme on dit *jal* pour *gal* (coq), *bous* pour *vous, bostre*
pour *vôtre,* etc. *Gavous* est la ville qu'on désigne par l'expression *Urbs
Gabalitana, Urbs Gabalum* pour *Gabalorum ;* c'était la véritable capitale des Gabali dont elle tirait son nom, ou auxquels elle avait donné le
sien. » Pag. 105. Voyez encore les Mémoires de G. de Catel, l. II, c. XI,
p. 307.
    [2] « GAVACHOS, ay unos pueblos en Francia que confinan con la provincia
de Narbona... A estos llama Belleforestio Gavachus, y nosotros Gavachos...
Esta tierra deve ser misera, porque muchos destos Gavaches se vienen a
España, y se ocupan en servicios baxos y viles, y se afrentan quando los
llaman Gavachos. Con todo esso buelven a su tierra con muchos dineros,
y para ellos son buenas Indias los Reynos de España. » *Tesoro de la Lengua castellana, o española. Compuesto por el licenciado Don Sebastian
de Cobarruvias,* etc. En Madrid, por Luis Sanchez.... Año del Señor
M. DC. XI. in-folio ; p. 432, col. 2.

mépris des étrangers chez lesquels ils venaient chercher
leur subsistance, et leur nom devint un terme d'injure,
comme l'est encore chez nous celui des Savoyards pour des
causes parfaitement semblables. On voit par là que ce serait
une grande erreur de dériver, à l'exemple des académiciens
de Madrid[1], du P. de Larramendi[2], de Don J. A. de Zamacola[3], de J. Hardy et d'autres, le mot *Gavacho* de *Gave*[4], qui,
comme on le sait, est le nom que les Basques et les Béarnais
donnent aux courants d'eau, et dont la physionomie pourrait entrainer un étymologiste déjà ébranlé par le fait de
l'agglomération du plus grand nombre des Cagots pyrénéens dans les communes de la plaine du Gave d'Oloron[5].

A une époque fort ancienne, qu'il ne m'est pas possible

---

[1] « GABACHO. s. m. Soez. asqueroso, sucio, puerco y ruin. Es voz de
desprecio con que se moteja à los naturales de los Pueblos que están à las
faldas de los Pyrenéos entre el rio llamado Gaba, porque en ciertos tiempos
del año vienen al Reino de Aragón, y otras partes, donde se ocupan y exer-
citan en los ministerios mas baxos y humildes. Lat. *Bardus, vilis, despi-
catus homo....* » *Dic. de la Leng. cast.*, tom. IV, p. 1.

[2] « Gabacho, es voz Bascongada, *gabacha, gabachoa, gabacharra*, que
por desprecio se dize à los Bearneses, y otros pueblos de Francia, por donde
passan algunos riachuelos, que llaman *gabes*, ó *gabas*, y *acha, aitza*,
risco, peñasco, y *gabacho* el habitador de los riscos, y asperezas de el rio
gaba, en que ay mucha miseria, y pobreza. Lat. Despicabilis Benearnius,
Gabalensis. » *Dic. tril.*, tom. Iᵉʳ, p. 382, col. 2.

[3] « Estos dos rios Gabes de la primitiva Gasconiá dieron nombre de *Gavachos* antiguamente en España á los Franceses que ivan à ganar la vida
con su industria; y el motivo era, que como en sus orillas se habian fixado
algunas familias de los *Hagotes*, descendientes de los Moros vencidos por
Carlos Martel y Eudon... (de quienes pensa hoy todavía con equivocacion
el vulgo del Bearne y del Valle Baztan, que son hombres invaciles, bar-
bilampiños, y de raza degenerada), de aqui resultó que los Bascos del
Pirineo, y los Españoles de la otra parte mirasen con desprecio á los Franceses que pasaban, creyendo fuesen todos de la raza de los *Hagotes*; y
con este motivo empezaron à llamarlos *Gavachos*, que quiere decir *hom-
brecillos de los Gabes.* » *Historia de las Naciones bascas*, etc., tom. Iᵉʳ,
p. 248, not. 111.

[4] *Voyage pittoresque et descriptif dans les Hautes-Pyrénées... Par
Jean Hardy, écuyer*, traduit de l'anglais.. par B. Barère-de-Vicuzac, etc.
Tarbes, imprimerie de F. Lavigne, 1839, in-18; pag. 55, 56.

[5] *Mémoire de Palasson*, p. 349.

de préciser autrement, le mot *Garach*, *Garacho*, donna lieu à un accident philologique qui n'est pas assez rare pour que je le qualifie de phénomène. Il se forma de lui, sans que pour cela il cessât d'exister, un nouveau mot qui eut cours parallèlement avec l'autre et dont le peuple ne tarda pas à oublier l'origine : c'était *gafo*, qui s'employa d'abord dans le sens de *sale*, de *puant*, et qui bientôt par extension signifia *lépreux* [1]. Ce mot, dont on ne se sert plus en espagnol, si ce n'est pour désigner un homme qui a les mains gourdes [2], à son tour donna naissance aux mots *gafedad*, *gafez* [3], *gafi*,

[1] « Advierte, que leproso, y gafo es todo una misma cosa, y ha se de considerar, que esta misma palabra gafo la cuentan por injuriosa las leyes destos Reynos, como consta de la ley segunda, titulo 10, lib. 8 de la nueva recopilacion que dize assi : Qualquiera que a otro denostare, y le dixere gafo, o so[do]metico, o cornudo, o traydor, o herege, etc. y lo mismo hallaras en la ley segunda tit. 9, libro 8, del ordenamiento, refierelo don Diego de Covarruvias mi señor lib. 1. variarum, capit. 11. num. 2. » *Tesoro de la Leng. cast.*, p. 421, col. 1.

« GAFO, FA. adj. El que padece la enfermedád llamada Gafédád, ó lepra. En lo antiguo se tenia por grande afrenta y deshonór el llamarle à uno Gafo, y estaban señaladas particulares penas contra el que injuriasse à otro con esta palabra. Covarr. dice viene del verbo Hebreo *Cafaf*, que vale Encorvar. Lat. *Leprosus*. Recop. lib. 8. tit. 10. l. 2... C. Lucan. cap. 3. Y el Conde, siendo *gafo*, e viendo que no podia guarescer, fuese para la tierra santa en romeria. » *Dic. de la Leng. cast.*, t. IV, p. 3, col. 1.

[2] « GAFO. Se llama tambien el que tiene contrahidos los nérvios, de suerte que no puede mover las manos ó piés. Lat. *Curvus nervis contractis.* » *Dic. de la Leng. cast.*, t. IV, p. 3, col. 1.

Quant à moi, je pense que ce mot n'a rien de commun, sinon la physionomie, avec le *gafo* synonyme de *leproso*, et qu'il dérive du roman *gaf*, gaffe, croc, crochet. Voyez le Lexique roman de M. Raynouard, t. III, p. 414, col. 2 ; et le *Dicciounari moundi*, ou dictionnaire de la langue toulousaine, placé à la suite de *las Obros de Pierre Goudelin*... A Toulouso, per Claude-Gilles le Camus, M. DCCXIII. petit in-8, p. 351. On y lit : « *Gaf*, croc : *gafet*, crochet, doigt : *en gafet*, crochu. »

[3] « GAFEDAD. s. f. Cierto género de lepra, que no solo corrompe y pudre las carnes, sino que pone los dedos de las manos encorvados y torcidos, à modo de las garras de las aves de rapiña. Lat. *Lepra*, æ. Cron. gen. fol. 157. El Emperadór Constantino, andando con gran cuita de la *gafedád*, probando muchos Physicos si le podrian dar consejo. C. Lucan. cap. 3. Cada noche bañaban al Conde, é limpiabanle las llagas de la gafedád.

lèpre, et peut-être à *gao*, terme d'argot synonyme de
piojo, pou; peut-être même au mot limousin *gafignoun* [1].
Au xiii⁰ siècle, époque à partir de laquelle l'*h* fut substitué
à l'*f* dans un grand nombre de mots de la langue de nos voisins, comme dans *harina* (farina), *hambre* (fames), *hermano*
(germanus), *hermoso* (formosus), *tahur*, etc., le mot *gafo* se
métamorphosa en *gaho* [2], et conserva le sens de *lépreux*,
qu'au dire de P. de Marca il avait du temps de Sanche Ramires, c'est-à-dire à la fin du xi⁰ siècle. Dans le même temps,
les habitants de la Guienne avaient *gaffet* et *gahet*. Les ci-
tations suivantes établissent d'une manière incontestable la
synonymie de ces derniers mots et de *ladre* :

> « *De porc gaffet, c'um deu diser que gaffet sien.*

« E establiren plus que los porcz e las truias guaffetz, e
totas autras carns que no seran sanas, sian vendudas als
bancs que son al carter de Puch Gayraut, fora los murs de
la vila e aqui on es acostumat tenir losdeytz bancs fora
losdeytz murs de la vila; e que los mascleys sien tengutz de

« GAFEDAD. Se llama tambien la contracción ó encogimiento de los
nérvios, que impide el movimiento de las manos y piés. Lat. *Curvatio,
vel curvitas. Nervorum contractio.* » Ibid., p. 2, col. 2; et p. 3, col. 1.
« GAFEZ. s. f. Lo mismo que Gafedad. PART. [Las Partidas del Rey
Alonso] I. tit. 17. l. 1. Vino Naaman de Syria á el Propheta Eliséo, que
lo sanasse de la *gaféz* que tenia. » Ibid., p. 3, col. 1.

[1] « GAFIGNOUN, s. m. Puanteur des pieds ou des autres parties du
corps...» *Dictionnaire du patois du Bas-Limousin (Corrèze)...* A Tulle,
de l'imprimerie de J. M. Drappeau, in-4, sans date; p. 114. Dans le Berry
on donne le nom de *cafignon* à un chausson. Voyez le *Vocabulaire du
Berry et de quelques cantons voisins*, par un amateur du vieux langage
(le comte Jaubert). Paris, à la librairie encyclopédique de Roret, 1842,
in-8; p. 22. Au reste, il ne serait pas impossible que *cafignon* ne fût de
la famille de *caffe*, qui, en patois mâconnais, signifie *poche*.

[2] Paróseme en el sendero la *gaha* roin heda.
Poesias del Arcipreste de Hita, copla 935. (*Coleccion de Poesias cas-
tellanas anteriores al siglo XV...* Por D. Thomas Antonio Sanchez...
tomo IV. En Madrid : por Don Antonio de Sancha. Año de M. DCC. XC.
in-8 : p. 151.)

diser ad aquel que comprara o comprar ne volra d'aquelas carns, que son gaſieras o milhargolens [1], » etc.

« Item, fo establit que nulhs hom ni nulha femna no sia tant arditz que venda carn de boc, ni carn de porc ni de truia gaſſet ni gafera, ni nulha carn de nulha condecion que no pusca vier ni intrar ni anar de sos pes en la vila de Montsegur, en degun loc, en pena de vi sois de gatge, la maitat al senhor e l'autra maitat a la vila, e la carn encorssa [2]. »

Je le répète, *gavacho* et *gaffo* sont tous les deux, à mon sens, sortis d'une seule et même souche; si j'avais à modifier mon opinion, ce ne serait que pour voir la racine du dernier de ces mots dans le nom des montagnards des Hautes-Alpes, qui s'appellent *Gavots* [3], et qui, comme les Gabales, vont encore gagner leur vie en Espagne et dans le

---

[1] (*Des porcs ladres, qu'on doive dire qu'ils soient ladres.*
Et ils établirent de plus que les porcs et les truies ladres, et toutes autres viandes qui ne seront saines, soient vendues aux bancs qui sont au quartier de Puch Gayraud, hors des murs de la ville et là où l'on est accoutumé de tenir lesdits bancs hors desdits murs de la ville ; et que les bouchers soient tenus de dire à celui qui achètera ou voudra acheter de ces viandes, qu'elles sont ladres ou granulées.)
Établissements de la ville de Marmande, manuscrit déjà cité, fol. xv, recto. Le mot *milhargolens*, qui termine ce passage, me paraît être le même que *millargos*, qu'on lit dans le troubadour Bertrand de Born et que M. Raynouard n'a pas compris. Voyez son *Lexique roman*, tom. iv, pag. 232, col. 1.

[2] L'Esclapot, ou Livre des franchises et coutumes de Monségur en Bazadois, folio 54, recto et verso.
Cet article est ainsi conçu dans une traduction de ce recueil, faite au xviie siècle et conservée dans les archives de la mairie de Monségur : « Item, que nul homme ny nulle femme ne puisse vendre chair de bouc, de porc ny de truye ladre, ny nulle chair de nulle condition quy ne puisse venir, entrer et aller sur ses pieds dans la ville de Montsegur, en aucun lieu, à peine de cent sols d'amande, la moytié au roy et l'autre moytié à la ville, et la chair confisquée. » Folios 45 verso et 46 recto.

[3] « Et ces Martegalles, et Madrigaux, ont pris leur nom des Martegaux, peuples montagnards de Provence : de mesme que les Gavots, peuples montagnards du pays de Gap, ont donné le nom à cette danse, que nous appellons Gavotte. » *Traité de l'Origine des romans*. Par M. Huet. A Paris, chez Jean Mariette, M. DCC. XI. in-12 ; p. 159, 160.

midi de la France [1]. où leur rôle n'est pas plus brillant que celui de ces derniers; mais pour changer ainsi d'avis, il me faudrait des preuves de l'émigration des Gavots antérieurement au XVIᵉ siècle, et des documents authentiques où leur nom se trouvât, à peu de chose près, tel que nous venons de l'écrire [2].

Quelle que soit sa première origine, l'appellation injurieuse de *Gahet* n'eut pas cours seulement dans le voisinage des Pyrénées; l'usage s'en répandit jusque dans le Lyonnais et le Beaujolais, où le peuple donne encore, dans une intention de mépris, le nom de *Gavets* aux paysans venus des montagnes environnantes, et l'on sait que les Compagnons du Devoir désignent par celui de *Gavots* les membres d'une société rivale, celle des Compagnons du Devoir de Liberté. Le mot en question fut même adopté dans le nord de la France, avec une double modification, comme on peut le voir dans le passage suivant :

> Tant par est lais qu'il est hom vis
> N'en doie avoir poor et hide.
> Tous ses pechiez, fors l'omecide,
> A revelez et descouvers
> Li *caffre* pourris et cuivers,
> Dont Diex la dame a si vengié

[1] « Les hommes (de la vallée de Queyras, Hautes-Alpes) émigrent toujours pendant l'hiver, et vont passer huit mois soit dans les provinces méridionales de la France, soit en Espagne. » *France Pittoresque*, t. 1ᵉʳ, p. 154, col. 2.

[2] M. le baron de la Doucette, dans son ouvrage intitulé *Histoire, Topographie, Antiquités, Usages, Dialectes des Hautes-Alpes...* 2ᵉ édition, Paris, 1834, in-8, s'exprime ainsi, p. 435 : « L'émigration périodique des pays froids paraît avoir existé de tout temps. C'est ainsi que les Savoyards se répandent en France et les Tyroliens en Italie. Les traditions nous apprennent deux faits intéressants du moyen âge sur les cantons du Devoluy et du Queyraz. » Ces deux faits n'impliquent aucune date positive. Pour le lieu des émigrations qu'il nous importe de constater, M. de la Doucette l'indique en ces mots, p. 437 : « Il en est (des émigrants) qui... à Barcelonne, Cadix, etc. ont fait des fortunes importantes. » Il n'en dit pas davantage.

Que vers li ont la chair mengié
Et les lettres dusques ès dens [1].

S'il faut en croire le lexicographe auquel nous empruntons cette citation, la langue d'oil possédait également *cassol* et *cassot*, avec la signification de *lépreux, sujet à la lèpre, de race sujette à la lèpre*; mais comme il ne rapporte aucun exemple à l'appui de son assertion, il nous est permis de révoquer en doute l'existence du premier de ces deux mots. Quant au second, nous l'avons vu dans une traduction de la Chirurgie de Guy de Chauliac, dans une ordonnance de Charles VI, rendue en 1407, et dans des lettres de rémission de l'an 1411, conservées au Trésor des chartes, et nous savons qu'il correspond au mot latin *Cassatus*, employé par le célèbre médecin de Montpellier.

Ce dernier mot doit nous arrêter un instant. Quel en est le sens exact et la racine? Dans le latin du moyen âge *cassare*, dont *cassatus* est le participe, avait plusieurs significations, bien différentes les unes des autres; il était synonyme de *cedere, concedere*, de *frangere*, de *venari*, d'*abducere*, d'*exauctorare*, etc. Auquel de ces mots faut-il ramener, pour le sens, le *Cassatus* de Guy de Chauliac? suivant nous, à aucun d'eux. Sans doute on pourrait soutenir sans trop de désavantage, que la classe d'individus dont parle le célèbre chirurgien, n'avait reçu de la bouche du peuple le nom qui correspondait à *Cassati* (car le vulgaire ne parlait pas latin), que parce qu'ils passaient pour les descendants de gens *chassés*

[1] (Il est si laid qu'il n'est homme vivant qui n'en doive avoir peur et horreur. Tous ses péchés, hormis l'homicide, le *caffre* pourri et misérable les a révélés, et Dieu a vengé la dame de telle sorte que les vers lui ont mangé la chair et les lèvres jusqu'aux dents.) *Glossaire de la langue romane... par* J. B. B. Roquefort, t. 1er, p. 201, col. 1. L'auteur, avant de citer le passage de Gautier de Coinsi que nous venons de traduire, s'exprime de la manière suivante : « Barbazan, duquel j'emprunte cet article, croit que ce mot (et cela est probable) signifie un bouc; de *caper*, par le changement fort ordinaire du p en *ff*. »

de leur pays et réfugiés dans le nôtre, et l'on trouverait un puissant argument dans un passage que nous avons déjà cité [1], passage où il est dit que les Navarrais de la vallée de Baztan traitaient les Agots d'*expulsos*; mais nous le répétons, la vérité n'est pas là, et pour la connaître il faut recourir à une autre acception de *cassare*, dont nous n'avons pas parlé. C'est celle d'*annuller*, de *rendre inutile*, de *priver*, de *châtrer*, que du Cange lui reconnait, d'après Papias et d'autres lexicographes [2]. *Cassatus* n'était donc que la correspondance latine de *Capot*, que nous avons déjà vu bien des fois et sur lequel nous reviendrons dans un moment.

Le mot *cafard*, sur l'origine duquel les étymologistes sont divisés, nous semble également dérivé de *gaffo*. Nous rejetons, comme on le voit, l'opinion de Nicod, qui tire ce mot de l'hébreu *caphat*, couvrir [3]; celle de Borel, qui le dérive de κακάφρα, *mala texere*, ou du turc *cafar*, renégat; celle de le Duchat, qui le fait venir de *cape*, manteau ou robe auquel le capuchon tient [4]; et celles de Ménage, des auteurs du Dictionnaire de Trévoux et de Roquefort, qui le rapportent au mot arabe *cafara*, et au turc *cafar*. Voici comment nous établissons l'étymologie que nous donnons à ce mot *cafard*. Les Cagots, comme nous l'avons vu, furent à tort ou à raison, accusés d'hérésie, et cependant il se livraient en public à toutes les pratiques du catholicisme le plus orthodoxe, le plus irréprochable. Ils allaient aux églises; mais, dit François de Belle-Forest, ce n'était que par manière d'acquit. On se crut donc autorisé à donner

[1] Voyez ci-devant, pag. 291, note 1.

[2] *Glos. ad Script. med. et inf. Latin.*, éd. in-fol., tom. II, col. 385, 386, v° CASSARE, n° 2.

[3] *Thresor de la langue francoyse*... A Paris, chez David Douceur, M. DC. VI. in-folio; p. 100. col. 2.

[4] *OEuv. de m° Fr. Rabelais*, édition de 1741, in-4, t. I°r, p. 3; t. II, pag. XI, note 40. — *Dict. etym. de la langue françoise*, édition de M. DCC. L., t. I°r, p. 280.

leurs noms aux hypocrites, aux faux dévots. Je dis leurs
noms, au pluriel; car les individus que je viens de mentionner ont été également appelés *cagots*, mot dont le sens
est le même que celui de *cafard* [1]. Quant à son étymologie,
elle est différente, et j'adopte entièrement celle que P. de
Marca nous a fait connaître le premier; en d'autres termes,
j'ai la conviction que *cagot* a été formé de *can*, *ca* [2] (chien),
et de *goth* [3]. On doit s'arrêter d'autant plus volontiers à cette

[1] « CAGOT. Pour bigot, hypocrite, ou pour sot, ignorant, malotru.
　　Quoi! je souffrirai, moi, qu'un cagot de critique
　　Vienne occuper chez moi un pouvoir tyrannique?
　　　　　　　　　　　　(MOL. *Tart.* Act. I, sc. I.)
　　« CAGOTERIE. Hypocrisie.
　　Oui, l'insolent orgueil de sa cagoterie
　　N'a triomphé que trop de mon juste courroux.
　　　　　　　　　　　　(MOL. *Tart.* Act. III, sc. 3.)
　　« CAGOTISME. La manière d'agir d'un hypocrite.
　　Son cagotisme en tire à toute heure des sommes,
　　Et prend droit de gloser sur tous tant que nous sommes.
　　　　　　　　　　　　(MOL. *Tart.* Act. I, sc. 2.) »
Dictionnaire comique... Par P. J. Leroux. A Pampelune, M.DCC.LXXXVI,
deux volumes in-8, t. Ier, p. 171.
　　Comme on l'a fait observer avant nous, l'usage de ce mot ne remonte
pas au-delà de la réforme. Nous en attribuons l'introduction dans notre
langue à Clément Marot, qui était valet de chambre de Marguerite, reine de
Navarre; qui, en 1533, suivit sa maîtresse dans ce pays, où cette appellation
était usitée; et qui écrivait, en 1536, à Lyon Jamet, dans sa *quatrième
Epistre du coq à l'asne*:
　　　　　Ils sont de chaude rencontrée
　　　　　Bigotz, cagotz, godz et magodz,
　　　　　Fagotz, escargotz et margotz.

[2]　　　　Car amon *cans* et austors.
　　　　　BERTRAN DE BORN : S'abrils.
　　　Que foron porc en Guavada
　　　Et en Vianes foron *ca*.
　　　　　P. Cardinal : Tot atressi.
　　　Com fai bon *can* de cassa.
　　　　　Vices et Vertus, fol. 29.
　　　Entre *ca* e lop, à la fi del jorn.
　　　　　Cat. dels apost. de Roma, folio 150.
　　(*Lexique Roman...* par M. Raynouard, t. II, p. 306, col. 1.)
[3] Une particularité que nous ne signalons ici qu'à titre de singularité,
c'est qu'en ancien provençal *goz* signifiait aussi *chien*. Voyez tom. III,

étymologie, qu'elle n'exige ni transposition ni retranche-
ment, ni aucune de ces figures dont les philologues font un
abus beaucoup trop fréquent ; d'ailleurs, qui ne sait que
dans le catalogue d'injures que toutes les nations possèdent
à l'égard les unes des autres, le mot *chien* figure presque
toujours en tête ? Le *french dog* par lequel la canaille de
Londres désignait autrefois le Français qu'elle voyait passer
dans la rue, l'épithète que les Turcs fanatiques accolent toujours au mot *chrétien*, tout cela est bien connu; ce qui l'est
beaucoup moins, c'est que tout en nous récriant hautement
contre ces expressions de haine religieuse ou nationale, nous
les avons employées sans scrupule, dans l'occasion. C'est
ainsi qu'au xiie siècle, Jean de Flagy appelle les Wandres
chiens et *enfants de chiennes* [1]; qu'au xiiie siècle Gautier de
Coinsi [2] et l'auteur anonyme du Roman du Saint-Graal [3]
appellent les Juifs *chiens puants*, et qu'au xviie un prédica-
teur général de l'ordre de Saint-Dominique, écrivant un
petit traité de l'expulsion des Morisques du royaume de
Valence, les désigne souvent par le mot *perros* [4]. Il n'y a donc
rien d'étonnant à ce que les populations pyrénéennes aient
donné l'épithète de *chiens* à des étrangers qu'on leur représentait comme infectés d'hérésie.

On nous objectera peut-être que les réfugiés espagnols
dont il est question n'étaient pas plus Goths qu'Arabes,
qu'Espagnols de race; à cela nous répondrons que l'élé-

pag. 488, du Lexique roman, qui a aussi *gosset*, *gosson* et *gossa*, avec le
sens de *roquet* et de *chienne*.
        [1]   N'i ot busine ne oliphant sonné,
                        Ne s'aperçoivent-li chien de lisses né.
(*Li Romans de Garin le Loherain*, tom. 1er. Paris. Techener, 1833,
in-12; pag. 20 , vers 9.)
    [2] *De seinte Léocade*, v. 431. (*Fabl. et Contes*, tom. 1er, pag. 264.)
    [3] A Bordeaux, de l'imprimerie de Prosper Faye, m dccc xli, in-12;
pag. 23, vers 526.
    [4] F. Jayme Bleda, de la *Expulsion de los Moros del reyno de Valencia*,
pag. 596, lig. 15.

ment gothique dominait chez eux, et que les Aquitains s'obstinaient à les supposer descendants des premiers pour être autorisés par là à leur reprocher l'hérésie et l'infection imputées à leurs ancêtres. Nous ajouterons que le mot *cagot* n'est pas le seul terme d'injure dans la composition duquel le nom des Goths soit entré comme élément, *saligot* présentant une formation semblable [1]; sans compter que le nom des deux principales fractions de la nation gothique est resté dans notre langue avec un sens injurieux : nous voulons parler d'*ostrogot*, qui, dans le langage familier, se donne à un homme qui ignore les usages, les coutumes, les bienséances ; et de *bigot*, par lequel on désigne ordinairement un dévot outré et superstitieux, et qui se donnait autrefois aux hypocrites, à ceux qui couvraient leurs vices des apparences d'une dévotion extérieure. Nous n'ignorons pas que notre opinion sur le radical de ce dernier mot diffère de celle du plus grand nombre des étymologistes, qui sont à peu près d'accord pour dériver *bigot* de *by Gott* (anglo-saxon, *be God*; anglais, *by God*), qui, en allemand, signifie *par Dieu* [2]; nous connaissons également le passage

---

[1] Cette opinion, dont nous assumons la responsabilité, est loin de s'accorder avec celle des étymologistes qui nous ont précédé. Voici ce que dit l'un des plus célèbres d'entre eux : « SALIGOT. De *sale. Salus, Salius, Salicus, Salicotus*. SALIGOT. *Le Duchat*.» *Dict. étym. de la lang. franç.*, par Ménage, édit. de M. DCC. L., t. II, p. 445. Le Dictionnaire de Trévoux porte à tort SALIGAUD.

[2] « Bigot, Superstitiosus, Hypocrita, *Bigot*, Germanis, *par Dieu*. » etc.

« Bigotie, Superstitio, Hypocrisis. » *Thresor de la langue françoyse*, pag. 78, col. 2.

« BIGOT, de par Dieu, ou superstitieux, et hypocrite, de *by god*, mots Anglois, qui dénotent la mesme chose. » *Dict. des termes du vieux françois*, à la suite du Dict. étym. de Ménage, pag. 26, col. 1.

« *Cagot, Matagot, Burgot, Bigot* sont des noms métis, comme de l'Allemand *Gott* Dieu, et d'un mot tiré de quelque autre Langue. Ainsi on peut s'imaginer que *ca* dans *Cagot* vient de *cano, je chante*, les Cagots chantant Dieu, c'est-à-dire louant Dieu ou affectant de le louer à tout moment. Dans *Matagot*, l'italien *Matto* nous marque les folles idées que ces Matagots se forment de Dieu. *Bur* dans *Burgot* fait songer aux Moines burs du 3. liv. chap. 31. Enfin, *Bi* dans *Bigot* signifie *par* en vieux Nordu Roman du Rou, où le mot *bigot* reparait deux fois avec un sens de mépris [1]; mais nous nions qu'il eût à l'époque de Wace, c'est-à-dire au XIIe siècle, celui que lui prête l'éditeur de ce poète et qu'il a aujourd'hui. Les Normands n'étaient pas plus dévots que leurs voisins; s'ils avaient reçu le sobriquet de *bigots*, c'était, dit-on, par suite de la réponse de Hrolf, leurs premier duc, qui, invité à baiser le pied de Charles le Simple, en signe d'hommage, aurait répondu *non par Dieu!* dans sa langue maternelle; réponse dont les deux derniers mots auraient depuis servi à le désigner, lui d'abord, son peuple ensuite[2]. Cette anecdote, rapportée par un ancien

mand, les hypocrites mêlant Dieu, et le faisant intervenir dans toutes leurs paroles, et dans toutes leurs momeries. » *OEuv. de m^e Fr. Rabelais*, édit. de le Duchat, in-4; ancien prol. du IVe livre, tom. II, pag. XII, note 41.

« *Bigot*. Les Hypocrites, et ceux qui couvrent leurs vices des apparences d'une dévotion extérieure, pourroient être ainsi appellés du mot allemand *bigot*, qui signifie *per Deum*; parce que tels gens ont d'ordinaire le nom de Dieu en la bouche. » Caseneuve, cité dans le *Dict. étym.* de Ménage, tom 1er. pag. 194, col. 1. Les auteurs du Dict. de Trévoux proposent également cette étymologie, en nous laissant libres de la prendre dans l'anglais, comme l'a fait Ménage; Skinner et les Bénédictins, éditeurs du Glossaire de du Cange, renvoient à ce dernier, dont ils partagent l'opinion.

Wachter, dans son *Glossarium Germanicum*, au mot *Bei-Gott*, n'est pas du sentiment de nos étymologistes au sujet de la racine de *bigot*. Voici ses paroles : « Gallis *bigot* hodie est superstitiosè religiosus, non certè à juramento *bi-got* per Deum, ut Menagius censet; sed potius ab Anglo-Sax. *bigan* colere. Et hinc etiam est *begine* mulier religiosa. » Etienne Guichard et le P. Thomassin dérivent *bigot*, quand il se prend pour *hypocrite*, de l'hébreu בגד *bagad*, transgresser, prévariquer.

[1]
> Par la discorde e grant envie
> Ke Franceis out vers Normendie,
> Mult ont Franceis Normanz laidiz
> E de mefaiz e de mediz;
> Sovent lor dient reproviers
> Et claiment *bigoz* e draschiers;
> Sovent les unt medlé al rei ;
> Sovent dient : « Sire, por kei
> Ne tollez la terre as *bigoz*? «

(*Le Roman de Rou*, etc. Rouen. Edouard Frère, M. DCCC. XXVII. in-8 ; tom. II, pag. 70, v. 9817.)

[2] Les Normands n'étaient pas les seuls qui portassent ce nom. « L'ancien

chroniqueur[1], peut être admise ou rejetée, à volonté, comme on est libre de croire que les Normands devaient ce sobriquet à leur origine septentrionale, et c'est là l'opinion de M. de Roquefort et la mienne, ou à l'usage qu'ils auraient conservé de jurer par le nom de Dieu dans leur langue primitive[2]; mais il n'existe aucune preuve que le mot *bigot* ait eu, avant le XVIe siècle, le sens qu'il a maintenant. Bien plus, on ne connait pas d'exemples de son emploi différents de ceux que nous avons cités, et dans ces passages il est pris comme nom de peuple. Quand on voulait désigner un hypocrite, un faux dévot, on se servait du mot *papelard*; *bigot* eût-il eu cette acception, on n'aurait pas manqué de l'employer, ne fût-ce que pour varier, dans les nombreux passages dirigés contre l'hypocrisie religieuse, si souvent com-

roman de Girard de Roussillon (dit Casencuve)... fait mention d'un peuple appelé *Bigots*, lequel il joint avec ceux de l'Aquitaine et de la Gaule Narbonnoise :

> Bigot, e Provenzal, e Rouergues.
> E Basele, e Gasco, e Bordales.

Et en un autre endroit :

> Bigot e Provenzal vengon essens.

Ce qui ne peut être entendu des Normans, mais bien des peuples du Bas-Languedoc, qui étoient anciennement appellés *Gots* ou *Wisigots* : de sorte (ajoute-t-il) qu'il y a apparence que *Bigot* est un nom formé par contraction de *Wisigots*, et qu'il a été depuis appliqué aux hypocrites : d'autant que les *Wisigots* étant hérétiques Arriens, n'étoient Religieux qu'en apparence. Quoiqu'il en soit, le dernier vers de ce Roman, faisant marcher ensemble les Bigots et les Provençaux, témoigne que c'étoient deux peuples voisins. » Dict. étym. de Ménage, tom. 1er, pag. 194, col. 1 et 2. Il est étonnant et regrettable tout à la fois que M. Raynouard ait omis dans son Lexique roman et ce mot et les passages du Roman de Gérard de Roussillon qui en établissent l'acception.

[1] Chronicon breve ab initio regni Francorum usque ad annum M. C. XXXVII (*Historiæ Francorum Scriptores*, ed. And. et Franc. Duchesne, tom. III, pag. 359, c, et 360, A); *Gloss. ad script. med. et inf. Latin.*, ed. in-folio, tom. 1er, col. 1164, v^o BIGOTII.

[2] Guillaume de Nangis rapporte que, sous Charles le Simple, les Normands désirant devenir chrétiens, s'écrièrent devant lui *by God! by God!* et que c'est de là que leur vient leur nom de *Bigots*. Voyez le texte de cet auteur dans le Dictionnaire de Ménage, édit. de Jault, tom. 1er, pag. 194, col. 2, et pag. 195, col. 1.

battue par les trouvères [1]. *Bigot* n'est donc que le nom *Wisigoth*, qui, comme nous l'avons vu [2], avait cours dans certaines localités des contrées pyrénéennes concurremment avec *Goth, Cagot, Ostrogoth* et *Gahet*, et désignait la même classe de réprouvés. Au XVIᵉ siècle, époque à laquelle le sobriquet des Normands, suivant toute apparence, n'était plus en usage, peut-être même n'était plus connu, *bigot* passa dans la langue française avec deux de ses synonymes [3], et fut depuis usité dans un sens figuré peu différent de celui que le mot *Cagot* reçut et qu'il a encore.

On m'objectera sans doute encore que le mot *Cagot* est comparativement moderne, et que d'ailleurs le nom des Goths ne saurait avoir subsisté dans les souvenirs populaires jusqu'à l'époque où la jalousie des Aquitains, y accolant une épithète injurieuse, le donna aux réfugiés espagnols. Ces objections sont faciles à réduire au néant. Premièrement, rien ne prouve

[1] Voyez dans le Roman de la Rose, édit. de Méon, tom. Iᵉʳ, pag. 19, 20, vers 407-410, le portrait de Papelardie. Dans sa vie de sainte Léocade, Gautier de Coinsi insère une longue invective contre les papelards. Voyez les Fabliaux et Contes, édit. de Méon, tom. Iᵉʳ, pag. 307, vers 1147—pag. 325, vers 1684. Consultez encore le Glossaire de du Cange, aux mots PAPELARDIA et PAPELARDUS. « *Papelard*, dit le Duchat, est un synonyme de *Cafard*, qui se dit proprement des gens à *capuchon*, et plus proprement encore des Religieux Mendians, des Quêteurs et des porteurs de reliques. » *OEuv. de me Fr. Rabelais*, ancien prol. du livre IV ; édit. in-4, tom. II, pag. XII, not. 43.

[2] Voyez ci-devant, pag. 235, avant-dernière ligne.

[3] Le passage le plus ancien où j'ai trouvé ce mot, appartient à la *Chronique Scandaleuse*, où je lis : « Audit temps (1482) le Roy fist venir grand nombre et grand quantité de joueurs de bas et doux instrumens, qu'il fist loger à Sainct-Cosme près *Tours*... Et d'un autre costé y fist aussi venir grand nombre de *bigots, bigottes*, et gens de devotion, comme hermites et sainctes creatures, pour sans cesse prier à Dieu, qu'il permist qu'il ne mourust point, » etc. *Mémoires de messire Philippe de Commines*, etc. A Londres... M. DCC. XLVII. in-4 ; tom. II, pag. 167.

Il est vrai, cependant, que dans le procès de la canonisation de saint Wernher, qui est du commencement du VIᵉ siècle, on trouve *begutta* pour des filles dévotes. Voyez *Acta Sanctorum Aprilis*, tom. II, pag. 722 ; et *Glos. ad Script. med. et inf. Latin.*, tom. Iᵉʳ, col. 1095.

que le nom des Cagots, bien qu'il ne se retrouve dans aucun document antérieur au xvie siècle, ne soit pas aussi ancien que l'établissement des réfugiés dans le midi de la France. En second lieu, on peut affirmer que les noms qui rappellent un antagonisme de races se conservent perpétuellement dans la mémoire et dans la langue des peuples vaincus, qui éternisent par là leur nationalité et leur rancune : c'est ainsi que les Gallois n'ont jamais désigné les Anglais autrement que par le nom de *Saxons,* bien que l'invasion normande eût fait passer le dernier de ces peuples du rôle d'oppresseur à celui d'opprimé, et qu'elle eût, d'ailleurs, singulièrement modifié la population saxonne de l'Angleterre. Mais sans aller si loin, ne savons-nous pas que les Bas-Bretons appellent les Français *Gallaouëd* ou *C'hallaouëd,* c'est-à-dire *Gaulois,* et leur pays *Gall* (Gaule) [1]? Est-il nécessaire de mentionner que les populations du midi et du sud-ouest de la France donnent encore le nom de *Franchiman* ou de *Franciman* (homme frank) à l'homme du nord dont la conquête l'a fait le sujet, et à l'idiome qu'il parle[2]?

[1] *Dictionnaire françois-celtique, ou françois-breton...* par le P. F. Gregoire de Rostrenen... A Rennes, chez Julien Vatar... M. DCC. XXXII. in-4; p. 433, 434 et 452.—*Dict. de la langue bretonne...,* par D. Louis le Pelletier, col. 322. — *Dictionnaire cello-breton, ou breton-françois,* par J. F. M. M. A. le Gonidec... Angoulême, 1821, in-8; p. 226.

[2] *Dictionnaire languedocien-françois...* par M. l'abbé de S** (Sauvages), p. 217.

       Guillomo *franciman,* coumpagnou Pastissié...

(*Las Obros de Pierre Goudelin...* A Toulouso, per Glaude-Gilles le Camus, M. DCCXIII. in-8: p. 86. epigr. v.)

       Paris nou parlo pas Flamant,
       Ni Brucellos lou *Francimant.*

(*Lou Trimfe de la Lengouo Gascouo...* Per J. G. d'Astros, édit. de 1762, pag. viij, v. 6.)

    « Cher armoire de mes desirs (pete le *Franciman* en fét d'Amour), » etc. *Ibid.,* p. 98.

       De sabens *francimans,*
    La coudannon à mort dezunpéy trescens ans.

(*A Moussu Dumoun, députat.* — *Las Papillotos de Jasmin coiffur...* tomo segoun. Agen. imprimerio de Prosper Noubel. 1842, in-8; p. 65,79.)

Les divers noms des Cagots que nous avons soumis plus haut à l'analyse, ne sont pas les seuls qui leur aient été donnés: on sait que dans le Pays Basque et dans la Haute-Navarre, ils sont nommés *Agotac, Agotes*; mais ce nom, qui, au premier coup-d'œil, parait hostile à une étymologie que nous avons adoptée, ne lui nuit réellement en rien. En effet qu'est-ce qu'*Agotac*, sinon le mot *Goth*, auquel a été ajouté la terminaison plurielle *ac* de la déclinaison basque, et que précède un *a* euphonique, dans le but d'adoucir à l'oreille ce qu'a de gutturalement dur le mot primitif? *Agotes* est tout simplement la forme espagnole d'*Agotac*.

Que dire de *Trangots*, l'un des deux noms sous lesquels la race des Capots était connue à Gourdan [1]? En vérité, nous ne savons. Peut-être faut-il y voir une altération d'*Ostrogoths*, à moins qu'on ne préfère croire que c'en est une d'*estrangot*, dont nous ne pouvons offrir d'exemple, mais qui ne serait que le mot *estrange* (étranger) avec une terminaison de mépris. Enfin, comme il ne faut rien négliger quand on est à la recherche de la vérité, nous ferons remarquer que les Morisques d'Espagne, dans leur mémoire à Henri IV, parlant de leurs frères du royaume d'Aragon, les appellent *Tagarinos* [2], nom qui aurait pu être changé en *Trangots*: cette hypothèse admise, il faudrait retrancher les Capots de

Cependen, et l'aounou del païs zou coumando,
Estudiaren la *francimando*.
(*Ibid..* p. 69.)
Lou puple, fidèl à sa may,
Sara gascou, toutjour! et *franciman*, jamay!!
(*Ibid.,* p. 75.)

Nous ne dissimulons pas, néanmoins, que *franciman* pourrait n'avoir été dans l'origine qu'une épithète analogue à *anglomane*, épithète que les gens du midi auraient donnée à ceux des leurs ou aux étrangers qu'ils voyaient copier le langage, les mœurs ou les modes des *Français*.

[1] Voyez ci-devant, pag. 76, 77.

[2] « Nos bon frères aussi de notre nation, les *Tagarinos* du royaume d'Aragon, sont comptés passer quarante mille maisons, plutôt plus que moins. » *Mémoires authentiques de Jacques Nompar de Caumont duc*

Gourdan de la descendance des réfugiés espagnols du VIIIe siècle, pour les rattacher à l'émigration du XVIIe.

Le nom des Caqueux bretons, appelés *Cacosi* en latin, vient-il, comme le pense D. Lobineau [1], du grec χαχωσις, maladie? Doit-il (c'est l'opinion de Venuti) sa formation à quelque médecin? D'autre part, les celtomanes, et à leur tète C. de Gebelin, veulent que le mot en question vienne du celtique: n'ayant jamais rien vu de cette prétendue langue, dernière ressource des étymologistes dans l'embarras, nous ne les contredirons point. Nous nous bornerons à constater que, dans le XVIIIe siècle, il signifiait encore *lépreux* et *cordier* [2], deux qualifications synonymes quant à l'horreur qu'inspiraient les malheureux auxquels elles étaient données. Cependant, puisqu'il faut à mon tour émettre une opinion, je le déclare, je ne saurais voir dans le

---

de la Force... Recueillis...par le marquis de la Grange. Paris, Charpentier, 1843. in-8; tom. Ier, pag. 344.

[1] *Histoire de Bretagne*, t. II, glossaire, col. 1782.
« LADRE, *malade atteint de lepre.* Lozvr. lovr. lozr. lor. (*Van.* lor. loir. malord.) āls. cacodd. *Voyez ladresse.*

. . . .
« *Ladre verd, ou ladre confirmé. Lépreux qui a au dehors plusieurs boutons blancs et durs, dont la base est verte, ou même une grosse gale en forme d'écailles de poissons.* Lovr-pezel. *p.* lovréyen-pezel. scantennecq. *p.* scantennéyen. lozr-brein. *p.* lozréyen vrein. cacous. *p.* cacousyén. (*Van.* lor-brein. lor-breign.) *āls, cacodd. p.* cacodedd. clañ-lozr...

« LADRESSE. *femme ladre.* Lovrés. *p.* lovresed. scantennegués. cacousés. malordés. *pp.* ed. »
Dictionnaire françois-celtique, par le P. F. Gregoire de Rostrenen... p. 557, 558.
[2] « CORDERIE. Qordénnérez. *p.* qordénnérezou. qordérez. *p.* ou. qacousery. *p.* qacouseryou. kær ar gacousyén, etc.

. . . .
« CORDIER. Qordenner. *p.* qordénnéryen. (*Van.* qordennour. qordeour. qordiour. *pp.* yon, yan.) *en termes injurieux.* cacous. *p.* cacousyen. cousin. *p.* cousined. cousined ar vadalen. malord. *p.* malorded. *Van. id. Voyez ladre verd.* »
Dict. fr.-celtique, par le P. F. Gr. de Rostrenen, p. 211, 212.

nom des Caqueux de la Bretagne autre chose que celui des
Cagots des Pyrénées, et les uns et les autres me paraissent
issus d'une même tige, c'est-à-dire descendus des réfugiés
espagnols qui, dépouillés par la violence, se dispersèrent
au loin pour échapper à un sort plus funeste. Que de *Cagots*,
usité non seulement dans les Pyrénées, mais encore (pre-
nons bien garde de l'oublier) dans le Poitou, les Bretons
aient fait *Caqueux*, *Cacous*, *Caquins*, je ne vois à cela rien
d'extraordinaire ; ce qui le serait beaucoup plus, c'est qu'en
passant de l'extrême sud au presque nord de la France, le
premier de ces mots n'eût éprouvé aucun changement. Il
est inutile, je le pense du moins, de signaler sur quelles
bases j'établis la parenté que je trouve entre les Cagots et
les Caqueux.

Si, dans l'altération du nom des premiers, on veut voir
l'œuvre de l'érudition plutôt que l'effet du hasard ou le résultat de certaines lois, je n'ai aucune raison pour m'y opposer. En effet, quoi de plus naturel que de supposer un
clerc cherchant à se rendre compte, par la philologie, des
motifs de la malédiction qui pesait sur les Caqueux, et croyant
trouver dans le grec le mot de l'énigme, puis le mettant en
circulation sous une forme latine, qui s'imprime bientôt sur
la langue vulgaire ? Je regarde donc comme fort possible
que le mot κακός, qui, en Italie, est entré dans la formation
d'un mot usité pour désigner une léproserie [1], ait pu servir,
en Bretagne, à l'altération du nom des Cagots. Sans doute
cacosomium, qui nous est fourni par une chronique des bénédictins du Mont-Cassin, était un mot savant, employé
dans le langage des historiens monastiques et des juristes,

---

[1] « CACOSOMIUM, Domus leprosorum. Epitome Chronici Casin. apud
Murator. tom. 2. p. 352. col. 2. *Cum Ecclesiis, villis, xenodochiis, cas-
tris, ptochotrophiis, Cacosomiis, brephotrophiis.* Vox ducta à κακός, malus et σῶμα, corpus. » *Gl. ad Scr. med. et inf. Lat.*, t. II, col. 18.

et loin par cela même d'être populaire ; mais combien de fois n'a-t-on pas vu des systèmes, des mots, enfantés par des érudits, entrer plus tard dans les traditions et dans la langue du peuple des villes et des campagnes, et y réussir de manière à faire douter s'ils n'avaient pas toujours appartenu à la tige sur laquelle on les avait greffés ? Nous faisons cette observation, non pour *cacosomium*, dont nous ne connaissons pas un second exemple, mais pour le mot *Caqueux*, qui, à nos yeux, est une variante de *Cagots*, et qu'on peut croire entaché de grec.

Le mot d'argot *cagoux* [1], par lequel on désignait autrefois une classe de voleurs, celle des voleurs solitaires, nous paraît n'être qu'une altération de *Cagot*.

On en peut dire autant du même mot pris dans le sens de *cagnard* [2], et qu'on applique à un homme qui vit d'une manière obscure et mesquine, qui ne veut voir ni hanter personne, en un mot à un *ladre* ; et de *cagnardier* [3], qu'on lit

[1] Voyez le *Jargon, ou le Langage de l'Argot reformé, comme il est en usage parmi les bons pauvres... composé par un pilier de boutanche*, pag. 11, 66 ; et *La Vie genereuse des Mattois, Gueux, Bohemiens et Cagoux, contenant leur façon de vivre, subtilités et gergon, avec un dictionnaire en langue blesquin ; mis en lumiere par M. Pechon de Ruby, gentilhomme breton, ayant esté avec eux dans ses jeunes ans, où il a exercé ce beau mestier.* Paris, 1628, in-8. Ces deux traités ont été réimprimés dans la collection des *Joyeusetez*, éditée chez Techener sous la direction de M. Aimé-Martin, et tirée à 76 exemplaires. C'est d'après ce recueil que nous avons cité le premier.—Pag. 75, il y a sept lignes consacrées aux *capons*, autre espèce de voleurs.

[2] « CAGNARD, avare, paresseux, fainéant, retiré, et qui fuit le grand monde, de peur d'être obligé à quelque dépense. *Gens aimant leurs foyers, et qu'on nomme cagnards.* (HAUT. *Nob. de Prov. Act. 5. Sc. I.*) » *Diction. comique*, t. Ier, p. 171. Ménage et B. de Roquefort assignent un sens quelque peu différent à ce mot, qu'ils font venir de *canis*. Voyez le Dict. étym. du second, tom. Ier, pag. 155, col. 2.

[3] « Un mien frere nommé Jehan Paré... vit une grosse et potelée *cagnardiere* demandant l'aumosne à la porte d'un temple un dimanche. » *OEuvres d'Ambroise Paré*, liv. xix, ch. xxii ; édit. de J.-F. Malgaigne, tom. III, pag. 46, col. 2. La chapitre xxiv est intitulé : *D'une cagnardiere feignant estre malade du mal sainct Fiacre*, etc. Voyez pag. 50, col. 2.

dans les auteurs du xvi⁰ siècle avec le sens de *fainéant,
gueux, coquin.*

Nous avons vu plus haut que des noms donnés aux Cagots
du sud-ouest, celui de *Cristiaas* ou de *Crestiaas* était le plus
ancien. Tous les auteurs, P. de Marca en tête, trompés par
la ressemblance de ce mot avec celui qui en gascon signifiait
chrétiens, n'ont pas soupçonné qu'il pouvait avoir une racine complètement différente, et non contents d'altérer l'or-
thographe du nom dans leur sens ¹, ils se sont évertués à
rechercher l'origine des Cagots dans cette dénomination.
On a vu plus haut tout ce qu'il en est sorti de bizarre. Au
reste, ce n'est pas du xvii⁰ siècle que date cette erreur philologique; la physionomie de ce mot, tel qu'il est écrit dans
les anciens fors de Béarn, dans le contrat entre les Cagots
et Gaston-Phébus, et dans la coutume de Marmande, prouve
à n'en pas douter qu'elle avait déjà cours au commencement
du xiv⁰ siècle. Au xvi⁰, elle fut consacrée en passant du langage vulgaire dans la langue officielle de la jurade de Bordeaux, qui, certes, ne songeait pas à mal; et, à partir de
cette époque, on ne rechercha qu'une seule chose, savoir
les rapports qui pouvaient exister entre le titre de sectateurs du Christ et l'origine de misérables abreuvés de plus
d'outrages que n'en subit le Sauveur. Un grand nombre de
savants, dont aucun n'est plus illustre que M. Walckenaer,
se mirent à l'œuvre et conclurent différemment les uns des

« A Venus, comme p....... m............, mariolets, boulgrins..., rufiens,
caignardiers...., seront ceste année en reputanation, » etc. *Pantagrueline
Prognostication,* ch. v: *De l'estat d'aulcunes gens.*
　Etienne Pasquier, au liv. viii, ch. xlii, de ses Recherches de la France
(édit. de Paris, m. dc. lxv. in-folio, pag. 718, C), raconte, pour expliquer
l'origine des mots *caignard* et *caignardier,* une histoire que Ménage répète
en le citant et en ajoutant qu'il se trompe. Voyez son Dict. étym., tom. 1ᵉʳ,
pag. 281, col. 1, au mot CAGNARD, ou CAIGNARD.
　¹ P. de Marca, dont nous voulons parler, écrit *Chrestiaas* : c'est du
luxe; car, même dans le sens qu'il lui donne, ce mot se passait le plus souvent *d'h* dans l'ancienne langue.

autres, sans préalablement songer à l'impossibilité qu'il y aurait eu dans le moyen âge à imposer de propos délibéré le nom de *chrétiens* à des malheureux que l'on voulait flétrir. A notre tour, nous allons travailler sur le même fonds et tâcher de remplacer par la vérité, obscurcie par une fâcheuse coïncidence, l'erreur qui règne à la faveur d'une prescription de plusieurs siècles.

Du moment où les Cagots, soupçonnés de lèpre, reçurent l'ordre de porter sur leurs habits une pièce de drap rouge de la grandeur d'une pièce de monnaie, et sans aucun doute dentelée, le peuple, obéissant à son instinct de curiosité, dût rechercher à quel objet connu il pouvait rapporter ce signe qu'il ne connaissait pas encore, et il ne lui fallut ni beaucoup de temps ni grand'peine pour y voir une crête, appelée en langue du midi *cresta* [1], comme autrefois en latin *crista*. De là il n'y avait qu'un pas pour appeler les Cagots *crestats*, hommes à la crête, crêtés; il fut fait. Cette étymologie, quoique bien simple, et par là facile à conserver, ne s'effaça pas moins vite de l'esprit mobile de ses auteurs, et une légère altération opérée dans le mot en dénatura bientôt le sens du tout au tout. On peut croire que les Cagots, voyant dans ce détournement de la signification primitive, une lueur d'espérance, ne firent aucun effort pour s'y opposer, et qu'ils adoptèrent avec joie un nom qui devait leur assurer, sinon la pitié des hommes ici-bas, tout au moins l'appui de Dieu dans ce monde et dans l'autre.

C'est sans aucun doute de ce nom de *Crestiaas* que dérive le mot de *crétins*, affecté à une autre classe de malheureux, principalement dans les Pyrénées et dans les Alpes; mais, bien que moderne, puisqu'on ne le trouve ni dans le Dictionnaire de Trévoux, ni dans aucun de ceux du dernier

---

[1] Voyez le Lexique roman de M. Raynouard, t. II, p. 515.

siècle, il n'est pourtant point de la création de Ramond,
comme voudrait le faire croire Hourcastremé [1], car on le lit
dans un livre imprimé six ans avant le voyage du premier
aux Pyrénées [2].

Le mot *Capot*, comme l'a très-bien remarqué Bosquet,
vient de *capo*, qui veut dire *chapon, châtré*, en basse latinité,
et voici comment il a été donné aux Cagots. Ainsi que nous
l'avons dit plus haut, ils furent originairement nommés
Crestats, crétés, mot qui, mal compris, se changea de bonne
heure en *Crestiaas*, dans le Béarn et la Guienne. Il parait
que, dans le Languedoc, une partie du Pays Basque et dans
les Landes, il se maintint plus longtemps sous sa forme première, bien que le sens en fût perdu. Ce sens était naturellement fort restreint, et ne s'appliquait guère qu'aux Cagots :
il dut nécessairement se perdre, surtout à l'époque où les
règlements rendus contre ces malheureux tombèrent pour
la première fois en désuétude. Le mot néanmoins resta; et,
quand on voulut se rendre compte de sa valeur, on ne trouva
que *châtré*, qui, dès le xive siècle, se disait *crestat* en gascon [3].

---

[1] *Les Av. de Mes. Ans.*, tom. 1er, pag. 385.

[2] *Voyage historique et littéraire dans la Suisse occidentale*. A Neu-
chatel, de l'imprimerie de la Société typographique, M. DCC. LXXXI. deux
volumes in-8: tom. II, p. 233.

[3] « Item, crabes, aulhes, e carn de truia sana, e boc *crestat*, sula car-
reyra de la porta del castet jusca davant mayson Martin Daudraut e Giraut
Darnols, e al pey sulla grant carreira. » *L'Esclapot*, fol. 54 verso. Ce passage est ainsi rendu dans une traduction du xvii siècle, conservée aux archives de la mairie de Monségur : « Et les chevres, brebis, et chair de truye
chatrée, et bouc chatré, sur la rue de la porte du chateau jusques devant la
maison de Martin Daudraud et Geraud Darnols, et au poids sur la grande
rue. »
On lit ce spirituel quatrain parmi les œuvres de l'un des plus célèbres
poëtes gascons :

> Un *Crestat* d'uno naturo anlo,
> Disié à la Court tout courroussat:
> « Messius, Messius, uno paraulo,
> Fasèts que jou sió rambourçat. »

(*Las Obros de Pierre Goudelin*, édit. de M. DCCXIII, p. 284.)

C'est, à n'en pas douter, à cette interprétation que la tradition qui fait descendre les Cagots des Juifs doit son origine. Ceux-ci étaient appelés *châtrés*, *chapons*, en raison de la circoncision à laquelle ils étaient soumis, opération dont le peuple ne se rendait pas alors plus de compte qu'aujourd'hui.

Le mot *capot* s'est conservé en français. *Faire capot* quelqu'un est un terme du jeu de piquet qui signifie *faire toutes les levées*; *être capot*, c'est ne faire aucune main. On

> Que hare lou capoun *crestat*
> Ta bourit é més toustat?

(*Lou Trimfe de la Lengouo Gascouo... Per J. G. d'Astros*, pag. 10, v. 11.)

L'espèce de bouc mentionnée dans l'Esclapot s'appelait aussi *crestil*, si j'ai bien compris un passage du *Recognitiones Feodorum*, rapporté par MM. Martial et Jules Delpit dans leur *Notice d'un manuscrit de la bibliothèque de Wolfenbüttel*, pag. 80, en note.

L'abbé Baurein cite deux autres mots presque semblables, auxquels il donne le sens de *chevreau châtré*: « On devoit (dit-il en parlant du droit de gîte qu'au XIVe siècle, Miramonde de Calhau, dame de Podensac et épouse de Bernard d'Econssan, seigneur de Langoiran, avait, pour elle et sa suite, dans la paroisse du Pian en Médoc), on devoit leur fournir le pain, le vin, et un bouilli composé d'un gros morceau d'ancien chevreau châtré, appellé dans le pays *castrum*, ou *crestic*; une grosse pièce aussi bouillie, de cochon salé, et des poulardes rôties. *So es assaber, pan e vin e carn grossa bulhida de crestic e de poro salada, e galinas tostadas.* » *Affiches de Bordeaux, Annonces*, etc. (nº 16.) Du jeudi 16 avril 1778; pag. 112, col. 1. Voyez aussi les *Variétés Bordeloises* du même auteur, tom. III, pag. 178. L'acte dont Baurein cite une phrase, y est imprimé pag. 182-197, et le passage se lit pag. 188.

Dans les établissements de la ville de Marmande, on rencontre à plusieurs reprises le mot *cresto* ou *creston*, de la signification duquel je ne suis pas certain; mais qui, à n'en pas douter, désigne un animal châtré: « E del cartey del *cresto* .iij. pesses, ayssi cum sa enreir es estat acostumat e establit. » Fol. .xiiij. recto.—« Que y abevra ren, ni lavian ventres de beus ni de bachas ni de porcs ni de *crestos* ni d'autra bestia en la mezissa pena. » Fol. .xxj. recto et verso. — « Per cada aulha o moton o *creston* .ij. d'. arnaudens. » Fol. .xxvj. recto et xxx. recto. M. Raynouard traduit ce mot par *chevreau*, et cite à la suite de son interprétation le cartulaire de Montpellier. Voyez le Lexique roman, tom. II, pag. 356, col. 1, nº 3. Peut-être *creston* est-il seulement une variante de *crestil* et de *crestic*, trois mots qui doivent présenter le même sens que *chastri* et *chatriz*, dont on trouve un exemple dans le Roman de Garin le Lorrain, tom. Ier, pag. 248, vers 2, et dans les comptes de dépense de la

dit familièrement et figurément *faire capot*, rendre confus et interdit, déconcerter quelqu'un. Dans ces diverses acceptions, le mot *capot* n'est autre chose que le nom des malheureux Cagots, qui faisaient tous leurs efforts pour cacher leur origine ; mais auxquels il est arrivé plus d'une fois, pendant qu'ils discutaient avec quelqu'un sur le pied de l'égalité, de s'entendre appliquer la qualification qu'ils abhorraient. A cette fatale épithète, toutes les facultés du Cagot semblaient anéanties ; un coup de foudre ne produisait pas un effet plus prompt, et le pauvre diable demeurait *capot* [1].

Ce nom, comme ceux de *Cagot*, de *Gahet*, etc., étant injurieux, on comprend que les malheureux auxquels on les donnait, n'en fissent pas usage quand ils avaient à désigner des individus de leur caste ; ils employaient le mot *cousin*,

---

ville de Poitiers au xivᵉ siècle, et que MM. P. Paris et Rédet ont eu raison de traduire par *mouton*. Voyez les *Mémoires de la Société des Antiquaires de l'Ouest*. Année 1840. Poitiers, 1841, in-8 ; p. 304. Voyez encore les Glossaires de du Cange et de D. Carpentier, aux mots CAS-TRITIUS, CASTO nᵒ 2, et CASTRO.

Dans le *Dicciounari moundi*, ou *Dictionnaire de la langue toulousaine*, publié à la suite des œuvres de Goudelin, on trouve au-dessous de *cresta* : « *Crestado*, une truye châtrée ; *crestadouro*, sifflet de châtreur ; et *crestayre*, châtreur. » Enfin, dans le Dictionnaire français-gascon publié par M. le vicomte de Mélivier à la suite de son traité *De l'Agriculture et du Défrichement des Landes* (à Bordeaux, chez Th. Lafargue, 1839, in-8), on lit, au-dessous de CRESTA, châtrer, CRESTE, jeune truie châtrée.

Quant à l'étymologie de *cresta*, que l'abbé de Sauvages (*Dictionnaire languedocien-françois*, pag. 129) écrit *crèsta*, il faut la voir dans l'opération qui prive de leurs *crêtes* les poulets destinés à devenir des chapons.

[1] St. Skinner, après avoir défini ce terme du jeu de piquet, dont il penche à voir la racine dans le français *cappot* (esp. *capote*), qu'il traduit par *pallium pastoritium*, ajoute : « Mais, me diras-tu, par quelle analogie dit-on que celui qui l'emporte de beaucoup sur un autre à ce jeu lui donne un manteau ? Je crois que c'est par une analogie et une métaphore tirées d'un combat et des coups, par laquelle celui qui en a vertement frotté un autre peut être considéré, par les coups dont il l'a surchargé, comme lui ayant donné un épais manteau propre à le garantir du froid. » Voyez l'*Etymologicon Linguæ Anglicanæ*, etc. Londini, typis T. Roycroft... M DC LXXI. in-folio ; au mot *capot*.

sans doute parce que, forcés de s'allier entre eux, ils étaient
tous parents à un degré plus ou moins rapproché. Et ce
n'était pas seulement parmi les Cagots du sud-ouest que
cette dénomination était répandue; elle avait également
cours parmi les Caqueux de la Bretagne, s'il faut en croire
le P. Grégoire de Rostrenen, qui, comme on l'a vu plus
haut [1], donne le mot *cousin* (pluriel *cousined*) comme traduction de *cordier*. Je soupçonne, néanmoins, que ce mot
n'est pas breton; je croirais plutôt qu'il a été transporté
matériellement du français dans cette langue : en effet,
cousin (*consobrinus*), dans l'idiome de la Basse-Bretagne, se
dit *kenderf* ou *kenderv*, *kévenderf* ou *kévenderv*, et quelquefois *kéfiniant*, *kéviniant* ou *kéfniant*, suivant le degré
de parenté; d'ailleurs, si quelques mots qui terminent l'article COUSIN du Dictionnaire français-celtique [2], indiquent
qu'on donnait ce nom aux Caqueux, à certains d'entre eux
du moins, ils n'autorisent pas le moins du monde à croire
que ces parias le prissent eux-mêmes, et tel que l'écrit le
bon capucin. Quoiqu'il en soit, il est curieux de retrouver
les mêmes individus désignés de la même façon, aux deux
extrémités de la France.

On a vu plus haut combien, à leur occasion, les idiomes
du midi ont fourni de mots à notre langue; mais peut-être
ne sont-ils pas les seuls qu'elle doive aux malheureux
Cagots. A en croire le P. Manuel de Larramendi [3], qui

---

[1] Pag. 363, note 2.

[2] « *Cousins de la Madelaine. voyez Cordier.* » Pag. 227, col. 1. Nous
avons vu plus haut, pag. 168, qu'il y avait des Caqueux au hameau de la
Magdeleine en Mohon. Mohon est une commune du département du
Morbihan, arrondissement de Ploërmel, canton de La Trinité.

[3] « *Ladre* en Francés significa leproso , y tambien villano, y mezquino,
ladrerie lepra, villania, mezquindad. *Landre* en Castellano significa una
especie de secas, que dan en la garganta, y otras partes. Hago juicio, que
tienen origen en la voz Bascongada *landér*, que con el articulo es *landerra*, y significa forastero , y de tierra extraña *landerricoa*, que de otra
suerte decimos *atzerricoa, erbestecoa* : tambien significa villano, y mez-

s'est évertué, comme on sait, à chercher des étymologies
dans le basque, le mot *Ladre*, au lieu de venir, ainsi qu'on
l'a pensé jusqu'ici, du nom de saint Lazare, aurait son origine dans l'épithète de *landér*, qu'on donnait aux *Agotac*,
tenus non-seulement pour lépreux, mais pour étrangers.
Le raisonnement dont le savant jésuite appuie son opinion, est très-ingénieux ; mais il ne saurait persuader
celui qui, comme nous, croit que le mot *ladre* est aussi
ancien que la langue française, et jusqu'à plus ample informé nous continuerons à lui assigner l'étymologie qu'on
lui reconnaît généralement.

Un instant, j'avais cru que les mots *goître* et *goitreux*
pouvaient être dérivés du nom des Goths, qui, comme nous
l'avons vu, ont été donnés aux Cagots pyrénéens avec ou
sans addition de la syllabe *ca* destinée à le rendre plus injurieux ; mais je n'ai pas tardé à reconnaître que ces deux
mots avaient pour racine le mot latin *guttur*, et pour cela il
m'a suffi d'ouvrir le Dictionnaire étymologique de Ménage,
et celui de la basse latinité de du Cange [1]. N'avais-je pas
vu, d'ailleurs, dans le Roman de Rou [2] et dans un fabliau

---

quino. Y el principio de dar este nombre de *lander* al leproso, y *landereria*,
à la lepra empezó en Gascuña, y Bearne, en los desgraciados *Cagots*, como
dicen en Francia, ó Agotes como en España : los quales por forasteros, y
estrangeros... solo porque eran *landerres* fueron admitidos en aquél País
de Francia, con tanto horror, y aborrecimiento de los Naturales, como si
en cada vno dellos les huviesse entrado vna peste. Entre otras calumnias
empezaron à ser acusados de lepra, y leprosos, ó de otra enfermedad contagiosa... Esta lepra, ó enfermedad de que acusaban sin fundamento alguno
à los Agotes, llamaron *landereria*, que significa enfermedad de forastero,
y por esta misma razon los tuvieron por villanos, y mezquinos, llamandolos *landerras*. Y aunque la voz *landerra* en su primera institucion solo
significa forastero, se tomaba despues por modo de oprobrio, porque por
razon de los Agotes se le dió la significacion injuriosa, que queda expli-
cada. De *lander* quedó en Francés *ladre*, y de *landereria*, *ladreria*. »
Dic. triling., prol., tom. Ier, pag. xxj.

[1] Aux mots GUTTERIA, n° 2, GUTTUROSUS, etc.
[2]　　　　Parmi li cors lez le menton,
　　　　　　Entre la gorge et le *gotron*,
　　　　　　Li fist passer le fer trenchant.
　　　　　　　　Tom. II, pag. 39, v. 9224.

du XIIIe siècle ¹ , le mot *goitron* ou *gotron* avec le sens de *gorge*, *gosier*? Mais si *goître* et *goîtreux* ne viennent pas de *Got*, que nous avons vu employé dans le sens de *Cagot*, d'*Agota*, on peut assurer également que ces deux derniers mots n'ont aucun rapport de filiation avec les premiers. En effet, en basque le goître s'appelle *colambea*, et un goîtreux *colambetsua* ², tandis que dans l'idiome du Bigorre cette affection se nomme *gaoué*, et celui qui en est atteint *gaouerut* ³.

¹   Au prestre vint, par les oreilles
                                 L'aert et puis par le *goitron*.
(*D'Estourmi*, par Hugues Piaucele, v. 458.—*Fabliaux et Contes*, édit. de Méon, tom. IV, pag. 466.)

² *Dic. tril.*, tom. Ier, pag. 141, aux mots PAPO et PAPUDO. Nous ferons remarquer, puisque nous en trouvons l'occasion, qu'en ancien espagnol, *goîtreux* se disait *gotroso*, et que cette épithète est rangée, dans le *Fuero Juzgo*, parmi les injures graves : « Si algun omne, y lit-on, dice à otro linnozo ó *gotroso*, é aquel á quien lo dice non lo es, reciba L. azotes antel juez aquel qui lo denostó. » Cet article correspond à celui-ci du *Forum Judicum* : « Si quis genebrosum vel *gotrosum* dixerit, et ille non habuerit cui dixerit, dictor criminis extensus ante judicem CL. flagella suscipiat. » Voyez le *Fuero Juzgo*, édit. de l'Académie royale espagnole, Ire partie, pag. 147, col. 1 ; et 2me partie, pag. 185, col 1. Nous ignorons sur quel fondement s'appuie le rédacteur du glossaire des mots vieillis et rares qui se trouvent dans le texte castillan, pour traduire *gotroso* par *gotoso*, après avoir rendu *cotrosus*, variante du texte latin, par ces mots : « Qui caput habet ulceribus scatens. Hisp. codd. *gotroso*. » Voyez *Fuer. Juz.*, 2e partie, pag. 206, col. 3 ; et pag. 223, col. 1. Nous supposons, néanmoins, que l'académicien de Madrid se sera décidé sur le vu de l'article de D. Carpentier consacré à *gutrosus*, qu'un glossaire latin-italien manuscrit traduit par *cuti infermo*. Quant à *gotrosus* et à *cotrosus*, c'est en vain qu'on chercherait ces mots dans le vaste répertoire de du Cange et dans le supplément du savant bénédictin nommé plus haut ; ce dernier ne renferme que GUTTUROSUS, auquel l'auteur donne le sens de *goîtreux*, qui se disait autrefois *gohatereau*, comme on le voit par des lettres de rémission de l'an 1410, conservées au Trésor des chartes, reg. 164, ch. 235.

³ Mémoire de Palassou, tom. Ier, pag. 326.

www.ingramcontent.com/pod-product-compliance
Lightning Source LLC
Chambersburg PA
CBHW071620270326
41928CB00010B/1703